JN412055

사회복지법제와 실천

서동명 지음

3판 머리말

‘사회복지법제와 실천’ 개정판이 나온 이후 어느덧 3년이 경과하였다. 1판과 개정판 머리말에서 저자는 다음과 같은 2가지 질문을 하였다.

사회복지사가 되려는 것뿐인데 내가 왜 법률 공부를 해야 하지?
도대체 사회복지와 법이 어떤 관계가 있지?

개정판 역시 위 2가지 질문에 대한 답을 학생들이 찾는데 도움이 되고자 노력하였다. 이에 개정판은 법령에 대한 기본적인 이해를 높이기 위해서 헌법 및 법률 제·개정 절차에 대한 내용을 추가하였으며, 사회복지와 법과의 관계에 대한 이해를 높이기 위해 사회복지정책과 사회복지실천, 사회복지법의 관계에 대한 내용을 추가하였다. 또 어색하거나 이해하기 어려운 문장은 가급적 모두 수정하였으며 1판 이후 개정된 사회복지법률에 대한 내용을 모두 포함하고자 노력하였다.

이번 3판 역시 지난 3년간 사회복지법제 과목을 강의하면서 설명이 부족하다고 느낀 부분 중심으로 개정하였다. 3판이 개정판과 달라진 부분을 중심으로 설명하면 다음과 같다.

첫째, 사회복지법의 역사적 형성과 특징에서 학생들의 이해를 돕기 위하여 시민법과 사회법에 대한 설명 이후에 서구 사회복지법의 역사를 설명하는 방식으로 서술 순서를 변경하였다. 둘째, 사회복지법의 권리성에 인권과 사회복지 영역을 추가하였다. 이를 통해 인권과 사회복지의 관계, 특히 인권법의 의미를 갖는 사회복지법에 대한 내용을 추가로 설명하였다. 셋째, 다른 분야의 법률보다도 사회복지 분야 법률은 사회의 상황 변화에 따라 지속적으로 개정되고 보완되고 있다. 이에 3판에서도 「사회보장급여법」, 「노인장기요양보험법」, 「산업재해보상보험법」 등 개정판 이후 개정된 내용을 모두 포함시키고자 노력하였다.

한편 개정판까지는 사회서비스법 영역에서 「노인복지법」, 「아동복지법」, 「장애인복지법」만을 제시하였다. 사회복지법제 관련 과목을 대학에서 강의하면서 이 이상의 내용을 살펴보는 것이 물리적으로 어렵다는 생각이 들었기 때문이다. 그러나 현실적으로 이 책으로 사회복지사 1급 시험을 대비하기에는 설명하고 있는 개별 법률이 부족하다는 의견이 개진되었다. 이에 이번 3판에서는 「한부모가족지원법」, 「다문화가족지원법」 등 가족관련 사회서비스법을 추가하였다. 물론 1급 시험만을 생각하면 더 많은 사회서비스법을 추가하여야 할 것이다. 그러나 더 많은 내용을 추가하게 되면 결국 법률 조항을 나열하는 것에 지나지 않게 될 것으로 판단되어 이상의 2개 법률만 추가하였다.

이러한 3판의 변화에도 여전히 책의 부족함은 발견될 것으로 보인다. 내용상 부족하거나 변경이 필요한 부분은 이후 지속적인 개정작업을 통해서 수정 · 보완할 것을 약속드린다.

이 3판을 통해 학생들이 법에 대한 이해를 높이기를 바란다. 그리고 처음에 제시한 질문처럼 '사회복지사가 왜 법률공부를 해야 하는지, 그리고 사회복지와 법이 어떤 관계가 있는지'에 대한 답에 좀 더 가까워지기를 기원한다.

2025년 1월

서동명

1판 머리말

사회복지사가 되려는 것뿐인데 내가 왜 법률 공부를 해야 하지?
도대체 사회복지와 법이 어떤 관계가 있지?

사회복지를 공부하는 많은 학생들이 사회복지법과 관련된 수업을 듣기 전에 갖게 되는 의문이다. 이러한 고민은 필자가 대학과 대학원에서 사회복지를 공부할 때도 마찬가지였다. 사회복지사, 특히 실천현장에서 근무하는 사회복지사가 사회복지법을 알아야 한다는 생각을 해본 적이 없기 때문이다. 사회복지사는 학교에서 배운 사회복지관련 지식과 실천현장에서의 경험을 바탕으로 사회복지를 필요로 하는 사람들에게 서비스를 제공하면 되는 것이라고 생각했기 때문이다.

이러한 순진한 생각은 대학원 생활 중 국회의원 정책비서로 사회복지법률 제·개정 작업에 참여하면서 사정없이 무너졌다. 사회복지사가 되겠다는 내가 사회복지사를 규정하고 있는 사회복지사업법을 제대로 읽어본 적도 없었다는 것을 알게 되었기 때문이다. 또 사회복지, 그중에서도 장애인복지를 전공한 내가 장애인에 대한 정책과 서비스가 법령에 어떻게 규정되어 있는가 등에 대해서 고민하지 않았다는 것이 매우 부끄러웠다. 이러한 문제의식은 이후 (예비)사회복지사를 만나면서 더욱 커져갔다. 아동·노인·장애인 등에게 서비스를 지원하는 사회복지사가 그들을 대상으로 하는 정책과 사회서비스를 규정하고 있는 법령을 대부분 한 번도 본 적이 없다는 것을 알게 되었기 때문이다.

이 책은 이러한 문제의식에서 출발하였다. 사회복지를 필요로 하는 대상에게 정확하고 구체적인 정책과 서비스를 제공하려면 이 내용을 매우 상세하게 파악하고 있어야 하는데, 이는 바로 사회복지법령에 규정되어 있다. 또 현재 사회복지정책과 서비스에 문제가 있어 수정·보완이 필요하다면, 무엇보다 새로운 법령 제정과 관련 법령 정비가 반드시 필요하다. 이와 같이 사회복지와 법률은 밀접하게 관련되어 있다.

이 책은 사회복지사가 되기 위해서 준비하는 예비사회복지사가 법과 사회복지에 대해서 쉽게 이해하도록 하는 데 초점을 맞추었으며, 크게 5개 부분으로 구성되어 있다.

먼저 제1부는 법률에 대한 기본적인 이해를 돕는다. 제1장 법의 기초이론에서는 법의 정의와 성격 등에 대해 정리하였다. 제2장에서는 사회복지법의 개념과 체계에 대해서 살펴보았으며, 제3장 사회복지법의 역사적 형성과 특징에서는 영국과 독일, 미국을 중심으로 사회복지의 기원이 되는 법률을 살펴보고, 시민법의 원리와 사회복지법의 원리가 가지고 있는 뜻에 대해 비교해 보았다. 제4장에서는 권리의 개념과 인권, 헌법상의 기본권과 함께 사회복지수급권의 의미와 구조를 알아보았다. 그리고 제5장에서는 우리나라 사회복지입법의 역사에 대해서 시기별로 나누어 정리하였다.

이후 개별 사회복지법률은 사회보장기본법 등 사회복지기본법과 사회보험법, 공공부조법, 사회서비스법 등 4개의 영역으로 나누어서 정리하였다. 국가의 정책과 제도는 법률로 구체화된다. 따라서 개별 법률을 분석한다는 것은 법률과 관련된 정책과 제도를 분석한다는 의미이다. 이에 모든 내용을 이 교재에서 다루기에는 너무 양이 방대하고 사회보장론 등 다른 사회복지학 과목과 내용상 많은 부분이 중복된다. 따라서 이 책에서는 의의 및 연혁, 대상 및 급여, 관리운영체계(전달체계) 등을 중심으로 정리하였으며, 개별 법률에 따라 이해가 필요하다고 판단되는 부분을 추가하였다. 특히 사회보험법과 관련된 부분에서 이렇게 정리되어 있다.

한편 사회서비스법에 대해 이 책에서는 노인복지법, 아동복지법, 장애인복지법만을 다루었다. 이는 사회복지실천현장에서 일하는 사회복지사에게 가장 중요한 3개의 사회서비스법률을 우선적으로 살펴볼 수 있게 하기 위해서이다. 또한 개별 법률을 살펴보면 비슷하거나 동일한 부분도 있지만 개별 법률의 내용이 다른 것이 있는데, 이는 법률별로 대상과 목적이 다르기 때문이라고 할 수 있다. 이에 노인과 아동, 장애인복지법에서 공통적으로 제시하고 있는 내용을 중심으로 비교분석하여 마지막에 정리하였다. 이를 통해 가장 먼저 제시한 질문, 즉 사회복지사가 왜 법률을 공부해야 하는가에 대한 해답을 제시하고자 하였다.

처음에 이 책을 준비하였던 가장 큰 이유는 현재 시중에 나와 있는 사회복지법 관련 교재가 실제 강의하는 데 많은 제한점이 있다는 생각 때문이었다. 이에 새로운 형식의 책을 만들고 싶다는 생각을 하게 되었다. 그러나 막상 저서를 준비하면서 처음 의도와 다르게 차별성이 부족한 책이 된 것 같아서 매우 아쉽다. 이러한 아쉬움은 추후 개정판을 만들 때 반영하도록 노력하겠다.

대내·외적으로 어려운 가운데에 연구년의 기회를 제공하여 준 동덕여자대학교에 감사를 드린다. 학교 측의 배려가 없었다면 이 책의 출판은 상당기간 늦어졌을 것이다. 또한 연구년 기간 동안 저의 짐을 덜어서 맡아주신 사회복지학과 동료 교수님들께 진심으로 감사의 인사를 전하며, 또한 편집과 출판 과정에서 전폭적인 도움을 주신 신정출판사 측에도 감사를 드린다.

아무쪼록 이 책이 사회복지사가 되려는 예비사회복지사들에게 사회복지와 법률에 대한 이해를 돕는 데 도움이 되기를 바란다.

2020년 1월

서동명

CONTENTS

법과 사회복지의 이해

법의 기초이론

CHAPTER 01

1. 법의 정의 및 성격

1) 법의 정의

인간은 사회적 존재이고 사회를 떠나서는 살아갈 수 없다. 따라서 인간이 살아가는 사회가 유지되기 위해서는 그 사회의 구성원들의 행동을 규율(規律)할 수 있는 일련의 행위준칙인 사회규범이 필요하다. 이 규범이 바로 법(法)이다. 즉, 사회구성원들이 공동생활을 하는 데 필요한 행위를 규정할 규칙이나 법칙으로서 국가에 의하여 강행되는 사회규범이라고 할 수 있다. 또 사회구성원들이 사회생활을 하는 데 필요한 행위준칙이기 때문에, 사회질서와 공동생활의 안전을 유지하고 사회정의를 실현하기 위해 국가권력이 일정한 사회적 행위를 당위적으로 의무지울 것을 요구하는 관념이라고 할 수 있다(김기원, 2007).

보통 '법'을 표현하는 다양한 형태의 유사용어로 법률·법전·법규·법령 등이 있는데, 각 용어들의 의미는 다음과 같다(남기민·홍성로, 2007). 첫째, 법률(法律)은 실질적 의미에서는 '법'과 동일한 뜻으로 사용하지만, 형식적인 의미에서는 국회의 의결을 거쳐 대통령이 서명·공포한 법을 가리킨다. '법'은 보다 추상적이고 포괄적이지만, '법률'은 구체적·가시적인 개념이다. 그러므로 '법률'은 현실세계에서 사회통제의 기능을 갖춘 것이다. 둘째, 법전(法典)은 헌법·법률·명령과 같은 실정법을 체계적으로 정리한 조직적 성문법규집을 가리킨다. 예를 들면, 육법전서·상법전·형법전 등이 해당된다. 셋째, 법규(法規)는 넓게 보면 법규범일반의 준말로, 좁게는 성문의 법령을 말한다. 넷째, 법령(法令)은 법률과 명령을 함께 부르는 말로, 넓은 의미로는 법률이나 법 전체를 가리키기도 한다. 법전을 법령집이라고 부를 때도 있다.

2) 법의 성격

법은 여러 가지 성격을 함께 가진 규범이다. 첫째, 법은 사회규범이다. 사회규범은 인간의 사회생활에 관한 규범을 의미하는데, 사람들 간의 분쟁이나 갈등을 조정·해결하고, 사회를 안정시키고 질서를 유지하며 사회생활을 평화롭게 하는 준칙으로, 당위의 규범으로서 지켜야 할 것을 의미한다. 즉, 법은 어떠한 행위를 '하여야 하거나' 또는 '하여서는 안 되거나'에 관한 판단의 근거가 되는 규범이라고 할 수 있다. 여기에는 법 이외에 도덕·종교·관습 등이 있다. 둘째, 법은 행위규범으로 인간행동의 행위를 규정하고 있다. 행위규범은 사람의 의사에 따라 이루어지는 신체의 외부적 행위를 '하여야 하거나 또는 하여서는 안 되거나'에 대한 판단의 기준이 되는 사회규범이다. 이를 위해 '~을 하여야 한다.' 혹은 '~을 하지 말아야 한다.' 등 어떠한 행동의 허용과 금지 등을 법에서 규정하고 있다. 셋째, 법은 강제규범이다. 앞서 살펴본 도덕이나 종교, 관습 역시 행위규범이다. 그러나 도덕 등은 행위규범일 뿐 위반 시 국가의 강제력이 발휘되지 아니하는 반면, 법은

일정한 행위규범을 전제로 하여 그 행위규범을 위반하는 행위에 대하여는 일정한 제제를 가함으로써 강제력으로 사회질서를 유지하려는 규범이다. 만일 도덕이나 종교, 관습 등을 위반하면 '(도덕적) 비난'을 받을 수는 있겠지만, 이에 대한 실질적인 대가를 지불하지는 않을 수 있다. 그러나 법의 위반은 이러한 위반 행위에 대하여 '부정적 대가'를 지불해야 한다. 이러한 강제를 위해 법은 정치적으로 조직된 사회인 국가 속에서 스스로를 관철시키기 위하여 강제라는 수단을 뒷받침으로 갖고 있는 강제규범이다. 넷째, 법은 재판규범이다. 재판규범이란 행위규범에 위반한 행위에 대하여 일정한 제재를 가하는 것으로서 사회의 질서를 유지하려는 규범이다. 재판규범은 일정한 행위에 대하여 법적 효과, 즉 형벌·배상·책임을 선언하는 강제규범이며 사회의 조직적 강제에 의하여 법의 실효성이 보장되고 있다. 다섯째, 법은 조직규범이다. 조직규범은 법규범의 제정(국회)과 적용(법원), 그리고 집행(행정관청)을 담당하는 기관의 조직과 권한에 관한 규범이다. 조직규범에는 「헌법」, 「국회법」, 「법원조직법」, 「정부조직법」 등이 포함된다.

2. 법의 목적

법은 사회정의를 실현하고, 합목적성을 추구하며, 법적 안정성과 사회질서를 유지하는 데 그 목적이 있다. 이러한 법의 목적을 살펴보면 다음과 같다.

1) 사회정의(社會正義) 실현

법은 정의의 실현을 기본적 사명으로 하는 사회규범이다. 정의는 법을 특정지우는 결정적 기준인 동시에 인간과 인간 그리고 인간과 사회와의 관계에 있어서 추구해야 할 최고의 가치라고 할 수 있다. 사회정의(social justice)는 모든 사람에게 기본권이 보장된 상태, 사람들이 응당 자신이 받아야 할 대가를 받는 상태 또는 사회 내에 불평등이 존재하지 않는 평등한 상태로 정의할 수 있다. 이러한 정의에 대해서 아리스토텔레스는 단순한 개인의 도덕이 아니라 다른 사람과의 관계에서 실현해야 할 사회적 도덕으로 간주하였다. 그는 정의를 일반적 정의, 평균적 정의, 배분적 정의 등 세 가지로 구분하였다(김기수, 1993).

첫째, 일반적 정의는 개인이 국가를 위하여 필요한 힘을 쓰게 하는 것으로 개인이 국가에 대해 의무를 다하는 것을 말한다. 즉 개인의 심정과 행동을 공동생활의 일반원칙에 적합하게 하는 것으로 국가의 법을 준수하는 것을 말한다. 법률적 정의라고도 한다. 둘째, 평균적 정의는 모든 사람들에게 절대적 평등을 요구하며, 모두에게 동일하게 적용하는 것을 말한다. 사람들의 능력과 개성의 차이를 고려하지 않고, 사람들 간의 이해득실을 평균화하여 조정하는 것으로 사람들 간의 거래와 관계에 있어 급부와 반대급부, 손해와 배상, 범죄와 형벌 등을 공정하게 균형을 이루도록 하는 것으로 산술적 정의라고도 한다. 셋째, 배분적 정의는 비례적 평등을 의미하며, 각자의 능력과 공헌에 맞도록 재화와 명예를 공정하게 나누어 주는 것을 의미한다. 법은 개인 또는 단체 전체의 정당한 생활이익을 보호하고, 모든 사람에게 진보와 발전의 기회를 평등하게 분배한다는 점에서 배분적 정의를 실현하고 있다.

2) 합목적성(合目的性) 추구

합목적성이란 가치관에 구체적으로 합치되는 것을 말하며, 정의의 내용을 정하는 실정법의 가치기준으로 정의와 함께 법의 이념이다. 합목적성은 그 사회가 가지는 가치관이 어떠한 것인가에 따라 정의를 평가하는 기준을 다르게 가진다. 즉, 사회의 가치관에 따라 달라지는 상대적인 개념이라고 할 수 있다. 정의가 법의 내용을 일반화하는 것이라면 합목적성은 법이 요구하는 가치관에 따라 법의 목적을 현실화하는 것이다. 정의를 어떻게 실현할 것인가에 대한 가치관이라고

할 수 있다.

3) 법적안정성(法的安定性) 유지

법적안정성은 사람들이 안심하고 생활할 수 있는 상태, 즉 법에 의하여 보호되는 사회생활의 질서와 안정을 말한다. 어떤 행위나 권리의 행사가 정당한 것이면 보호를 받고, 어떤 잘못된 행위를 하면 손해배상을 하거나 형벌을 받게 된다는 것을 명백히 함으로써 우리가 안심하고 생활할 수 있게 되는데, 이것은 바로 법적안정성이 있기 때문이다. 이러한 법적안정성을 유지하기 위해서는 법의 내용이 명확하여야 하고, 쉽게 변경되어서는 안 되며, 실제로 실행이 가능한 것이어야 한다. 또한 여기에는 법이 국민의 법의식에 합치되어야 한다는 등의 사항이 요청된다.[1)]

4) 사회질서(社會秩序) 유지

법은 사회질서의 유지를 목적으로 한다. 사회질서란 사회적인 과정이 일관성이 있고, 사회의 각 부분들이 각자의 기능을 수행하기 위해서 조화와 균형을 이루는 상태를 말한다. 사회질서는 사회구성원들에 의해 자발적으로 이루어지기도 하지만, 법적 강제에 의해 인위적으로 조성되고 유지되는 경우가 일반적이다. 예를 들어, 법을 위반한 사람에게 벌금·과태료·징역 등의 벌칙을 부과함으로써 사회질서를 유

---

1) 이러한 법적 안정성을 위해 다음과 같이 법률불소급의 원칙, 기득권 존중의 원칙 등을 적용받는다.
- 법률불소급의 원칙 : 소급입법 금지의 원칙, 사후입법 금지의 원칙 등으로 불리는 것으로, 법은 시행한 날로부터 효력이 발생하며, 그 시행 기일 이전의 사항에 대해서는 소급하여 적용하지 않는다는 원칙이다. 예를 들어, 행위 시에 범죄가 되지 않는 것이 사후에 제정된 법률에 의해서 범죄가 될 수 없다는 것 등이 여기에 해당한다(「형법」 제1조 제1항 "범죄의 성립과 처벌 행위 시의 법률에 따른다"). 이러한 법률 불소급의 원칙은 모든 법률에 공통된 원칙이지만 새로운 법을 적용하는 것이 오히려 유리한 경우에는 예외가 인정될 수 있다(「형법」 제1조 제2항 "신법이 구법보다 피고인에게 형벌이 가벼울 때에는 신법을 적용한다").
- 기득권 존중의 원칙 : 이미 부여한 권리를 사후입법으로 제한하거나 소멸시키게 되면 법적 안정성을 해칠 우려가 있다. 따라서 구법에 의해 발생한 기득권은 신법의 시행에 의해 변경 또는 소멸될 수 없다는 원칙인 '기득권 존중의 원칙'이 일반적으로 법률에서는 적용된다. 법률불소급의 원칙에서 파생된 원칙.

지하고 있다.

3. 법원(法源)

법원은 '법의 연원(淵源)'의 축약어로서 법이 어떠한 형식으로 표현되어 어떤 방식으로 존재하는가를 말한다. 법의 존재 형식을 가리키는 것으로, 법원(法院)이 재판의 기준으로 적용하는 객관적인 법규범을 법원(法源)이라고 한다. 일반적으로 법원에는 그 표현양식에 따라 성문법(成文法)과 불문법(不文法)이 있으며, 성문법에는 헌법, 법률, 조례, 규칙, 국제법규 등이 있고, 불문법으로는 관습법, 판례법, 조리(條理) 등이 있다.

1) 성문법으로서의 법원

성문법이란 문서의 형식을 갖추고 일정한 절차와 형식에 따라서 권한 있는 입법기관이 제정·공포한 법을 말한다. 이러한 성문법의 효력은 상위법이 하위법에 우선하는데, 우리나라의 경우에는 헌법, 법률, 명령(시행령, 시행규칙), 자치법규(조례, 규칙)와 행정규칙(훈령, 예규, 지침, 고시, 기준 등)의 순으로 되어 있다.

(1) 헌법

헌법이란 국가의 기본법으로서 국가의 조직과 통치에 관한 최고 성문법규를 말한다. 헌법은 국가의 최상위의 규범이므로 국가의 법률 제정권은 헌법에 의해 규제되며, 헌법에 저촉되는 법률이나 명령은 효력이 없으며, 또한 국가기관의 행위가 헌법에 위반되면 무효가 된다. 1919년 독일 바이마르 헌법 제정 이래 헌법상 생존권 조항이 규정됨으로써 헌법은 가장 중요하고 기본적인 사회복지법의 법원이 되었다. 헌법상 보장된 생존권은 헌법에서만 규정하는 것이 아니라 국가가 적극적으로 정책을 강구하여야 하고, 그것을 구체화할 법의 제정이 필요하다. 그러므로 헌법에서 규정된 생존권을 구체화할 정책을 규정하는 법 가운데 사회복지정책에 대해서 규정한 것이 사회복지법이라고 할 수 있다. 즉 헌법은 사회복지법의 상위법으로 사회복지법 성립의 기초이며 근거로서 사회복지법으로 구현되어야 할 사회적 기본권 등 국민의 권리와 국가의 의무를 규정하고 있다(정진경, 2016, 52).

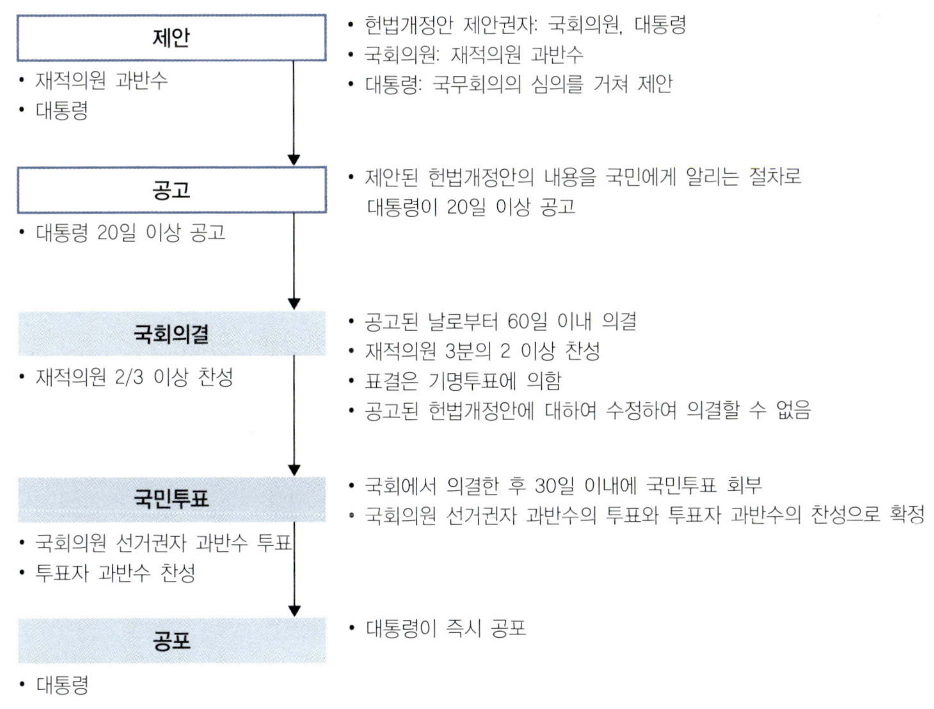

| 그림 1-1 | 헌법 개정 절차

출처: 국회홈페이지 https://www.assembly.go.kr/views/cms/assm/assembly/asswork/asswork0101.jsp

헌법의 입법(개정)절차는 「헌법」 제10장(헌법 개정)에 규정하고 있는데, 구체적인 내용은 다음과 같다. 헌법 개정은 국회재적의원 과반수 또는 대통령의 발의로 제안된다. 단 대통령의 임기 연장 또는 중임변경을 위한 헌법 개정은 제안 당시의 대통령에 대하여는 효력이 없다. 제안된 헌법 개정안은 대통령이 20일 이상의 기간 동안 공고하여야 한다. 국회는 헌법 개정안이 공고된 날로부터 60일 이내에 의결하여야 하며, 국회의 의결은 재적의원 2/3 이상의 찬성을 얻어야 한다. 헌법 개정안은 국회가 의결한 후 30일 이내에 국민투표에 붙여 국회의원선거권자 과반수의 투표와 투표자 과반수의 찬성을 얻어야 한다. 헌법 개정안이 이러한 찬성을 얻게 되면 헌법 개정은 확정되며, 대통령은 이를 즉시 공포하여야 한다(「헌법」 제128~130조).

(2) 법률

법률은 국회의 의결을 거쳐서 대통령이 공포한 법을 말한다. 이러한 법률은 상위법인 헌법을 위반하여 제정할 수 없다. 사회복지법의 법원으로서의 법률은 실질적으로 사회복지의 구체적인 내용을 규정하고 있는 대부분의 법규가 이에 해당한다. 이러한 법률의 제정절차는 「헌법」과 「국회법」에 명시되어 있는데 구체적인 내용은 다음과 같다. 먼저 국회의원과 정부는 법률안을 제출할 수 있다(「헌법」 제52조). 이때 국회의원은 10명 이상의 찬성으로 의안을 발의할 수 있으며(「국회법」 제79조), 제출된 법률안은 재적의원 과반수의 출석과 출석의원 과반수의 찬성으로 의결된다(「국회법」 제109조). 국회에서 의결된 법률안은 정부에 이송되어 15일 이내에 대통령이 공포한다. 만일 법률안에 이의가 있을 때에는 대통령이 15일 이내에 이의서를 붙여 국회로 환부하고, 그 재의를 요구할 수 있다. 대통령은 거부권을 행사하여 재의를 요구할 수 있지만, 법률안의 일부에 대하여 또는 법률안을 수정하여 재의를 요구할 수 없다. 대통령의 재의의 요구가 있을 경우 국회는 재의에 붙인다. 이때 의결의 기준은 재적의원 과반수의 출석과 출석의원 3분의 2 이상의

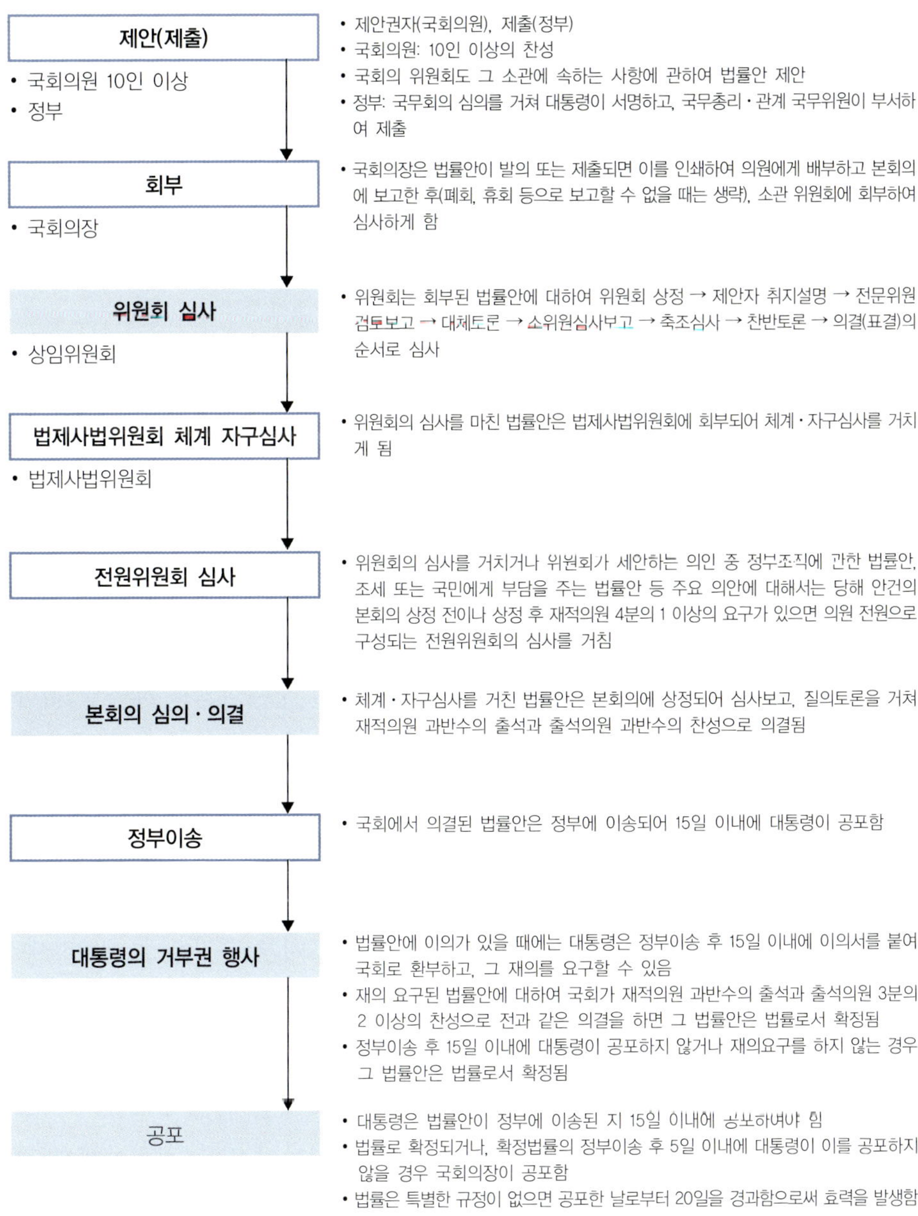

| 그림 1-2 | 입법절차

출처: 국회홈페이지 https://www.assembly.go.kr/views/cms/assm/assembly/asswork/asswork0101.jsp

찬성으로 전과 같이 의결하면 그 법률안은 법률로서 확정된다. 만일 대통령이 15일 이내에 공포나 재의의 요구를 하지 아니한 때에도 그 법률안은 법률로서 확정된다. 대통령은 확정된 법률을 지체 없이 공포하여야 한다. 만일 법률이 확정된 후 또는 확정법률이 정부에 이송된 후 5일 이내에 대통령이 공포하지 아니할 경우 국회의장이 이를 공포한다. 법률은 특별한 규정이 없는 한 공포한 날로부터 20일을 경과함으로써 효력을 발생한다(「헌법」 제53조).

(3) 명령

명령은 국회의 의결을 거치지 아니하고 대통령 이하의 행정기관에 의하여 제정된 법규를 의미한다. 사회복지법의 법원으로서의 명령은 보통 개별 법률의 시행령과 시행규칙이라는 존재 양식으로 표현되며, 여기서는 개별 법률의 실행을 위한 보다 구체적인 사항이 규정되어 행정적 지침으로 삼게 된다. 명령에는 법률과의 관계에서 법률을 실시하기 위하여 필요한 사항을 정하는 집행명령과 어느 법률에서 일정한 범위를 정하여 위임한 사항에 관하여 구체적으로 세목을 정하는 위임명령의 두 가지가 있다(「헌법」 제75조). 명령은 그 제정 주체에 따라 대통령령, 총리령, 부령 등이 있다(「헌법」 제95조). 대통령은 법률에서 구체적으로 범위를 정하여 위임받은 사항에 관해서는 위임명령을 발하고, 법률을 집행하기 위하여 필요한 사항에 관해서는 집행명령을 대통령령으로 발할 수 있는데, 이를 일반적으로 시행령이라고 한다(「헌법」 제75조). 국무총리, 행정 각부의 장은 소관사항에 관하여 법률이나 대통령령의 위임 또는 직권으로 총리령 또는 부령을 발할 수 있는데 이를 보통 시행규칙이라 한다(「헌법」 제96조).

법률에서 규정한 사항을 직접 집행하는 행정부에게 법률 집행에 필요한 사항을 명령으로 정할 권한을 주고 있기 때문에 법률을 벗어나지 않는 범위에서 행정기관은 법률의 위임 없이 명령을 발할 수 있다. 명령 역시 특별한 규정이 없는 한 공포한 날로부터 20일이 경과하면 효력이 발생한다.

(4) 자치법규

자치법규는 「헌법」 제117조에 따라서 지방자치단체가 법령의 범위 안에서 제정한 것으로 조례와 규칙이 있다. 지방자치단체는 법령의 범위 안에서 별도의 위임 없이도 자치에 관한 자치법규를 제정할 수 있다. 자치법규 중 조례는 지방의회가 법령의 범위 안에서 그 지역의 사무에 관하여 제정한 법이며, 규칙은 자치단체의 장이 법령이나 조례가 위임한 범위에서 그 권한에 속하는 사무에 관하여 정립한 법이다. 자치법규는 원칙적으로 그 지방자치단체의 지방 내에서만 효력을 갖는다. 또 광역자치단체의 자치법규가 소속 기초자치단체의 자치법규보다 상위에 위치한다. 원칙적으로 지방자치단체는 법률의 위임이 없어도 법령의 범위 안에서 그 사무에 관하여 조례를 제정할 수 있다. 다만, 과태료를 매기거나, 세금을 부과하는 등 주민의 권리 제한 또는 의무 부과에 관한 사항이나 벌칙을 정할 때에는 법률의 위임이 있어야 한다(「지방자치법」 제28조).

(5) 행정규칙

시행규칙의 하위규범으로 행정규칙(또는 행정명령)이 있다. 행정규칙은 행정부 내부에서 법에 따른 행정적 집행을 위해 필요한 사항들을 정리한 자신들의 방침으로 그 형식에 따라 훈령, 예규, 지침, 고시, 기준 등의 명칭으로 사용되고 있다. 이러한 행정규칙은 법규범이 아니고 행정기관이 헌법상의 근거를 요하지 아니하고, 그 고유권한으로서 일반 국민의 권리・의무와 직접 관계가 없는 비(非)법규사항을 규정하는 것으로, 행정조직의 내부에서만 효력을 가질 뿐 대외적 구속력을 가지지 아니한다. 그러나 행정규칙은 국민 개개인의 현실생활과 권리실현에 직접적으로 영향을 미치며, 오늘날 사회복지실천현장에서 구체적인 사회복지사업들이 이 행정규칙에 의하여 운영되고 있으므로 실제로는 매우 중요하다고 할 수 있다.

(6) 국제법

국제법에는 국제조약과 국제법규가 있다. 국제조약은 국제적 권리의무의 발생을 목적으로 국제법상의 주체인 국가 간에 맺은 문서에 의한 합의이다. 여기에는 조약, 협정, 협약, 약정 등 그 명칭이 어떠하더라도 국가와 국가 간, 국가와 국제기관 간에 법적 효력이 있는 합의를 말한다. 다음으로 국제법규는 국제연합헌장과 같이 우리나라가 당사국이 아닌 조약으로 국제사회에서 일반적으로 규범성이 승인된 것과 국제관습법을 말한다.[2)]

2) 불문법

불문법은 성문법 이외의 모든 문서화되지 않는 법원(法源)을 말한다. 판례법주의를 취하고 있는 영미법에서는 판례법을 제1차적 법원으로 인정하고 있다. 여기에는 관습법, 판례법, 조리 등이 있다.

(1) 관습법

관습법이란 입법기관이 제정한 법이 아니고 사회의 자연발생적인 규범으로서 국가사회 안에서 관행의 형태로 장기간에 걸쳐 존재하는 것이 법적 확신 내지는 법적 인식을 얻어서 다수인에게 법처럼 여겨지는 것을 말한다. 사회생활에서 자연적으로 형성되어 관행되는 관습이 사회의 법적 확신을 얻게 되어 사회의 중심세력이 이것을 법적 규범으로 승인하고 강행하는 것으로 법원이 판례를 통해 이를 법규범으로 인정함으로써 이루어진다. 일반적으로 죄형법정주의가 지배하는 형법에서는 관습법이 배척된다. 반면 「민법」과 「상법」 등 사법 분야에서는 관습법이 성문법의 보충적 역할을 하게 된다. 예를 들어 우리나라의 「민법」 제1조(법원)는 "민사에 관하여 법률에 규정이 없으면 관습법에 의하고 관습법이 없으면 조

2) 「헌법」 제6조 제1항에는 "「헌법」에 의해 체결·공포된 조약과 일반적으로 승인된 국제법규는 국내법과 같은 효력을 가진다."고 규정하고 있다.

리에 의한다."고 규정하여 관습법이 성문법인 법률에 규정이 없는 경우에 한하여 보충적으로 효력을 인정하고 있다. 또 「민법」 제106조(사실인 관습)에 "법령 중의 선량한 풍속 기타 사회질서에 관계없는 규정과 다른 관습이 있는 경우에 당사자의 의사가 명확하지 아니한 때에는 그 관습에 의한다."고 규정하여 성문법과 다른 관습이 있는 때에는 그 관습에 의하도록 하는 예외를 인정하고 있다.

(2) 판례법

판례는 재판의 선례이다. 구체적인 법률문제에 대한 동일한 취지의 법원의 판결이 반복됨으로써 그러한 문제의 해결방향이 대체로 확정되게 되는데, 이 경우 그 판결이 법적 규범이 된다. 이것은 유사한 사례는 유사하게 다루어져야 한다는 논리에 바탕을 두고 있다. 재판은 원칙적으로 해당 사건에 대해서만 구속력을 가지지만, 그 후 유사한 사건이 일어나 재판을 하는 경우 동일한 취지의 재판을 하게 될 것이다. 따라서 재판은 동종의 사건에 대해서 사실상 구속력을 가지게 된다. 따라서 재판의 선례, 즉 판례가 그 후의 재판을 구속할 때 판례는 법원(法源)이 되며, 이를 판례법이라고 한다.[3)]

(3) 조리(條理)

조리란 사물의 본성을 말한다. 일반적으로 우리가 '그럴 수 있느냐' 또는 '이런 법이 있느냐'라고 말할 때, 여기서 '수'와 '법'에 해당하는 것을 말한다. 조리는 당연히 그러해야 할 것이라고 인정되는 법해석의 기본원리이며, 성문법, 관습법, 판례법이 없을 경우 최종적으로 적용되는 보충적 법원이다. 재판에 있어서 다른 법

---

3) 성문법주의를 채택하고 있는 우리나라의 경우 판례(判例)를 법원(法源)으로 인정하는 규정은 없다. 따라서 형식적으로는 동급 및 상급법원의 판례에 구속받지 않는다. 그러나 실제적으로 하급법원이 상급법원의 판례와 다른 재판을 하는 경우 결국 상급법원에서 하급법원의 판결이 파기될 가능성이 크기 때문에, 상급법원의 판례는 하급법원의 재판에서 기준이 되어 입법부에서 제정된 법과 사실상 같은 효력을 갖게 될 수 있다(김기원, 2007).

원(法源)에 의한 법을 발견할 수 없는 경우에 법원(法源)으로 채용된다. 「민법」 제1조(법원)에서는 "민사에 관하여 법률의 규정이 없으면 관습법에 의하고, 관습법이 없으면 조리에 의한다."고 규정하고 있다. 이는 조리가 성문법, 관습법 다음의 보충적 효력을 갖는 법원의 하나로 인정하고 있다는 의미이다.

4. 법의 분류

1) 자연법과 실정법

자연법이란 인간의 본성 내지 사물의 본성에 근거하여 시대와 민족, 국가와 사회를 초월하여 보편타당하게 적용되는 객관적 질서이다. 그러므로 자연법이라고 말할 때 그것은 자연적 질서라는 뜻으로 사용되고, 구체적 문제해결을 위한 어떤 명확한 기준을 제시하기보다는 인간이 올바른 사회생활을 하는데 하나의 근본지침이라고 할 수 있다. 반면, 실정법이란 특정한 시대와 특정한 장소에서 효력을 가지는 법규범을 말한다. 여기에는 국가기관이 제정하는 헌법・법률・명령・규칙 등 성문법이 보통이지만, 예외적으로 관습법・판례법 등과 같이 경험적인 사실에 기반을 두어 성립되고 현실로 행해지고 있는 불문법이 있다.

2) 공법과 사법

법은 그 내용과 따라 공법과 사법으로 구분한다. 이러한 공법과 사법을 구별하는 데는 이익설(목적설), 주체설, 법률관계설, 통치관계설, 생활관계설 등 다양한 학설[4]이 존재한다. 이 중 주체설에 따르면 법률관계의 주체가 누구인가를 기준으

4) 이에 대한 좀 더 자세한 내용은 김기원(2007: 24–25)을 참고하기 바란다.

로 공법과 사법을 구별한다. 즉 공법은 국가 또는 공공단체가 법률관계의 주체가 되어 국가 또는 공공단체 상호 간의 관계 또는 이들과 개인의 관계를 규율하는 법이고, 사법은 사인(私人)이 법률관계의 주체로서 사인 상호 간의 관계를 규율하는 경우의 법이다. 특정 법률이 공법적 규정과 사법적 규정이 혼합되어 있는 경우가 많으나 주로 공법적 규정으로 되어 있는 법은 공법이고, 사법적 규정으로 되어 있는 법은 사법이다. 예를 들어 「민법」, 「상법」 등이 사법에 속하고, 「헌법」, 「형법」, 「형사소송법」, 「행정법」 등은 공법에 속한다고 볼 수 있다.

3) 시민법과 사회법

시민법은 봉건제도의 붕괴와 더불어 성립하였으며, 봉건적 계급제도를 타파하고 각 개인에 대하여 신분에 관계없이 평등한 법적 지위를 보장하는 개인본위·권위본위 법사상을 이상으로 하는 것이다. 한편 시민사회의 자본주의 경제가 사적소유의 절대성으로 인하여 경제적 부의 편중, 즉 경제적 불평등이 발생하기에 이르렀다. 그러므로 국가는 시민적 법률관계에 있어서 자유방임적인 사법의 원리를 수정하여 경제에 관하여 국가적 통제를 가하여 경제적 약자에 대하여 인간다운 생활을 보장하는 복지국가로 나아가게 되는 법이 등장하게 되었는데 이것이 사회법의 등장배경이다. 사회법이란 인간의 실질적 평등이나 사회적 조화를 달성하기 위한 법으로, 법 영역상 공법과 사법이 혼합되어 있어서 공법과 사법의 어느 하나에 배타적으로 속하지 않는 '제3의 법 영역'으로 노동법·경제법·사회보장법·사회서비스법 등을 말한다.[5)]

4) 일반법과 특별법

일반법과 특별법은 법의 효력이 미치는 범위를 기준으로 나누는데, 일반법이란

5) 이에 대해서는 제3장에서 추가적으로 설명한다.

법의 효력이 특별한 제한 없이 일반적으로 적용되는 법을 말하며, 특별법이란 일정한 장소·사항·사람에게만 국한하여 적용되는 법을 말한다. 일반법과 특별법을 구별하는 실익은 법의 적용에 있어 동일한 사항에 일반법과 특별법이 병존하는 경우에는 특별법이 일반법에 우선하여 적용된다는 특별법 우선의 원칙에 있다. 즉 특별법은 일반법에 우선하여 적용되고, 특별법에 해당 규정이 없는 경우에 그의 보충으로서 일반법이 적용된다. 또한 일반법과 특별법은 절대적 개념이 아닌 상대적 개념으로 비교대상에 따라 일반법이었던 법이 특별법이 될 수도 있고, 특별법이었던 법이 일반법이 될 수도 있다. 예를 들어 「사회복지사업법」과 「장애인복지법」 사이에서는 「장애인복지법」이 특별법, 「사회복지사업법」이 일반법이 될 수 있다. 그러나 「민법」과 「사회복지사업법」 사이에서는 「사회복지사업법」이 특별법, 「민법」이 일반법이 될 수 있다. 즉 사회복지사업에 관해서는 「민법」보다 「사회복지사업법」을 우선 적용하고, 장애인에 대한 사회복지사업은 「사회복지사업법」보다 「장애인복지법」을 우선 적용한다.

5) 강행법과 임의법

강행법은 당사자의 의사와 상관없이 적용되는 법이고, 임의법은 당사자의 의사로 그 적용을 배제할 수 있는 법이다. 「헌법」, 「행정법」, 「형법」, 「형사소송법」, 「민사소송법」 등 공법규정의 대부분은 강행법이고, 「민법」, 「상법」 등 사법분야에는 임의법이 많다. 이러한 강행법과 임의법, 또는 강행규정과 임의규정은 법률 또는 법조문의 적용이 강제적이냐 임의적이냐 하는 것을 기준으로 분류된다. '해야 한다'라고 규정되는 것과 같은 강행법은 법률행위 당사자의 의사를 묻지 않고 절대적으로 적용하는 법이고, 임의법은 '할 수 있다', '노력해야 한다' 등과 같이 표현되는데, 법률행위 당사자의 의사에 따라 적용된다.

6) 실체법과 절차법

실체법은 주법으로 법률관계의 실체인 권리, 의무의 발생, 변경, 소멸, 효과 등을 정한 법으로 「민법」, 「상법」, 「형법」 등이 있다. 절차법은 조법으로 실체법에 의하여 정하여진 권리와 의무를 확보하기 위해 만들어진 법이다. 실체법상의 권리를 실행하거나 의무를 구체적으로 실행시키기 위한 절차 또는 형식을 정한 법으로 형식법이라고도 한다. 예를 들면 「민사소송법」, 「형사소송법」, 「부동산등기법」 등이 이에 해당한다.

7) 상위법과 하위법

성문법체계에서 법규범은 수직적으로 체계화되어 있는데, 헌법이 가장 상위에 위치하고 법률, 명령, 조례, 규칙의 순으로 자리하고 있다. 하위에 있는 규범이 상위의 규범을 위반하면 위헌 또는 위법이 된다. 또 법의 해석에 있어서도 상위법에서 규정하고 있는 것을 전제로 해석되어야 한다.

8) 신법과 구법

신법은 나중에 제정된 법이고, 구법은 이전에 제정된 법이다. 같은 법인 경우에는 구법은 신법에 의해 폐지된다. 만일 같은 법령이 아닌 경우 그 내용이 상호 모순되거나 저촉하는 경우에는 나중에 제정된 신법이 먼저 제정된 구법보다 우선하는 효력을 가진다는 신법 우선의 원칙이 적용된다.

5. 법의 효력

법의 효력에는 법을 해석·적용하기에 앞서서 법의 효력범위를 정하는 '법의 형식적 효력'과 법이 실정법으로 규정되어 준수를 요구하는 것, 즉 법의 타당성과 법이 현실적으로 사회에서 시행되고 준수되고 있는 실효성의 문제인 '법의 실질적 효력'이 있다.

1) 법의 실질적 효력

(1) 법적 타당성

법적 타당성은 법률에 대한 의무주체의 의사와는 관계없이 현실에서 법의 내용이 실현되기를 요구하는 것으로 법규범의 객관적 당위성을 나타내는 것이다. 법이 규정한 대로 준수할 것을 요구하고 있다는 사실에서 효력을 가지는 것이다.

(2) 법적 실효성

법은 명령이나 금지의 형식을 통하여 인간의 행위를 규율한다. 법이 현실적으로 규범이 의미하고 있는 내용대로 실현되고 있는 것을 법적 실효성이라고 한다. 예를 들어 「장애인 고용촉진 및 직업재활에 관한 법률」은 장애인을 사회통합시켜야 한다는 법적 타당성을 갖는 동시에 위반 시 벌금으로 고용분담금을 납부하도록 하는 강행규정을 통해서 법적 실효성을 높이고 있다(김기원, 2007).

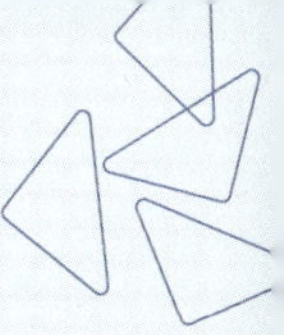

2) 법의 형식적 효력

(1) 시간에 관한 효력: 법의 유효기간

첫째, 일반적으로 성문법의 경우 시행일부터 폐지일까지 효력을 갖는다. 시행일부터 폐지일까지의 기간을 법의 시행기간이라고 하고, 법은 그 기간 내에 발생한 사항에 대하여만 적용되고, 그 전 또는 그 후에 발생한 사항에는 적용되지 않는 것이 원칙이다. 법은 폐지에 의하여 법으로서의 효력을 잃는다. 여기에는 명시적 폐지와 묵시적 폐지가 있다. 먼저 법이 미리 시행기간을 정하여서 시행기간의 만료로 법이 폐지되는 한시법이 있다. 지난 2005년에 「긴급복지지원법」이 제정되었을 때 5년간 한시법으로 제정되었다. 이후 2009년 개정에 의해서 이 시행기간 조항이 삭제되었다. 다음으로는 신법의 명시규정에 의해서 폐지된다고 정하는 경우이다. 예를 들어 「국민기초생활보장법」을 제정하면서 「생활보호법」을 폐지하였다. 묵시적 폐지는 명시적 규정이 없는 경우로 구(舊)법령에 규정한 사항과 동일한 사항에 관하여 저촉되는 내용을 갖는 신(新)법령이 제정・시행되었을 때에는 특별한 규정이 없더라도 구법은 그 효력을 잃게 된다. 한편 하위의 법규범으로 상위의 법규범을 개폐할 수 없다.

둘째, 모든 법률은 행위 시의 법률을 적용하고, 사후입법으로 소급해서 적용할 수 없다. 이러한 원칙을 법률불소급의 원칙이라고 한다. 이러한 법률불소급의 원칙이 인정되는 이유로는 법의 소급에 의한 사회생활의 혼란과 분쟁을 피하고, 구법에 의하여 발생한 법률관계, 특히 기득권을 보호하기 위한 것으로 사회생활의 안정을 가져오기 위함이다. 그러나 필요할 경우 별도의 특별입법을 통해서 예외적으로 소급하여 인정할 수 있다.

셋째, 구법에 발생한 사항이 신법에까지 진행되는 경우에 신・구 양법 중 어느 법을 적용할 것인가의 문제가 발생한다. 이러한 법 적용상의 문제를 해결하기 위하여 법을 개정할 때에 필요한 명문규정을 부칙 또는 시행법령에 두는 것이 보통이다. 이러한 것을 경과규정이라고 한다.

(2) 사람에 관한 효력

사람에 관한 법의 효력에 관해서는 속인주의와 속지주의라는 2가지 원칙이 있다. 속인주의는 자기 나라 국민을 기준으로 하여 국적을 기준으로 하여 법령의 적용범위를 결정하는 것으로 한 나라의 법은 자국민에 대해서는 그들이 자국 내에 있거나 외국에 있거나를 불문하고 자국인에 관한 사항이면 그들 모두에게 자기 나라 법령을 적용하는 원칙이다. 한편 속지주의는 영토를 기준으로 하여 법령의 적용범위를 정하는 것으로, 그 영토 내에 있어서는 자국민이거나 외국인이거나를 불문하고 모든 사람은 그 나라의 법이 적용된다는 주의이다(김기원, 2007; 두산백과사전). 근대법에서는 영토적 개념을 존중하여 각국은 속지주의를 원칙으로 하면서 이를 보충하기 위해서 속인주의를 채용하고 있다. 반면에 사회복지법은 대부분 속인주의를 택하고 있다. 그러나 사회보장협약의 체결 등으로 거주하는 국가의 사회복지법이 적용되는 사례가 증가함에 따라 일부 속지주의가 채택되고 있다.

(3) 장소에 관한 효력

한 국가의 법은 그 국가의 전 영역에 걸쳐 적용되는 것이 원칙이다. 국가의 영역은 주권이 미치는 범위로서 영토·영해·영공을 포함하며, 국가의 법은 그 국가의 영역 안에 거주하는 내·외국인을 막론하고 모든 사람에게 적용되는 것이 원칙이다. 한편 지방자치단체에서 제정한 자치법규인 조례나 규칙은 그 지방자치단체 내에서만 효력이 있다. 예를 들어 「서울특별시 사회복지사 등의 처우 및 지위 향상에 관한 조례」를 보면 제3조(적용대상)에 "이 조례는 서울특별시가 보조금을 전부 또는 일부 지원하는 사회복지기관 및 해당 사회복지기관에 종사하는 사회복지사 등에 대하여 적용한다."고 규정하여 다른 지방자치단체에서 지원하는 사회복지기관에 종사하는 사회복지사에게는 적용되지 않는다고 규정하고 있다.

사회복지법의 개념과 체계

CHAPTER 02

1. 사회복지법의 개념

사회복지법은 사회복지에 관한 법이다. 사회복지, 즉 사회구성원 다수가 평안하고 만족스러운 상태를 유지하며 잘 지낼 수 있도록 규정하는 제반법규를 의미한다. 구체적으로 사회복지법이란 모든 국민과 적법한 외국인의 욕구를 충족시키고, 생활상의 곤란과 문제를 개인적, 집단적, 지역사회적, 국가적, 국제적 수준에서 예방·보호·치료·회복시킴으로써 그들의 인간다운 생활을 보장하고 사회적 정의를 실현하기 위한 공적·사적 제도와 정책 등을 규율하기 위한 제반법규를 의미한다(김기원, 2007).[1]

1) 현재 우리나라의 사회복지법은 법체계 내에서 그 범위를 구체적으로 명시한 규정이 존재하지 않기 때문에 관점에 따라 매우 다르게 정의되고 있다. 독일의 사회법전과 같이 독립적인 사회법전 하나에 체계적으로 모아놓으

따라서 사회복지법의 범위를 어디까지로 볼 수 있을 것인가는 결국 사회복지의 범위를 어디까지로 볼 것인가와 관련된다.

1) 좁은 의미의 사회복지법

좁은 의미의 사회복지법은 소극적이고 한정된 범위의 사회복지에 관한 법, 즉 가족이나 시장기구로부터 탈락된 자들이 정상적인 사회생활을 유지할 수 있도록 그들을 보호하고, 치료하며, 문제를 예방하고 해결하기 위한 정책이나 서비스와 관련된 법을 말한다.[2)]「사회복지사업법」, 「장애인복지법」, 「노인복지법」 등과 같은 사회서비스법을 주로 의미한다. 한편 우리나라의 「사회보장기본법」에서는 사회보장을 "사회적 위험으로부터 모든 국민을 보호하고 국민 삶의 질을 향상시키는 데 필요한 소득·서비스를 보장하는 사회보험, 공공부조, 사회서비스를 말한다."고 정의하고 있다. 만일 사회보장을 사회복지와 같은 개념으로 본다면 사회보험, 공공부조, 사회서비스와 관련된 법을 사회보장법, 혹은 사회복지법이라고 정의할 수 있을 것이다.[3)]

2) 넓은 의미의 사회복지법

한편 사회보장과 사회복지는 동일한 의미가 아니며 사회보장보다 사회복지를 더 넓은 의미로 보는 것이 일반적이다. 따라서 넓은 의미의 사회복지법은 전 국민의 물질적·정신적·사회적 기본 욕구를 해결함으로써 인간다운 생활을 영위하게 하는 제반 사회적 서비스와 관련된 법률을 의미한다고 할 수 있다. 물론 이러

면 사회복지법의 범위가 명확해지지만, 우리나라의 경우 독립적인 사회법전이 존재하지 않으며 개별법체계여서 사회복지법의 범위에 대해 판단할 명확한 기준이 없다.

2) 좁은 의미의 사회복지란 현실생활에서 어려움을 겪는 사회적 약자 혹은 요보호 대상자를 위한 한정적인 제반 사회복지정책 등을 의미한다(최승원 외 6인, 2018, 53).

3) 사회보험법, 공공부조법, 사회서비스법 등을 형식적 의미의 사회복지법이라고도 한다.

한 각종 서비스는 사회복지정책 등의 추상적 정책으로 그 지침과 기준이 설정되는데, 이에 대한 구체적인 내용이 바로 사회복지법으로 표현된다. 또한 이러한 사회복지법의 규정에 따라 사회복지 서비스와 실천이 이루어진다. 그러므로 넓은 의미의 사회복지법이란 사회복지의 넓은 개념, 다시 말해 현대 사회에서 인간다운 생활을 유지하기 위해 필요한 물질적·비물질적인 사회서비스에 제공하는 공공과 민간 주체들의 노력의 총화를 규율하는 법규정이라고 할 수 있다(최승원 외 6인, 2018, 53). 여기에는 좁은 의미의 사회복지법인 사회서비스법, 사회보험법과 공공부조법, 그리고 보건의료, 교육, 주택 등 사회복지관련법까지 광범위하게 포함하고 있다고 할 수 있다.[4)]

2. 사회복지정책과 실천, 사회복지법의 관계

사회복지정책과 사회복지실천, 그리고 사회복지법은 서로 밀접하게 연결되어 있다. 사회문제를 예방·해결하고 사회복지에서 추구하는 목표를 달성하고자 하는 정부의 의도적인 행동이자 계획이 사회복지정책이라고 한다면, 이러한 정책이 실제 사회복지실천현장에서 구현되기 위해서는 법규범들이 필요하다. 즉, 정책의 내용을 구현하기 위해 정책대상을 규정하고 수행하는 기관과 인력, 그리고 재정 등을 구체적으로 제시하는 것이 사회복지법이라고 할 수 있다. 그리고 이렇게 법에 제시된 내용에 따라 정책의 구체적인 내용을 실천하는 것이 사회복지실천이라고 하겠다(김수정, 2019, 17). 이와 관련하여 사회복지정책과 사회복지법, 사회복지

4) 넓은 의미의 사회복지법은 사회복지정책과 관련된 모든 법규범을 의미하며, 실질적 의미의 사회복지법이라고도 한다.

실천과 사회복지법의 관계를 살펴보면 다음과 같다(김수정, 2019, 18~22; 최승원 외, 2018, 53~54).

1) 사회복지정책과 사회복지법

사회복지정책은 사회문제와 이슈 확인을 통해 정책의 목적과 목표를 설정하고, 이에 따른 규칙과 규정, 절차 등을 만들어 인간의 사회적 기능을 향상시키고 사회를 안정시키기 위해 필요하다. 즉 사회복지정책이란 사람들이 인간다운 삶을 살아갈 수 있도록 각종 현금, 현물, 서비스 등을 제공함으로써 인간의 기본적 욕구를 충족시켜 주고, 각종 문제를 해결하기 위한 정부의 지침, 계획, 과정(박병현, 2011)이라고 할 수 있는데, 이러한 정책을 실제로 현실에서 실천하겠다고 국가가 국민에게 약속한 내용이 바로 법이라고 할 수 있다.

어떠한 사회문제가 발생하여 이를 해결하기 위해서는 사회복지정책 등 각종 정책이 필요하게 된다. 즉 그 사회문제 해결을 위한 대상이 누구인지, 급여는 무엇을 지급할 것인지, 전달체계는 어떻게 되는지, 그리고 그 재원은 무엇으로 구성할 것인지 하는 일련의 정책을 수립하게 된다. 한편 수립된 정책이 실질적으로 효력을 갖도록 하기 위해서는 일정부분의 강제력이 필요한데, 이를 위해서는 법적인 뒷받침이 필요하게 되고 구체적으로는 입법의 형태로 진행되게 된다.[5] 이와 같이 법을 통해서 추상적으로 제시되었던 정책의 목적과 내용이 구체적인 내용으로 표현되게 되는 것이다.

5) 예를 들어 아동학대 문제가 심각하다고 판단을 하고 이를 위한 아동학대 예방정책을 세운다고 가정해 보자. 이를 위해 아동학대행위자 중 재범의 비율이 높아지는 문제가 있어 이를 해결하기 위한 대안으로 아동학대행위자들에 대한 가중처벌과 아동학대 예방교육의 강화를 정책으로 제시하였다고 하자. 이러한 정책은 구체적으로 「아동복지법」에서 상습적인 아동학대행위자에 대해서 가중 처벌하도록 벌칙에 규정하고, 지상파방송사업자에게 비상업적 공익광고로 아동학대 예방 홍보영상을 송출할 수 있도록 관련된 조항을 신설함으로써 실현될 수 있다(김수정, 2019, 18.).

2) 사회복지실천과 사회복지법

앞서 살펴본 것처럼 정책의 대상을 규정하고 기관과 인력, 그리고 재정 등을 구체적으로 제시하는 것이 사회복지법이라고 하면, 이렇게 제시된 내용에 따라 정책의 구체적인 내용을 실천하는 것이 바로 사회복지실천이라고 할 수 있다. 즉 사회복지실천현장의 사회복지사는 각종 법에 제시되어 있는 구체적인 조항들을 통해 그 법의 대상이 되는 클라이언트가 어떠한 급여를 어떠한 전달체계를 통해서 받을 수 있는지 파악할 수 있다. 또 지원을 받지 못했을 경우 권리구제 절차는 어떻게 되어있는지 등에 대한 내용도 법을 통해서 확인할 수 있다.

예를 들어, 장애인권익옹호기관에서 신고를 받고 출동했을 때, 가해자로부터 클라이언트를 보호할 수 있는 근거가 되는 것이 '법'이다. 또한 사회복지사가 클라이언트와의 상담을 통해서 현재 처한 위기상황이 어느 정도인지, 위기상황에 대한 보호를 받을 수 있는지에 대한 단서와 기준이 되는 것이 '법'이다. 또 실천 영역에서 프로그램을 개발할 때, 국가적인 지원이 어느 정도 되는지 파악하고, 그 지원을 프로그램의 자원으로 연결하기 위해서도 법적 내용을 알아야 할 것이다(김수정, 2019, 20). 또 사회복지실천을 하는데 있어 부모와 아동의 법적 권리에 대한 다툼, 혹은 클라이언트의 동의 문제 등이 발생할 수 있는데, 이때 법적인 지식은 반드시 필요하다고 할 수 있다. 이렇듯 사회복지분야에서 법은 사회복지실천의 대상이 되는 클라이언트의 삶과 직접적으로 연결되어 있다.

3. 사회복지법과 관련법의 관계

1) 사회복지법과 노동법

사회복지법과 노동법[6]은 모두 넓은 의미의 사회법에 포함된다는 유사점이 있다. 또 사회복지법 중에서 노동법적인 특성을 많이 가지고 있는 법률이 다수 있다. 예를 들어, 「고용보험법」의 경우 실업에 의하여 발생하는 소득상실분을 보충한다는 의미에서는 사회복지법적인 특성을 가지고 있지만, 실업예방정책과 직업훈련 등 직업안정정책은 노동법적인 성격을 띠고 있다고 할 수 있다. 또한 「산업재해보상보험법」 역시 산업재해피해를 입은 근로자와 그 가족의 생활을 보장한다는 점에서는 사회복지법적인 특성을 가지고 있지만, 산업재해예방을 위한 산업안전 및 보건, 작업환경 등을 규정하고 있다는 부분에서는 노동법의 특성을 가지고 있다고 할 수 있다.

그러나 이 둘 사이에는 분명한 차이점이 다음과 같이 존재한다. 첫째, 노동법이 노동계약관계를 매개로 하여 노동자의 생존권 실현을 목적으로 한다면, 사회복지법은 모든 국민에 대하여 직접적으로 생존권을 실현하기 위한 법이다. 둘째, 노동법은 노동자와 노동조합을 대상으로 하는 반면, 사회복지법은 특정 개개인, 나아가 국민 전체를 대상으로 한다. 셋째, 노동법은 적극적 소득재분배를 지향하지 않는 반면, 사회복지법은 보험료 차등부과, 조세를 통한 급여 제공 등 적극적 소득재분배를 지향하고 있다고 할 수 있다. 넷째, 노동법은 시민법상의 계약자유의 원칙에 대해 국가 개입을 통해 이를 수정, 보완한 법이라면, 사회복지법은 계약자유의 원칙을 근본적으로 수정한 법이라고 할 수 있다.[7] 사회보험의 강제가입 원칙,

6) 노동법의 예 : 근로기준법, 최저임금법, 근로복지기본법 등

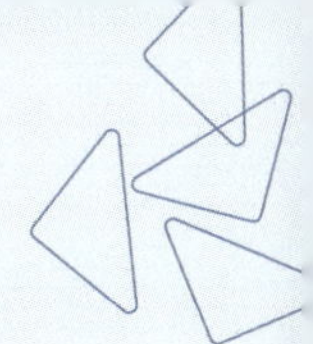

사회보험료의 차등부과 등은 바로 이러한 원칙을 수정한 예라고 할 수 있다.

2) 사회복지법과 행정법

사회복지법 대부분이 국가의 주요 행정의 일부로서 행정관청에 의하여 실시되어 왔다는 점과 국가의 강한 입법 의지를 담은 사회정책적 입법이라는 점, 그리고 인간다운 생활의 보장이 국가의 강한 행정행위에 의하여 실현된다는 점에서 사회복지법과 행정법[8]은 관련성을 가지고 있다. 오늘날 사회복지급여는 국가에 의한 사회복지행정을 통해 국민에게 전달되며, 이에 사회복지법은 기본적으로 행정법적 속성을 가지고 있다고 보아야 한다.

이 둘 사이의 차이점을 살펴보면 다음과 같다. 첫째, 행정법이 국가의 행정권을 확보하는 법이라면, 사회복지법은 국민의 사회복지권을 확보하는 법이다. 둘째, 행정법이 급여 주체의 하나인 국가조직과 급여 및 서비스 전달과 절차에 관련된 법이라면, 사회복지법은 국민의 생존권 확보를 위한 국가책임이라는 규범 목적을 달성하기 위한 기술적이고 절차적인 법이라는 점에서 차이가 있다.

3) 사회복지법과 조세법

사회복지법과 조세법[9]은 본래의 목적은 다르지만 특정 기능에서 유사한 점이 있다. 예를 들어 조세법상의 소득공제제도와 조세감면제도, 부(負)의 소득세 제도 등은 소득의 재분배가 가능하다. 그리고 사회보험에서의 기여금(보험료)과 직접세인 소득세는 그 형태가 매우 유사하다.[10] 차이점을 살펴보면 입법목적상에서, 그리고 반대급부면에서 차이가 존재한다. 조세는 구체적인 대가 없이 일방적으로

7) 이에 대한 구체적인 내용은 제3장 사회복지법의 역사적 형성과 특징에서 설명할 것이다.

8) 행정(일반)법의 예 : 정부조직법, 행정규제기본법, 행정심판법, 행정절차법 등

9) 조세법의 예 : 소득세법, 부가가치세법, 상속세 및 증여세법 등

10) 이러한 이유로 사회보험료를 사회보장성 조세라고 부른다.

징수하여 불특정 다수의 국민을 위한 국가적인 일반사업에 쓰이는데, 개인은 국가를 상대로 자신이 납부한 조세에 대해 구체적인 반대급부를 청구할 수 없다. 반면, 사회보험료는 인간다운 생활의 보장, 최저생활수준의 보장 등 특정 목적을 이루기 위해 징수되는데, 보험가입자는 일정한 요건에 따라 보험급여에 대한 권리를 갖게 된다.

4) 사회복지법과 민법

사회복지법과 민법의 유사점을 살펴보면 다음과 같다. 첫째, 사회복지법에는 '「민법」의 해당 조항을 준용한다.'는 규정이 많다. 이러한 예로 「국민연금법」 제48조, 「사회복지사업법」 제32조 등이 있다.[11] 둘째, 「민법」 중 친족과 상속 부분이 사회복지법과 밀접한 관계를 가지고 있다. 「민법」 중 친족(제4편)과 상속(제5편) 부분은 부양의무자와 상속 등을 규정하고 있는데, 일반적으로 부양의무자로 하여금 피부양자를 부양하도록 규정하고 있다. 이것은 피부양자의 인간다운 생존을 목적으로 하는 사회복지법과 상호보완적이면서도 중복되는 측면이 있다. 사회복지법이 제3자와의 관계를 인정하는 점 역시 민법적 요소로 볼 수 있다. 이러한 예로 「국민건강보험법」 제58조, 「국민연금법」 제114조, 「산업재해보상보험법」 제87조, 제89조 등이 있다.[12] 이 경우에 발생하는 법률관계는 명백히 사법적 관계이지만

---

11) **「국민연금법」 제48조(「민법」의 준용)** 공단에 관하여 이 법에서 정한 것 외에는 「민법」중 재단법인에 관한 규정을 준용한다.
「사회복지사업법」 제32조(다른 법률의 준용) 법인에 관하여 이 법에서 규정한 사항을 제외하고는 「민법」과 「공익법인의 설립·운영에 관한 법률」을 준용한다.

12) **「국민건강보험법」 제58조(구상권)** ① 공단은 제3자의 행위로 보험급여사유가 생겨 가입자 또는 피부양자에게 보험급여를 한 경우에는 그 급여에 들어간 비용 한도에서 그 제3자에게 손해배상을 청구할 권리를 얻는다.
「국민연금법」 제114조(대위권 등) ① 공단은 제3자의 행위로 장애연금이나 유족연금의 지급 사유가 발생하여 장애연금이나 유족연금을 지급한 때에는 그 급여액의 범위에서 제3자에 대한 수급권자의 손해배상청구권에 관하여 수급권자를 대위(代位)한다.
「산업재해보상보험법」 제87조(제3자에 대한 구상권) ① 공단은 제3자의 행위에 따른 재해로 보험급여를 지급한 경우에는 그 급여액의 한도 안에서 급여를 받은 사람의 제3자에 대한 손해배상청구권을 대위(代位)한다.(이

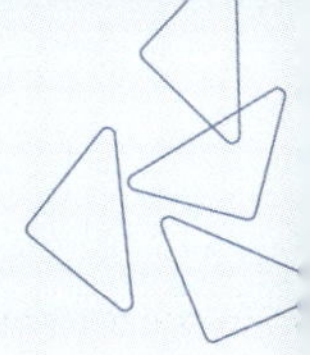

사회복지법과 밀접한 관계를 갖는 것으로 볼 수 있다.

차이점을 보면, 민법은 개인당사자 간의 법률관계를 규정한 법으로 사법적 요소가 강한 반면, 사회복지법은 국가와 개인 간의 법률관계, 즉 공법적 요소가 강하다는 측면에서 차이가 있다.

4. 사회복지법의 수직적 체계화

법규범이 존재하는 형태에 따라서 수직적인 위계질서를 형성하고 있는데, 같은 법규범이라도 효력의 강약과 우선순위의 차이가 있다. 이러한 법의 위계는 「헌법」을 정점으로 하여, 법률, 명령, 조례, 규칙 등의 순이며 수직적 단계 속에서 하위규범들은 상위규범의 추상성을 구체화시켜줌과 동시에 상위규범에 구속되어 위반할 수 없다.

1) 헌법

「헌법」은 사회복지법 최고의 규범으로서 국민의 기본권에 관한 조항을 규정하고 있다. 기본권(Grundrecht)이란 「헌법」이 보장하는 국민의 기본적 권리로서 평등권, 자유권적 기본권, 경제적 기본권, 정치적 기본권, 청구권적 기본권, 사회권적 기본권 등을 규정한다. 현행 「헌법」 규정에서 사회복지의 규범은 전문을 비롯하

하 생략)

제89조(수급권의 대위) 보험가입자(보험료징수법 제2조 제5호에 따른 하수급인을 포함한다. 이하 이 조에서 같다)가 소속 근로자의 업무상의 재해에 관하여 이 법에 따른 보험급여의 지급 사유와 동일한 사유로 「민법」이나 그 밖의 법령에 따라 보험급여에 상당하는 금품을 수급권자에게 미리 지급한 경우로서 그 금품이 보험급여에 대체하여 지급한 것으로 인정되는 경우에 보험가입자는 대통령령으로 정하는 바에 따라 그 수급권자의 보험급여를 받을 권리를 대위한다.

여 경제조항인 제119조, 제10조 인간의 존엄성과 기본인권보장, 제31조 교육을 받을 권리, 제32조 근로의 권리, 제33조 노동기본 3권, 제34조 인간다운 생활을 할 권리, 제35조 환경권 및 주거권, 제36조 혼인과 가족생활의 보호 및 보건권 등의 규정을 통해 사회복지의 범위와 내용을 규정하고 있는데, 사회복지법의 기본방향이자 근거가 되고 있는 최상위 규범이라고 할 수 있다. 「헌법」에 규정된 기본권과 사회권적 기본권에 대해서 구체적으로 살펴보면 다음과 같다.

먼저 모든 기본권의 가장 상위 규범은 「헌법」 제10조로 그 내용은 다음과 같다.

제10조

- 모든 국민은 인간으로서의 존엄과 가치를 지니며, 행복을 추구할 권리를 가진다. 국가는 개인이 가지는 불가침의 기본적 인권을 확인하고 이를 보장할 의무를 진다.

이 조항에서 규정하고 있는 기본권 개념은 인간의 존엄과 가치, 행복추구권, 기본적 인권보장 등 3가지이다(차병직 · 윤재왕 · 윤지영, 2016). 첫째, 인간의 존엄과 가치, 즉 인간의 존엄성 규정은 인간의 가치가 모든 것 중에서 최우선이라는 인간중심주의를 바탕으로 한다. 국가나 사회의 제도나 우주만물의 어떠한 존재보다 인간이 우선한다는 의미다. 그러므로 인간을 그 자체가 목적이며 결코 수단으로 이용되어서는 안 된다. 둘째, 행복추구권을 규정하고 있다. 인간은 누구나 존엄한 존재이므로 행복하게 살 권리가 있다고 믿는다. 누구나 행복해지기를 원하기 때문에, 개개인은 자신의 행복을 추구할 수 있어야 한다. 여기에는 적극적 의미와 소극적 의미 2가지가 있다. 즉 자기가 원하는 대로 살아갈 수 있어야 한다는 것과 국가나 타인으로부터 불행이나 고통을 강요당해서는 안 된다는 것이다. 이러한 행복추구권도 인간의 존엄성과 마찬가지로 포괄적이고 모호한 권리이다. 그 자체가 하나의 독립한 권리라기보다는 다른 모든 기본권의 기초가 되는 근본 가치를

표현한 것이라고 보는 것이 옳을 것이다. 셋째, 기본적 인권보장이다. 앞서 살펴본 것처럼 인간의 존엄과 가치 그리고 행복추구권 등 3가지가 기본권의 핵심을 의미한다고 할 수 있다. 이러한 '기본적 인권을 확인하고 이를 보장할 의무'를 국가에 부과하고 있다. 이를 통해 포괄적 기본권을 제시하고 있다.

이러한 제10조의 규정을 받는 사회복지법과 관련된 것이 사회권적 기본권이다. 「헌법」에서 사회권적 기본권을 명시한 제34조는 다음과 같다.

제34조

① 모든 국민은 인간다운 생활을 할 권리를 가진다.
② 국가는 사회보장·사회복지의 증진에 노력할 의무를 진다.
③ 국가는 여자의 복지와 권익의 향상을 위하여 노력하여야 한다.
④ 국가는 노인과 청소년의 복지 향상을 위한 정책을 실시할 의무를 진다.
⑤ 신체장애자 및 질병·노령 기타의 사유로 생활능력이 없는 국민은 법률이 정하는 바에 의하여 국가의 보호를 받는다.
⑥ 국가는 재해를 예방하고 그 위험으로부터 국민을 보호하기 위하여 노력하여야 한다.

사회권적 기본권 규정에서 핵심 조항은 제34조 제1항 "모든 국민은 인간다운 생활을 할 권리를 갖는다."이다. 이 조항은 사회권[13]의 상징적 표현이라고 할 수 있다. 자유권은 국가나 타인으로부터 방해받지 않을 권리인 반면, 사회권은 인간으로 살아가는 데 필요한 최소한의 조건을 국가에 대해 요구할 수 있는 권리이다. 따라서 사회보장제도를 요구할 수 있는 국민의 권리에 대해서 제시한 조항이라고 할 수 있다. 제2항은 제1항에서 제시한 사회보상과 사회복지를 증진하는 정책을 집행해야 할 국가의 의무를 제시하고 있다. 이어서 3항과 4항, 5항은 여성, 노인, 장애인 등 소위 '사회적 약자'들의 복지 향상을 위한 정책을 강조한 조항들이다.

13) 사회권은 1919년 독일 바이마르 헌법 제151조 "경제생활의 질서는 사람마다 인간다운 생활을 할 수 있도록 보장하는 것을 목적으로 하는 정의의 원칙에 합치해야 한다."에서 비롯되었다.

「헌법」이 인간다운 생활을 할 권리를 규정하면서 장애인과 같은 사회적 약자의 보호를 명시적으로 밝히고 있는 이유는 무엇일까? 이는 이들이 자신의 자유를 실질적으로 누릴 수 있도록 국가가 그 조건과 환경을 만들어야 한다는 의무를 강조한 것이다(차병직 · 윤재왕 · 윤지영, 2016).

앞에서 살펴본 것처럼 사회권의 핵심조항은 제34조 제1항인 "모든 국민은 인간다운 생활을 할 권리를 가진다."이다. 결국 사회복지법들은 모든 국민이 '인간다운 생활을 할 권리'를 제도적으로 실현할 수 있도록 구체화시켜 주는 역할을 하고 있다(김수정, 2017).

그 밖에 제31조 교육에 대한 권리, 제32조 및 제33조 근로에 대한 권리, 제34조 사회복지에 대한 권리, 제35조 건강 · 환경 · 주거에 대한 권리, 제36조 가족과 모성에 대한 권리 등이 사회권적 기본권에 해당하는 것이다. 위와 같은 사회권적 기본권 규정 이외에도 전문(前文)에서 기회 균등, 국민생활의 균등한 향상의 선언과 제119조 제2항의 소득분배의 적정성, 경제력 남용의 금지, 경제민주화 등은 우리 「헌법」이 국가개입을 통한 경제민주화를 이루는 사회적 시장경제, 즉 복지국가적 이념을 표방하고 있다는 것을 알 수 있게 해준다. 「헌법」의 기본권 규정 중 사회복지와 관련이 깊은 내용을 정리하면 〈표 2-1〉과 같다.

| 표 2-1 | 사회복지와 관련이 깊은 헌법의 기본권 규정

조항	핵심	조항(내용)
제10조	기본권 보장의 대원칙 규정	• 모든 국민은 인간으로서의 존엄과 가치를 가지며, 행복을 추구할 권리를 가진다. • 국가는 개인이 가지는 불가침의 기본적 인권을 확인하고 이를 보장할 의무를 진다.
제34조 제1항	생존권 보장의 기본원칙	• 모든 국민은 인간다운 생활을 할 권리를 가진다.
제34조 제2~6항	구체적인 복지권 규정	• 국가는 사회보장, 사회복지의 증진에 노력할 의무를 진다. • 국가는 여자의 복지와 권익의 향상을 위하여 노력하여야 한다. • 국가는 노인과 청소년의 복지 향상을 위한 정책을 실시할 의무를 진다. • 신체장애자 및 질병, 노령, 기타의 사유로 생활능력이 없는 국민은

		법률이 정하는 바에 의하여 국가의 보호를 받는다. • 국가는 재해를 예방하고 그 위험으로부터 국민을 보호하기 위하여 노력하여야 한다.
제32조	근로자의 생존권 보장	• 모든 국민은 근로의 권리를 가진다. • 국가는 사회적·경제적 방법으로 근로자의 고용의 증진과 적정임금의 보장에 노력하여야 하며, 법률이 정하는 바에 의하여 최저임금제를 시행하여야 한다. • 근로조건의 기준은 인간의 존엄성을 보장하도록 법률로 정한다. • 여자의 근로는 특별한 보호를 받으며, 고용·임금 및 근로조건에 있어서 부당한 차별을 받지 아니한다. • 연소자의 근로는 특별한 보호를 받는다. • 국가유공자, 상이군경 및 전몰군경의 유가족은 법률에 정하는 바에 의하여 우선적으로 근로의 기회를 부여받는다.
제119조 제2항	소득분배 관련	• 국가는 균형 있는 국민경제의 성장 및 안정과 적정한 소득의 분배를 유지하고, 시장의 지배와 경제력의 남용을 방지하며, 경제주체 간의 조화를 통한 경제의 민주화를 위하여 경제에 관한 규제와 조정을 할 수 있다.

2) 법률

법률은 법규범의 위계에서 「헌법」 다음 단계의 규범으로서 헌법상 입법권을 갖는 국회에서 제정하며, 국회의원과 행정부에서 법률안을 제출하여 국회의 의결을 거쳐 만들어진다. 여기에 더하여 대통령의 법률안거부권이 있기 때문에, 법률은 결과적으로 국회와 행정부, 그리고 대통령의 권력관계에 의한 산물로서 탄생된다. 사회복지법의 하위 범주의 법들로는 사회보장기본법, 사회서비스법, 사회보험법, 공공부조법 등이 있으며, 각 하위범주에 소속되는 법들도 나름대로의 수직적인 구조를 가진다.

법률단계에서는 「사회보장기본법」을 기본으로 다양한 법률이 존재하나, 이 법률들은 일반법과 특별법의 관계를 유지하고 있다. 이때 특별법 우선의 원칙에 따라 특별법이 일반법에 우선하여 적용되게 된다.

법률 중 「사회보장기본법」은 우리나라 사회복지에 관한 기본법으로 헌법과 일반법률 사이에 위치하여 양자를 연결해 주는 역할을 한다. 즉, 「헌법」의 이념을 구체화하고 하위 법률을 구속하고 지도하는 역할을 수행하는 법이며, 사회보험, 공공부조, 사회서비스를 총괄하는 사회복지분야의 기본법이다(윤찬영, 2010). 이는 「사회보장기본법」 제4조(다른 법률과의 관계)에서 "사회보장에 관한 다른 법률을 제정하거나 개정하는 경우에는 이 법에 부합되도록 하여야 한다."고 하여 사회복지의 기본법임을 명확히 밝히고 있다. 또한 「사회보장기본법」 제2조(기본이념)에서 "사회보장은 모든 국민이 다양한 사회적 위험으로부터 벗어나 행복하고 인간다운 생활을 향유할 수 있도록 자립을 지원하며, 사회참여·자아실현에 필요한 제도와 여건을 조성하여 사회통합과 행복한 복지사회를 실현하는 것을 기본이념으로 한다."고 규정하였다. 즉 「사회보장기본법」은 「헌법」 제34조 제1항에서 규정한 '인간다운 생활을 할 권리'를 실현하기 위한 법임을 명확히 한 것이다(김수정, 2017).

사회복지와 관련된 개별 법률은 「사회보장기본법」에서 제시한 것처럼 사회보험법, 공공부조법, 그리고 사회서비스법으로 나눌 수 있다. 먼저 사회보험은 국민에게 발생하는 사회적 위험을 보험의 방식으로 대처함으로써 국민의 건강과 소득을 보장하는 제도를 말한다(「사회보장기본법」 제3조 제2호). 즉 '위험의 분산'이라는 보험의 방식으로 국민에게 발생하는 실업, 노령, 장애, 질병 등의 사회적 위험으로 발생하는 문제로부터 국민을 보호하기 위하여 평소에 보험료 징수를 하고, 사고 발생 시 해당되는 보험급여를 실시하는 제도를 말한다. 대표적인 우리나라의 사회보험법은 「국민연금법」, 「국민건강보험법」, 「산업재해보상보험법」, 「고용보험법」, 그리고 「노인장기요양보험법」 등이 있다.

둘째, 공공부조란 국가와 지방자치단체의 책임하에 생활 유지 능력이 없거나 생활이 어려운 국민의 최저생활을 보장하고 자립을 지원하는 제도를 말한다(「사회보장기본법」 제3조 제3호). 즉 공공부조제도는 근로의 능력이 없거나 생활이 어려운 자에게 최저한도의 건강하고 문화적인 생활을 할 권리를 부장해 주는 것이라고 할 수 있다. 대표적인 우리나라의 공공부조법으로는 「국민기초생활보장법」과

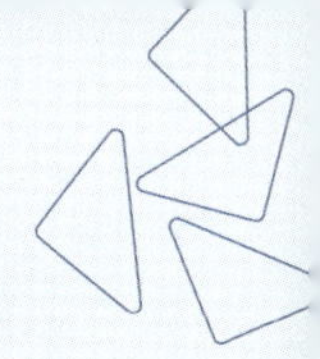

「의료급여법」이 있으며, 「긴급복지지원법」, 「재해구호법」 등도 공공부조법에 속한다.

다음으로 사회서비스는 국가·지방자치단체 및 민간부문의 도움이 필요한 모든 국민에게 복지, 보건의료, 교육, 고용, 주거, 문화, 환경 등의 분야에서 인간다운 생활을 보장하고 상담, 재활, 돌봄, 정보의 제공, 관련 시설의 이용, 역량 개발, 사회참여 지원 등을 통하여 국민의 삶의 질이 향상되도록 지원하는 제도를 말한다(「사회보장기본법」 제3조 제4호). 즉, 사회복지와 관련된 도움이 필요한 국민에게 이와 관련된 각종 서비스를 지원하는 제도이다. 이러한 사회서비스법으로는 대표적으로 「사회복지사업법」이 있으며, 그 밖에 「아동복지법」, 「노인복지법」, 「장애인복지법」 등이 있다.

3) 시행령과 시행규칙

실제 법률이 현실에 적용되기 위해서는 법률의 하위규범인 시행령과 시행규칙이 제정되어야 한다. 이것은 많은 경우 법률 규정들이 추상적이고 보편적인 규정들이 많아 세부적인 규정들을 필요로 하기 때문이다. 예를 들어 「장애인복지법」에서는 제2조(장애인의 정의 등)에서 "'장애인'이란 신체적·정신적 장애로 오랫동안 일상생활이나 사회생활에서 상당한 제약을 받는 자를 말한다."고 정의하고 있다. 그리고 이 법을 적용받는 장애인은 "신체적 장애와 정신적 장애의 어느 하나에 해당하는 장애가 있는 자로서 대통령령으로 정하는 장애의 종류 및 기준에 해당하는 자를 말한다."고 규정하고 있다. 이에 대통령령인 「장애인복지법」 시행령 제2조에서 장애의 종류 및 기준을 제시하고 있다. 또한 장애인의 경우에는 같은 종류의 장애라 하더라도 장애의 정도가 심한 장애인과 장애의 정도가 심하지 않은 장애인으로 구분하고 있다. 이에 보건복지부령인 「장애인복지법」 시행규칙 제2조에서 장애인의 장애 정도 등을 제시하고 있다.

이러한 명령은 국회의 의결을 거치지 않고 대통령 이하 행정부에서 제정하도록

되어 있는데 시행령과 시행규칙으로 나누어진다.[14)]

(1) 시행령

시행령은 대통령의 명령으로, 「헌법」 제75조 "대통령은 법률에서 구체적으로 범위를 정하여 위임받은 사항과 법률을 집행하기 위해 필요한 사항에 관해 대통령령을 발할 수 있다."고 규정하고 있다. 이러한 규정에 의해 대통령은 법률에서 구체적으로 위임받은 사항에 관해 위임명령을, 그리고 법률을 집행하기 위해 집행명령을 발할 권한을 갖는다.[15)]

(2) 시행규칙

「헌법」 제95조는 "국무총리 또는 행정 각 부의 장은 소관 사무에 관하여 법률이나 대통령의 위임 또는 직권으로 총리령 또는 부령을 발할 수 있다."고 규정하고 있다. 이에 따라 국무총리나 행정 각 부의 장은 법률이나 대통령령의 위임에 의한 위임명령이나 직권에 의한 직권명령을 발할 권한을 갖는다.

4) 조례와 규칙

헌법 이하 법률, 시행령, 시행규칙 등이 중앙정부가 제정하는 법규범이라면, 조례와 규칙은 지방자치단체가 정하는 자치법규이다. 「헌법」 제117조 제1항에서

---

14) 하나의 법규범이 실효성을 갖기 위해서는 법률과 그에 따른 시행령과 시행규칙을 필요로 한다. 따라서 법의 실효성을 확보하기 위해서는 법률 못지않게 시행령과 시행규칙이 중요하다. 한편, 시행령이나 시행규칙이 국민의 권리 실현을 침해하지 않도록 하기 위해 수급자의 권리와 보장에 영향을 주는 것은 다소 구체적이라 하더라도 가능한 모법(母法)에서 규정하는 것이 바람직할 것이다.

15) 일반적으로 법률에서는 세부적 규정을 명령에 위임하는 일이 많은데 이러한 사항에 규정하는 명령은 위임명령이라고 불린다. 한편 법률에 의한 위임에 의하지 아니하고, 상위의 법령을 집행하기 위하여 필요한 사항을 규정하기 위한 것이거나, 명령권자의 직무를 수행하기 위하여 필요로 하는 사항을 규정하는 명령이 있는데 이는 집행명령이라고 불린다. 이러한 위임명령이나 집행명령은 국민의 권리·의무에 관한 사항까지도 규율할 수 있는 '법규명령'이다.

"지방자치단체는 주민의 복리에 관한 사무를 처리하고 재산을 관리하며, 법령의 범위 안에서 자치에 관한 규정을 제정할 수 있다."고 규정하고 있다.

(1) 조례

지방자치단체는 조례제정권을 가지고 법령의 범위 내에서 지방의회의 의결을 거쳐 조례를 제정하게 된다. 「지방자치법」 제22조(조례)에서는 "지방자치단체는 법령의 범위 안에서 그 사무에 관하여 조례를 제정할 수 있다. 다만, 주민의 권리 제한 또는 의무 부과에 관한 사항이나 벌칙을 정할 때에는 법률의 위임이 있어야 한다."고 규정하고 있어 지방자치단체에 조례제정권을 부여하고 있다. 조례는 위계적 특성을 가지고 있어 시・군 및 자치구의 조례나 규칙은 시・도의 조례나 규칙을 위반하여서는 안 된다.[16] 또한 조례는 자치업무의 수행에 필요한 모든 분야를 포함하고 있어 포괄적이며, 그 지방자치단체의 지방 내에서만 효력을 갖는 지역제한적 특성이 있다. 그리고 조례는 일상생활 가운데 지역주민들을 지배하고 있는 불완전하고 미성숙한 행위규범을 완전히 성숙한 제정법으로 유도하는 기능을 수행하고 있으며, 법률의 제정을 선도하는 기능을 수행하기도 한다. 한편 추상적 규범으로 입법된 법률을 보완하는 작용을 하며, 법률과 사회적 현실 간의 차이를 조정하는 역할을 수행한다.

(2) 규칙

자치입법으로서 규칙(規則)은 지방자치단체의 장이 법령 또는 조례가 위임한 범위 내에서 그 권한에 속하는 사무에 관하여 정립한 법이다. 「지방자치법」 제23조(규칙)에서는 "지방자치단체의 장은 법령이나 조례가 위임한 범위에서 그 권한에 속하는 사무에 관하여 규칙을 제정할 수 있다."고 규정하고 있다. 이와 같이 규칙

16) 「지방자치법」 제24조(조례와 규칙의 입법한계) 시・군 및 자치구의 조례나 규칙은 시・도의 조례나 규칙을 위반하여서는 아니 된다.

의 제정권은 지방자치단체의 장에게 속하는데, 조례가 제정되면 조례의 시행에 관하여 필요한 사항을 규칙으로 정하고 있다. 조례가 법률에 해당한다면, 규칙은 명령에 해당된다고 할 수 있다.

예를 들어 「서울특별시 주민생활안정지원에 관한 조례」 제4조(생활안정지원의 대상)에서는 "시장은 (서울특별)시에 거주하는 사람 중 '수급권자, 차상위계층, 사회복지시설에서 보호를 받는 사람 또는 같은 시설을 이용하는 사람, 서울형 기초보장제도, 서울형 긴급복지, 서울안심소득 대상자, 그 밖에 생활안정지원을 필요로 하는 자로서 규칙으로 정하는 사람' 중 어느 하나에 해당하는 사람의 생활안정을 위하여 금전 또는 물품 등을 지원할 수 있다."고 규정하고 있다. 이에 「서울특별시 주민생활안정 지원에 관한 조례 시행규칙」 제2조(지원대상자)에서 '서울지방보훈청이 선정한 저소득 보훈자, 「국민기초생활 보장법」에 따른 소득인정액이 기준 중위소득 80% 이하의 사람으로서 14세 이하의 자녀가 있는 사람(단, 3자녀 이상 가구의 경우 기준 중위소득 90% 이하인 사람으로 한다), 노숙인, 소득기준이 기준 중위소득 140% 이하이며, 지원대상자 모집 공고일 현재 근로하고 있는 사람, 장애로 인한 추가비용이 발생하는 중증장애인으로 수급자 및 차상위계층/보장시설 거주 수급자인 중증장애아동 등'을 지원대상자로 추가 규정하고 있다.

5) 행정규칙

행정부서는 법을 집행하기 위해 기술적인 측면의 세부사항들을 훈령, 예규, 고시 등을 통해 자체 내의 규정으로 사용하고 있다. 이 자체는 법규범이 될 수는 없지만, 실제 법 적용 대상자에게는 가장 밀접하게 작용하는 것이어서 주목해야 한다. 실제 급변하는 사회환경과 사회문제의 증가로 인해 행정권이 적절하게 적응하고 대처하기 위해 행정입법의 기능이 필요하게 되어, 행정부가 제정하는 입법이 증가하고 있다. 행정부의 내부적인 지침이 증가하게 되는 것은 법적인 안정성을 해칠 우려가 있다. 그러나 법은 구체적인 타당성을 동시에 지녀야 하기에 법적

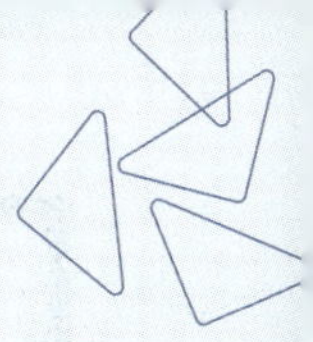

인 사항들이 상당부분 행정규칙으로 제정되고 있다. 따라서 이러한 준(準)법규범인 각종 지침 등의 행정규칙은 위헌성과 위법성 등을 판단하고 지침의 사항을 법규사항으로 끌어올려야 할 필요성에 대한 차원에서 고려되어야 할 것이다.

예를 들어, 노인장기요양보험제도의 경우 장기요양급여 제공기준 및 급여비용 산정방법 등의 사항을 규정하기 위하여 보건복지부에서 '장기요양급여 제공기준 및 급여비용 산정방법 등에 관한 고시'를 제정하여 운영하고 있다.

6) 국제법

국제법이란 국제사회의 법으로 원칙적으로 국가 간의 합의에 의해 성립하고 국가 간의 관계를 규율한다. 국가 간의 합의가 국제법의 법원이며, 국가 간의 명시적인 합의가 조약, 묵시적인 합의가 국제관습법이다. 우리나라 「헌법」 제6조 제1항에서는 "헌법에 의하여 체결·공포된 조약과 일반적으로 승인된 국제법규는 국내법과 같은 효력을 가진다."고 규정함으로써 국제법을 국내법에 수용하고 이를 존중하고자 한다. '조약'은 대통령에 의한 체결, 비준과 함께 국회의 비준동의를 얻어야 한다. 그리고 '일반적으로 승인된 국제법규'는 국제인권규약과 같이 국제사회의 보편적 규범으로서 대다수 국가가 승인하고 있는 법규를 말한다(김수정, 2017).

사회복지관련 국제법규는 각종 선언문의 영향도 받지만, 주로 국제법의 주체 간에 일정한 권리의무를 당사자 간 발생하도록 하기 위하여 서면의 형식으로 또는 국제법의 규율에 따라서 체결되는 국제조약으로 구체화되고 있다. 한편 「사회보장기본법」 제8조(외국인에 대한 적용)에서는 "국내에 거주하는 외국인에게 사회보장제도를 적용할 때에는 상호주의의 원칙에 따르되, 관계 법령에서 정하는 바에 따른다."고 규정하고 있다. 이러한 규정에 따라 최근 개별 나라들 간에 독자적인 사회보장협약이 체결되고 있어 협약에 비준한 국가 간에 상호주의에 입각하여 자국민에 준하는 사회복지혜택을 상대국 국민에게도 부여하고 있다.

CHAPTER 03 사회복지법의 역사적 형성과 특징

1. 시민법 원리에서 사회복지법 원리로의 전환

지금의 법 형태는 시민혁명으로 탄생한 시민사회의 산물로 시작되었다. 기존에 출생으로 결정되던 신분제에서 벗어나 본인의 신분 강화를 위해 시민들이 직접 국가와 계약한 내용이 법이라고 할 수 있다. 즉 근대국가의 형성과 함께 시민사회 공동체 구성원으로서 공유해야 할 권리, 즉 시민 개개인의 자유와 권리를 보장하며 국가의 규제를 최소화한 시민법이 등장하게 되었다. 그러나 이후 자본주의의 성장과 함께 많은 사회문제가 발생하였으며, 시민법 원리만으로는 이러한 문제를 해결할 수 없게 되었으며 필연적으로 국가가 개입하게 되면서 국가의 역할이 커졌으며 시민법과는 다른 사회법이 등장하게 되었다(김수정, 2019). 윤찬영(2010)은 시민법의 원리로 계약의 자유, 소유권의 절대성, 과실에 대한 자기책임이라는 3가

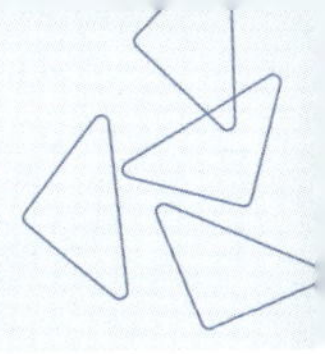

지 원칙을 제시하였는데, 이것이 각각 계약의 공정성, 소유권의 사회성, 무과실 책임(집합적 책임)으로 수정되었다고 하였다. 여기에서는 윤찬영(2010)의 구분에 따라 시민법과 사회복지법의 원리를 설명하고자 한다.

1) 시민법의 원리와 그 비판

(1) 시민법 형성과 의의

봉건사회의 구질서를 무너뜨리고 자본주의사회를 확립한 시민계급은 시민사회를 전제로 상품교환과정에서 나타나는 시민 개개인의 권리와 의무를 보장하는 법체계, 즉 시민법의 발달을 가져왔다. 시민법은 보편적인 상품교환 사회인 시민사회를 전제로 하여 상품교환과정에서의 시민 개개인의 권리와 의무를 보장하는 법체계이다. 이에 상품 가치법칙에 따라 등가교환적 정의를 법적 정의로 하며, 시민 당사자 간의 합의에 따라 권리와 의무를 보장하고 있다. 국가는 제3자로서 존재하며 법은 오로지 개인과 개인 사이의 관계를 규율하는 것이다(윤찬영, 2010).

시민법에서의 인간관은 자신의 이익을 추구하는데 아주 영리한 개인으로, 모든 사회적 구속으로부터 자유롭고, 법률적 구속에 대해서는 자신이 이해하고 있는 자기의 이익에 따라 스스로 참아내기 때문에 그에 복종하는 모습을 가진다. 이러한 인간관에 바탕을 둔 시민법은 현실생활의 세계에서 자유, 평등, 독립의 인간관계에 고유한 법규범의 체계로서, 자본주의경제 사회의 초기에서 중산적 생산자층을 바탕으로 만들어진 것이다. 시민법에서 말하는 시민이란 교양과 재산을 가진 부르주아 계급의 성인남성을 말한다고 할 수 있다.

(2) 시민법의 이념과 한계

시민법의 이념적 지향은 시민사회의 정치경제적 이데올로기였던 '자유'와 '평등'이다. 여기서 자유의 개념은 일체의 구속으로부터 해방을 의미하는 소극적인 사유였고, 평등은 법 앞에서의 평등을 의미한다. 그러나 법 앞에서 평등한 시민계급은 시민혁명을 통해 이를 달성한 소자본가(petit bourgeois) 등 가진 자들만의 전유물이며, 노동계급에게는 강요된 노동에 종사하며 생존을 유지해야 하는 자유밖에 남지 않았다. 평등 역시 형식적 의미의 평등으로 실제로는 불평등이었다. 즉, 시민혁명 이후 등장한 시민법은 소수의 유산계급에게만 의미가 있었으며, 다수의 무산계급에게는 새로운 법질서가 요구되는 것이었다.

2) 시민법의 원칙과 그 한계

(1) 계약자유의 원칙(사적자치의 원칙)

개인의 자유의사에 의한 계약에서 가장 많이 나타나므로 '법률행사자유의 원칙'이라고도 하는 이 원칙에 의해서 자유롭게 교환관계가 형성되었다. 사법상의 법률관계가 개인의 자유로운 의사에 의해 발생하는 것으로 이러한 이념에서 계약자유의 원칙이 확립되었다. 사람은 누구나 합리적인 판단력을 가지고 있으며 개인의 활동에 국가가 간섭하지 않고 각자의 자유에 맡겨두면 사회는 조화로워진다는 생각을 바탕으로 한다. 즉 법적으로 평등한 시민들 간에는 자유로운 합의에 의해서 법적인 권리・의무 관계가 형성된다는 원칙에 따르는 것으로 개인의 자유의지에 따라 자유롭게 계약을 체결할 권리가 있다.

이러한 계약자유의 원칙은 대등한 위치에 있는 자본가들이 자유롭게 경쟁하는 사회에서는 유효한 원칙이다. 그러나 자본주의사회에서는 거대 자본가와 소자본가, 혹은 생산수단을 가진 소수의 자본가와 육체적 노동력에 의존하고 있는 다수의 노동자 간에 평등한 계약관계가 가능하리라고는 생각할 수 없게 되었다. 즉 계약이라는 법률행위를 할 때 그 계약의 주체인 자본가와 노동자 사이에 과연 자유의지에 의한 계약관계가 가능할 정도로 실질적으로 평등한가, 생존을 위해 강요된 노동에 종사해야 하는 문제들이 제기되었다. 특히 노동력이라는 상품의 특성이 노동자의 자유로운 계약 내용에 포함될 수 없는 한계를 가지고 있었다.

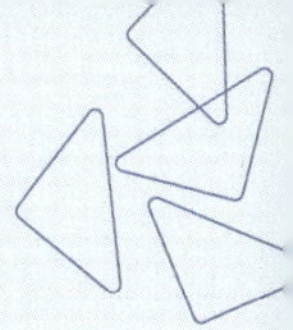

(2) 소유권 절대의 원칙(사유재산권 존중의 원칙)

이 원칙은 근대시민사회에 있어서 개인생활의 안정은 사유재산의 보장 없이는 불가능하다는 이념에서 비롯되었다. 따라서 각 개인의 사유재산권에 대한 절대적 지배를 인정하여 소유권의 행사 및 처분을 소유자 개인의 절대적 자유에 맡기고 국가와 다른 개인은 이에 간섭하거나 제한을 가할 수 없다. 이러한 원칙은 계약자유의 원칙을 기초로 하는 것으로 상호존중 또는 상호승인의 과정을 통해서 이루어지게 된다. 이는 적극적으로 물건을 향유하려는 측면과 타인을 배척하려는 소극적인 측면을 동시에 가진다.

그러나 이 원칙이 충분하게 지켜지기 위해서는 자원이 풍부하거나 소유자들만이 평등하게 존재하던 시대에 가능한 것이었고, 독점자본주의에 이르러 가진 자의 자유만을 보장하는 결과를 가져오게 되어 더 이상 시민사회의 주된 원칙으로 존재하기 어렵게 되었다. 이 원칙은 결국 경제적 강자인 가진 자의 자유(소유권)만을 보장하는 결과를 가져왔고, 부의 불평등은 더욱 심화되었다.

(3) 과실책임의 원칙(자기책임의 원칙)

시민법에 따르면 개인은 합리적으로 자신의 선택에 따라 행위를 하기 때문에 그 결과에 대해서는 스스로 책임져야 한다. 특히 행위가 위법할 뿐만 아니라 고의 또는 과실에 기초한 경우에도 책임을 지게 된다. 즉 개인이 타인에 준 손해에 대해서 그 행위가 고의 또는 과실에 기인하는 경우에 손해배상 책임을 지고, 고의나 과실이 없을 때에는 어떠한 책임도 지지 않는다는 원칙을 말한다.

그러나 자본주의사회에서 이 원칙은 자신의 고의 또는 과실이 아니라면 개인은 타인에게 손해를 입히는 행위도 할 수 있다는 논리가 될 수도 있다. 또한 이 원칙에서 과실이나 고의의 입증책임을 피해당사자가 지도록 하고 있다. 따라서 산업재해 등에 있어서 과실책임을 규명하기 어렵고, 기해자(자본가)의 명백한 과실이 인정될 수 없는 경우에 피해자(노동자)의 손해는 자신의 과실로 인정해야 한다는 논리로도 설명될 수 있기 때문에 많은 논란을 가져왔으며, 가해자(자본가)를 위한 원칙으로 작동되었다.

이는 빈곤도 마찬가지이다. 결국 자유주의에 기반을 둔 자기책임의 원칙은 빈민을 포함한 사회적 약자에게 자기책임에 충실하지 못한 존재로 낙인을 부과하며, 시민권의 소유자로서 자격까지도 박탈하는 결과를 가져오게 하였다.

3) 사회법과 사회복지법의 등장

(1) 시민법 원리의 수정과 사회법의 등장

시민법은 자본주의사회를 유지・발전시키는 법적인 역할을 하였지만, 그 현실적・역사적 한계로 인해 수정되지 않을 수 없었다. 단순히 개인의 행복과 이익을 추구하는 법리는 전체 공동체의 안녕을 추구하는 법리로 전환될 수밖에 없었다. 19세기 후반, 자본주의가 발달하면서 각 개인이 소유한 부와 재산 정도의 격차가 심화되고 경제적・사회적 불평등이 발생되었다. 이 때문에 경제적 약자와 강자의 대립 또는 노사의 대립이 발생하였으며, 여러 가지 사회적 위험에 따른 사회문제가 발생하였다. 이에 시민법 원리만으로는 이러한 문제를 해결할 수 없게 되었으며 필연적으로 국가가 개입하게 되면서 국가의 역할이 커졌으며 시민법과는 다른 사회법이 등장하게 되었다.[1] 즉, 단순히 개인의 행복과 이익을 추구하는 법리에서 전체 공동체의 안녕을 추구하는 법리로 전환되었다. 이에 따라 계약자유의 원칙과 소유권 절대의 원칙은 공동체의 복지와 사회질서의 유지를 위해 제한되었으며, 과실책임의 원칙도 무과실 손해배상책임제도로 전환되었다. 이러한 시민법의 변화는 새로운 내용을 갖는 사회법의 등장을 가져왔다. 사회법의 성격을 시민법과 비교하여 살펴보면 다음과 같다.

1) 경제적 측면에서는 수정자본주의 원리가 도입되었으며, 정치적 측면에서 사회민주주의 원리를 도입하여 자유민주주의를 보완하게 되었다. 그리고 법적 측면에서는 사회법 원리를 도입하여 시민법의 원리를 수정하는 것으로 나타나게 되었다(김훈, 2009).

(2) 사회법의 성격

① 계약의 공정성 원칙

앞서 살펴본 것처럼 시민법상의 계약자유의 원칙이 갖고 있는 권력 남용의 가능성 때문에 노동자들은 자본가들에 비해 상대적으로 열세에 놓이게 되었다. 따라서 노동조합과 같은 단체도 계약의 주체가 될 수 있도록 하는 것에 합법성을 부여할 필요가 대두되게 되었다. 처음에 계약자유의 원칙을 수정한 법 영역은 노동조합 조직, 단체교섭권과 단체행농권 능 노동3권의 보장 등과 같이 노동자를 대상으로 하는 노동법을 중심으로 발전해갔다. 이후 노동자와 그 가족의 생존권을 확보하는 차원에서 사회보장(복지)법이 등장하게 되었는데, 이는 노동자가 질병・재해・사망 등으로 노동생활이 불가능해진 때를 대비하기 위한 제도라 볼 수 있다. 사회보험법은 일종의 국가와 개인 사이의 강제계약이라고 볼 수 있는데, 이는 사회보장(복지)법의 영역에서 계약자유의 원칙을 수정한 것이라고 할 수 있다.

② 소유권 사회성 원칙

이는 시민법의 소유권 절대의 원칙에 대한 수정을 의미하는데, 사유재산을 소유하고 행사하는 등의 소유권 행사는 절대적 자유가 아니라 사회적・국가적 관점에서 필요한 제한과 구속을 받아야 한다는 것이다. 이러한 원칙에 따라 국가가 자본의 무제한적인 소유에 대하여 일정한 제한을 가하게 되었다.

조세법상 조세를 통한 통제, 이자의 상한선에 대한 규제, 각종 경제활동에 대한 규제 등이 이러한 원칙의 예라고 할 수 있다. 예를 들어 경제법에서는 독점화된 자본주의 경제에 대해 정치권력의 개입을 용인하고 국가가 국민경제의 건전성을 보존하고 국민이 복지증진을 위해 경제를 통제하기 위한 법으로 독과전 금지 등을 규정하고 있다. 또한, 사회복지법은 소유의 물적 기초가 취약한 자에게 소득재분배 등을 통해 소유권을 강화시켜 주고 상대적으로 많이 가진 자의 소유권과 재산권을 통제하는 기능을 가지고 있다. 사회보험법에서 소득에 따라 사회보험료가 다르게 책정하는 것 등이 이러한 원칙을 담고 있는 부분이라고 할 수 있다.

③ 무과실 책임의 원칙(집합적 책임주의)

자본주의의 구조적 모순의 심화와 그에 따른 사회문제의 대두·심화로 사용자의 과실책임주의에서 집합적 책임주의(무과실 책임주의)로의 전환이 이루어졌다. 예를 들어서 시민법하에서의 산업재해는 누구에게 과실이 있느냐를 중심으로 살펴보았다. 만일 피해자인 노동자의 과실로 인정되면 노동자가 그 책임을 지는 것이고, 사용자에게 과실이 있다면 사용자가 그 책임을 지는 것이다. 그러나 자본과 노동력의 소유가 분리되는 자본주의 체계하에서 욕구상황을 발생시키는 사회문제는 자본가든 노동자든 특정계층에게 과실책임을 물을 수 없고, 공동의 책임이라는 원리로 보아야 한다는 것을 강조하는 것이다. 나아가 노동력을 지배하는 노사관계의 구조 자체가 재해의 위험을 필연적으로 내포하고 있다고 보고, 그에 대한 보상책임을 노사관계에 관련시켜 자본 측에 책임을 묻게 되었다. 그래서 자본주의적 생산관계의 사회적 성격상 자본이 위험공동체를 조직하여 집합적인 책임을 지는 산업재해보험제도가 도입(윤찬영, 2010)되었으며, 실업의 문제 역시 개인책임이 아닌 사회의 책임으로 보아 실업보험이 등장하게 되었다. 또한, 재해·빈곤·질병 등과 같은 사회문제도 근본적인 원인이 개인의 결함이 아니라 사회구조 자체에 있다는 것을 인식하고 사회가 공동으로 책임을 져야 한다고 인식하게 되었다.

이상의 시민법과 사회법의 내용을 비교해 보면 〈표 3-1〉과 같다.

| 표 3-1 | 시민법과 사회법의 비교

구분	시민법	사회법
이념과 사상	개인주의, 자유방임주의	집단주의, 사회민주주의
경제체제	자본주의 초기(상업·산업자본주의)	독점자본주의, 수정자본주의
국가의 역할	국가는 시민사회의 질서 유지자로서 권리의 다툼이나 질서 문란에 대해 사후적으로 대응하며, 경제생활에 대해서는 개입, 간섭, 통제, 조정을 하지 않음	경제발전을 위해 사전적으로 개입, 통제, 조정을 하게 됨 시상 기구에 대한 통제와 소성 실시 공공사업을 통한 경기회복 주도

권리	자유권	사회권(생존권, 복지권)
인간관	평등한 추상적 인간	불평등한 현실적 인간
법원리(원칙)	계약자유의 원칙 소유권 절대의 원칙 과실 책임의 원칙	계약의 공정성 원칙 소유권의 사회성 원칙 무과실 책임의 원칙
법영역	민법, 상법	사회복지법, 노동법, 경제법

출처: 남기민 · 홍성로(2013). p.40.

2. 서구 사회복지법의 역사

전통 농경사회에서의 가족은 생산과 소비의 기능을 모두 담당하고 있었다. 그러나 자본주의가 발달하면서 생산과 소비는 분리되게 되었다. 이에 가족의 생존과 부양문제는 임금 노동자인 가장의 노동수입에 주로 의존하게 되었다. 또 이러한 자본주의사회는 기계화와 대량화, 도시화를 가져왔으며, 이에 많은 사회문제(social problem)가 발생하게 되었다. 시민사회에서는 이러한 사회문제를 불법행위에 관한 법규에 따라 가해자, 피해자 사이의 인과관계에 따른 손해배상 법리로 처리하였다. 그러나 사회관계가 복잡해지면서 점차 가해자를 확인하기가 쉽지 않은 사회적 위험들이 나타났고, 이에 따른 사회적 비용(social cost)을 해결하기 위해 각종 사회복지제도들이 등장하였다. 결국 사회복지법은 자본주의사회를 지탱해온 기존의 법체계로 해결할 수 없는 새로운 문제 현상이 나타나게 되면서 이에 대한 대응으로 발전해온 법 영역이라 할 수 있다(윤찬영, 2010). 여기에서는 서구 사회복지법의 역사를 영국과 독일, 미국으로 나누어서 살펴보고자 한다.

1) 영국의 사회복지법

(1) 엘리자베스 빈민법 이전의 사회복지법 형성과정

영국에서의 사회복지입법은 공공부조 분야에서 노동통제적 입법 형태로 시작되었다. 1348년 페스트가 발병하여 2년 동안 영국 전체 인구의 2/3가 사망하였다. 이로 인해 노동력 부족이 초래되었고, 이는 급격한 임금상승을 가져와 토지를 소유한 영주들은 많은 어려움을 겪었다. 이러한 노동력 부족을 해결하기 위해서 1351년 영국 국왕 에드워드 3세는 노동자법(Statute of Labourers)을 제정하였다. 이후 노동자법은 1388년 빈민구제 및 통제를 위한 빈민법(Poor Law Act)으로 구체화되어 임금상승을 가져오는 노동자의 이주를 금지하였다. 이후 헨리 8세는 1536년 건강한 부랑인과 걸인의 처벌에 관한 법(Act for Punishment of Sturdy Vagabonds and Beggars)을 제정하였다. 이 법은 빈민이나 걸인들이 한 곳에서 3년 이상 거주하면 거주지 교구에 등록하도록 하였다. 교구는 교회에 특별한 자선함을 설치하고, 교구민들의 자발적인 헌금이나 기부금으로 노동능력이 없는 빈민들을 보호하도록 하였다. 한편 노동능력이 있는 빈민들은 일을 하도록 하였으며, 5~14세 사이의 빈곤아동들이 노동에 종사하지 않는 경우 도제(徒弟)생활을 하도록 하였고, 이를 거부할 경우 태형 등의 신체적 처벌을 하였다. 1576년에는 빈민에 대한 강제노역을 규정한 빈민구제법(Poor Relief Act)이 제정되었다. 이 법에 따르면 근로능력자는 작업장(workhouse)에 보내어 강제노역을 시켰고, 근로무능력자는 자선원(Charitable hospitals)에 입소시켜 생활을 보호해 주었으며, 나태한 빈민은 교정원(house of correction)에 보내도록 하였다. 이 법은 노동능력이 있는 빈민이 빈민구제를 원할 때는 반드시 근로를 하도록 하는 것을 강조함으로써 '근로연계복지(workfare)'를 시행하였다. 그러나 이 법은 비용부담을 꺼리는 교구와 지방정부의 비협조로 엘리자베스 빈민법이 제정되기까지 제대로 실행되지 못하였으며, 근로능력자에게 강제노역을 시키는 데 비용이 많이 소요되어 실패하였다(김기원, 2007).

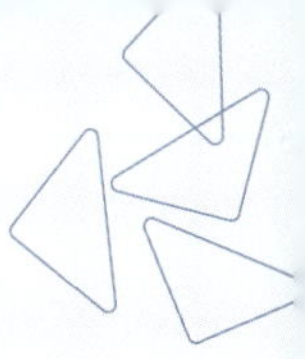

(2) 구(舊)빈민법(엘리자베스 빈민법)

엘리자베스 1세 영국 여왕은 1601년 구(舊)빈민법(Old Poor Law, 엘리자베스 빈민법)을 제정하였다. 엘리자베스 빈민법은 국가적 차원에서 빈민문제를 다루었고, 19세기 말 이후 공공부조법으로 발전해 나갔기에 사회복지법의 기원으로 삼을 수 있으며, 오늘날까지도 공공부조제도의 기초로서 중요한 역할을 수행하고 있다. 이 법은 영국 자본주의 축적과정에서 파생된 빈곤문제를 빈민통제적·치안유지적 입장에서 해결하기 위해 시행하여왔던 법령을 모아 성문화한 것이다. 이 법은 최초로 구빈의 책임을 교회가 아닌 정부가 졌다는 점에서 큰 의미가 있으나, 실제 내용상으로는 빈민구제보다는 빈민을 통제하고 관리하기 위한 법이었다(김기원, 2007).

특히 이 법은 빈민을 그 속성에 따라 분류하여 그 각각에 맞는 대책을 강구하기 위한 대상자 선정기준을 법제화했다. 즉, 빈민을 세 가지로 분류하고 그 각각에 상응하는 대책을 강구하였고 구빈세에 의한 구빈대책을 강구하였다는 데에 그 특징과 의의가 있다. 첫째, 노동능력이 있는 빈민(the able-bodied poor)이다. 이들은 가치 없는 빈민(the undeserving poor), 즉 도와줄 가치가 없는 빈민으로 스스로 생활을 영위할 수 있는 노동능력을 가지고 있기에 일을 하도록 하였다. 이들은 교정원(the house of correction)이나 작업장(workhouse)에서 강제노동을 하도록 하였으며, 거부할 경우 감옥에 투옥하였다. 둘째, 노동능력이 없는 빈민(the impotent poor)이다. 장애인이나 노인 등 노동능력이 없는 사람을 의미하는 것으로 가치 있는 빈민(the deserving poor), 즉 도와줄 가치가 있는 빈민으로 구빈원(almshouse) 또는 자선원(charitable hospitals)에 수용하여 제한된 보호를 받도록 하는 등 원내구제가 원칙이었다. 그렇지만 원외구제(outdoor relief)가 비용이 덜 들 것으로 빈민감독관들이 판단하면 현 거주지에서 음식, 의복, 연료 등의 현물급여를 제공하기도 하였다. 셋째, 부모의 양육을 받을 수 없는 빈곤아동(dependent children)이다. 이들은 고아, 기아 또는 부모가 양육능력을 상실한 아동으로 도제(apprentice)와 입양을 통하여 보호하였다. 8세 이상의 아동들 가운데 일을 할 수 있는 경우, 소년들은 24세까지 도

제계약을 맺어 장인(匠人)에게서 기술을 배우며 생활하도록 하였고, 소녀들은 21세까지 또는 결혼할 때까지 가사를 돌보는 하녀로서 도제생활을 하도록 하였다(김기원, 2007). 이 법은 빈민구제의 책임을 지방정부에서 지도록 하였다. 이를 위해 정부는 지방세액을 증가시켰고, 구빈행정체계를 마련하여 모든 교구에 구빈감독관(overseers of the poor)을 임명하였으며, 이들이 구빈업무와 지방세 징수업무를 관장하도록 하였다. 빈민사업에 소요되는 재원의 확보는 교구를 단위로 주민이 납부하는 일종의 고정자산세 성격의 구빈세였다. 그리고 그 재정은 교구단위로 자치적으로 운영되었다. 이러다 보니 빈민의 수가 많은 교구와 그렇지 않는 교구간에는 구빈세 부담의 수준에서 큰 격차가 날 수밖에 없었다. 이것은 결국 빈민이나 부랑인이 자신의 교구로 들어오는 것을 적극적으로 저지하는 극도의 교구이기주의를 만들어내는 원인이 되었다.

엘리자베스 빈민법에서 찾을 수 있는 또 다른 의미는 빈곤을 해결하기 위해서 빈민에게 징벌적인 조치만으로는 충분하지 않다는 것을 확인했다는 것이다. 또 사회는 보다 어렵고 힘든 사람들을 위하여 어떠한 책임을 져야 하며, 이를 위해 실행기구를 설치하였다는 것 역시 큰 발전이라고 할 수 있다.

(3) 엘리자베스 빈민법 이후 개정 빈민법 이전의 주요 법률

찰스 2세는 빈민들의 도시 유입을 막기 위해 교구에 정착해 거주할 수 있는 자격을 규정한 정주법(定住法, Act of Settlement)을 1662년에 제정[2)]하였다. 이 법은 농촌노동자의 이농을 막아 농촌노동력을 확보하기 위한 방책이기도 하였으며, 이 법을 통해 자유로운 이동을 방해하였다. 1723년에는 작업장조사(심사)법(Workhouse

2) 정주법이 규정하는 정착해 거주할 수 있는 자격은 교구 내에서 출생을 하였거나, 여자인 경우 결혼을 하였거나, 1년 1일 동안 교구 내에서 일하고 있는 사람으로 제한하였다. 새로 이사온 이주자는 이주한 후 40일 이내에 빈민감독관으로부터 생활상태를 조사받도록 되어 있으며, 이들 새로운 이주자가 1년에 은화 10파운드에 해당하는 지대를 낼 수 있거나 공탁을 할 경우 또는 소유한 토지가 있는 경우와 같이 교구의 구빈혜택을 받지 않을 것이 확실한 경우 이주가 허락되었다(김기원, 2007).

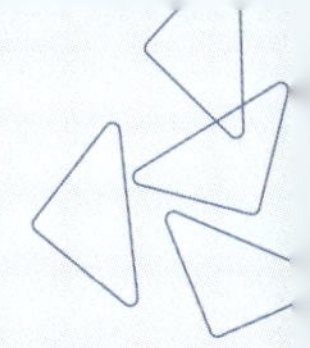

Test Act)이 제정되었다. 냇치벌법(Knatchbull's Act)으로도 불리는 이 법은 빈민을 직접 구제하는 것 대신에 작업장에서의 노동을 통해 근로의욕을 강화시키는 데 초점을 맞추었다. 각 교구들은 작업장을 설립할 수 있도록 허락하고 빈민들에게 일을 시키고 임금을 지불하였다. 작업장 수용을 거부하는 자는 구제명부에서 명단을 삭제하여 구제받을 자격을 박탈하였다.

이러한 징벌적인 성격의 법 이외에도 인도적인 성격을 가진 법도 만들어졌다. 1782년에 새로운 빈민구제법(Relief of the Poor Act)이 제정되었다. 토마스 길버트 의원이 주도하여 길버트법(Gilbert's Act)으로도 불리는 이 법은 일종의 작업장 개선운동으로, 구빈세 부담을 줄여 구빈세의 계속적 증가를 방지하였고, 구빈행정단위로 교구는 작기 때문에 구빈행정을 합리화하기 위해 교구연합(parish union)을 통해 보다 효율적인 구빈행정을 시도하였다. 또한 노동능력이 있는 근면한 빈곤자들이 자신의 집에서 공공부조를 받게 되는 원외구제(outdoor relief)제도를 창시하여 거택보호제도의 시초가 되었다. 노동의사와 노동능력이 있는 빈민에게는 구제위원이 직업을 알선하고, 직업을 얻을 때까지 작업장에서 적당한 구제를 실시하며, 노동의 대가로 얻은 수입이 생활에 부족한 경우에는 부족한 액수를 보충하여 주었다. 따라서 작업장은 노동능력이 있는 빈민을 수용하는 곳이 아니라 노동능력이 현격히 부족하거나 노동을 할 수 없는 빈민을 위한 보호시설이 되었다(김기원, 2007). 이후 1793년에는 우애조합을 법정단체로 인정하고 조합결성을 장려하는 우애조합 장려와 구제에 관한 법(An Act for the Encouragement and Relief of Friendly Society)을 제정하였다. 이에 노동자나 농민의 자발적인 상호부조조직인 우애조합들이 상호협력하여 빈곤에 대처하는 공제활동을 적극적으로 전개하는 등 이 조합들이 원시적 사회보험기능을 수행하게 되었다.

한편 프랑스와의 전쟁으로 인한 궁핍, 산업혁명으로 인한 수공업자의 몰락, 인구감소 문제로 인한 구빈대책으로 실시된 스핀햄랜드법(Speenhamland Act, 1795년)은 임금상승을 억제하기 위해 인금인상 대신 생계비를 보조하도록 하였다(김수정,

2017). 즉 교구는 빵 가격과 가족 중 아동의 수에 따라 노동자들에게 그들의 임금을 생존수준까지 보충해 주도록 하였다. 이러한 스핀햄랜드법은 빵 가격의 변화와 가족의 규모에 따라 임금을 보충받는 임금보충방안을 채택하였다는 데 큰 의미가 있다. 그러나 이 법은 피고용자에게 도움을 주는 임금부조로 출발했지만, 사실상 공공의 재산으로 고용주를 보조하는 결과를 가져와 실패하였고, 이는 다시 빈민에 대한 억압정책으로 회귀하는 결과를 가져왔다(박병현, 2011).

(4) 개정빈민법

1834년 개정빈민법(Poor Law Amendment) 또는 신빈민법(New Poor Law)이라고 불리는 잉글랜드와 웨일즈 빈민들에 대한 법의 관리개선과 개정에 관한 법(An Act for the Amendment and Better Administration of the Law Relating to the Poor in England and Wales)이 제정되었다. 이 법 제정 당시 구걸행위가 만연하고 구빈세 부담이 증가하자 기존 빈민법에 대한 시민들의 거센 반대가 일어났다. 또한 빈곤의 원인이 개인의 도덕적 문제나 나태에 있다고 보는 인식이 여전하였다. 이에 길버트법과 스핀햄랜드법의 인도주의적 개선을 취소하고 빈민에 대한 엄격한 처우를 강조하는 방향으로 이 법이 만들어졌다.

이 법은 다음과 같은 원칙에 의해 운영되었다.

첫째, 열등처우의 원칙(principle of less eligibility)이다. 이는 구제대상이 되는 빈민의 생활수준은 최하층 독립노동자의 상태 이하가 되어야 한다는 원칙으로, 노동을 권장하기 위하여 구제의 수준을 최하층 독립노동자의 생활수준보다 낮은 수준으로 정하였다. 둘째, 작업장수용(workhouse test)의 원칙이다. 이는 열등처우의 원칙을 실현하기 위한 것으로 '원외구제금지의 원칙'이라고도 불린다. 즉 스핀햄랜드법에 의한 임금보조와 아동수당 등을 폐지하고, 길버트법에 의한 노동능력자에 대한 원외구제를 중지하였다. 이에 노동능력이 있는 빈민에게는 원외구제를 금지하고 작업장 수용으로 한정하며, 원외구조는 의료부조와 도제교육으로만 제한하였다. 또한, 빈곤처우의 지나친 다양성과 자격조사에 따른 부패를 해소하기 위해

단순조사를 실시하였고, 이를 통해 구제적용의 다양성과 불확실성을 배제하였다. 이러한 조사를 통해 절망적인 처지에 놓인 빈민들을 작업장에 수용하였다. 셋째, 전국적 균일처우의 원칙(principle of national uniformity)이다. 이 원칙은 거주지에 상관없이 구호를 받는 대상자는 모두 동등하게 처우한다는 것으로, 피구제자에게 주어지는 구제는 지방정부가 아니라 중앙행정기관인 빈민법위원회에 의해 전국적으로 통일되었다.

이러한 개정빈민법은 빈곤구제의 책임이 국가에 있다고 인정하지만, 빈곤의 원인이 개인의 도덕적 문제나 나태에 있다고 보았기 때문에 사회구조적인 문제에 빈곤의 원인이 존재한다고 인식하지 않았다. 따라서 사회의 구조적인 개혁의 시도나 제도적인 빈곤구제법이라기보다는 사회통제적이고 잔여적인 빈곤구제법이라고 할 수 있다.[3)]

(5) 개정빈민법 이후 영국의 주요 법률

1908년 무갹출 노령연금법(Old Age Pension Act)이 제정되었다. 대상자는 영국에 거주한 지 20년 이상의 남녀 70세 이상의 자 중에서 일정소득 이하의 소득을 가진 자로 소득에 따라 차등지급하는 제도이다. 우리나라 기초연금과 유사한 성격을 지니고 있는 것으로 자산조사 등을 통해 빈곤이 증명되어야만 수급할 수 있는 공공부조제도였다. 1911년에는 영국 최초의 사회보험법인 국민보험법(National Insurance Act)이 제정되어 전국 단일 국가보험형태로 정착되었다. 이 법은 제1부 국민건강보험과 제2부 실업보험으로 구성되었다. 보험료는 기여제로 노동자와 고용주, 국가가 부담하였고, 보험금지급은 보험료를 완납한 자에 한하였다. 이후 1921년에는 국민보험법을 개정하여 실업보험법을 제정하였다.

---

3) 개정빈민법의 열등처우는 단순히 노동자보다 낮은 '생활수준'이나 '급여수준'을 의미하는 것이 아니라, 구제받는 사람을 거의 범죄자와 같이 취급하며 열등한 사회처우를 하였다. 그래서 구제받는 사람을 식별하기 위해 배지를 부착하고 모든 종류의 선거권을 박탈하였으며, 작업장 내에서의 열악한 식사, 면회금지 등 모든 면에서 열등하게 처우하였다(박광준, 2013).

이후 제2차 세계대전으로 인한 전쟁의 폐해를 재건하고 희망한 미래를 구상하기 위하여 1942년에 베버리지 보고서가 발간되었다. 1941년 영국은 사회보험과 관련 서비스에 관한 부처 간 위원회(Interdepartmental Committee on Social Insurance and Allied Services)를 구성하고, 윌리엄 베버리지(William Beveridge)를 위원장으로 임명하고 역사적인 사회복지개혁에 착수하였다. 이 베버리지 보고서의 내용을 중심으로 노동당정부는 사회보장제도를 적극적으로 구체화시켜 1945년 가족수당법(Family Allowance Act), 1946년 국민보험산업재해법(National Insurance Industrial Injuries Act), 1948년 국민보건서비스법(National Health Service Act), 국민부조법(National Assistance Act)을 제정하였다. 국민부조법의 제정으로 빈민법은 350년간의 역사를 마무리하고 완전하게 폐지되었으며, 국민의 최저생활(national minimum)보장이라는 이념을 기반에 둔 공공부조제도로 전환되었다.

2) 독일의 사회보험법

후발 산업국으로서의 독일은 산업화에 따른 급속한 도시화, 노동계급의 형성, 사회주의 사상의 영향을 받아 전통적 지배계급인 지주계급, 신흥자본가계급, 노동계급의 계급 갈등이 전개되었다. 독일의 집권자 비스마르크(O. Bismark)는 사회주의자 탄압법이라고 불리는 사회주의자법(Sozialistengesetz, 1878)이라는 한시법(限時法)을 통해 사회주의 운동을 전개하는 노동계급을 억압하면서, 동시에 자본가계급을 통제하고 노동계급을 끌어들이기 위해서 질병보험법(1883), 재해보험법(1884), 노령 및 폐질보험법(1889) 등의 사회보험입법을 추진하였다. 이렇듯 독일은 집단주의적 경향을 띠는 게르만법의 전통을 가지고 있었기에 사회보험입법을 제정할 수 있었으며, 가부장적인 국가의 권리를 강조한 특징을 가지고 있었기에 전통적인 법사상과 단절되지 못한 것으로 볼 수 있다. 그러나 급여청구권을 단순한 반사직 이익이 아니라 법적인 청구권으로 인정함으로써 노동자들의 참여와 권리의식을 향상시키고, 노동자 조직의 강화를 가져와 사회복지 발전에 기여하게 되었다.

세계 최초로 제정된 독일의 사회보험법은 1883년 제정된 질병보험법이다. 이는 비스마르크의 사회보험 입법 가운데 가장 먼저 제정된 것으로, 질병에 걸린 노동자에 대한 무료진료와 질병수당을 지급하는 의료보험제도였다. 이 법은 광산, 공장, 철도, 수공업 등에 종사하는 모든 저소득 노동자를 강제 적용대상으로 하였으며, 노동자가 2/3, 사용자가 1/3씩 보험료를 분담하는 질병금고를 설치할 것을 의무화하고, 병이 발생하면 가입자에게 무료진료와 아울러 질병수당을 지급하도록 규정하였다. 1884년에 제정된 재해보험법은 광산, 공장, 건설업 등에 종사하는 저소득노동자를 의무가입대상으로 하여, 노동자에게 발생하는 업무상 재해에 대해 사용자가 전적으로 책임질 것을 규정함으로써 업무상 재해에 대한 사용자 책임제도를 확립하였다.

1889년에 제정된 노령 및 폐질보험법은 공무원과 일부 직종의 도제를 제외한 모든 저소득노동자를 의무가입대상으로 하였다. 연금재원은 노동자와 사용자가 각각 절반씩 부담하는 기여금과 정부가 부담하는 약간의 보조금으로 충당하였으며 관리운영은 고용주와 노동자가 동수로 구성된 조합위원회가 맡았다. 70세에 달한 노동자에게는 노령연금을 지급하고, 자신의 잘못이 아닌 이유로 노동이 불가능해진 노동자에게는 폐질연금을 지급하도록 하였다.

이후 1911년 기존의 질병보험법과 재해보험법, 노령 및 폐질보험법을 통합하여 제국보험법을 제정하였다. 형식적으로 3개의 법을 단일화시켰지만, 적용대상의 범위나 조직 및 재정면에서는 일원화를 이루지 못하였다. 그러나 이 법으로 적용대상자의 범위가 확대되고 새로운 제도들이 도입되었다. 질병보험의 경우 가입대상이 농촌피고용자, 가사보조원, 가내공업종사자로까지 확대되었고, 폐질 및 노령보험의 경우 강제가입이 아닌 임의가입형태의 부가연금제도를 도입하였으며, 과부 및 고아를 위한 유족보험이 개발되었다(김기원, 2007).

3) 미국의 사회보장법

대공황으로 인해 광범위한 실업과 빈곤이 전(全) 사회적인 문제로 대두됨에 따라 루즈벨트 대통령은 1933년부터 경제공황을 극복하기 위한 경제회복정책인 뉴딜정책을 시행하기 시작하였으며, 이러한 뉴딜정책의 일환으로 1935년 사회보장법(Social Security Act: SSA)을 제정하였다. 이 법은 연방정부가 관장하는 노령연금보험(Old Age Insurance)과 주정부가 관장하고 연방정부가 재정을 보조하는 실업보험(Unemployment Insurance) 등의 사회보험, 65세 이상 노령의 빈민, 맹인, 요보호아동을 대상으로 주정부가 관장하고 연방정부에서 재정을 보조하는 공공부조, 그리고 역시 주정부가 관장하고 연방정부에서 재정을 보조하는 모자보건서비스, 절름발이 아동을 위한 서비스, 아동복지서비스, 직업재활 및 공중보건 서비스 등의 보건·복지서비스로 구성되어 있다(원석조, 2010).

이 법은 사회보장이라는 새로운 법 영역을 탄생시켰으며, 현대 미국 사회복지 제도의 근간을 이루게 하였다. 그러나 법의 수혜자를 권리주체로까지는 인정하지 못했고, 소위 가치 있는 빈민(deserving poor)만을 연방정부에서 보조하도록 하는 등 빈민법적 체계를 유지하고 있어 진정한 복지국가 이념을 담은 사회복지 입법으로 평가하기 어렵다. 그렇지만 미국의 현대적 사회복지법은 1935년에 제정된 사회보장법에 의해 확립되었다고 할 수 있다.

사회복지법의 권리성

CHAPTER 04

1. 권리의 개념

1) 권리의 개념과 의의

권리(權利)란 어떤 일을 하거나 누릴 수 있는 힘, 일정한 이익을 누리기 위해서 법에 의하여 부여된 힘을 말하며, 구체적으로 살펴보면 다음과 같다. 첫째, 권리는 일정한 이익을 목적으로 한다. 둘째, 권리는 특정인에 대하여 부여된 것이다. 셋째, 권리는 법에 의하여 부여된 법률상의 힘이나. 넷째, 권리와 의무는 상대적인 개념으로 존재한다. 국가와 개인, 국가와 집단, 집단과 개인 같은 주체 간의 법률관계 속에는 이미 법에 의해 구속받는 자와 옹호되는 자의 관계, 즉 의무와 권리의 관계가 내포되어 있다. 사회복지법에서 권리라 함은 법의 적용을 받는 대상자들을 권리의 주체로 인정하고, 사회복지 급여 및 서비스에 대한 이익을 추구할 수 있는 힘을 법이 부여해준 것이다.

2) 권리와 구별되는 개념

권리와 유사해 보이나 질적으로 구별되는 개념으로 권한, 권능, 반사적 이익, 권력이 있다(김기수 외, 1997). 첫째, 권한(權限)은 공법상 또는 사법상의 법인이나 기관, 단체 등이 법령이나 정관, 계약 등에 의하여 일정한 행위를 할 수 있는 일의 범위를 말한다. 즉 타인에게 일정한 법률 효과를 발생시키는 행위를 할 수 있는 법률상의 자격을 의미한다. 둘째, 권능(權能)은 권세와 능력, 즉 권리를 주장하고 행사할 수 있는 능력으로 권리의 내용을 이루고 있는 각각의 법률상의 힘을 의미한다. 셋째, 반사적 이익(反射的 利益)은 법이 특정인 또는 일반인에게 어떤 행위를 명하는 경우, 다른 특정인이나 일반인이 반사적 효과로 특정하게 얻게 되는 이익을 의미한다. 마지막 넷째, 권력(權力)은 타인을 강제하는 힘이다. 이것은 일정한 공익을 달성하기 위하여 개인 또는 집단이 다른 개인 또는 집단을 강제 또는 지배하는 법률상의 힘을 의미한다.

2. 인권과 사회복지

1) 인권

인권(human rights)은 모든 사람들이 단지 인간이라는 이유만으로 갖는 권리, 즉 말 그대로 인간의 권리로서, 사람으로서 사람답게 살기 위해 요구되는 권리를 의미한다. 인간이 태어날 때부터 인간이기 때문에 자연스럽게 인정되는 권리로 자연권(natural right), 천부인권(天賦人權)과 동일한 의미라고 할 수 있다. 이는 인종,

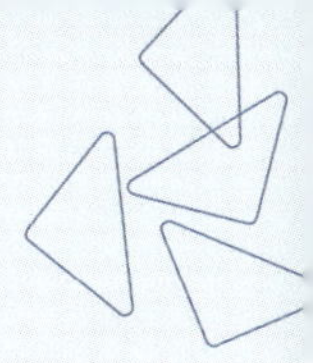

국적, 피부색, 장애유무, 연령, 성별, 직업을 떠나 인간이면 누구에게나 항구적으로 인정되는 보편적인 권리로, 특수한 입장에서 개인의 인권은 타인의 권리나 공동체의 이익을 위해 제한될 수 있으나 누구라도 타인의 인권을 침해할 수 없다는 점에서 개인불가침 성격을 가진다. 이러한 인권의 속성과 기본 가치에 대하여 좀 더 자세하게 살펴보면 다음과 같다(배화옥 · 심창학 · 김미옥 · 양영자, 2015, 33-35; 김기덕 · 서동명 · 신원우 · 윤상용 · 황보람, 2024, 175-179).

첫째, 인권은 보편적이며 양도 불가능한 속성(universal and inalienable)을 지닌다. 즉 인권은 인간이라면 누구나 향유할 수 있는 권리로서, 만약 특정 개인이나 집단만이 향유할 수 있는 권리가 있다면 이는 인권이 아닌 것이다. 이러한 '보편성'은 누구나 자신의 신분이나 처한 상황, 정치적 성향이나 개인적 취향, 그가 살고 있는 지역 및 상태 등과 상관없이 동일한 권리를 가져야 하고 동일하게 대해져야 한다는 의미로, 일반성 또는 공통성이라고도 할 수 있다. 만일 모든 사람이 아니라 일부 사람들에게만 권리가 보장된다면 그것은 인권이 아니라 '특권'이라고 불려야 할 것이다. 그러나 보편성이란 모든 사람이 다 똑같다는 것을 의미하는 것이 아니며, 모든 사람들에게 동일한 방식으로 적용되어야 한다는 것을 의미하는 것도 아니다. 여기에는 개인과 개별 집단 간의 모든 형태의 다양성과 차이점을 인정하는 것이 포함된다. 즉 모든 개인과 집단에게 그들의 존재에 맞는 기본적인 권리를 보장하는 것이지, 모든 사람이 동일한 형태로 인권이 존재해야 한다는 의미는 아니다. 이러한 보편성의 연장선상에서 인권은 다른 사람이 대신 누리거나 다른 사람에게 양도할 수 없는 성격, 즉 양도 불가능한 성격을 지닌다고 할 수 있다.

둘째, 인권은 분할할 수 없으며 상호의존적인 속성(indivisible and interdependent)을 지닌다. 보편성의 속성과 함께 또 다른 중요한 인권의 속성은 불가분성이다. 불가분성은 선별적으로 어떤 인권을 더 중요하게 취급해서는 안 된다는 것이며 인권을 나누어서 생각할 수 없다는 의미, 전체가 하나를 이루고 있으며, 각 부분들을 따로 떼어내서는 안 된다는 것을 의미한다. 즉 어느 하나의 인권만 보장되고, 다른 인권이 보장되지 않는 사회는 인권이 보장되는 사회라고 할 수 없다. 즉 이동권, 교육권, 노동권 등 인권의 다양한 예들을 모든 사람들에게 필요하며, 이중에서 어느 하나만 부족해도 문제가 발생하게 된다. 예를 들어 소득보장이 제대로 되지 않는 상황이라면 학교선택권이라는 권리는 이름뿐인 권리에 불과할 것이다. 또 장애를 가진 사람의 소득이 보장되었다고 해서 인권이 보장되었다고 할 수 없다. 이와 함께 자유롭게 움직일 수 있는 이동권, 그리고 교육권과 노동권이 모두 보장되어야 비로소 인권이 보장되었다고 할 수 있다.

인간은 일정한 사회적 관계와 다른 사람과의 관계 속에서 존재하는 구체적인 개인이다. 따라서 나의 권리는 다른 사람의 권리와 긴밀하게 연결되어 있다. 그러므로 인권을 논의할 때는 반드시 나의 권리와 다른 사람의 권리를 함께 생각해야 하다. 자신의 권리를 누리는 것과 동시에 다른 사람의 권리를 존중하고 지켜주어야 하는 의무가 함께 있다는 것이다. 여기에 인권의 상호의존적인 속성이 있다고 할 것이다.

셋째, 인권은 평등하며 비차별적인 속성(equal and non-discriminatory)을 지니고 있다. 평등은 인간의 존엄성, 자유, 박애와 함께 인권의 기본 가치라고 할 수 있다. 여기서 평등은 모든 것을 같게 대우하는 것을 의미하는 것이 아니라, 같은 것은 같게(동등하게), 다른 것은 다르게 대우하는 것을 의미한다. 또한 기회 및 조건의 평등 역시 중요하다.

2) 인권과 사회복지

사회복지의 이론과 실천은 인간의 욕구를 기초로 하고 이를 충족시키려는 것이다. 흔히 사회복지사는 사회복지의 대상이 되는 클라이언트의 복지를 실현하는 전문가이면서, 클라이언트의 인권을 지키는 전문가라고 이야기한다. 즉 사회복지는 곧 인권을 실현하는 전문적 실천이며, 사회복지법은 인권법의 의미를 갖는다고 할 수 있다. 또한 인권은 법의 근거가 되는 개념으로 법으로 구현될 수 있고

법 또한 인권을 반영하는 것이어야 한다. 사회복지법은 대상자들의 욕구, 즉 인권을 반영하고 보장하는 형식이기 때문에 법 규범을 통해서 또는 법 제정 외의 실천을 통해 인권을 실현할 수 있다.

3. 헌법상의 기본권

인권과 시민권 등의 개념이 헌법적으로 표현된 것이 기본권이다. 실정법에서 사회복지와 직접 관련되는 사회권이 반영되고 있는지 살펴보기 위해서는 헌법에서부터 인정되고 있는지 보아야 하며, 헌법상의 기본권에 대한 이해가 필요하다.

1) 헌법상 기본권의 의의와 성격

헌법이 인정하는 인간의 기본적 권리로서 기본권은 보편적으로 인정되며, 불가침의 성격을 갖는다. 역사적으로 각 나라에서는 헌법을 규정할 때 인권선언을 중심으로 기본권 규정을 두고 있다. 우리나라 「헌법」은 제10조의 포괄적 기본권으로부터 평등권, 자유권, 청구권, 사회권 등을 인정하고 있다.[1] 우리나라 「헌법」의 주요 기본권 내용을 보면 〈표 4-1〉과 같다.

1) 헌법에 명시된 기본권이 아니더라도 "국민의 자유와 권리는 헌법에 열거되지 아니한 이유로 경시되지 아니한다.(「헌법」 제37조 제1항)"고 규정하여 권리의 포괄성을 규정하고 있다.

| 표 4-1 | 우리나라 헌법의 주요 기본권

구분	조항	내용
포괄적 기본권	제10조	• 인간의 존엄과 가치, 행복추구권 제시 • 기본적 인권보장에 대한 국가의 의무 부과
평등권적 기본권	제11조	• 법 앞의 평등, 차별받지 않을 권리 제시
자유권적 기본권	제12조~제22조 중 일부분	• 신체의 자유, 거주·이전의 자유, 직업선택의 자유, 주거의 자유, 사생활의 비밀과 자유, 양심의 자유, 종교의 자유, 언론·출판·집회·결사의 자유 등
경제적 기본권	제23조	• 재산권
정치적 기본권	제24조	• 선거권
청구권적 기본권	제26조~제29조	• 청원권, 재판청구권, 형사보상청구권, 국가배상청구권 등
사회권(생존권)적 기본권	제31조~제36조	• 교육을 받을 권리, 근로의 권리, 근로3권, 인간다운 생활을 할 권리, 환경권 및 주거권, 혼인과 가족에 관한 권리, 보건에 관한 권리 등

2) 사회권적 기본권

기본권 중에서 사회복지법상 규범적으로 가장 중심이 되는 권리는 인간다운 생활을 할 권리이다(「헌법」 제34조).

(1) 사회권적 기본권의 연혁과 배경

사회권적 기본권은 집합적 사회정의 실현을 국가적 목적으로 하는 복지국가 등에서 국민이 인간다운 생활을 할 수 있도록 국가에 대해서 일정한 급여나 서비스를 요구할 수 있는 헌법상의 권리를 말한다. 이 개념은 제1차 세계대전 직후 독일의 바이마르 공화국 헌법에 등장하였으며, 이후 각 나라에서 계승되었다. 사회복지법에 해당되는 헌법의 사회권적 기본권은 생존권적 기본권으로도 부른다.

(2) 사회권적 기본권의 의의와 법적 성격

헌법의 인간다운 생활을 할 권리를 정점으로 사회보장에 대한 권리, 환경권, 건

강권 등 여러 가지 권리가 사회권적 기본권으로 규정될 수 있다. 그러나 사회권적 기본권이 진정한 권리인지 아니면 단순히 국가의 입법적 방침만을 정하고 있는 것인지에서 논란이 된다. 이를 바라보는 입장은 다음과 같다.

① 프로그램 규정설

프로그램 규정설은 사회권적 기본권을 권리로서 인정하지 않는다. 사회권적 기본권이 추상적인 형태로 규정되어 있어 이것이 입법에 의해 구체화될 때만 비로소 효력을 갖게 된다고 본다. 그것은 헌법이 추상적 규정에 대해 국가 의무를 명확하게 하지 않고 있으며, 법적 권리로서 청구할 수 있는 요건과 절차도 명시하고 있지 않고 있고, 또한 국가의 재정적 능력에 실질적으로 의존할 수밖에 없어 보장 가능성이 희박하다는 논거를 갖는다. 즉 국민에게 구체적이고 현실적인 권리를 부여한 규정이 아니라, 일종의 강령(綱領) 규정으로 입법자에게 입법의 방침을 지시하는 프로그램, 즉 입법방침규정이라고 한다. 사회권적 기본권은 이후 입법을 통해서 집행 법률을 별도로 제정하고 이를 통해 구체적이고 현실적인 효력이 발생한다. 이 설은 기초생활보장제도가 실시되기 이전의 생활보호제도 아래서 오랫동안 우리나라의 통설로 받아들여진 적이 있다(박일경, 1981; 허영민, 1974; 김기원, 2007에서 재인용).

② 법적 권리설

법적 권리설에 따르면 사회권적 기본권은 법적 권리로 인정되며, 국가는 이에 대한 의무를 져야 한다. 그러나 이러한 경우도 개인이 국가를 상대로 직접 청구할 수 있는가, 입법이 없는 경우에는 입법을 강제할 수 있는가에 따라 추상적 권리설과 구체적 권리설로 나누어진다(김기원, 2007).

• 추상적 권리설

사회권적 기본권을 법적 권리로 인정하나 추상적인 정도로만 권리를 인정한다는 견해이다. 즉, 헌법 규정에 따라 국민은 국가에 대하여 추상적 권리를 가지고, 국가는 '입법, 기타 국정상 필요한 조치를 강구할' 추상적 의무를 진다고 보는 설이다. 소극적이고 자유권적인 효과만을 인정하는 점에서는 프로그램 규정설과 큰 차이가 없다. 과거의 생활보호제도를 대체한 기초생활보장제도에서 기초생활보장수급권은 프로그램 규정적 권리에서 한 단계 그 권리성이 발전한 추상적 권리로 평가된다.

• 구체적 권리설

사회권적 기본권을 헌법에 따라 구체적으로 실현시킬 수 있고 또한 국가에 대해 직접 청구할 수 있는 권리로 보는 입장이다. 따라서 헌법상 사회권적 기본권의 규정은 정도의 차이는 있지만 당연히 재판상의 규범으로서 효력을 갖는다고 본다. 수급권자의 기여 의무를 필수요건으로 하고 있는 국민연금이나 국민건강보험 등과 같은 사회보험 수급권은 구체적 권리로서 인정된다.

(3) 사회권적 기본권의 성격

사회권적 기본권의 성격은 구체성, 적극성, 권리의 강도의 측면에서 볼 때 〈표 4-2〉와 같이 정리할 수 있다.

| 표 4-2 | 사회권적 기본권의 성격

구 분	구체성	적극성	권리의 강도	법적 권리
프로그램 규정적 권리	매우 약함	매우 미약	매우 미약	아님
추상적 권리	약함	미약	미약	법적 권리
구체적 권리	매우 강함	매우 강함	매우 강함	법적 권리

출처: 김기원(2007). p.148.

4. 사회복지수급권

국가와 개인은 사회복지법을 통해 급여 및 서비스를 매개로 하는 법률 관계를 형성한다. 따라서 개인은 국가에 대하여 급여 및 서비스를 청구할 수 있는 법적인 권리를 갖게 되고, 국가는 이에 상응하는 의무를 지게 된다.

1) 사회복지수급권의 의미

사회복지수급권이란 사회복지법상 사회복지를 받을 권리를 의미하는 것으로, 금전적 급여를 통한 최저한도의 생활보장과 비금전적 급여를 통한 재활, 생활의 안정과 복지의 증진을 목적으로 하는 사회복지에 대한 급여청구권을 말한다.

2) 사회복지수급권의 성격 및 특성

사회복지수급권은 실정법에 직접적으로 근거한 법적 권리이다. 따라서 사회복지수급권은 신청해야 행사할 수 있으며, 급여를 받고자 하는 자는 국가 또는 지방자치단체에 신청하여야 한다. 만일 급여를 신청하는 자가 다른 기관에 신청한 경우에는 당해 기관은 지체 없이 이를 정당한 권한이 있는 기관에 이송하여야 한다. 이 경우 급여의 신청은 정당한 권한이 있는 기관에 이송된 날에 신청된 것으로 본다.

3) 수급권의 취약성

한편 사회복지수급권은 법적 권리이기는 하지만 그 권리의 구체적 실현을 위한 청구권을 행사할 수 없는 권리로서의 취약성을 가지고 있다. 공공부조와 사회서비스 영역이 특히 이러한데, 여기에는 다음의 몇 가지 이유가 제기되고 있다.

첫째, 사회복지수급권은 헌법상의 생존권을 구체적으로 실현하기 위한 사회복지법상의 급여청구권이지만, 사회복지급여가 국민의 권리인 동시에 국가의 의무관계로서 수급되지 않고, 단순히 국가 행정행위의 반사적 이익이거나 또는 구빈(救貧)의 관점에서 부여된 시혜적인 것으로 인식하기 때문에 권리로서 취약성을 가진다. 둘째, 사회복지수급권의 내용이 현금이나 현물급여 이외에 사회복지서비스라는 비금전적이고 전문기술적인 급여가 포함되는 경우가 많은데, 이러한 급여는 유동적이고 개별적이기 때문에 그 권리실현을 계량화한다거나 표준화하여 법률로 규정하기가 곤란하다. 셋째, 사회복지수급권이 갖는 이중성이 권리로서 취약성을 갖게 한다. 사회복지에 대한 책임이 국가라는 공적인 성격과 개인의 생활유지라는 수급자의 사적인 성격이 결합되어 있어 권리성을 약하게 한다. 넷째, 사회복지수급권이 행정기관의 행정행위에 의하여 실현되기 때문에 권리로서의 취약성이 있다. 행정기관의 행정행위는 법정 요건을 충족하였을 때 사회복지급여를 실현하는데, 사회복지급여 요건이 충족되었는지의 여부는 행정기관의 재량권에 따라 판단되기 때문에 사회복지수급권의 권리성이 약하게 된다.

4) 사회복지수급권의 보호

(1) 상속 · 양도 · 담보제공 · 처분 · 압류 등의 금지

사회복지수급권은 사회권 또는 생존권 이념을 실현하는 권리이기 때문에 개인에게 전적으로 속하는 일신전속권(一身專屬權) 성격을 가지고 있다. 따라서 타인에게 양도하거나 담보로 제공할 수 없으며, 압류 · 상속할 수 없다. 「사회보장기본법」 제12조(사회보장수급권의 보호)에서는 "사회보장수급권은 관계 법령에서 정하는 바에 따라 다른 사람에게 양도하거나 담보로 제공할 수 없으며, 이를 압류할 수 없다."고 규정하고 있다. 또 사회보험법인 「국민건강보험법」 제59조(수급권 보호), 「국민연금법」 제58조(수급권 보호), 「국민기초생활보장법」 제35조(압류금지), 제36조(양도금지) 등에서 수급권의 양도 · 압류 · 담보제공 등을 모두 제한하고 있다.[2]

(2) 불이익변경의 금지

불이익변경 금지란 이미 결정된 사회복지급여에 대하여 정당한 이유 없이 변경하는 것은 기득권을 침해하는 행위가 되므로 이를 금지한다는 것으로, 「국민기초생활보장법」 제34조(급여변경의 금지) 등에서 규정하고 있다.[3)]

(3) 조세, 기타 공과금의 부과 금지

각국의 사회복지법에서는 대부분 각종 사회복지급여에 대하여 조세 및 공과금의 부과를 금지하는 규정을 두고 있다. 왜냐하면 사회복지대상자들이 사회복지급여를 통해 인간으로서 최소한의 삶을 영위하게 하는 데 목적이 있으므로 조세나 기타 공과금을 부과하는 것은 바람직하지 않다고 보기 때문이다. 우리나라의 경우 「국민연금법」 제60조(조세와 그 밖의 공과금 면제)와 「산업재해보상보험법」 제91조(공과금의 면제) 등에서 규정하고 있다.[4)]

---

2) **「국민건강보험법」 제59조(수급권 보호)**에서는 "보험급여를 받을 권리는 양도하거나 압류할 수 없으며, 요양비 등 수급계좌에 입금된 요양비 등은 압류할 수 없다."고 규정하고 있으며, 「국민연금법」 제58조(수급권 보호)에서는 "수급권은 양도 · 압류하거나 담보로 제공할 수 없다. 수급권자에게 지급된 급여로서 대통령령으로 정하는 금액 이하의 급여는 압류할 수 없다. 급여수급전용계좌에 입금된 급여와 이에 관한 채권은 압류할 수 없다."고 규정하고 있다. 또 「국민기초생활보장법」 제35조(압류금지)에서는 "수급자에게 지급된 수급품과 이를 받을 권리는 압류할 수 없다. 지정된 급여수급계좌의 예금에 관한 채권은 압류할 수 없다."고 규정하고 있으며, 같은 법 제36조(양도금지)에서는 "수급자는 급여를 받을 권리를 타인에게 양도할 수 없다."고 규정하고 있다.

3) **「국민기초생활보장법」 제34조(급여 변경의 금지)**에서는 "수급자에 대한 급여는 정당한 사유 없이 수급자에게 불리하게 변경할 수 없다."고 규정하고 있다.

4) **「국민연금법」 제60조(조세와 그 밖의 공과금 면제)**에서는 "이 법에 따른 급여로 지급된 금액에 대하여는 조세특례제한법이나 그 밖의 법률 또는 지방자치단체가 조례로 정하는 바에 따라 조세, 그 밖에 국가 또는 지방자치단체의 공과금을 감면한다."고 규정하고 있으며, 「산업재해보상보험법」 제91조(공과금의 면제)에서는 "보험급여로서 지급된 금품에 대하여는 국가나 지방자치단체의 공과금을 부과하지 아니한다."고 규정하고 있다.

5) 사회복지수급권의 제한

사회복지수급권의 제한이란 사회복지급여를 해야 할 사유가 발생한 경우, 형식적으로는 급여의 수급요건이 충족되었지만 실질적으로 여러 사유가 있는 경우에는 사회복지급여를 행하지 않는 것을 의미한다. 우리나라의 경우 「사회보장기본법」 제13조 제1항에서 "사회보장수급권은 제한되거나 정지될 수 없다. 다만, 관계법령이 따로 정하고 있는 경우에는 그러하지 아니 한다."고 규정하고 있으며, 같은 조 제2항에서는 "제1항의 단서의 규정에 따라 사회보장수급권이 제한 또는 정지되는 경우에는 제한 또는 정지의 목적에 필요한 최소한의 범위에 그쳐야 한다."고 규정하고 있다.

(1) 과잉 · 중복된 사회복지급여의 제한 및 조정

사회복지급여의 내용은 인간다운 생활을 할 수 없을 정도로 너무 적지도 않아야 하지만 자립의지를 손상할 정도로 넘치지도 않아야 한다. 또한 수급권자에게 발생한 하나의 수급사유로 여러 사회복지관계법에 규정된 급여요건을 충족시키는 경우에는 중복수급 또는 이중보상이 되므로 이를 조정하여 중복급여를 방지하여야 한다.

「국민연금법」 제56조(중복급여의 조정)에서는 "수급권자에게 이 법에 따른 2 이상의 급여수급권이 생기면 수급권자의 선택에 따라 그 중 하나만 지급하고 다른 급여의 지급은 정지된다."고 규정하여 중복급여에 대한 조정을 하고 있다.[5)]

5) 「국민연금법」 제56조(중복급여의 조정)

① 수급권자에게 이 법에 따른 2 이상의 급여 수급권이 생기면 수급권자의 선택에 따라 그 중 하나만 지급하고 다른 급여의 지급은 정지된다.

② 제1항에도 불구하고 제1항에 따라 선택하지 아니한 급여가 다음 각 호의 어느 하나에 해당하는 경우에는 해당 호에 규정된 금액을 선택한 급여에 추가하여 지급한다.

1. 선택하지 아니한 급여가 유족연금일 때(선택한 급여가 반환일시금일 때를 제외한다) : 유족연금액의 100분의 30에 해당하는 금액
2. 선택하지 아니한 급여가 반환일시금일 때(선택한 급여가 장애연금이고, 선택하지 아니한 급여가 본인의 연

(2) 사회복지수급권의 남용금지

사회복지급여의 재원은 국민의 세금이나 기여금 등에 의존하고 있기 때문에 다른 구성원들에게 부당하게 불이익을 주는 행위를 금지하고 있다. 그러므로 수급권자는 수급조건에 따른 의무를 성실하게 이행해야 하며 수급사유나 조건을 인위적으로 발생시키거나 지연시켜서는 안 된다. 예를 들어 「국민건강보험법」 제53조(급여의 제한) 제1항 제2호에서는 '고의 또는 중대한 과실로 공단이나 요양기관의 요양에 관한 지시를 따르지 아니한 경우'에는 보험급여를 하지 아니한다고 규정하고 있다.

(3) 사회복지수급권의 악용금지

사회복지수급권의 악용이란 수급권자가 고의 또는 중대한 과실로 사회복지급여의 지급사유를 발생시킨 것을 의미한다. 과실의 경우에도 일반적으로 사회복지법은 경미한 과실에 의한 급여사유 발생에 대해서는 지급을 하고 있지만, 중대한 과실에 대해서는 수급권의 악용으로 보아 그 수급권을 제한하고 있다. 예를 들어 「국민건강보험법」 제53조(급여의 제한) 제1항 제1호에서는 '고의 또는 중대한 과실로 인한 범죄행위에 그 원인이 있거나 고의로 사고를 일으킨 경우'에는 보험급여를 하지 아니한다고 규정하고 있다. 또, 「국민연금법」 제82조(급여의 제한) 제1항에서는 "가입자 또는 가입자였던 자가 고의로 질병·부상 또는 그 원인이 되는 사고를 일으켜 그로 인하여 장애를 입은 경우에는 그 장애를 지급 사유로 하는 장애연금을 지급하지 아니할 수 있다."고 규정하고 있다. 이외에도 「공무원연금법」 제63조(고의 또는 중과실 등에 의한 급여의 제한), 「군인연금법」 제39조(고의에 의한 급여의 제한) 등에서도 사회복지수급권의 제한과 관련된 내용을 규정하고 있다.

금보험료 납부로 인한 반환일시금일 때를 제외한다) : 제80조(사망일시금) 제2항에 상당하는 금액

6) 사회복지수급권의 소멸

사회복지수급권은 사망과 포기 및 시효로 소멸한다.

(1) 사망

사회복지수급권은 수급권자의 사망으로 권리가 소멸한다. 수급권자가 실종선고를 받은 경우도 마찬가지이다.

(2) 포기

「사회보장기본법」 제14조 제1항~제3항에서는 "사회보장수급권은 정당한 권한이 있는 기관에 서면으로 통지하여 포기할 수 있다. 사회보장수급권의 포기는 취소할 수 있다. 제1항에도 불구하고 사회보장수급권의 포기가 타인에게 피해를 주거나 사회보장에 관한 관계 법령에 위반되는 경우에는 사회보장수급권을 포기할 수 없다."고 규정하여 사회복지수급권의 포기와 포기의 취소를 인정하고 있다.

(3) 시효

사회복지수급권은 수급권자가 일정한 기간 동안 행사하지 아니하면 시효(時效)에 의하여 그 권리가 소멸된다. 사회복지법에서는 수급권에 대한 통일된 시효규정은 없으며, 개별 사회복지법에서 각각 규정하고 있다. 주요 사회보험법에서의 사회복지수급권의 시효는 다음과 같다.

- 「국민건강보험법」의 급여를 받을 권리에 대한 시효 3년(제91조)
- 「국민연금법」의 급여를 지급받을 권리에 대한 시효 5년(반환일시금 10년)(제115조)
- 「고용보험법」의 급여를 지급받을 권리에 대한 시효 3년(제107조)
- 「산업재해보상보험법」의 급여를 지급받을 권리에 대한 시효 3년(일부급여 5년)(제112조)

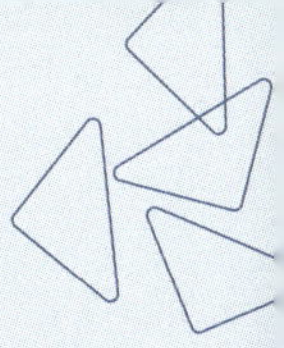

7) 불법행위에 대한 구상

제3자의 불법행위에 의하여 피해를 입은 국민이 그로 인하여 사회복지수급권을 가지게 된 경우 사회보장제도를 운영하는 자는 불법행위의 책임이 있는 자에 대하여 관계 법령이 정하는 바에 의하여 구상권(求償權)을 행사할 수 있다.

5. 사회복지수급권의 규범적 구조

사회복지수급권의 규범적 구조란 사회복지에 관한 수급권의 내용과 형식을 체계적으로 정리하는 것을 의미하는 것으로 이러한 규범적 구조는 각 국가의 발달 정도나 정치 · 경제 · 사회 · 문화적 성숙도에 따라 다르게 나타나고 있다.

1) 사회복지수급권의 내용에 따른 분류

(1) 실체적 권리

사회복지대상자들이 해당 사회복지법에 의거하여 실체적인 사회복지급여를 청구할 수 있는 구체적 권리인 사회복지급여청구권을 말한다. 실체적 권리의 내용에는 수급요건, 수급권자, 급여기준, 수급기준, 급여의 종류, 재정조달, 전달체계, 수급권의 보호와 제한 등이 포함되어 있어야 한다. 여기에는 사회보험관련법에 따른 사회보험급여청구권, 공공부조관련법에 따른 공공부조급여청구권, 사회서비스관련법에 따른 사회서비스급여청구권 등이 있다.

(2) 수속적 권리

국가가 사회복지급여를 제공하는 데 있어서 부수적으로 이행해야 하는 의무에 상응하는 권리로, 사회복지급여를 받기 위해 적절한 절차에 참여하는 권리를 말한다. 즉 수급권자가 사회복지급여청구권의 실현을 위한 일련의 과정이 본래의 수급권 보장의 목적에 알맞게 진행되어야 할 것을 요구하는 권리를 말한다.

즉, 사회복지급여를 받기 위해서는 복지대상자의 신청에서 시작하여 조사를 거쳐 수급권의 내용이 결정되고, 마지막에 급여가 실시되는 일련의 모든 과정이 필요한데 이 모든 과정이 인간다운 생활에 알맞게 전개되도록 요구하는 권리를 의미한다.

여기에는 수속 전 단계와 수속단계로 나누어지는데, 먼저 수속 전 단계에서는 사회복지급여에 대한 각종 정보를 요구하는 정보제공요구권, 상담과 조언을 요구할 수 있는 상담 및 조언제공요구권, 각종 사회복지기관을 이용할 권리 등이 있다. 다음으로 수속단계에서의 권리는 신청, 조사, 결정, 실시의 각 단계에서 사회복지대상자의 권리가 침해되지 않도록 진행될 것을 요구하는 권리실현진행요구권이 있다.

(3) 절차적 권리

실체적 권리의 실현이 보장되지 않는 경우 이를 보전하고, 이행 및 강제를 구체적으로 실현하는 절차와 관계된 권리를 말하며, 사회복지급여쟁송권, 사회복지행정참여권, 사회복지입법청구권이 있다.

첫째, 사회복지급여쟁송권은 실체적 권리인 사회복지급여청구권이 위법 또는 부당한 행정기관의 조치에 의하여 침해되었을 때, 이의 구제를 신청하는 권리를 의미한다. 둘째, 사회복지행정참여권은 사회복지행정과정에 사회복지대상자나 국민이 참여할 권리를 의미한다. 사회복지수급자격이나 급여를 결정함에 있어 이루어지는 자산조사나 상태조사가 이루어지는 과정에서 재량권의 남용을 막고, 적절한 욕구의 충족에 기여하기 위한 것이다. 마지막 셋째, 사회복지입법청구권은 생존권 보장을 위해 사회복지급여를 제공하는 구체적인 법률이 제정되지 않았거나 제정되었더라도 불충분한 경우 사회복지입법을 추진하거나 그 개정을 청구할 수

있는 권리를 의미한다. 사회복지수급권의 규범적 구조는 〈그림 4-1〉과 같다.

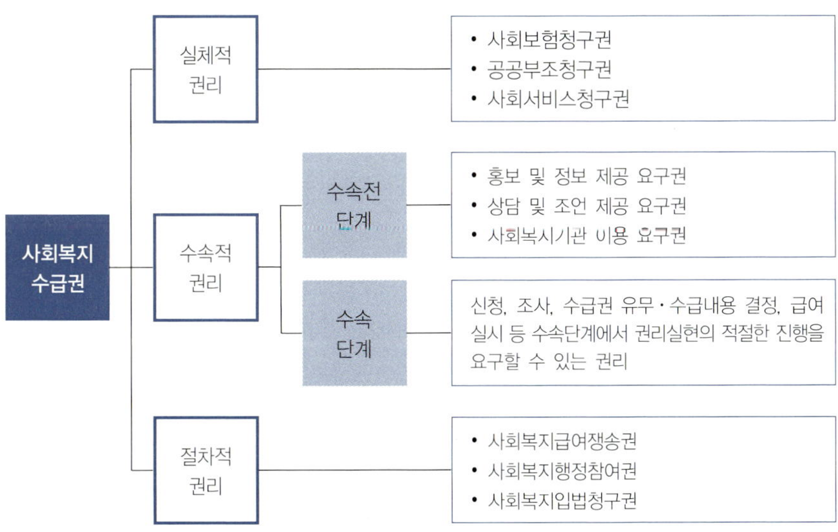

| 그림 4-1 | 사회복지수급권의 규범적 구조

6. 사회복지법의 권리구제

1) 권리구제의 개념

사회복지법에서 권리구제는 사회복지수급자가 신청자격이나 서비스급여 등 사회복지처분행위에 대해 이의가 있거나 불복하는 경우 개별 사회복지법들이 규정하는 각종 심사위원회, 심판청구, 행정소송 등의 법적 절차를 통하여 그 처분에 대한 시정이나 취소를 구하는 절차를 통하여 구제받는 것을 의미한다(이명남, 2008; 김수정, 2017; 이정서 편, 2016). 「사회보장기본법」 제39조(권리구제)에는 "위법 또는 부당한 처분을 받거나 필요한 처분을 받지 못함으로써 권리 또는 이익을 침해받은 국민은 「행정심판법」에 따른 행정심판을 청구하거나 「행정소송법」에 따른 행정소송을 제기하여 그 처분의 취소 또는 변경 등을 청구할 수 있다."고 권리규제에 대하여 규정하고 있다. 「사회보장기본법」에서 규정한 것과 같이 사회복지의 권리구제에는 이의신청, 심사, 재심사 등 행정기관을 통해 진행하는 행정심판과 법원을 통해 판단을 받는 행정소송으로 나누며, 상황에 따라 행정소송을 직접 선택하거나 행정심판 절차를 선택할 수 있다. 행정기관의 권리구제 유형과 사법기관의 권리구제 유형을 구분하여 살펴보면 다음과 같다.

2) 행정기관의 권리구제 유형

행정기관의 권리구제 유형은 행정심판이라고 하며, 법적 쟁송이 이루어지기 전에 거치는 전심절차로 간주된다. 즉 사법(私法)이나 공법(公法)상의 구제절차에 앞서서 사회적 약자의 생존권을 신속하게 확보하여 수급자의 권익을 보호하고 증진하기 위해서 사법적 판단과정에 소용되는 재정적 시간적 부담을 줄이고자 행정기관을 통한 권리구제절차를 각 법률별로 규정하고 있다. 법률에 따라 이의신청, 심사청구 등으로 표현된 경우가 모두 여기에 해당되며, 특별한 권리구제절차가 규정되어 있지 않은 법들도 원칙적으로 행정기관의 행정처분에 의해 대상자 적격성이나 급여가 결정되는 것이므로 이들 모두에 행정심판법이 적용된다고 본다(생각의마을, 2021).

권리구제와 관련되는 전심절차는 심사청구와 재심사청구(국민연금법, 산업재해보상보험법, 고용보험법), 이의신청과 심판청구(국민건강보험법, 의료급여법), 이의신청과 심사청구(노인장기요양보험법), 2번에 걸친 이의신청(국민기초생활보장법) 등 주로 2단계로 만들어져 있다(현외성, 2009). 이렇게 2단계일 경우 앞의 것을 심사청구로, 뒤의 것을 재심사청구로 보는데, 심사청구는 주로 그 처분을 한 기관에 신청하여 시정을 요구하고 재심사청구는 그 상급기관에 제기하여 처분의 시정을 요구

한다(김수정, 2017).

3) 사법기관의 권리구제 유형

심사청구의 결정에 불복하여 각종 사회복지급여 관련 처분이나 조치를 해결하는 마지막 방법으로 법적쟁송이 있다(남기민, 홍성로, 2014; 현외성, 2009; 김수정, 2017).[6] 법적쟁송에는 행정소송과 민사소송, 헌법소원으로 나눈다. 첫째, 행정소송은 공법상의 권리관계 또는 법적용에 관한 다툼을 적정하게 해결함을 목적으로 하여(「행정소송법」 제1조), 정식의 소송절차에 의하여 행하는 소송을 말한다. 행정쟁송이라는 점에서 행정심판과 같으나 분쟁해결기관과 절차가 법원을 통한다는 점에서 다르다. 행정소송도 당사자 간의 구체적인 법률상의 분쟁을 해결하기 위한 사법작용인 민사소송과 다를 바 없지만, 행정소송은 행정사건에 대한 재판절차라는 점에서 행정적 사법작용이라고 한다. 둘째, 사회복지법에서 민사소송은 주로 손해배상청구소송을 말한다. 즉 피보험자의 사회복지급여 발생 원인이 본인이 아니라 제3자에 의해 발생한 경우, 보험자는 피보험자의 생활안정과 복지를 위하여 사회복지급여를 제공하고 제3자에게 손해배상청구소송을 제기하게 된다. 이러한 손해배상청구소송이 사회복지법에서의 민사소송이다. 셋째, 헌법소원은 국가 공권력의 남용 또는 오용으로부터 헌법상 보장된 국민의 자유와 권리를 보호

---

6) 과거에는 행정심판을 반드시 거쳐야만 행정소송이 가능했지만, 1994년 7월 개정하여 1998년 3월부터 시행하고 있는 개정 「행정소송법」에서는 이전의 필요적 행정심판전치주의를 폐지하고 임의적 행정심판전치주의를 다음과 같이 채택하였다.

「행정소송법」 제18조(행정심판과의 관계) ① 취소소송은 법령의 규정에 의하여 당해 처분에 대한 행정심판을 제기할 수 있는 경우에도 이를 거치지 아니하고 제기할 수 있다. 다만, 다른 법률에 당해 처분에 대한 행정심판의 재결을 거치지 아니하면 취소소송을 제기할 수 없다는 규정이 있는 때에는 그러하지 아니하다고 규정하여 의무적으로 행정심판을 거치도록 하고 있다. 이에 따라 위법・부당한 행정처분으로 인하여 권익이 침해당한 자는 원칙적으로 행정심판을 거치지 않고 행정소송을 제기할 수 있게 되었다. 다만, 다른 법률에 의하여 행정심판의 재결을 거친 후가 아니면 행정소송을 제기할 수 없다는 규정이 있는 경우에는 행정심판을 거치도록 규정하여 예외적으로 필요적 전치주의를 채택하였다(두산백과사전). 즉 상황에 따라 행정소송을 직접 제기하거나 행정심판절차를 선택할 수 있다.

하는 헌법재판제도이다. 「헌법재판소법」 제68조(청구사유)에는 "공권력의 행사 또는 불행사(不行事)로 인하여 헌법상 보장된 기본권을 침해받은 자는 법원의 재판을 제외하고는 헌법재판소에 헌법소원심판을 청구할 수 있다."고 규정하고 있다. 헌법소원은 기본권을 침해받은 당사자가 제기하며, 통상적인 실정법에 규정된 권리구제절차를 모두 거친 후 청구할 수 있다(생각의마을, 2021).

한국 사회복지입법의 역사

CHAPTER 05

사회복지법은 그 시대의 변화와 요구를 반영하여 제・개정되어 왔다. 따라서 사회복지법이 어떻게 변화되어 왔고 시대의 요구를 담아 왔는지 그 발달과정을 살펴볼 필요가 있다(김수정, 2017). 여기서는 우리나라 사회복지법의 발달과정을 시대적 구분에 따라 살펴보고자 한다.

1. 일제강점기부터 1960년까지

1) 일제강점기

일제강점기의 사회복지입법은 매우 단편적이고 사후적인 특성을 지닌다. 이 시기 빈민의 형성은 식민지 농업정책에 의한 식민지 재편과정에서 원인을 찾아야 하며, 빈곤 역시 일제 식민통치의 소산이며, 제국주의의 침탈과정에서 발생하는 사회문제로 파악되어야 할 것이다(김기원, 2007). 일제강점기 사회복지입법은 빈약하기도 하고, 대개 식민통치를 목적으로 이루어졌으며, 주로 공공부조제도와 관련이 있었다. 이 시기 제정된 법률 중 의미 있는 법률은 1944년 3월부터 실시된 「조선구호령」이다. 「조선구호령」은 일본의 구호법을 주로 하고 모자보호법과 의료보호법을 부가해서 종합시킨 법으로 형식상으로는 근대적 의미의 공공부조가 우리나라에 최초로 제도화된 것으로 해방 후 「생활보호법」의 모태가 되었다. 이 법은 65세 이상의 노쇠자, 13세 이하의 아동, 임산부, 불구・폐질・질병・상이 기타 정신 또는 신체의 장애로 노동에 지장이 있는 자를 대상으로 생활부조, 의료부조, 조산부조, 생업부조, 장제보조 등을 실시하였다. 구호는 신청주의에 의해 실시되며, 이를 심사하기 위해 자산조사를 거치도록 규정하고 있으며, 구호는 거택보호를 원칙으로 하고 예외적으로 구호시설수용, 위탁수용을 할 수 있도록 규정하였다(하상락, 1989; 김기원, 2007). 이 법은 해방 이후에도 구호사업의 바탕이 되었으며, 1961년 「생활보호법」이 제정되기까지 우리나라 공공부조의 지침 구실을 해왔다. 한편 일제강점기 우리 민족이 제정한 복지관련 입법으로는 1919년 4월 11일 대한민국임시정부가 제정한 헌법인 「대한민국임시헌장」에서 일부 찾아볼 수 있다. 대한민국임시정부는 「대한민국임시헌장」의 전문에서 '항구완전(恒久完全)한 자주독립(自主獨立)의 복리(福利)'를 지향함을 천명하였다. 즉, 자주독립을 이루고 민생복리를 추구하는 복지국가를 지향할 것임을 선언하였다. 이러한 전문의 내용은 제3조에서 '대한민국의 인민은 남녀 귀천 급 빈부의 계급이 무하고 일체 평등임(大韓民國의 人民은 男女 貴賤 及 貧富의 階級이 無하고 一切 平等임), 즉 대한민국의 인민은 남녀와 귀천, 그리고 빈부의 계급이 없고 모두 평등하다.'고 명시함으로써 보다 구체화되었다(법제처 홈페이지; 김기원, 2007).

2) 미군정시기

미군정시기는 1945년 해방 후 1948년 대한민국 정부수립 전까지의 과도기적 기

간이다. 이 시기 법적·제도적 근거는 일제강점기의 관계법을 계승하고 있으나, 이것보다는 군정법령 및 업무처리준칙에 의해 이루어졌다. 당시에는 열악한 경제 상황 속에서 광범위하게 빈곤층이 존재하던 시기이다. 따라서 당시의 빈곤정책은 이러한 빈곤과 사회적 혼란에 대처하기 위한 구호적·응급적인 대책으로서의 성격을 주로 가지고 전개되었다. 1946년 미군정은 구호준칙으로 후생국보 3호(1946.1.12., 공공구호(public relief)계획), 3A호(1946.1.14., 이재민과 피난민 구호계획), 후생국보 3C호(1946.2.7., 빈궁자, 고아 등에 관한 응급처리와 임시구호 규정)를 제정하였다(김기원, 2007; 윤찬영, 2010).

3) 정부수립 이후 1950년대까지

해방 이후 약 3년의 미군정기를 거친 우리나라는 1948년 5월 10일 제헌국회 구성을 위한 국회의원선거를 실시하였고, 이후 5월 31일 198명의 국회의원으로 구성된 제헌국회를 개회하였다. 이후 대통령제를 채택한 「제헌헌법」이 완성되어 1948년 7월 17일 공포되었다. 「제헌헌법」은 전문(前文)에서 "국민생활의 균등한 향상을 기하고, (중략) 우리들과 우리들의 자손의 안전과 자유와 행복을 영원히 확보할 것을 결의하고…."라고 규정하여 복지국가를 지향함을 선언하고 있다. 또한 제19조에서 "노령, 질병 기타 근로능력의 상실로 인하여 생활유지의 능력이 없는 자는 법률의 정하는 바에 의하여 국가의 보호를 받는다."고 규정하여 공공부조의 법적 근거를 마련하였으며, 제5조에서 "대한민국은… 공공복리의 향상을 위하여 이를 보호하고 조정하는 의무를 진다."고 국가의 의무를 부과하였다. 이외에 제16조(교육권)와 제17조(근로권) 등을 규정하고 있다.

이후 1950년 한국전쟁으로 인해 전쟁고아 등의 수가 급증하여 기존의 구호령으로는 대처할 수 없는 상황이 되었다. 이에 전후 외원단체들의 수용보호에 대해 사회복지시설의 혼란 문제를 성비할 필요로 인해 1950년 「후생시설설치기준령」을 제정하였다. 이후 「후생시설 운영요강」(1952), 「사회사업을 목적으로 하는 법인설립허가신청에 관한 규칙」(1952) 등이 제정되었다. 또한 한국전쟁으로 인한 상이군경과 유가족 등을 지원하는 등의 목적으로 「군사원호법」(1950), 「경찰원호법」(1951)이 제정되었다.

이 시기 사회복지관련법으로는 1953년 5월 10일 「근로기준법」이 제정되었다. 이 법은 근로자의 근로조건의 향상과 보호를 위하여 제정되었으며, 근로조건, 근로계약, 퇴직금제도를 명시하고, 고용주 책임제의 근로복지대책을 마련하였다.

한편 1960년 1월 1일에 공포・시행된 「공무원연금법」은 비록 1960년에 제정된 법률이지만, 이승만 정권인 제1공화국 시기에 제정된 법률이다. 이 법은 공무원(군인 포함)의 퇴직, 사망, 질병 및 부상, 폐질, 재해 시에 본인이나 그 유족에게 법률이 정하는 바에 따라 적절한 급여를 지급하여 생활안정과 복지 향상에 기여함을 목적으로 하고 있는 법으로 우리나라 사회보험법 중 첫 번째 입법이라는 점에서 의의가 있다.

2. 1960년대와 1970년대

1960년대와 1970년대는 5.16군사정변과 이후 제3공화국과 4공화국에 해당하는 시기이다. 1961년 박정희의 5.16군사정변으로 실질적인 권력이 국가재건최고회의로 넘겨졌으며, 이는 실질적인 정부 역할을 하며 많은 입법을 추진하였다. 특히 가난으로부터 국민을 구제하겠다는 이른바 혁명공약으로 산업화와 더불어 사회복지관련 입법을 추진하였다. 이후 1960년대와 1970년대에 우리나라는 사회보험 및 생활보호를 중심으로 한 근대적인 사회복지법제를 마련하였다.[1] 이와 같은 당

1) 실질적으로 군사정권은 사회복지에 별 관심이 없었고, 사회복지를 실현할 의도도 없었다. 군사정권이 근본적으로 사회복지를 소홀히 할 수밖에 없었던 것은 정권의 정통성을 확보하기 위한 수단을 경제성장 일변도의 산업

시에 실시된 사회복지법제는 내용상으로는 비교적 장기적인 안목과 효율적인 합리성이 부족하지만 적어도 형식적인 사회복지법제의 도입이라는 측면에서는 신기원을 이룩했으며 지금까지의 구빈적·단편적 성격에서 벗어나 국가중심의 체계적인 사회복지제도로 자리잡는 계기가 되었으나 제도의 시행 측면에서는 성공하지 못했다. 이 시기 주요 사회복지입법의 내용은 다음과 같다.

1) 제3공화국 헌법

제5차 개정 헌법인 제3공화국 헌법은 1962년 12월 26일에 확정·공포되었다. 제3공화국 헌법의 사회복지적 의미는 인간다운 생활을 할 권리가 헌법조항에 신설되었다는 것이다. 즉 제30조 제1항에서 "모든 국민은 인간다운 생활을 할 권리를 가진다."고 규정하고, 제2항 "국가는 사회보장의 증진에 노력하여야 한다.", 제3항 "생활능력이 없는 국민은 법률이 정하는 바에 의하여 국가의 보호를 받는다."고 규정하여 생존권적 기본권을 보장하겠다는 의지를 보여주었다.

2) 1960년대 주요 사회복지입법

1961년 9월 30일에 범죄자 등의 재범의 위험을 방지하고 자활독립의 경제적 기반을 조성시켜 사회를 보호하고 개인 및 공공의 복리를 증진하기 위하여 「갱생보호법」이 제정되었다. 같은 해 11월 1일에는 한국전쟁 후 상이군경, 전몰군경 및 유가족을 보호하기 위하여 이전의 「군사원호법」과 「경찰원호법」을 대체하여 「군사원호보상법」이 제정되었다. 한편 전쟁후유증과 서구적 가치관의 유입으로 인하여 발생하는 윤락행위 등을 방지하여 국민의 풍기정화와 인권존중에 기여함을 목적으로 「윤락행위 등 방지법」이 11월 9일 제정되었다.

화에서 찾고 있었기 때문에 사회복지를 위한 투자는 비생산적이고 경제성장을 저해하는 요인으로 간주하였기 때문이다(김기원, 2007: 92).

이후 1961년 12월 30일에는 「생활보호법」이 제정되었다. 이 법은 노령, 질병, 기타 근로능력의 상실로 인하여 생활유지능력이 없거나 생활이 어려운 자에게 필요한 보호를 행하여 이들의 최저생활을 보장하고 자활을 조성함으로써 사회복지의 향상에 기여하기 위한 목적으로 제정된 법으로, 지난 1944년에 제정된 「조선구호령」을 폐지하고 최초로 공공부조의 실정법으로 제정하였다.[2] 또, 아동이 건전하게 출생하여 행복하고 안전하게 자라나도록 그 복지를 보장함을 목적으로 하는 「아동복리법」이 같은 날 제정되었다. 이 법에서는 탁아소를 법정아동복지시설로 인정하고 보육시설의 설치기준·종사자 배치기준·보육시간·보호내용 등을 구체적으로 규정하였다. 이 법의 제정으로 보육사업이 본격적으로 실시되게 되었다. 또 1961년 9월 30일에는 「고아입양특례법」이 제정되어 외국입양을 합법화시켰다.

1962년 1월 10일에는 선원과 그 가족의 복리증진에 기여함을 목적으로 하는 「선원보험법」이, 같은 해 3월 30일에는 재해대책마련과 재해피해를 입은 국민의 생활을 보호하기 위하여 「재해구호법」이 각각 제정되었다.

1963년에는 「군인연금법」, 「산업재해보상보험법」, 「사회보장에 관한 법률」, 「의료보험법」이 제정되었다. 1963년 1월 29일에 제정된 「군인연금법」은 「공무원연금법」에서 분리하여 군인이 사망, 퇴직하였을 때 본인이나 유족의 생활안정과 복지 향상을 위하여 제정되었다. 11월 5일에는 근로자의 업무상의 재해에 대하여 신속하고 공정한 보상을 행함을 목적으로 한 「산업재해보상보험법」[3]이 제정되었으며, 같은 날 「사회보장에 관한 법률」이 제정되었다. 「산업재해보상보험법」이 제정되기 전에 근로자의 업무상 재해에 대한 보상은 1953년에 제정된 「근로기준법」에 의해 이루어졌다. 그러나 사용자의 책임하에 근로자에 대한 업무상 재해를 보상하도록 되어 있는 「근로기준법」은 별 효력이 없어서 이를 대신하여 실질적으

2) 「생활보호법」의 제정으로 우리나라에서 빈곤을 구제하는 정책이 마련되고 공공부조사업이 본격적으로 실시되기 시작하였다. 그러나 이 법은 1944년 일제강점기에 제정된 「조선구호령」과 유사한 측면이 많았다.

3) 1960년에 「공무원연금법」이 제정되었지만, 일반근로자를 대상으로 하는 사회보험으로는 「산업재해보상보험법」이 가장 먼저 만들어졌다고 할 수 있다.

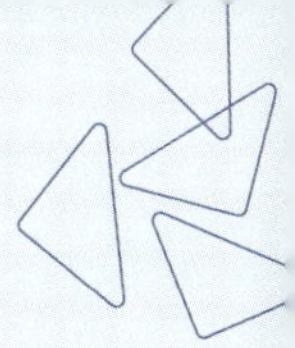

로 근로자를 보호할 수 있는 대책이 수립될 필요가 있었다(김기원, 2019, 100). 「사회보장에 관한 법률」은 국민의 인간다운 생활을 도모하기 위한 사회보장제도 확립과 그 효율적인 발전을 위하여 제정되었다. 그러나 기본법으로서의 존재 의의를 가지기에는 미흡한 전문(全文) 7개조에 불과한 법으로 선언적인 의미의 법에 불과하였으며, 이후 1995년 12월 10일 「사회보장기본법」이 제정됨에 따라 폐기되었다. 또 1963년 12월 16일에는 국민의 질병, 부상, 분만, 사망 등에 대하여 보험급여를 실시함으로써 국민보건을 증진시키고 사회보장의 증진을 도모하고자 「의료보험법」이 제정되었다. 이 법은 법안 심의과정에서 사회보장제도의 주요 원칙인 강제적용의 원리가 삭제되고 임의적용으로 바뀌었기에 사회보험으로서 의의를 상실하였다고 할 수 있다.[4)]

3) 1970년대 주요 사회복지입법

1970년 1월 1일에는 사회서비스 영역에서 가장 기본적인 법인 「사회복지사업법」이 제정되었다. 이 법은 사회복지사업에 관한 기본적 사항을 규정하여, 그 공정한 운영을 기함으로써, 사회복지를 필요로 하는 사람의 인간다운 생활을 할 권리를 보장하고, 사회복지의 전문성을 높이며, 사회복지사업의 공정・투명・적정을 기함으로써 사회복지의 증진에 기여하기 위해 제정되었다. 이후 1973년 12월 24일에는 국민의 노령, 폐질 또는 사망 등의 사회적 위험에 대하여 연금급여를 실시하여 국민의 생활안정과 복지증진에 이바지하는 것을 목적으로 하는 「국민복지연금법」이 제정되었다. 그러나 이 법은 경제적 불황과 여건부족 등의 이유로 시행되지 않고 있다가 1986년 12월 31일 「국민연금법」으로 전면 개정되면서 폐기되었다. 같은 해인 1973년 12월 30일에 이전의 공무원과 군인에 이어 교원을 대상으로 하는 「사립학교교원연금법」이 제정되어 1975년부터 시행되었다.[5)] 1976년 12월 22일에는 「의

4) 이후 1970년 8월 강제가입과 임의가입을 가미한 개정 법률이 새로이 마련되었지만, 정부의 소극적인 태도와 의료계의 반대로 시행령을 개정하지 못함으로써 또다시 제도의 본격적인 실시가 유보되었다(생각의마을, 2021).

료보험법」을 개정하여 초기 「의료보험법」의 임의가입규정을 공무원, 사립학교 교직원, 군인을 제외한 500인 이상 사업장은 강제 가입하도록 개정하여 실질적인 의료보험이 실시되도록 하였으며, 이후 1977년 12월 31일에는 저소득층을 대상으로 하는 「의료보호법」[6]과 「의료보험법」 개정으로 500인 이상 사업장 근로자를 대상으로 직장의료보험이 시작되는 것에 발맞춰 공무원・사립학교 교직원과 그 부양가족을 대상으로 하는 「공무원 및 사립학교교직원 의료보험법」이 제정되었다.

3. 1980년대부터 1990년대 초반 : 제5공화국과 6공화국

1960년대와 1970년대를 거치면서 우리나라는 산업화와 도시화, 생활양식의 현대화 등으로 인한 산업재해, 환경오염 등은 물론 핵가족화로 인한 가족관계의 문제, 아동문제, 청소년비행문제, 장애인문제, 노인문제 등의 새로운 사회복지적 수요가 생겨나게 되었다. 제5공화국은 민주주의 토착화, 정의사회 구현, 교육혁신 및 문화창달과 더불어 복지사회의 건설을 국정지표로 내세웠으며, 1982년부터 시작된 제5차 경제개발 5개년계획에서도 경제와 사회의 균형적인 발전을 기본목표로 삼았다. 또한 제5공화국은 체제의 정통성 확보를 위한 노력의 일환으로 여러 가지 사회복지입법을 단행하였다. 특히 외형적인 면에서 노인・아동・장애인복지법 등 각종 사회서비스법들이 제정되기 시작하였다. 또 1980년대 후반부터는 기존의 시설수용 위주의 복지에서 지역복지와 재가복지가 강조되기 시작하였다.

5) 1978년에 사립학교 직원까지 추가로 확대적용되었다.

6) 「의료보호법」 제정 전에는 「생활보호법」을 근거로 저소득자, 무능력자 및 무의・무탁자 등과 같은 취약계층에 대해 무료진료형태의 진료사업을 실시하였다.

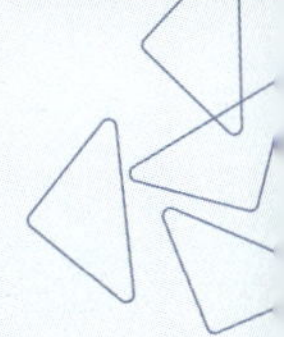

1) 전두환 정부 주요 사회복지입법

전두환 정부 초기인 1981년 4월 13일에는 기존의 「아동복리법」을 전면 개정한 「아동복지법」[7)]이 제정되었으며, 같은 해 6월 5일에는 「심신장애자복지법」[8)]과 「노인복지법」[9)]이 제정되었다. 1983년 5월 21일에는 복지증진의 책임을 국가와 지방자치단체에 있음을 명문화하고 사회복지종사자를 사회복지사로 명칭을 변경하고, 그 자격을 1급에서 3급까지 나누는 등의 내용으로 「사회복지사업법」을 개정하였다. 또 지난 1961년 제정된 「생활보호법」을 1983년 12월 30일 전면 개정하여 자활보호와 교육보호를 추가하였고, 생활무능력자에 대한 보호규정을 확대하여 근로능력이 있으면서 가난한 자의 자활을 보호하는 내용을 추가하였다. 1986년 12월 23일에는 갱생보호대상자의 보호를 강화하는 내용을 추가하여 「갱생보호법」을 개정하였다. 한편 1986년 12월 31일에는 「국민연금법」을 제정하여 1988년 1월 1일부터 시행하였다. 이 법의 제정 및 시행으로 1973년 제정되었던 「국민복지연금법」 시행 유보를 끝내고, 국민들의 기본적 노후생활을 위한 토대를 마련하였다. 또 근로자의 생활안정과 노동력의 질적 향상을 위하여 노동자 임금의 최저수준을 보장하는 것을 목적으로 한 「최저임금법」 역시 1986년 12월 31일에 제정하여 1988년 1월 1일부터 시행하였다. 한편 「의료보험법」을 개정하여 1988년 1월 1일부터는 농어촌지역의 지역가입자에게까지 의료보험이 확대・실시되었다. 1989년 7월 1일에는 도시지역까지 확대되어 전국민의료보험체제가 확립되었다.

---

7) 이 법의 주요 내용은 무료탁아시설은 법인 이외의 자도 신고만으로 설지・운영할 수 있게 하였으며, 아동의 보호・양육・육성을 위한 국민과 국가 및 지방자치단체의 책임을 규정하였으며, 또한 어린이에 대한 애호정신을 앙양하기 위해 어린이날을 제정하였다.

8) 1981년 유엔이 정한 세계장애인의 해 선포에 따라 심신장애자의 재활 및 보호에 필요한 사항을 규정하여 심신장애자의 복지증진에 기여할 목적으로 제정하였다.

9) 노인의 심신의 건강유지 및 생활안정을 위하여 필요한 조치를 강구함으로써 노인의 복지증진에 기여하고, 국가 및 사회적 책임을 인정하고 이를 법적・제도적으로 뒷받침하기 위한 목적으로 제정하였다.

2) 노태우 정부 주요 사회복지입법

노태우 정부가 들어선 1988년 이후에는 앞서 살펴본 것처럼 「국민연금법」과 「최저임금법」이 시행되었으며, 전(全) 국민의료보험체제가 확립되었다. 법률의 주요 제 · 개정을 살펴보면, 먼저 1988년 12월 31일에는 범죄자의 재범방지와 사회보호를 위하여 「보호관찰법」을 제정하였다. 그리고 1989년 4월 1일에는 모자가정이 건강하고 문화적인 생활을 영위할 수 있게 함으로써 모자가정의 생활안정과 복지증진에 기여함을 목적으로 「모자복지법」이 제정되었다. 한편 1988년 서울장애자올림픽의 영향으로 장애인에 대한 사회적 관심이 높아짐에 따라 기존의 「심신장애자복지법」을 전면 개정한 「장애인복지법」이 1989년 12월 20일에 개정되었으며, 1989년 12월 16일에는 「장애인고용촉진 등에 관한 법률」이 제정되었다. 1990년대 들어와서는 저소득 맞벌이 가정의 보육문제가 사회문제로 대두되면서 직장보육시설 설치 등을 규정한 「영유아보육법」을 1991년 1월 14일에 제정하였다.[10] 이외에 「청소년 기본법」과 「고령자고용촉진법」을 1991년 12월 31일에 제정하였다.

4. 1990년대 초 · 중반 : 김영삼 정부

1993년에 시작된 김영삼 정부, 이른바 문민정부는 신자유주의 경제체제의 도입과 아울러 이에 따르는 복지정책의 강화를 설정하였다. 이 시기에 우리나라는 사

10) 산업화에 따른 여성의 사회참여 증가 및 가족구조의 핵가족화에 의한 탁아수요의 급증에 따라 아동보호와 교육문제는 개인적인 차원을 넘어 사회적 · 국가적 차원에서 해결이 불가피하게 되었다. 그러나 현행 아동복지법에 의한 탁아사업은 시설 설립주체의 제한으로 보육사업 확대가 어렵고, 관장부처의 다원화로 체계적이고 효율적인 보육사업 추진 등에 문제점이 있는 상황이었다. 이에 영유아의 보호와 교육에 관한 별도의 입법을 통하여 보육시설의 조속한 확대 및 체계화로 아동의 건전한 보호 · 교육 및 보육자의 경제적 · 사회적 활동의 지원을 통하여 가정복지증진을 도모하려는 목적으로 제정하였다.

회복지분야의 기본법을 제정하고 4대 사회보험법과 상당한 영역의 사회(복지)서비스법을 제정하는 등 사회복지입법이 이전 시대에 비하여 활발하게 변동하였다. 이 시기 사회복지법적인 측면에서 외형적 틀을 갖춤으로써 일대 도약기를 이루었다고 할 수 있다.

1990년대 중반, 신자유주의 경제체제 구축과 함께 1996년 노동법 개정이 집중적으로 이루어졌고, 1996년 11월에 발생한 에바다농아원 사건은 사회에 많은 충격을 가져왔다. 이에 사회복지사업의 사회화, 공공성 및 전문성 확보를 위한 움식임이 일어났으며, 저소득 빈민층에 대한 자활공동체 지원이 이어졌다. 또한 민간자원의 확보를 위한 움직임이 있었고, 지난 20년간 끌어온 의료보험 통합 합의에 따른 법 제정이 이어졌다. 이 시기 주요 사회복지입법의 내용은 다음과 같다.

1) 1990년 초반 주요 사회복지입법

1993년 12월 17일에 「고용보험법」을 제정하여 1995년 7월 1일부터 시행하였다. 「고용보험법」의 시행을 통하여 실업의 예방, 고용의 촉진 및 근로자의 직업 능력의 개발・향상을 도모하고, 국가의 직업지도・직업소개 기능을 강화하며, 근로자가 실직한 경우 생활에 필요한 급여를 실시함으로써 근로자의 생활안정과 구직활동을 촉진하여 경제・사회발전에 이바지하는 것을 목적으로 한다. 이러한 「고용보험법」의 제정 및 시행으로 우리나라의 4대 사회보험체계가 완성되었다.

1994년 1월 5일에는 성폭력범죄를 예방하고 그 피해자를 보호하며, 성폭력 범죄의 처벌 및 그 절차에 관한 특례를 규정함으로써 국민의 인권신장과 건강한 사회질서의 확립에 이바지함을 목적으로 하는 「성폭력범죄의 처벌 및 피해자 보호 등에 관한 법률」이 제정되었으며, 1995년 1월 5일에는 기존의 「갱생보호법」을 폐지하고 「보호관찰 등에 관한 법률」을 제정하였다. 또 1995년 1월 5일에는 「국민연금법」을 개정하여, 기존에 5인 이상 사업장을 대상으로 실시되었던 국민연금제도를 1995년 7월 1일부터 농어촌지역 자영자 및 농어민에게까지 확대적용하도록 하였다. 1995년 12월 30일에는 지난 1963년 제정된 「사회보장에 관한 법률」을 폐지하고, 사회보장에 관한 국민의 권리와 국가 및 지방자치단체의 책임을 정하고 사회보장제도에 관한 기본적인 사항을 규정함으로써 국민의 복지증진에 기여하는 것을 목적으로 하는 「사회보장기본법」을 제정하였다. 또 1995년 12월 30일에는 정신질환의 예방과 정신질환자의 의료 및 사회복귀에 관하여 필요한 사항을 규정함으로써 국민의 정신건강 증진에 기여하는 것을 목적으로 하는 「정신보건법」을 제정하였다. 이 법은 2016년 5월 29일 「정신건강증진 및 정신질환자 복지서비스 지원에 관한 법률」로 대체되었다.

2) 1990년대 중반 주요 사회복지입법

1997년 3월 27일에는 사회복지사업을 지원하기 위하여 국민의 자발적인 성금으로 공동모금된 재원을 효율적으로 관리・운용함으로써 사회복지증진에 이바지하는 것을 목적으로 하는 「사회복지공동모금법」이 제정되었다. 이후 1999년 3월 31일 「사회복지공동모금회법」으로 개정하였다. 이외에 「청소년보호법」(1997.3.7.), 「장애인・노인・임산부 등의 편의증진보장에 관한 법률」(1997.4.10.) 등이 제정되었다. 한편 사회복지사업운영에 대한 책임성과 전문성의 요구에 따라 1997년 8월 22일 「사회복지사업법」이 전면 개정되었다. 이 법에서는 사회복지사의 전문성을 제고하기 위하여 사회복지사 1급은 국가시험에 합격한 자로 하고, 현행 사회복지시설 설치・운영에 대한 허가제를 신고제로 변경하여 사회복지시설을 설치・운영할 수 있도록 제도적 장치를 변경하였다. 또 시설평가제를 도입하여 공공성을 강화하였으며, 자원봉사활동을 지원할 수 있는 법적 근거를 마련하였다. 이외에 가정폭력을 예방하고 가정폭력의 피해자를 보호함으로써 건전한 가정을 육성하기 위하여 「가정폭력방지 및 피해자 보호 등에 관한 법률」을 1997년 12월 31일에 제정하였다. 또 1997년 12월 31일에는 「국민의료보험법」을 제정하여 직장의료보험조합을 제외하고 227개 지역의료보험조합과 공무원・교직원의료보험관리공단을 통합하

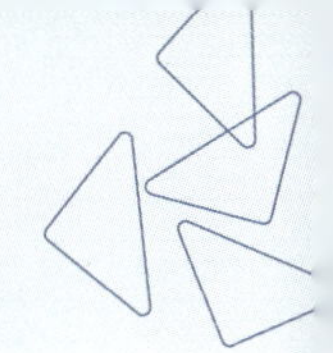

는 제1차 의료보험통합을 실시하였다. 이후 「의료보험법」과 「국민의료보험법」은 1999년 2월 8일 「국민건강보험법」이 제정되면서 폐지되었다(2차 의료보험 통합).

5. 1998년부터 현재: 실질적 사회복지입법 및 조성시대

김대중 정부가 들어선 1998년은 IMF 경제위기상황에 따라 대폭적인 구조조정이 진행되어 초유의 대량실업이 발생하고, 절대빈곤계층이 대량 발생하는 등 사회 전체적으로 위기상황이었다. 이에 김대중 정부는 1999년 「국민기초생활보장법」을 제정하고, 생산적 복지, 적극적 노동시장정책 등을 국가의 주요 정책방향으로 제시하였다. 이 시기 이후 지금까지 기존과 비교할 수 없을 정도로 많은 세부적인 법률들이 지속적으로 제정되고 있다. 김대중 정부 이후 지금까지 주요 사회복지입법의 내용은 다음과 같다.

1) 김대중 정부 주요 사회복지입법

1998년 12월 31일에 「국민연금법」이 개정되었다. 1999년 4월 1일부터 시행된 개정 「국민연금법」은 도시지역의 자영자, 5인 미만의 사업장근로자, 임시 및 일용직 근로자, 시간제 근로자 등 전 국민에게 확대 적용되게 되었으며, 이 법의 시행으로 전(全)국민연금시대가 개막되었다.

한편 1999년 2월 8일에는 「국민건강보험법」이 제정되었다. 2000년 7월 1일부터 시행된 이 법은 국민의 질병·부상에 대한 예방·진단·치료·재활과 출산·사망 및 건강증진에 대하여 보험급여를 실시함으로써 국민보건을 향상시키고 사회보장을 증진하기 위하여 제정되었으며, 이 법에 의해 기존의 「의료보험법」 및 「국민의료보험법」이 폐지되었다. 이 법은 다보험자방식으로 운영되고 있는 의료보험관리체계를 단일보험자로 통합운영함으로써 관리운영의 효율성과 보험료부담의 형평성을 높이고 질병의 치료 외에 예방, 건강증진 등을 포함하는 포괄적인 의료서비스를 제공하는 것을 목적으로 한다.

또 1999년 2월 8일에 「장애인복지법」이 전면 개정되었다. 이를 통해 장애인의 정의가 '주요 외부신체기능의 장애, 내부기관의 장애와 정신지체, 정신질환에 의한 장애로 인하여 장기간에 걸쳐 일상생활 또는 사회생활에 상당한 불편을 겪는 사람'으로 변경되었으며, 장애인의 범주가 대폭 확대되었다. 2000년 1월 12일에는 「장애인고용촉진 등에 관한 법률」을 전문 개정하여 「장애인고용촉진 및 직업재활법」을 제정하였다.

이 시기 가장 중요한 제정 법률로는 「국민기초생활보장법」(1999.9.7. 제정, 2000.10.1. 시행)이 있다. 1997년 12월에 발생한 IMF 경제위기상황 이후 기존의 생활보호제도가 2차적 사회안전망으로서 제 기능을 다하지 못하고 있는 현실적 문제를 해결하기 위해 생활보호제도를 대폭 확충하여 사회안전망의 사각지대에 살고 있는 저소득계층을 생존위기로부터 보호하기 위한 근본적 변화가 필요하게 되었다. 이 법의 제정으로 피보호자, 보호기관 등의 시혜적 성격이 강한 문구에서 수급권자, 보장기관 등으로 권리적 성격이 강한 문구로 변경되었다. 특히 연령 등 인구학적 기준을 폐지하고 소득인정액이 최저생계비 이하인 국민은 누구나 국가로부터 지원을 받을 수 있도록 하였다. 이 법의 제정과 함께 기존의 「의료보호법」은 「의료급여법」(2001.5.24. 개정, 2001.10.1. 시행)으로 개정하였으며, 「국민건강보험법」과 마찬가지로 예방·재활 등에 대하여도 의료급여를 받을 수 있도록 하였다. 이외에 기존의 「모자복지법」이 「모·부자복지법」(2002.12.18. 개정)으로 개정되었다.

2) 노무현 정부 주요 사회복지입법

2003년 7월 30일에 개정된 「사회복지사업법」은 지역사회중심의 사회복지사업을 효율적으로 추진하기 위한 기반을 조성하고, 사회복지서비스의 제공 절차를 구체적으로 정하는 한편, 재가복지서비스를 활성화하도록 하는 목적으로 개정되었다. 지역사회복지체계 구축이라는 새로운 목표로 기존에 시·군·구에 설치되어 있던 사회복지위원회를 폐지하고 그에 갈음하여 시·군·구에 지역사회복지협의체를 설치하도록 하고, 동 협의체는 관할지역 안의 사회복지사업에 관한 중요 사항과 지역사회복지계획을 심의하도록 하였다. 사회복지서비스이용권제도의 근거를 마련하는 등 지역사회복지를 강화하도록 하였다. 이외에 「청소년복지지원법」(2004.2.9. 제정), 「청소년활동진흥법」(2004.2.9. 제정), 「건강가정기본법」(2004.2.9. 제정), 「성매매방지 및 피해자보호 등에 관한 법률」(2004.3.22. 제정), 「교통약자의 이동편의증진법」(2005.1.27. 제정), 「저출산·고령사회기본법」(2005.5.18. 제정), 「자원봉사활동기본법」(2005.8.4. 제정) 등이 제정되었다.

한편 경제양극화 및 이혼 증가 등 사회변화 속에서 소득상실, 질병과 같이 갑작스러운 위기상황이 발생한 경우 누구든지 손쉽게 도움을 청하고 필요한 지원을 받을 수 있는 제도를 마련하기 위하여, 지역사회의 각종 복지지원을 활용하여 위기상황에 처한 자를 조기에 찾을 수 있는 체계를 갖추고 이들에게 필요한 지원을 신속하게 실시하며 기존의 공공부조제도나 사회복지서비스와 연계되도록 하기 위해 「긴급복지지원법」을 2005년 12월 23일에 제정하여, 2006년 3월 24일부터 시행하였다. 제정 당시 이 법은 2010년 12월 22일까지 유효한 5년 한시법이었으나, 2009년 5월 28일에 영속적인 법으로 개정하여 5년 한시조항을 삭제하였다.

2007년 4월 10일에는 「장애인차별금지 및 권리구제 등에 관한 법률」이 제정되었으며, 같은 해 4월 25일에는 「기초노령연금법」, 4월 27일에는 「노인장기요양보험법」(2008.7.1. 시행)이 제정되었다. 특히 고령이나 노인성 질병 등의 사유로 일상생활을 혼자서 수행하기 어려운 노인 등에게 제공하는 신체활동 또는 가사활동 지원 등의 장기요양급여에 관한 사항을 규정하여 노후의 건강증진 및 생활안정을 도모하고 그 가족의 부담을 덜어줌으로써 국민의 삶의 질을 향상하도록 하는 것을 목적으로 「노인장기요양보험법」이 제정됨으로 우리나라의 사회보험이 기존의 4대 사회보험에서 5대 사회보험으로 확대되었다. 2007년 10월 17일에는 기존의 「모·부자복지법」을 「한부모가족지원법」으로 개정하였다. 여기서는 자녀가 취학 중인 때에는 22세 미만까지 확대하여 지원하도록 하며, 65세 이상의 고령자들과 손자녀로 구성되어 있는 조손가족의 경우도 이 법에 따른 보호대상자로 하는 등 대상자를 확대하였다.

3) 이명박 정부 주요 사회복지입법

2008년에 수립된 이명박 정부에서는 먼저 다문화가족에 대한 관심과 지원의 필요성이 높아지면서 「다문화가족지원법」이 2008년 3월 21일 제정되었다. 또 같은 날인 2008년 3월 21일에 기존의 「고령자고용촉진법」을 「고용상 연령차별금지 및 고령자고용촉진에 관한 법률」로 변경[11]하고, 모집·채용부터 퇴직·해고까지 고용의 모든 단계에서의 연령차별을 금지하며 고용상 연령차별행위로 피해를 입은 자에 대한 구제방법으로 국가인권위원회에 대한 진정 및 이에 따른 권고, 권고 불이행에 대한 시정명령제도를 도입하려는 목적으로 제정하였다. 2009년 5월 21일에는 「국민건강보험법」을 개정하여 사회보험료 징수업무를 국민건강보험공단으로 일원화하였다. 한편 2011년 3월 30일에는 장애인복지시설의 서비스체계 개편을 위해 「장애인복지법」을 개정[12]하였고, 중증장애인에 대해서 「장애인복지법」에서 지급되던 장애수당을 대체하여 「장애인연금법」[13]을 2010

11) 지금까지는 고령자에 대한 고용정책이 고용촉진정책에 치중되었으나 앞으로는 고용에서 연령을 이유로 차별하는 관행을 해소하기 위한 연령차별금지정책을 병행 추진하기로 함에 따라 법률 제명을 변경하였다.

12) 장애인 생활시설을 포함한 장애인복지시설의 개념과 기능을 재정립하여 장애인 생활시설의 거주기능을 별도로 분리하고, 장애인거주시설의 정원은 30명을 초과할 수 없도록 하며, 장애인 생활시설에 대한 이용절차 및 시설을 제공하는 서비스의 최저기준을 규정하는 등 장애인복지시설 이용자 중심의 서비스 체계를 구축함으로써 장애인의 복지증진에 이바지하려는 목적으로 개정하였다.

13) 경제활동이 어려운 근로무능력 중증장애인은 생활수준이 열악하고 국민연금 등 공적소득보장제도의 사각지대에 놓인 경우가 많으므로, 18세 이상의 중증장애인으로서 소득인정액이 일정 수준 이하인 자에게 매월 일정액의 무기여(無寄與) 연금을 지급하는 장애인연금제도를 도입하여 중증장애인에 대한 사회보장 사각지대를 해소하고 사회통합을 강화하려는 목적으로 제정되었다.

년 4월 12일에 제정하였다. 또 4월 15일에는 기존의 「성폭력범죄의 처벌 및 피해자보호 등에 관한 법률」의 내용 중 성폭력피해자 보호·지원에 관한 사항을 분리하여 규정하고, 성폭력피해자의 보호·지원을 위한 국가 및 지방자치단체의 책무, 성폭력피해자 등에 대한 취학 지원, 성폭력피해자를 위한 성폭력통합지원센터의 설치·운영의 법적 근거 등을 규정하여 성폭력 방지 및 성폭력피해자의 보호·지원을 중심으로 하는 법률을 제정하려는 목적으로 「성폭력방지 및 피해자 보호 등에 관한 법률」을 제정하였다. 한편 「장애인복지법」 개정, 「장애인연금법」 제정과 함께, 2011년 1월 1일에 「장애인활동지원에 관한 법률」[14)]을 제정하였다. 2011년 3월 30일에는 사회복지사 등의 처우와 지위 향상을 위하여 「사회복지사 등의 처우 및 지위 향상을 위한 법률」을 제정하였으며, 같은 해 6월 7일에는 이원화되어 있는 노숙인과 부랑인에 대한 지원체계를 통합하고, 이들의 인권을 보호하고 자립을 지원함으로써 이들의 건전한 사회복귀를 도모하려는 목적으로 「노숙인 등의 복지 및 자립 지원에 관한 법률」을 제정하였다.

2012년 1월 26일에는 시설이용자의 인권보호와 사회복지법인 및 시설 운영의 투명성을 강화하고, 사회복지시설 서비스 최저기준을 마련함으로써 사회복지서비스의 질적 수준을 제고하여 사회복지서비스 이용자들의 인권과 복지를 증진하려는 목적으로 「사회복지사업법」을 개정하였다. 같은 날인 2012년 1월 26일에는 모든 국민이 평생 동안 겪는 다양한 사회적 위험에 대하여 사회정책과 경제정책을 통합적으로 고려하여 국민의 보편적·생애주기적인 특성에 맞게 소득과 사회서비스를 함께 보장하는 방향으로 사회보장제도를 확대·재정립하기 위하여 「사회보장기본법」을 개정하였다(2013.1.27. 시행). 이외에 2012년 8월 4일에는 장애아동이 안정된 가정생활 속에서 건강하게 성장하고 사회에 활발하게 참여할 수 있노록 하며, 장애아동 가족의 부담을 줄이는 데 이바지하려는 목적으로 「장애아동복

14) 이 법은 신체적·정신적 장애 등으로 혼자서 일상생활과 사회생활을 하기 어려운 장애인에게 제공하는 활동보조, 방문목욕, 방문간호 또는 주간보호 등의 활동지원급여에 관한 사항을 규정하여 장애인의 자립생활을 지원하고 그 가족의 부담을 줄임으로써 장애인의 삶의 질을 높이려는 목적으로 제정되었다.

지지원법」을 제정하였다.

4) 박근혜 정부 주요 사회복지입법

박근혜 정부에서는 생활이 어려운 사람에게 주거급여를 실시하여 국민의 주거안정과 주거수준 향상에 이바지하기 위하여 「주거급여법」을 2014년 1월 24일 제정하였으며, 같은 해 1월 28일에는 아동학대범죄에 대한 처벌을 강화하고 아동학대범죄가 발생한 경우 긴급한 조치 및 보호가 가능하도록 제도를 마련함으로써, 아동학대에 대한 강력한 대처와 예방을 통해 아동이 건강한 사회구성원으로 성장하도록 하려는 목적으로 「아동학대범죄의 처벌 등에 관한 특례법」을 제정하였다.

또 빈곤노인의 소득강화를 목적으로 기존의 「기초노령연금법」을 대체한 「기초연금법」을 2014년 5월 20일에 제정하였다. 이 법은 국가재정의 지속가능성을 확보하면서 노인세대를 위한 안정적인 공적연금제도를 마련하여 65세 이상의 노인 중 소득기반이 취약한 70%의 노인에게 기초연금을 지급함으로써 노인빈곤문제를 해소하고 노인의 생활안정과 복지증진에 기여하려는 목적으로 제정되었다. 그러나 이 법의 제정에도 기초생활수급자 노인은 기초연금액만큼 생계급여(현금급여)가 공제되어 사실상 기초연금을 지급받지 못하고 있어 빈곤노인의 소득보장에 기여하지 못하고 있다는 지적이 지속적으로 제기되고 있다(「국민기초생활보장법」 시행령 제5조 소득의 범위 참조).

2014년 12월 30일에는 「사회보장급여의 이용·제공 및 수급권자 발굴에 관한 법률」이 제정되었다. 이 법은 「사회보장기본법」에 따른 사회보장급여의 이용 및 제공에 관한 기준과 절차 등 기본적 사항을 규정하고 지원대상자를 발굴하여 지원함으로써 사회보장급여를 필요로 하는 사람의 인간다운 생활을 할 권리를 최대한 보장하고, 사회보장급여가 공정하고 효과적으로 제공되도록 하며, 사회보장제도가 지역사회에서 통합적으로 시행될 수 있도록 그 기반을 구축하기 위하여 제정되었다(김기원, 2019). 같은 날인 2014년 12월 30일에 개정하여 2015년 7월 1일부

터 시행하고 있는 「국민기초생활보장법」은 기존의 기초생활보장제도를 효과적이고 효율적인 맞춤형 빈곤정책으로 전환하여 지원대상을 확대하고 일할수록 유리한 급여체계를 마련함으로써 탈수급 유인을 촉진하고 빈곤예방기능을 강화하고자 하는 목적으로 개정되었다. 이 법은 특히 맞춤형 급여체계로 전환하고 중위소득을 기준으로 하여 개별 급여를 지급하도록 개정되었다. 한편 장애인 복지 관련하여 전체 등록장애인 중 소수에 불과하지만 성인이 되어서도 세수, 화장실 사용 등의 간단한 일상생활조차도 타인의 도움이 없이 영위하기가 어려워 일생 돌봄이 필요한 경우가 대부분이고, 인지력・의사소통능력 등이 부족하여 자신의 권리를 주장하거나 스스로 보호하는 것에 상당한 어려움이 있어 학대・성폭력, 인신매매, 장기적인 노동력 착취 등의 피해자가 되는 경우가 지속적으로 발생하고 있는 발달장애인과 그 가족, 보호자 등을 지원하기 위하여 「발달장애인 권리보장 및 지원에 관한 법률」[15]을 2014년 5월 20일 제정하였다.

5) 문재인 정부 주요 사회복지입법

2017년 5월 10일부터 시작된 문재인 정부에서 제・개정된 대표적인 법률로는 먼저 2017년 12월 19일에 개정된 「장애인복지법」이 있다. 이 법에서는 장애등급제 개편 사항을 반영하기 위하여 '장애 등급'을 '장애 정도'로 변경하고, 맞춤형 서비스제공을 위하여 '서비스 지원 종합조사'를 실시할 수 있는 법적 근거를 마련하며, 자립생활지원과 관련하여 국가와 지방자치단체의 책무 대상을 중증장애인에서 장애인으로 확대하고, 장애인에 대한 방문상담 및 사례관리 수행 근거를 마련함으로써 복지사각지대를 해소하는 한편, 장애인학대 예방 및 사후지원 강화를 위하여 장애인권익옹호기관의 기능을 강화하기 위하여 필요한 각종 조치들을 법률

15) 이 법은 발달장애인에 대한 구체적인 장애 범위, 그 가족이나 보호자 등의 특수한 수요에 부합될 수 있는 지원체계 및 발달장애인지원센터 설립의 근거를 제정함으로써 발달장애인의 권리를 보호하고, 그 보호자 등의 삶의 질을 향상시킬 수 있도록 하여 국민 전체의 행복에 기여할 수 있도록 하려는 목적으로 제정되었다.

에 규정하고, 장애인학대 및 장애인 대상 성범죄 신고인에 대한 보다 효과적인 보호를 위하여 「특정범죄신고자 등 보호법」의 일부 규정을 준용하고 신고인에 대한 불이익조치 금지를 명문화하였다. 이 법에 따라 1989년부터 30년 동안 시행되어 오던 장애등급제가 2019년 7월부터 폐지되었다.

이외에 아동의 보호자와 그 가구원의 경제적 수준을 고려하여 아동수당을 지급하도록 함으로써 아동 양육에 따른 경제적 부담을 경감하고 아동의 건강한 성장 환경을 조성하며, 아동 양육에 대한 국가의 책임성을 강화하려는 목적으로 「아동수당법」을 2018년 3월 27일에 제정하여 2018년 9월 1일부터 시행하고 있다. 당초 이 법은 모든 아동에게 지급하는 사회수당방식으로 입안되었으나 입법과정에서 자산조사를 통해 하위 90%를 선별하여 지급하는 사회부조방식으로 제정되었다(김기원, 2019). 즉 2018년 9월, 처음으로 이 법이 시행되었을 때는 6세 미만(0~71개월) 아동 중 가구의 소득인정액이 2인 이상 전체 가구의 100분의 90 수준 이하가 되도록 지급 대상 선정 기준을 정하고 그 이하인 경우에만 월 10만원씩 지급하였다. 그러나 모든 아동에게 주는 것보다 자산조사로 상위 10%의 가구를 제외하는 데 드는 행정비용이 더 크다는 등의 비판이 확산되면서, 2019년 1월 15일 법이 개정되어 같은 해 4월 1일부터 소득수준에 관계없이 6세 미만 모든 아동으로 대상이 확대되었고, 같은 해인 2019년 9월부터는 7세 미만(0~83개월)으로 확대되었다(생각의마을, 2021).

한편, 2021년 12월에는 저출산 대책법안들이 개정되었다. 먼저 「아동수당법」이 12월 14일 개정되어, 2022년 4월부터는 만 8세까지 아동수당을 받을 수 있도록 확대하였다. 또 2022년 1월부터 출생하는 만 2세 미만의 영아기(0~1세) 아동에게는 매월 최고 50만원의 아동수당을 추가로 지급하는 이른바 '영아수당'을 신설하였다(「아동수당법」 제5조 제5항). 이 법은 2023년 6월 13일 다시 개정되어 '매월 50만원'에서 '매월 50만원 이상으로서 대통령령으로 정하는 금액'으로 변경되었다.[16)]

16) '영아수당'은 현재 '부모급여'라는 명칭으로 운영되고 있다. 2024년 현재 만 0세는 월 100만원, 만 1세는 월 50만원을 지급하고 있는데, 어린이집을 이용하고 있다면 보육료를 차감한 뒤 지급하고 있다. 한편 '부모급여'는 매월 10만원씩 지급되는 '아동수당'과 출산 시 바우처로 지급하는 '첫만남이용권'과 중복하여 지급된다.

또 2021년 12월 14일 「저출산 · 고령사회기본법」 개정을 통해 아동양육에 따른 경제적 부담을 경감하기 위하여 2022년 1월 1일 이후 출생아에게 아동 1명당 200만원 상당의 바우처(첫만남 이용권)를 일시금으로 지급하는 제도를 도입하였다. 이 법은 2023년 12월 26일 다시 개정되어 '200만원'에서 '200만원 이상'으로 변경되었다.[17)]

17) 정부는 2023년 12월 법률 개성에 따라 2024년 3월 26일 「저출산 · 고령사회기본법 시행령」을 개정하여, 첫째 출생아동에게는 200만원, 둘째 이후의 출생아동에게는 300만원의 첫만남이용권을 각각 지급하도록 하고, 해당 첫만남이용권의 사용 기한을 아동이 출생한 날부터 '1년이 되는 날'에서 '2년이 되는 날'까지로 연장하였다.

사회복지의 기본법에 대한 이해

CHAPTER 06

사회보장기본법

1. 의의 및 연혁

1) 의의

사회보장제도를 먼저 실시한 선진복지국가들의 경우, 사회복지에 관한 기본법을 제정하여 사회보장제도의 각 하위제도 간의 통합과 조정을 도모하여 왔다. 예를 들어 미국은 사회보장법, 영국은 연방사회보험법, 독일이나 프랑스는 통일법전 속에 사회보장분야를 입법하여 유기적인 법체계를 유지하여 왔다. 우리나라에서도 사회복지에 관한 기본법으로 1963년에 「사회보장에 관한 법률」[1]을 제정하였

1) 「사회보상에 관한 법률」의 전분(全文)은 다음과 같다.

제1조 (목적) 이 법은 국민의 인간다운 생활을 도모하기 위한 사회보장제도의 확립과 그 효율적인 발전을 기함을 목적으로 한다.

다. 「사회보장에 관한 법률」은 국민의 인간다운 생활을 도모하기 위한 사회보장 제도 확립과 그 효율적인 발전을 위하여 제정되었다. 그러나 기본법으로서 존재 의의를 가지기에는 미흡한 전문(全文) 7개조에 불과한 선언적인 의미의 법에 불과하여, 기본법으로서의 역할을 하지 못하였다. 이에 이러한 문제를 해결하기 위하여 「사회보장에 관한 법률」을 폐지하고 1995년 「사회보장기본법」을 제정하였다. 「사회보장기본법」은 제1조(목적)에서 "이 법은 사회보장에 관한 국민의 권리와 국가 및 지방자치단체의 책임을 정하고 사회보장정책의 수립・추진과 관련 제도에 관한 기본적인 사항을 규정함으로써 국민의 복지증진에 이바지하는 것을 목적으

제2조 (사회보장의 정의) 이 법에서 '사회보장'이라 함은 사회보험에 의한 제급여와 무상으로 행하는 공적부조를 말한다.

제3조 (사회보장사업의 관장 및 그 내용) ① 정부는 사회보장사업을 행하며 필요하다고 인정할 때에는 그 일부를 지방자치단체 또는 기타의 법인으로 하여금 행하게 할 수 있다.

② 정부는 사회보장사업을 행함에 있어서 국민의 자립정신을 조해하지 아니하도록 하여야 한다.

③ 사회보장사업은 국가의 경제적 실정을 참작하여 순차적으로 법률이 정하는 바에 의하여 행한다.

④ 제1항의 규정에 의하여 사회보장사업을 지방자치단체 또는 법인으로 하여금 행하게 할 경우에는 그 비용은 국고가 부담한다.

제4조 (사회보장심의위원회) ① 사회보장에 관한 중요사항에 대한 자문에 응하게 하기 위하여 보건사회부장관 소속하에 사회보장심의위원회(이하 '위원회(委員會)'라 한다)를 둔다.

② 보건사회부장관은 사회보장에 관한 계획을 수립하고자 할 때에는 미리 위원회의 자문을 거쳐야 한다.

제5조 (위원회의 구성) ① 위원회는 위원장 1인과 부위원장 2인을 포함한 위원 11인 이내로 구성한다.

② 위원장은 보건사회부차관이 되고, 부위원장은 위원 중에서 호선한다.

③ 위원은 다음 각 호의 자 중에서 보건사회부장관이 위촉한다.

1. 관계행정부처의 2급공무원 이상의 자
2. 근로자를 대표하는 자 및 사용자를 대표하는 자
3. 사회보장에 관한 학식과 경험이 있는 자

④ 위원의 임기는 2년으로 한다. 다만, 공무원인 위원의 임기는 그 재직기간으로 한다.

⑤ 보결위원의 임기는 전임자의 잔임기간으로 한다.

⑥ 위원회의 운영에 관하여 필요한 사항은 각령으로 정한다.

제6조 (관계행정기관의 협력) ① 위원회는 행정기관에 대하여 사회보장에 관한 자료의 제출과 위원회의 업무에 관하어 필요한 협력을 요청할 수 있다.

② 관계행정기관은 위원회로부터 전항의 요청을 받은 때에는 이에 응하여야 한다.

제7조 (시행령) 이 법 시행에 관하여 필요한 사항은 각령으로 정한다.

로 한다."고 규정하고 있다. 제4조(다른 법률과의 관계)에서 "사회보장에 관한 다른 법률을 제정하거나 개정하는 경우에는 이 법에 부합되도록 하여야 한다."고 규정하고 있는데, 이는 「사회보장기본법」이 헌법의 이념에 따라 사회보험, 공공부조, 사회서비스에 대한 법률을 총체적으로 지휘하는 헌법의 하위규범으로서의 의의를 갖는다고 하겠다.

다음으로 「사회보장기본법」은 헌법과 개별 사회복지법 사이의 중개자로서의 역할을 수행한다. 헌법에 규정된 사회보장에 관한 내용이 인간다운 생활을 할 권리와 같이 추상적인 형태로 표현되어 있어 헌법 규정을 토대로 개별적인 사회복지 관련법을 제정해야 하는 입법자에게 직접적이고 분명한 입법지침을 제공해 주지 못하고 있다. 이에 「사회보장기본법」이 헌법의 범위 내에서 개별적인 사회복지법의 제정에 입법지침을 제공해 주고 있는 것이다(김기원, 2016: 51). 결국 「사회보장기본법」은 사회보장제도의 기본적인 사항을 법률로 규정한 것으로, 사회보장제도나 사회복지관련 법률들의 제·개정의 범위와 방향을 정해 주는 기본법으로서의 의미를 갖는다고 할 수 있다. 즉, 개별적인 사회복지관련 법률을 지배하는 기본적인 법이념, 공통원칙, 권리와 의무관계, 용어의 정의들을 제공하여 사회복지법체계를 일관성 있게 정리하는 기능을 수행한다.

2) 연혁

사회복지에 관한 입법지침을 제시하고, 기존의 사회복지법률들을 조정하며, 사회복지분야 간의 균형과 조화를 기하기 위해 1963년 11월 5일 「사회보장에 관한 법률」을 제정하였다. 그러나 이 법은 사회복지 관련 법률의 일반법으로서의 실질적인 존재의 의미를 갖추지 못하고 내용도 부실하여 전문 7개조밖에 갖추지 못하였으며, 사회보장심의위원회에 관한 규정 이외에는 상징적 의미밖에 없었다. 또한 사회보장사업의 관장을 정부가 행한다고 막연히 규정하고 정부 부처 내 어느 부처가 관장할 것인지를 명확히 지정하지 않았기 때문에, 사회보장사업을 일원화시켜 통일성을 기하지 못하고 서로 다른 부처들이 서로 다른 사회보장사업을 분립하여 오늘날까지 제각기 수행해오는 결과가 되었다(김유성, 1992). 이에 1995년 기존의 「사회보장에 관한 법률」을 폐지하고 우리나라의 경제・사회발전수준과 국민의 복지욕구에 부합하는 사회보장제도를 확립하여 국민복지의 증진을 도모하기 위하여 「사회보장기본법」을 제정하였다. 「사회보장기본법」이 제정된 계기는 다음과 같다(김수정, 2017, 103-104). 「사회보장에 관한 법률」이 제정된 후 30여년이 지나는 동안 사회적・경제적으로 많은 변화가 일어났으며 각종 사회보장제도가 도입되어 실시되기에 이르렀다. 그러나 1960년대 초 이후에 생겨난 각종 사회보장제도의 상호 연계성이 부족하고 사회보장에 관한 국가의 책임과 국민의 권리가 명확하지 않을 뿐만 아니라 중앙정부와 지방자치단체 간의 역할 분담, 재정분담 및 업무분담 등이 명확하지 않기 때문에 생기는 문제가 많아졌다. 이것은 결국 국가운영의 기본체제인 사회보장제도의 효율적 운영과 체계적 발전을 이룰 수 없게 만들었다. 즉, 사회보장에 관한 이념을 재정립하고 사회보장제도의 공통사항 등을 다시 정해야 할 필요가 생기게 된 것이다. 이러한 배경으로 1995년 12월 30일 기존의 「사회보장에 관한 법률」을 폐지하고 「사회보장기본법」이 제정되었으며 1996년 7월 1일에 시행되었다.

이 법은 제정 이후, 다양한 방면으로 확대되고 있는 국민의 복지욕구에 대응하기 위하여 사회보장과 관련된 주요 시책을 심의하는 사회보장심의위원회의 위원에 관련 부처의 참여를 확대하고, 중앙행정기관 및 시・도의 사회보장과 관련된 주요 시책의 추진실적을 정기적으로 평가하게 함으로써 사회보장시책이 현실성 있고 체계적으로 추진될 수 있도록 2005년 개정하는 등 최근까지 지속적으로 개정되고 있다. 특히 지난 2012년 1월 26일, 기존의 「사회보장기본법」이 전부 개정되어 2013년 1월 27일부터 시행되고 있다. 개정 이유는 현재 여러 부처에서 사회보장정책을 관장함에 따라 일관성 있고 효과적인 정책 수립 및 집행에 한계가 있다는 지적에 따라 모든 국민이 평생 동안 겪는 다양한 사회적 위험에 대하여 사회

정책과 경제정책을 통합적으로 고려하여 국민의 보편적·생애주기적인 특성에 맞게 소득과 사회서비스를 함께 보장하는 방향으로 사회보장제도를 확대·재정립함으로써 한국의 상황에 맞는 새로운 중장기 사회보장정책의 비전과 미래지향적인 발전방향을 제시하여 건강한 복지국가를 설립할 수 있는 토대를 마련하려는 것이다. 「사회보장기본법」의 제·개정 관련된 주요 연혁을 살펴보면 〈표 6-1〉과 같다.

| 표 6-1 | 사회보장기본법 주요 연혁

제·개정(시행)	주요 내용
1963.11.5. (1963.11.5.)	사회보장에 관한 법률 제정
1995.12.30. (1996.7.1.)	사회보장기본법 제정
2012.1.26. (2013.1.27.)	전부개정 • 사회보장의 정의 변경/확대 – 출산, 양육을 사회적 위험으로 포함하여 보호 – 사회복지서비스와 관련 복지제도를 사회서비스로 포괄 • 기본욕구와 특수욕구를 고려하여 소득·서비스를 보장하는 맞춤형 사회보장제도인 평생사회안전망 개념 도입 • 사회보장에 관한 지역계획(시·도/시·군·구) 수립·시행 • 사회보장위원회 권한 강화 • 국가와 지방자치단체는 평생사회안전망의 구축, 사회서비스 보장, 소득보장을 위한 시책 등 마련하도록 함 • 국가와 지방자치단체는 국민의 사회보장수급권의 보장 및 재정의 효율적 운용을 위하여 사회보장급여 관리체계를 구축·운영하도록 함 • 보건복지부장관은 사회서비스의 품질기준 마련, 평가 및 개선 등을 위한 전담기구를 설치·운영할 수 있도록 함

2. 목적, 기본이념 및 정의

1) 목적

「사회보장기본법」은 사회보장에 관한 국민의 권리와 국가 및 지방자치단체의 책임을 정하고, 사회보장정책의 수립·추진과 관련 제도에 관한 기본적인 사항을 규정함으로써, 국민의 복지증진에 이바지하는 것을 목적으로 하고 있다(제1조). 즉 「헌법」 제34조 제1항의 인간다운 생활을 할 권리와 제2항 이하에 있는 국가의 의무를 구체화하려는 규범적 목적을 분명히 하는 것을 목적으로 하는 법률이라고 할 수 있다(윤찬영, 2010: 460). 또 제4조(다른 법률과의 관계)에서 "사회보장에 관한 다른 법률을 제정하거나 개정하는 경우에는 이 법에 부합되도록 하여야 한다."고 규정하여, 사회복지와 관련된 기본법의 성격을 분명히 하고 있다.

2) 기본이념

제2조(기본이념)에서 "사회보장은 모든 국민이 다양한 사회적 위험으로부터 벗어나 행복하고 인간다운 생활을 향유할 수 있도록 자립을 지원하며, 사회참여·자아실현에 필요한 제도와 여건을 조성하여 사회통합과 행복한 복지사회를 실현하는 것을 기본이념으로 한다."고 규정하고 있다.[2] 이러한 기본이념은 다음과 같이 정리할 수 있다. 첫째, 「사회보장기본법」은 복지사회의 실현을 궁극적인 기본이념으로 삼고 있다. 즉 모든 국민이 쾌적한 생활환경에서 자신의 행복을 스스로

2) 이는 2012년 전부 개정 전에 "사회보장은 모든 국민이 인간다운 생활을 할 수 있도록 최저생활을 보장하고 국민 개개인이 생활수준을 향상시킬 수 있도록 제도와 여건을 조성하여, 그 시행에 있어 형평과 효율의 조화를 도모함으로써 복지사회를 실현하는 것을 기본이념으로 한다."고 기본이념을 제시하여 헌법상 보장된 인간다운 생활 향유가 최저생활보장이었던 것에 비해 발전된 기본이념이라고 할 수 있다.

추구할 수 있도록 하여주고, 각종 사회적 위험으로부터 국가나 사회가 제도적으로 보호하고 자립할 수 있도록 하여줌으로써 국민 모두가 평안하고 행복하고 독립된 삶을 살아갈 수 있도록 보장하는 복지사회건설을 궁극적으로 추구하고 있다. 둘째, 「사회보장기본법」은 「헌법」상 보장된 인간다운 생활을 할 권리, 즉 생존권을 보장함으로써 모든 국민들이 건강하고 문화적인 삶을 누릴 수 있도록 한다. 셋째, 「사회보장기본법」은 국민들의 사회참여·자아실현에 필요한 사회보험, 공공부조, 사회서비스 등의 제도를 마련하고, 필요한 재원을 확보하며 국민의 복지의식을 고양한다(김기원, 2007).

3) 사회보장 관련 용어의 정의

사회복지분야에서 사용되는 용어의 상당수는 추상적이고 시대에 따라 다르게 정의되기 때문에 그 범위가 모호하고 일관되게 정의하기 어렵다(김기원, 2007). 이에 정의상의 혼란을 막고 그 범위를 명확하게 규정하기 위해서 이 법에서는 제3조(정의)에서 관련 용어를 공식적으로 정의하고 있다.

(1) 사회보장

'사회보장'이란 출산, 양육, 실업, 노령, 장애, 질병, 빈곤 및 사망 등의 사회적 위험으로부터 모든 국민을 보호하고 국민 삶의 질을 향상시키는 데 필요한 소득·서비스를 보장하는 사회보험, 공공부조, 사회서비스를 말한다. 지난 2012년 전부 개정으로 '출산, 양육'을 사회적 위험에 포함하여 보호하도록 규정하였다. 이 법에서 '사회보장'은 사회복지, 그 중에서도 광의의 사회복지의 개념이라고 할 수 있다.

(2) 사회보험

'사회보험'이란 국민에게 발생하는 사회적 위험을 보험의 방식으로 대처함으로써 국민의 건강과 소득을 보장하는 제도를 말한다.

(3) 공공부조

'공공부조'(公共扶助)란 국가와 지방자치단체의 책임하에 생활 유지 능력이 없거나 생활이 어려운 국민의 최저생활을 보장하고 자립을 지원하는 제도를 말한다.

(4) 사회서비스

'사회서비스'란 국가·지방자치단체 및 민간부문의 도움이 필요한 모든 국민에게 복지, 보건의료, 교육, 고용, 주거, 문화, 환경 등의 분야에서 인간다운 생활을 보장하고 상담, 재활, 돌봄, 정보의 제공, 관련 시설의 이용, 역량 개발, 사회참여 지원 등을 통하여 국민의 삶의 질이 향상되도록 지원하는 제도를 말한다. 이 법에서 규정한 '사회서비스'는 지난 2012년 전부 개정 전에 '사회복지서비스와 관련 복지제도'로 나누어져 있던 것을 포괄하여 확대·통합한 개념으로, 사회보험, 공공부조와는 달리 주로 심리사회적·정신적 서비스 등과 같이 비경제적인 서비스를 제공하는 것을 주요 특징으로 하고 있다.

(5) 평생사회안전망

'평생사회안전망'이란 생애주기에 걸쳐 보편적으로 충족되어야 하는 기본욕구와 특정한 사회위험에 의하여 발생하는 특수욕구를 동시에 고려하여 소득·서비스를 보장하는 맞춤형 사회보장제도를 말한다. 이는 2012년 개정으로 새롭게 신설된 정의로, 생애주기에 맞추어서 개별사회서비스를 제공함으로써 복지사회 실현의 토대를 마련하는 것이 이 법의 주요한 목적 중의 하나라는 것을 의미한다고 할 수 있다.

(6) 사회보장 행정데이터

'사회보장 행정데이터'란 국가, 지방자치단체, 공공기관 및 법인이 법령에 따라 생성 또는 취득하여 관리하고 있는 자료 또는 정보로서 사회보장 정책 수행에 필

요한 자료 또는 정보를 말한다. 이는 2021년 6월 일부 개정으로 새롭게 추가된 정의로, 국무총리 소속의 사회보장위원회가 사회보장 관련 행정데이터를 제공받아 주요 시책의 심의·조정에 활용할 수 있도록 하는데 법적 근거를 명확히 하기 위하여 개념정의를 추가한 것이다.

3. 사회보장의 주체와 책임

1) 사회보장의 주체

「사회보장기본법」은 복지다원주의(welfare pluralism)에 따라 사회보장의 주체를 규정하고 있다(김기원, 2007). 제5조(국가와 지방자치단체의 책임)에서 "국가와 지방자치단체는 모든 국민의 인간다운 생활을 유지·증진하는 책임을 가지며, 사회보장에 관한 책임과 역할을 합리적으로 분담하여야 한다. 그리고 국가 발전수준에 부응하고 사회환경의 변화에 선제적으로 대응하며 지속가능한 사회보장제도를 확립하고 매년 이에 필요한 재원을 조달하여야 한다. 또한 국가는 사회보장제도의 안정적인 운영을 위하여 중장기 사회보장 재정추계를 격년으로 실시하고 이를 공표하여야 한다."고 규정하여 국가와 지방자치단체를 사회보장의 주된 주체로 규정하고 있다. 한편 사회보장 가운데 사회보험은 '국가'가 주체가 되고, 공공부조와 사회서비스는 '국가와 지방자치단체'를 주체로 규정하고 있다(제25조 제5항).[3)]

또한 제27조(민간의 참여)에서 "국가와 지방자치단체는 사회보장에 대한 민간부문의 참여를 유도할 수 있도록 정책을 개발·시행하고 그 여건을 조성하여야 하

3) 제25조(운영원칙) ⑤ 사회보험은 국가의 책임으로 시행하고, 공공부조와 사회서비스는 국가와 지방자치단체의 책임으로 시행하는 것을 원칙으로 한다. 다만, 국가와 지방자치단체의 재정 형편 등을 고려하여 이를 협의·조정할 수 있다.

며, 개인・법인 또는 단체가 사회보장에 참여하는 데 드는 경비의 전부 또는 일부를 지원하거나 그 업무를 수행하기 위하여 필요한 지원을 할 수 있다."고 규정하고 있다. 그리고 이러한 사회보장에 대한 민간부문의 참여를 유도하기 위하여 자원봉사, 기부 등 나눔의 활성화를 위한 각종 지원사업, 사회보장정책의 시행에 있어 민간부문과의 상호협력체계 구축을 위한 지원사업, 그 밖에 사회보장에 관련된 민간의 참여를 유도하는 데에 필요한 사업 등이 포함된 시책을 수립・시행할 수 있도록 규정하고 있다. 한편 "국가와 지방자치단체는 가정이 건전하게 유지되고 그 기능이 향상되도록 노력하여야 하며, 사회보장제도를 시행할 때에 가정과 지역공동체의 자발적인 복지활동을 촉진하여야 한다."고 규정하고 있다(제6조). 즉 국가와 지방자치단체뿐만 아니라 가정과 지역공동체 등도 사회보장 책임의 주체가 될 수 있음을 규정함으로써 실질적인 복지다원주의를 지향하고 있다고 할 수 있다.

2) 사회보장의 책임

(1) 국가와 지방자치단체의 책임

이 법에서 규정한 국가와 지방자치단체의 책임은 다음과 같다(제5조). 첫째, 국가와 지방자치단체는 모든 국민의 인간다운 생활을 유지・증진하는 책임을 가진다. 둘째, 국가와 지방자치단체는 사회보장에 관한 책임과 역할을 합리적으로 분담하여야 한다. 셋째, 국가와 지방자치단체는 국가 발전수준에 부응하고 사회환경의 변화에 선제적으로 대응하며 지속가능한 사회보장제도를 확립하고 매년 이에 필요한 재원을 조달하여야 한다. 넷째, 국가는 사회보장제도의 안정적인 운영을 위하여 중장기 사회보장 재정추계를 격년으로 실시하고 이를 공표하여야 한다.

(2) 국민의 책임

이 법에서 규정한 국민의 책임은 다음과 같다(제7조). 첫째, 모든 국민은 자신의

능력을 최대한 발휘하여 자립·자활(自活)할 수 있도록 노력하여야 한다. 둘째, 모든 국민은 경제적·사회적·문화적·정신적·신체적으로 보호가 필요하다고 인정되는 사람에게 지속적인 관심을 가지고 이들이 보다 나은 삶을 누릴 수 있는 사회환경 조성에 서로 협력하고 노력하여야 한다. 셋째, 모든 국민은 관계 법령에서 정하는 바에 따라 사회보장급여에 필요한 비용의 부담, 정보의 제공 등 국가의 사회보장정책에 협력하여야 한다.

이러한 규정은 국가나 지방자치단체의 사회보장은 개인이 최대한 노력을 한 다음 개입하는 것이고, 또 국가나 지방자치단체의 사회보장 개입에서도 언제나 개인이 자립·자활할 수 있도록 돕는 것이어야 한다는 의미이다. 이는 국민은 우선적으로 자신의 능력을 최대한 발휘하여야 한다는 최대능력 발휘의 원칙을 명시하고 있는 것으로, 여기에는 사회보장이 후순위적으로 제공되는 보충적인 제도라는 보충성의 원리가 자리잡고 있다고 할 수 있다. 한편 사회보장정책은 주로 사회보험료나 조세를 통해 운영된다. 따라서 이러한 사회보장급여에 필요한 비용의 부담을 국민이 지는 것이 필수적으로 필요하며, 여기에 국민이 사회보장의 한 주체로서 책임성을 가져야 함을 의미하는 것이라고 할 수 있다.

4. 사회보장의 대상

사회보장의 대상은 개별 사회보장법과 제도의 자격기준 및 요건에 따라 선정·결정되는 것이지만, 포괄적으로 모든 국민을 대상으로 하고, 나아가서는 외국인도 포함하고 있다. 여기서 국민이란 그의 현재 소재지가 어디든 간에 원칙적으로 일정한 국법의 지배를 받는 국가의 구성원을 말한다. 따라서 대한민국 국민이면 그 사람이 어디에 가 있든지 대한민국 사회보장법의 적용을 받는다. 이를 속인주의

(屬人主義)라고 하며, 사회보장제공의 기본원칙으로 삼고 있다(김기원, 2007).

사회보장의 대상은 소수의 국민에서 국민 전체로, 빈곤에서부터 질병・사망・실업・장애 등의 사회적 위험으로 확대・발전되어 왔다. 한편 외국인에 대해서는 "국내에 거주하는 외국인에게 사회보장제도를 적용할 때에는 상호주의의 원칙에 따르되, 관계 법령이 정하는 바에 따른다.(제8조)"고 하여 해당국과 상호주의에 입각한 사회보장협약과 같은 체결한 경우 외국인은 외국인이 체류하고 있는 대한민국 사회보장법의 적용을 받는다고 규정하고 있다. 이때에는 속인주의가 적용되지 않고 속지주의(屬地主義)가 적용된다고 할 수 있다.

5. 사회보장에 관한 국민의 권리

1) 사회보장수급권의 개념

사회보장수급권은 '사회보장 관계 법령에서 정하는 바에 따라 사회보장급여를 받을 권리'를 의미한다. 「사회보장기본법」상 사회보장은 사회보험, 공공부조, 사회서비스로 구분된다. 따라서 사회보장수급권은 사회보험수급권, 공공부조수급권, 사회서비스수급권으로 각각 구분할 수 있다. 「사회보장기본법」 제9조(사회보장을 받을 권리)에서는 "모든 국민은 사회보장 관계 법령에서 정하는 바에 따라 사회보장급여를 받을 권리(이하 '사회보장수급권'이라 한다)를 가진다."고 규정하고 있다. 그리고 이 수급권은 앞서 사회보장의 대상에서 살펴본 것처럼, 상호주의원칙에 따라 외국인에게도 제한적으로 인정된다.

2) 사회보장급여의 수준

「사회보장기본법」은 사회보장급여의 수준과 관련하여 다음과 같이 규정하고 있다(제10조). 첫째, 국가와 지방자치단체는 모든 국민이 건강하고 문화적인 생활을 유지할 수 있도록 사회보장급여의 수준 향상을 위하여 노력하여야 한다. 둘째, 국가는 관계 법령에서 정하는 바에 따라 최저보장수준과 최저임금을 매년 공표하여야 한다. 셋째, 국가와 지방자치단체는 최저보장수준과 최저임금 등을 고려하여 사회보장급여의 수준을 결정하여야 한다. 이러한 규정의 내용을 정리하면 다음과 같다.

먼저 사회보장급여의 수준은 모든 국민이 건강하고 문화적인 생활을 유지할 수 있도록 하여야 한다. 이를 위해서 '최저보장수준과 최저임금'을 고려하도록 하고 있다. 이 법에서 의미하는 최저보장수준은 「국민기초생활보장법」 제2조에서 정의하고 있는 내용으로 '국민의 소득·지출수준과 수급권자의 가구 유형 등 생활실태, 물가상승률 등을 고려하여 급여[4]의 종류별로 공표하는 금액이나 보장수준'을 말한다. 또 최저임금은 '근로자에 대하여 임금의 최저수준을 보장하여 근로자의 생활안정과 노동력의 질적 향상을 꾀함으로써 국민경제의 건전한 발전에 이바지하는 것을 목적으로 근로자의 생계비, 유사 근로자의 임금, 노동생산성 및 소득분배율 등을 고려하여 정하는 임금(「최저임금법」 제1조 및 제4조)'이다.

3) 사회보장급여의 신청

사회보장급여의 신청에 관하여는 수급권자가 반드시 법에 따른 신청을 하여야 급여를 받을 수 있는 신청주의와 국가나 지방자치단체가 수급권자의 신청 여부와 관계없이 직권으로 수급자격 여부를 조사한 후 급여를 제공하는 직권주의가 있다

4) 「국민기초생활보장법」 제7조(급여의 종류)에는 생계, 주거, 의료, 교육, 해산(解産), 장제(葬制), 자활 등 7가지 급여가 있다.

(김기원, 2007).

우리나라의 「사회보장기본법」 제11조에서는 "사회보장급여를 받으려는 사람은 관계 법령에서 정하는 바에 따라 국가나 지방자치단체에 신청하여야 한다."고 규정하여 원칙적으로 '신청주의'를 채택하고 있다. 이러한 신청주의는 사회보험을 비롯한 대부분의 제도 운영에 적용되고 있다. "다만, 관계 법령에서 따로 정하는 경우에는 국가나 지방자치단체가 신청을 대신할 수 있다."고 규정하여, 국민기초생활보장제도와 같이 취약한 국민을 대상으로 하는 사회복지제도에서는 해당 공무원이 직권으로 신청하는 '직권주의'를 병행하는 경우도 있다.

4) 사회보장수급권의 보호 · 제한 및 포기

사회보장수급권은 성격상 일신전속권(一身專屬權)이다. 일신전속권이란 특정의 권리주체만이 향유하거나 행사할 수 있는 권리를 의미하는 것으로, 사회보장수급권은 관계 법령에서 정하는 바에 따라 다른 사람에게 양도하거나 담보로 제공할 수 없으며, 이를 압류할 수 없다(제12조). 또 사회보장수급권은 제한되거나 정지될 수 없다. 다만, 관계 법령에서 따로 정하고 있는 경우에는 그러하지 아니하다. 예를 들어 고의로 사고를 발생시켰거나, 중대과실을 했을 경우에는 제한을 둘 수 있다. 그러나 이와 같이 사회보장수급권이 제한되거나 정지되는 경우에는 제한 또는 정지하는 목적에 필요한 최소한의 범위에 그쳐야 한다(제13조).

앞서 살펴본 것처럼 사회보장수급권은 '권리'이다. 따라서 정당한 권한이 있는 기관에 서면으로 통지하여 이를 포기할 수 있으며, 이러한 사회보장수급권 포기는 취소할 수 있다. 하지만 사회보장수급권을 포기하는 것이 다른 사람에게 피해를 주거나 사회보장에 관한 관계 법령에 위반되는 경우에는 포기할 수 없다(제14조).

5) 불법행위에 대한 구상권

제3자의 불법행위[5]로 피해를 입은 국민이 그로 인하여 사회보장수급권을 가지

게 된 경우 사회보장제도를 운영하는 자는 그 불법행위의 책임이 있는 자에 대하여 관계 법령에서 정하는 바에 따라 구상권(求償權)을 행사할 수 있다(제15조). 예를 들어 갑이 을에게 상해를 입혀서 을이 건강보험적용을 받아 치료를 받았을 때 수급권이 있는 피해자 을은 치료를 받을 수 있지만, 그 치료비에 적용된 사회보장급여비용을 국가나 사회보장운영기관은 상해를 입힌 갑으로부터 배상을 받도록 강제하는 것이다. 이는 사회보장급여가 불법행위를 보호하지 않는다는 뜻이다. 또 이러한 구상권 행사는 불법행위자가 책임을 이행하지 않을 경우 이 때문에 발생하는 수급자의 피해를 막기 위하는 목적도 있다. 즉 이 경우 일단 국가의 책임을 확보하는 방식을 취함으로써 국민의 수급권을 적극 보호하고 있다(남기민 · 홍성로, 2014).

6. 사회보장 기본계획과 사회보장위원회

1) 사회보장위원회

(1) 사회보장위원회의 구성 및 운영

사회보장위원회(이하 '위원회')는 사회보장에 관한 주요 시책을 심의 · 조정하기 위하여 국무총리 소속으로 두는 기구(제20조)로, 각종 사회보장 관계 주요 시책을 계획하거나, 개선하는 과정 등에 있어 위원회가 심의하고 조정하여 양질의 정책과 제도를 수립하고 실행하는 것을 목적으로 하고 있다. 위원회는 위원장 1명, 부위원장 3명과 행정안전부장관, 고용노동부장관, 여성가족부장관, 국토교통부장관을 포함한 30명 이내의 위원으로 구성한다. 위원장은 국무총리가 되고 부

5) 어떤 행위에 의하여 다른 사람에게 발생한 손해를 배상할 책임이 발생하는 경우에 그 행위를 불법행위라고 한다. 일반적으로 가해자에게 고의(故意) 또는 과실(過失)이 있고 위법성이 존재할 때 불법행위가 성립한다.

위원장은 기획재정부장관, 교육부장관 및 보건복지부장관이 된다. 기타 위원은 대통령령으로 정하는 관계 중앙행정기관의 장[6], 근로자를 대표하는 사람, 사용자를 대표하는 사람, 사회보장에 관한 학식과 경험이 풍부한 사람, 변호사 자격이 있는 사람 중에서 대통령이 위촉하는 사람으로 구성하며, 임기는 2년으로 한다. 다만, 공무원인 위원의 임기는 그 재임기간으로 한다. 위원회를 효율적으로 운영하고 심의・조정사항을 전문적으로 검토하기 위하여 위원회에 실무위원회를 두며, 실무위원회에 분야별 전문위원회를 둘 수 있다(제21조).

(2) 위원회의 심의・조정사항

위원회는 사회보장 증진을 위한 기본계획, 사회보장 관련 주요 계획, 사회보장제도의 평가 및 개선, 사회보장제도의 신설 또는 변경에 따른 우선순위, 둘 이상의 중앙행정기관이 관련된 주요 사회보장정책, 사회보장급여 및 비용 부담, 국가와 지방자치단체의 역할 및 비용 분담, 사회보장의 재정추계 및 재원조달 방안, 사회보장 전달체계 운영 및 개선, 사회보장통계, 사회보장정보의 보호 및 관리, 제26조 제4항에 따른 조정, 그 밖에 위원장이 심의에 부치는 사항을 심의한다(제20조).

2) 사회보장기본계획의 수립 및 시행

(1) 사회보장기본계획의 수립

보건복지부장관은 관계 중앙행정기관의 장과 협의하여 사회보장 증진을 위하여 사회보장에 관한 기본계획(이하 '기본계획')을 5년마다 수립하여야 한다. 여기서 수립하는 기본계획에는 국내외 사회보장환경의 변화와 전망, 사회보장의 기본목표 및 중장기 추진방향, 주요 추진과제 및 추진방법, 필요한 재원의 규모와 조달방안, 사회보장 관련 기금 운용방안, 사회보장 전달체계, 그 밖에 사회보장정책의

6) 법무부장관, 문화체육관광부장관, 농림축산식품부장관, 산업통상자원부장관, 환경부장관, 국무조정실장 및 국가보훈처장(시행령 제9조)

추진에 필요한 사항이 포함되어야 하며, 사회보장위원회와 국무회의의 심의를 거쳐 확정한다(제16조). 그리고 이 법에서 규정하고 있는 기본계획은 다른 법령에 따라 수립되는 사회보장에 관한 계획에 우선하며 그 계획의 기본이 된다(제17조).

(2) 시행계획의 수립 · 시행

① 연도별 시행계획의 수립 · 시행

보건복지부장관 및 관계 중앙행정기관의 장은 기본계획에 따라 사회보장과 관련된 소관 주요 시책의 시행계획을 매년 수립 · 시행하여야 한다. 관계 중앙행정기관의 장은 수립한 소관 시행계획 및 전년도의 시행계획에 따른 추진실적을 대통령령으로 정하는 바에 따라 매년 보건복지부장관에게 제출하여야 하며, 보건복지부장관은 관계 중앙행정기관 및 보건복지부 소관의 추진실적을 종합하여 성과를 평가하고, 그 결과를 사회보장위원회에 보고하여야 한다(제18조).

② 사회보장에 관한 지역계획의 수립 · 시행

시 · 도지사 또는 시장 · 군수 · 구청장은 관계 법령으로 정하는 바에 따라 사회보장에 관한 지역계획(이하 '지역계획')을 수립 · 시행하여야 하며, 지역계획은 기본계획과 연계되어야 한다(제19조).

7. 사회보장정책의 기본방향

「사회보장기본법」에서는 평생사회안전망 구축 · 운영, 사회서비스 및 소득보장 등 사회보장성책의 기본방향을 규정하고 있다. 이 법에서 규정한 사회보장정책의 기본방향은 다음과 같다.

1) 평생사회안전망 구축 · 운영

국가와 지방자치단체는 모든 국민이 생애 동안 삶의 질을 유지 · 증진할 수 있도록 평생사회안전망을 구축하여야 하며, 평생사회안전망을 구축 · 운영함에 있어 사회적 취약계층을 위한 공공부조를 마련하여 최저생활을 보장하여야 한다(제22조).

2) 사회서비스 보장

국가와 지방자치단체는 모든 국민의 인간다운 생활과 자립, 사회참여, 자아실현 등을 지원하여 삶의 질이 향상될 수 있도록 사회서비스에 관한 시책을 마련하여야 하며, 사회서비스 보장과 제24조에 따른 소득보장이 효과적이고 균형적으로 연계되도록 하여야 한다(제23조).

3) 소득보장

국가와 지방자치단체는 다양한 사회적 위험하에서도 모든 국민들이 인간다운 생활을 할 수 있도록 소득을 보장하는 제도를 마련하여야 하며, 공공부문과 민간부문의 소득보장제도가 효과적으로 연계되도록 하여야 한다(제24조).

8. 사회보장제도의 운영

1) 운영원칙

「사회보장기본법」에서 제시하고 있는 사회보장제도의 운영원칙은 다음과 같다(제25조). 첫째, 필요에 따른 보편성의 원칙이다. 국가와 지방자치단체가 사회보장

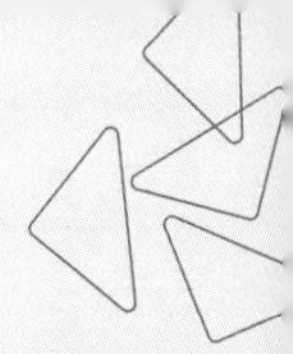

제도를 운영할 때에는 이 제도를 필요로 하는 모든 국민에게 적용하여야 한다. 둘째, 급여수준과 비용부담 형평성의 원칙이다. 국가와 지방자치단체는 사회보장제도의 급여수준과 비용부담 등에서 형평성을 유지하여야 한다. 여기서 형평성이란 소득이나 재산이 많은 사람이 적은 사람보다 더 높은 비율의 부담을 하거나 더 낮은 비율의 급여를 받는 수직적 형평성(vertical equity)과 동일한 소득이나 재산이 있는 사람은 동일한 비용부담을 하거나 동일한 수준의 급여를 받는 수평적 형평성(horizontal equity)을 모두 의미한다. 셋째, 민주성의 원칙이다. 국가와 지방자치단체는 사회보장제도의 정책 결정 및 시행 과정에 공익의 대표자 및 이해관계인 등을 참여시켜 이를 민주적으로 결정하고 시행하여야 한다. 넷째, 연계성과 전문성의 원칙이다. 국가와 지방자치단체가 사회보장제도를 운영할 때에는 국민의 다양한 복지 욕구를 효율적으로 충족시키기 위하여 이러한 제도들을 체계적으로 연계하여야 하며, 사회보장제도를 전문적으로 운영하여야 한다. 전문적으로 운영한다는 것은 해당 분야의 전문가에 의해서 체계적으로 수행되는 것을 의미한다. 다섯째, 책임성의 원칙이다. 사회보험은 국가의 책임으로 시행하고, 공공부조와 사회서비스는 국가와 지방자치단체의 책임으로 시행하는 것을 원칙으로 한다. 다만, 국가와 지방자치단체의 재정 형편 등을 고려하여 이를 협의・조정할 수 있다.

2) 협의 및 조정

국가와 지방자치단체는 사회보장제도를 신설하거나 변경할 경우 기존 제도와의 관계, 사회보장 전달체계에 미치는 영향, 재원의 규모・조달방안을 포함한 재정에 미치는 영향 및 지역별 특성 등을 사전에 충분히 검토하고 상호협력하여 사회보장급여가 중복 또는 누락되지 아니하도록 하여야 한다. 중앙행정기관의 장과 지방자치단체의 장은 사회보장제도를 신설하거나 변경할 경우 신설 또는 변경의 타당성, 기존 제도와의 관계, 사회보장 전달체계에 미치는 영향, 지역복지 활성화에 미치는 영향 및 운영방안 등에 대하여 보건복지부장관과 협의하여야 하며, 협의가 이루어지지 아니할 경우 위원회에 조정을 신청할 수 있으며, 위원회는 대통령령으로 정하는 바에 따라 이를 조정하도록 하고 있다. 한편 보건복지부장관은 사회보장급여 관련 업무에 공통적으로 적용되는 기준을 마련할 수 있다(제26조).

3) 민간의 참여

국가와 지방자치단체는 사회보장에 대한 민간부문의 참여를 유도할 수 있도록 정책을 개발・시행하고 그 여건을 조성하여야 한다. 이를 위해 국가와 지방자치단체는 개인・법인 또는 단체가 사회보장에 참여하는 데에 드는 경비의 전부 또는 일부를 지원하거나 그 업무를 수행하기 위하여 필요한 지원을 할 수 있다. 이와 같이 사회보장에 대한 민간부문의 참여를 유도하기 위하여 국가와 지방자치단체는 첫째, 자원봉사, 기부 등 나눔의 활성화를 위한 각종 지원사업, 둘째, 사회보장정책의 시행에 있어 민간부문과의 상호협력체계 구축을 위한 지원사업, 셋째, 그 밖에 사회보장에 관련된 민간의 참여를 유도하는 데 필요한 사업이 포함된 시책을 수립・시행할 수 있다(제27조).

4) 비용의 부담

사회보장비용의 부담은 각각의 사회보장제도의 목적에 따라 국가, 지방자치단체 및 민간부문 간에 합리적으로 조정되어야 한다. 먼저 사회보험에 드는 비용은 사용자, 피용자(被傭者) 및 자영업자가 부담하는 것을 원칙으로 하되, 관계 법령에서 정하는 바에 따라 국가가 그 비용의 일부를 부담할 수 있다. 다음으로 공공부조 및 관계 법령에서 정하는 일정 소득수준 이하의 국민에 대한 사회서비스에 드는 비용의 전부 또는 일부는 국가와 지방자치단체가 부담한다. 그리고 부담능력이 있는 국민에 대한 사회서비스에 드는 비용은 그 수익자가 부담함을 원칙으로 하되, 관계 법령에서 정하는 바에 따라 국가와 지방자치단체가 그 비용의 일부를 부담할 수 있다(제28조).

5) 사회보장 전달체계

국가와 지방자치단체는 모든 국민이 쉽게 이용할 수 있고 사회보장급여가 적시에 제공되도록 지역적 · 기능적으로 균형잡힌 사회보장 전달체계를 구축하여야 한다. 그리고 국가와 지방자치단체는 사회보장 전달체계의 효율적 운영에 필요한 조직, 인력, 예산 등을 갖추어야 하며, 공공부문과 민간부문의 사회보장 전달체계가 효율적으로 연계되도록 노력하여야 한다(제29조).

6) 사회보장급여의 관리

국가와 지방자치단체는 국민의 사회보장수급권의 보장 및 재정의 효율적 운용을 위하여 사회보장수급권자 권리구제, 사회보장급여의 사각지대 발굴, 사회보장급여의 부정 · 오류 관리, 사회보장급여의 과오지급액의 환수 등 관리에 관한 사회보장급여의 관리체계를 구축 · 운영하여야 한다. 그리고 보건복지부장관은 사회서비스의 품질기준 마련, 평가 및 개선 등의 업무를 수행하기 위하여 필요한 전담기구를 설치할 수 있다(제30조).

7) 전문인력의 양성 등

국가와 지방자치단체는 사회보장제도의 발전을 위하여 전문인력의 양성, 학술조사 및 연구, 국제교류의 증진 등에 노력하여야 한다(제31조).

8) 사회보장통계 및 사회부장정보의 관리

(1) 사회보장통계

국가와 지방자치단체는 효과적인 사회보장정책의 수립 · 시행을 위하여 사회보장에 관한 통계를 작성 · 관리하여야 한다. 관계 중앙행정기관의 장과 지방자치단체의 장은 소관 사회보장통계를 대통령령으로 정하는 바에 따라 보건복지부장관에게 제출하여야 한다. 그리고 보건복지부장관은 제출된 사회보장통계를 종합하여 위원회에 제출하여야 한다(제32조).

(2) 사회보장재정추계 및 사회보장통계 등에 대한 민간위탁

보건복지부장관은 사회보장 재정추계(제5조) 및 사회보장통계 업무(제32조)를 효율적으로 수행하기 위하여 필요하다고 인정하는 경우에는 관련 자료의 수집·조사 및 분석에 관한 업무 등을 정부출연연구기관 또는 대통령령으로 정하는 전문기관 또는 단체(대학교, 특정연구기관, 국공립 연구기관)에 위탁할 수 있다(제32조의2).

(3) 사회보장정보의 관리

국가와 지방자치단체는 국민편익의 증진과 사회보장업무의 효율성 향상을 위하여 사회보장업무를 전자적으로 관리하도록 노력하여야 한다. 이를 위해 국가는 관계 중앙행정기관과 지방자치단체에서 시행하는 사회보장수급권자 선정 및 급여관리 등에 관한 정보를 통합·연계하여 처리·기록 및 관리하는 시스템(이하 '사회보장정보시스템')을 구축·운영할 수 있으며, 보건복지부장관은 사회보장정보시스템의 구축·운영을 총괄하고, 사회보장정보시스템 구축·운영의 전 과정에서 개인정보 보호를 위하여 필요한 시책을 마련하여야 한다(제37조). 한편 사회보장업무에 종사하거나 종사하였던 자는 사회보장업무 수행과 관련하여 알게 된 개인·법인 또는 단체의 정보를 관계 법령에서 정하는 바에 따라 보호하여야 한다. 또한 국가와 지방자치단체, 공공기관, 법인·단체, 개인이 조사하거나 제공받은 개인·법인 또는 단체의 정보는 이 법과 관련 법률에 근거하지 아니하고 보유, 이용, 제공되어서는 아니 된다(제38조).

9) 정보의 공개, 사회보장에 관한 설명·상담 및 통지

국가와 지방자치단체는 사회보장제도에 관하여 국민이 필요한 정보를 관계 법령

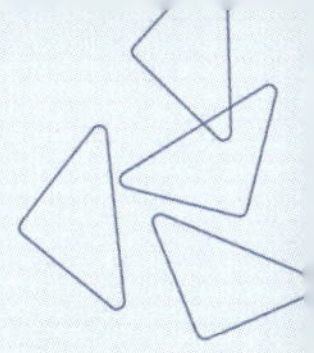

에서 정하는 바에 따라 공개하고, 이를 홍보하여야 한다(제33조). 그리고 국가와 지방자치단체는 사회보장 관계 법령에서 규정한 권리나 의무를 해당 국민에게 설명하도록 노력하여야 한다(제34조). 국가와 지방자치단체는 사회보장 관계 법령에서 정하는 바에 따라 사회보장에 관한 상담에 응하여야 하며(제35조), 사회보장 관계 법령에서 정하는 바에 따라 사회보장에 관한 사항을 해당 국민에게 알려야 한다(제36조).

9. 권리구제, 국민 등의 의견수렴 및 관계행정기관 등의 협조

1) 권리구제

위법 또는 부당한 처분을 받거나 필요한 처분을 받지 못함으로써 권리 또는 이익을 침해받은 국민은 「행정심판법」에 따른 행정심판을 청구하거나 「행정소송법」에 따른 행정소송을 제기하여 그 처분의 취소 또는 변경 등을 청구할 수 있다(제39조).[7)]

2) 국민 등의 의견수렴과 관계행정기관 등의 협조

국가와 지방자치단체는 국민생활에 중대한 영향을 미치는 사회보장계획 및 정책을 수립하려는 경우 공청회 및 정보통신망 등을 통하여 국민과 관계 전문가의 의견을 충분히 수렴하여야 한다(제40조). 그리고 국가와 지방자치단체는 사회보장 관련 계획 및 정책의 수립·시행, 사회보장통계의 작성 등을 위하여 관련 공공기관, 법인, 단체 및 개인에게 자료제출 등 필요한 협조를 요청할 수 있으며, 위원회

7) 이에 대한 구체적인 내용은 '제4장 사회복지법의 권리성'을 참고하기 바란다.

는 사회보장에 관한 자료제출 등 위원회 업무에 필요한 경우 관계 행정기관의 장에게 협조를 요청할 수 있다. 이러한 협조요청을 받은 자는 정당한 사유가 없으면 이에 따라야 한다(제41조).

3) 사회보장 행정데이터의 제공 요청 및 분석센터

이 법에서 규정한 사회보장위원회는 사회보장 정책의 심의·조정 및 연구를 위하여 관계 기관의 장에게 사회보장 행정데이터가 모집단의 대표성을 확보할 수 있는 범위에서 사회보험, 공공부조 및 사회서비스에 관한 자료 또는 정보, 「고용정책 기본법」에 따른 고용·직업에 관한 정보, 「국세기본법」 및 「지방세기본법」에 따른 과세정보, 「주민등록법」에 따른 주민등록전산정보자료 등의 사회보장 행정데이터의 제공을 요청할 수 있다(제42조). 이 때 보건복지부장관은 제공받은 사회보장 행정데이터의 원활한 분석, 활용 등을 위하여 사회보장 행정데이터 분석센터를 설치·운영할 수 있으며, 이 센터의 설치·운영 등에 필요한 사항은 보건복지부령으로 정하도록 규정하고 있다(제43조).

사회보장급여의 이용·제공 및 수급권자 발굴에 관한 법률

CHAPTER 07

1. 의의 및 연혁

1) 의의

늘어나는 복지예산과 서비스의 다양화에도 불구하고 현행 복지전달체계가 중앙행정기관별·지방자치단체별로 분절 운영되어 서비스의 효율적 연계를 기대하기 어렵고, 같은 대상자에게 복지혜택이 중복하여 제공되거나, 도움이 절실한 계층이 복지의 사각지대에 놓이는 사례가 동시에 발생하고 있다. 특히 지난 2012년 개정된 「사회보장기본법」은 보건의료, 교육, 고용, 주거 등 다양한 복지서비스를 포괄하는 사회서비스 개념을 도입하여 국민의 보편적·생애주기적인 특성에 맞게 소득과 사회서비스를 함께 보장하는 맞춤형 사회보장제도의 운영을 지향하고 있으나, 이를 실현하기 위한 세부적인 실행방안과 절차가 미비하여 적절한 조사와 지급 이후의 사후관리의 미흡으로 국민의 예측가능성을 담보하지 못한다는 문제가 제기되어 왔다. 또한, 기존의 「사회복지사업법」이 민간 사회복지사업 중심의 서비스 이용 절차와 운영 등을 규정하는 것에 한정되어 있어 중앙행정기관과 지방자치단체의 유기적인 연계를 통한 지역단위 사회보장을 제대로 이루어내지 못하는 한계가 있어 이를 보완할 후속조치가 절실히 요구되는 상황이라고 할 수 있다. 이에 사회보장급여의 신청, 조사, 결정·지급, 사후관리에 이르는 복지대상자 선정과 지원에 필요한 일련의 절차 및 방법 등에 관한 사항을 구체적으로 규정하고, 소외계층을 발굴하기 위한 신고의무, 보호대상자에게 필요한 급여의 직권신청, 보호계획 수립·지원, 상담·안내·의뢰 등 수급권자 보호를 강화하고 복지사각지대를 해소하기 위한 방안을 제도적으로 보완하는 것을 목적으로 「사회보장급여의 이용·제공 및 수급권자 발굴에 관한 법률」(이하 '사회보장급여법')이 제정되었다. 또한 이 법은 중앙행정기관·지방자치단체 및 관련 공공기관 간 정보의 연계를 통하여 복지행정업무를 전자적으로 지원하는 사회보장정보시스템의 원활한 운영을 뒷받침함으로써 복지사업의 효과성을 제고하는 한편, 중앙행정기관과 지방자치단체 간의 유기적인 연계와 통일성을 기하여 지역단위의 종합적 사회보장과 지역 간 균형발전을 실현하기 위한 방안 및 지원체계를 정립하여 궁극적으로는 국민이 자신에게 적합한 복지혜택을 선택할 수 있도록 하는 맞춤형 서비스를 제공함으로써 국민의 복지체감도를 향상시키려는 것을 목적으로 하고 있다.

「사회보장급여법」은 제1조(목적)에서 "이 법은 「사회보장기본법」에 따른 사회보장급여의 이용 및 제공에 관한 기준과 절차 등 기본적 사항을 규정하고 지원을 받지 못하는 지원대상자를 발굴하여 지원함으로써 사회보장급여를 필요로 하는 사람의 인간다운 생활을 할 권리를 최대한 보장하고, 사회보장급여가 공정하고 효과적으로 제공되도록 하며, 사회보장제도가 지역사회에서 통합적으로 시행될 수 있도록 그 기반을 구축하는 것을 목적으로 한다."고 규정하고 있다. 또 제4조(다른 법률과의 관계)에서 "사회보장급여의 이용 및 제공에 필요한 기준, 방법, 절차

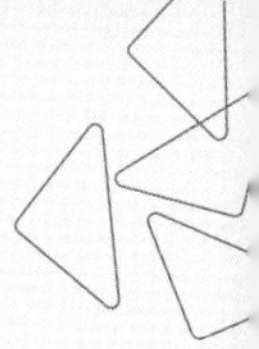

와 지원대상자의 발굴 및 지원 등에 관하여는 다른 법률에 특별한 규정이 있는 경우를 제외하고는 이 법에 따른다."고 규정하고 있는데, 이는 「사회복지사업법」이 주로 민간사회복지서비스 이용 및 제공에 관련된 규정을 제시하고 있는 것과 달리, 「사회보장급여법」은 공적기관에서 제공되는 각종 '사회보장급여'의 이용 및 제공과 관련된 규정을 제시하는 법률을 의미한다고 할 수 있다.

2) 연혁

지난 2012년 1월에 개정되어 이듬해부터 시행되고 있는 개정 「사회보장기본법」은 다양한 복지서비스를 포괄하는 사회서비스 개념을 도입하여 국민의 보편적 · 생애주기적인 특성에 맞게 소득과 사회서비스를 함께 보장하는 맞춤형 사회보장제도의 운영을 지향하고 있다. 이러한 「사회보장기본법」의 목적을 실현하기 위한 세부적인 실행방안과 절차를 마련하고자 하는 목적으로 「사회보장급여법」을 2014년 12월 30일 제정하였으며, 2015년 7월 1일에 시행되었다.

이 법은 제정 이후, 복지사각지대를 적극적으로 발굴하는 등의 목적을 이루기 위하여 최근까지 지속적으로 개정되고 있다. 「사회보장급여법」 제 · 개정 관련된 주요 연혁을 살펴보면 〈표 7-1〉과 같다.

| 표 7-1 | 사회보장급여법 주요 연혁

제 · 개정(시행)	주요 내용
2014.12.30. (2015.7.1.)	사회보장급여법 제정
2017.3.21. (2017.9.22.)	일부개정 • 보건복지부장관이 사회보장정보시스템을 통해 처리할 수 있는 정보에 언제징보 추가 • 지원대상자의 다양하고 복합적인 특성에 따른 상담과 지도, 사회보장에 대한 욕구 조사, 서비스제공 계획의 수립을 실시하고, 그 계획에 따라 지원대상자에게 사회보장급여 및 민간이 제공하는 서비스를 종합적으로 연계 · 제공하는 통합사례관리의 운영에 관한 법적 근거 신설 • 읍 · 면 · 동 단위의 지역사회보장협의체와 중복되는 복지위원 규정 삭제

2018.12.11. (2019.6.12.)	일부개정 • 보장기관인 국가 및 지방자치단체가 매 분기별 지원대상자 발굴조사를 실시하도록 하고, 보건복지부장관은 지원대상자 발굴체계의 운영 실태를 정기적으로 점검하고 개선방안을 마련하도록 함으로써 복지사각지대의 해소에 기여하도록 함 • 그 밖에 부정수급 신고포상제의 근거를 마련하고, 비밀유지의무 대상에 통합사례관리에 관한 업무를 추가하며, 자살자 또는 자살시도자가 발생한 가구도 위기가구에 포함하여 보호하는 등 현행법의 미비한 점 정비
2020.12.29. (2022.1.1.)	일부개정 • 사회보장급여의 절차에 대한 국민의 접근성을 높이고, 행정의 효율성을 강화하여 종국적으로는 지원대상자에게 필요한 급여를 신속하게 제공할 수 있도록 신청방식을 다양화함 • 위기가구 발굴 및 급여조사에 있어서 검토가능한 정보의 범위를 확대함 • 복지사각지대 문제에 적극적으로 대응하기 위하여 주기적으로 사회보장급여의 수급가능성을 확인하여 그 결과를 안내하는 맞춤형 급여 안내 제도를 도입함 • 사회서비스의 원활한 제공 및 서비스 관리를 위하여 사회서비스정보시스템의 구축·운영 근거를 신설함
2021.7.27. (2022.1.28.)	일부개정 • 사회보장 관련 자료 등을 교육감과 「초·중등교육법」에 따른 학교의 장에게도 제공할 수 있도록 하여 복지사각지대를 해소하는 데 기여함
2023.3.28. (2023.9.29.)	일부개정 • 지원대상자의 주소지와 실제 거주지가 다른 경우에는 실제 거주지 관할 보장기관에도 사회보장급여를 신청할 수 있도록 함 • 보장기관의 장이 관할 지역의 위기가구 발굴을 위하여 정보 공유를 요청할 수 있는 대상기관에 신용회복위원회 및 한국정보통신진흥협회를 추가하며, 보장기관의 장은 지원대상자의 소재 파악이 필요한 경우 기간통신사업자에게 지원대상자의 전화번호 제공을 요청할 수 있도록 하고, 해당 정보를 제공받은 사실을 당사자에게 통지하도록 함 • 보건복지부장관이 사회보장정보시스템을 통하여 처리할 수 있는 정보에 국민연금공단의 자금대여사업을 이용하는 자의 가구정보와 기간통신사업자가 보유한 이용자의 정보로서 보건복지부장관이 위기상황에 처하여 있다고 판단한 이용자의 이동전화번호 정보를 추가함
2024.1.2. (2024.7.3.)	일부개정 • 사회보장급여가 누락되지 않고 효과적으로 제공될 수 있도록 보장기관의 장이 출생 미신고 등의 사유로 주민등록번호를 부여받지 못한 사람 등에 대하여 전산관리번호를 임시로 부여할 수 있도록 함

2. 목적, 정의 및 기본원칙

1) 목적

「사회보장급여법」은 「사회보장기본법」에 따른 사회보장급여의 이용 및 제공에 관한 기준과 절차 등 기본적 사항을 규정하고, 지원을 받지 못하는 지원대상자를 발굴하여 지원함으로써, 사회보장급여를 필요로 하는 사람의 인간다운 생활을 할 권리를 최대한 보장하고, 사회보장급여가 공정하고 효과적으로 제공되도록 하며, 사회보장제도가 지역사회에서 통합적으로 시행될 수 있도록 그 기반을 구축하는 것을 목적으로 한다(제1조).

2) 사회보장급여 관련 용어의 정의

이 법에서 규정하고 있는 사회보장급여 관련 용어의 정의는 다음과 같다(제3조).

(1) 사회보장급여

'사회보장급여'란 보장기관이 「사회보장기본법」에 따라 제공하는 현금, 현물, 서비스 및 그 이용권을 말한다. 이는 국가 및 지방자치단체 등이 「사회보장기본법」에 따라 제공하는 급여를 의미하는 것으로 공적급여를 의미한다고 할 수 있다.

(2) 수급권자, 수급자 및 지원대상자

'수급권자'란 「사회보장기본법」에 따른 사회보장급여를 제공받을 권리를 가진 사람을 말한다. 또한, '수급자'란 사회보장급여를 받고 있는 사람을, '지원대상자'란 사회보장급여를 필요로 하는 사람을 각각 의미한다.

(3) 보장기관

'보장기관'이란 관계 법령 등에 따라 사회보장급여를 제공하는 국가기관과 지방자치단체를 말한다.

3) 기본원칙

이 법에서는 사회보장급여와 관련하여 다음과 같은 기본원칙을 제시하고 있다(제4조). 첫째, 사회보장급여가 필요한 사람은 누구든지 자신의 의사에 따라 사회보장급여를 신청할 수 있으며, 보장기관은 이에 필요한 안내와 상담 등의 지원을 충분히 제공하여야 한다. 둘째, 보장기관은 지원이 필요한 국민이 급여대상에서 누락되지 아니하도록 지원대상자를 적극 발굴하여 이들이 필요로 하는 사회보장급여를 적절하게 제공받을 수 있도록 노력하여야 한다. 셋째, 보장기관은 국민의 다양한 복지욕구를 충족시키고 생애주기별 필요에 맞는 사회보장급여가 공정·투명·적정하게 제공될 수 있도록 노력하여야 한다. 넷째, 보장기관은 사회보장급여와 「사회복지사업법」의 사회복지법인, 사회복지시설 등 사회보장 관련 민간법인·단체·시설이 제공하는 복지혜택 또는 서비스를 효과적으로 연계하여 제공할 수 있도록 노력하여야 한다. 다섯째, 보장기관은 국민이 사회보장급여를 편리하게 이용할 수 있도록 사회보장정책 및 관련 제도를 수립·시행하기 위하여 노력하여야 한다. 여섯째, 보장기관은 지역의 사회보장수준이 균등하게 실현될 수 있도록 노력하여야 한다.

3. 사회보장급여

이 법에서는 사회보장급여와 관련하여 사회보장급여의 이용, 지원대상자의 발굴, 수급권자 등의 지원, 그리고 사회보장급여의 관리 등에 대해서 규정하고 있다. 이에 대한 구체적인 내용은 다음과 같다.

1) 사회보장급여의 이용

(1) 사회보장급여 신청

사회보장급여의 신청 절차는 다음과 같다(제5조). 지원대상자와 그 친족, 「민법」에 따른 후견인, 「청소년 기본법」에 따른 청소년상담사 · 청소년지도사, 지원대상자를 사실상 보호하고 있는 자(관련 기관 및 단체의 장 포함) 등(이하 '사회보장급여 신청권자')은 지원대상자의 주소지 관할 보장기관에 사회보장급여를 신청할 수 있다. 다만, 지원대상자의 주소지와 실제 거주지가 다른 경우에는 실제 거주지 관할 보장기관에도 신청할 수 있고, 중앙행정기관의 장이 지원대상자의 이용 편의, 사회보장급여의 제공 유형 등을 고려하여 필요하다고 결정한 사회보장급여의 경우에는 지원대상자의 주소지 관할이 아닌 보장기관에도 신청할 수 있다. 이때 보장기관의 업무담당자는 지원대상자가 누락되지 아니하도록 하기 위하여 관할지역에 거주하는 지원대상자에 대한 사회보장급여의 제공을 직권으로 신청할 수 있다. 이 경우 지원대상자의 동의를 받아야 하며, 동의를 받은 경우에는 지원대상자가 신청한 것으로 본다. 한편 2020년 12월 29일 보장기관의 업무담당자는 지원대상자가 심신미약 또는 심신상실 등 대통령령으로 정하는 경우에 해당하면 지원대상자의 동의 없이 직권으로 사회보장급여의 제공을 신청할 수 있도록 하는 규정이 신설되었다. 물론 이 경우 보장기관의 업무담당자는 직권 신청한 사실을 보장기관의 장에게 지체 없이 보고하여야 한다(제5조).

(2) 사회보장요구 및 수급자격 조사

보장기관의 장은 사회보장급여의 신청을 받으면 사회보장요구 조사와 수급자격 조사를 다음과 같이 실시한다. 먼저 지원대상자의 사회보장 요구와 관련된 사항, 지원대상자의 건강상태, 가구 구성 등 생활 실태에 관한 사항, 그 밖에 지원대상자에게 필요하다고 인정되는 사회보장급여에 관한 사항 등의 사회보장 요구의 조사를 실시하여야 한다(제6조).

또, 보장기관의 장은 사회보장급여의 신청을 받으면 지원대상자와 그 부양의무자(배우자와 1촌의 직계혈족 및 그 배우자)에 대하여 사회보장급여의 수급자격 확인을 위하여 인적사항 및 가족관계 확인에 관한 사항, 소득·재산·근로능력 및 취업상태에 관한 사항, 사회보장급여 수급이력에 관한 사항, 그 밖에 수급권자를 선정하기 위하여 보장기관의 장이 필요하다고 인정하는 사항 등에 해당하는 자료 또는 정보를 제공받아 조사하고 처리할 수 있다. 다만, 부양의무자에 대한 조사가 필요하지 아니하거나 그 밖에 대통령령으로 정하는 사유에 해당하는 경우는 제외한다. 이때 보장기관의 장은 위 사항을 확인하기 위하여 필요한 자료의 확보가 곤란한 경우 신청인 또는 지원대상자와 그 부양의무자에게 필요한 자료의 제출을 요구할 수 있다(제7조).

(3) 사회보장 전산관리번호의 부여

한편 2024년 1월 2일 사회보장급여가 누락되지 않고 효과적으로 제공될 수 있도록 출생 미신고 등의 사유로 주민등록번호를 부여받지 못한 사람 등에 대하여 보장기관의 장이 전산관리번호를 임시로 부여할 수 있도록 하는 규정이 다음과 같이 신설되었다.

보장기관의 장은 출생 미신고 등의 사유로 주민등록번호를 부여받지 못한 사

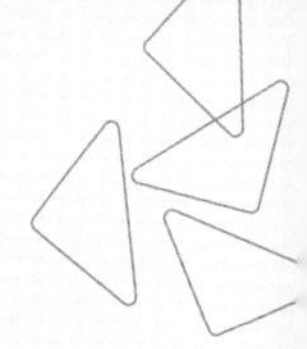

람, 일정한 거소가 없는 무연고자로서 주민등록번호 부여 사실을 확인할 수 없는 사람, 「국민기초생활 보장법」에 따른 보장시설의 입소자로서 범죄 피해 예방 등을 위하여 개인정보의 보호가 필요한 사람, 「위기 임신 및 보호출산 지원과 아동보호에 관한 특별법」에 따라 상담을 요청한 위기임산부와 보호출산을 신청한 위기임부 또는 비식별화를 신청한 위기산부 중 어느 하나에 해당하는 지원대상자에 대하여 전산관리번호를 임시로 부여할 수 있다(제7조의2).

(4) 사회보장급여 제공의 결정

사회보장급여 제공의 결정은 다음과 같다. 먼저 보장기관의 장이 이 법에서 제시한 사회보장요구 및 수급자격 조사를 실시한 경우 사회보장급여의 제공 여부 및 제공 유형을 결정하되, 제공하고자 하는 사회보장급여는 지원대상자가 현재 제공받고 있는 사회보장급여와 보장내용이 중복되도록 하여서는 아니 된다. 이때 보장기관의 장은 필요한 경우 지원대상자와 그 친족, 그 밖에 관계인의 의견을 들을 수 있다. 또 보장기관의 장은 결정된 사회보장급여의 제공 여부와 그 유형 및 변경사항 신고의무 등을 서면(신청인의 동의에 의한 전자문서 포함)으로 신청인에게 통지하여야 하며, 필요한 경우 구두 등의 방법을 병행할 수 있다. 한편 보장기관의 장이 사회보장급여의 제공 여부 및 제공 유형을 결정할 때 평가한 지원대상자와 그 부양의무자의 소득 · 재산 수준이 보건복지부장관이 정하는 기준 이하인 경우에는 소득 · 재산 관련 조사의 일부를 생략하고 사회보장급여의 지급을 결정할 수 있다(제9조).

2) 지원대상자의 발굴

(1) 위기가구의 발굴 및 실태점검

보장기관의 장은 누락된 지원대상자가 적절한 사회보장급여를 제공받을 수 있도록 보장기관의 장이 위기상황에 처하여 있다고 판단한 사람의 가구, 자살자가 발생한 가구 또는 자살시도자가 발생한 가구 등 지원이 필요한 가구(이하 '위기가구')를 발굴하기 위하여 노력하여야 한다. 또한, 보장기관의 장은 위기가구의 구성원이 필요로 하는 적절한 사회보장급여를 제공받을 수 있도록 지원하여야 한다(제9조의2). 이러한 위기가구 발굴을 위해 보장기관의 장은 지원대상자에 대한 발굴조사를 분기마다 정기적으로 실시하여야 하며, 보건복지부장관은 지원대상자 발굴체계의 운영 실태를 매년 정기적으로 점검하고 개선방안을 마련하여야 한다(제12조의2).

(2) 정보지원

보장기관의 장은 지원대상자를 발굴하기 위하여 사회보장급여의 내용 및 제공 규모, 수급자가 되기 위한 요건과 절차, 그 밖에 사회보장급여 수급을 위하여 필요한 정보 등의 사항에 대한 자료 또는 정보의 제공과 홍보에 노력하여야 한다(제10조). 그리고 보장기관의 장은 관할지역에 거주하는 지원대상자를 발굴하기 위하여 사회복지법인 및 사회복지시설, 국민연금공단, 국민건강보험공단, 보건소, 학교, 경찰서, 소방대, 공공주택사업자, 「공공주택관리법」에 따른 관리주체 등 「집합건물법」에 따른 관리단, 「서민금융법」에 따른 신용회복위원회, 「방송통신발전법」에 따른 한국정보통신진흥협회 등 관계 기관・법인・단체・시설의 장에게 소관 업무의 수행과 관련하여 취득한 정보의 공유, 지원대상자의 거주지 등 현장조사 시 소속 직원의 동행 등 필요한 사항에 대한 협조를 요청할 수 있으며, 관계 기관・법인・단체・시설의 장은 정당한 사유가 없으면 이에 따라야 한다(제11조). 또 보건복지부장관은 보장기관이 업무를 효율적으로 수행할 수 있도록 지원하기 위하여 사회보장정보시스템을 통하여 단전, 단수, 단가스 가구정보, 건강보험료 체납가구정보 등의 자료 또는 정보를 처리할 수 있다. 한편 복지사각지대 해소를 위하여 2021년 7월 27일 법률 개정으로 다음과 같은 내용이 추가되었다. 즉 보건복지부장관은 위의 자료 또는 정보를 보장기관의 장 또는 시・도의 교육감에게

제공할 수 있으며, 보장기관의 장 또는 시 · 도의 교육감은 필요한 경우 보건복지부장관으로부터 제공받은 자료 또는 정보를 지원대상자의 동의를 받아 대통령령으로 정하는 법인 · 단체 · 시설의 장이 활용할 수 있도록 지원할 수 있다. 또 시 · 도 교육감은 학생 등에 대한 학대 예방 및 지원을 위하여 보건복지부장관으로부터 제공받은 자료 또는 정보를 유치원의 장 또는 「초 · 중등교육법」에 따른 학교의 장에게 제공할 수 있다(제12조).

(3) 신고의무 및 민관협력

이 법에서는 누구든지 출산, 양육, 실업, 노령, 장애, 질병, 빈곤 및 사망 등의 사회적 위험으로 인하여 사회보장급여를 필요로 하는 지원대상자를 발견하였을 때에는 보장기관에 알려야 한다고 규정하고 있다. 특히 사회복지시설의 장과 그 종사자, 의료인과 의료기관의 장 등을 신고의무자[1]로 규정하여 이들이 직무상 사회적 위험으로 인하여 사망 또는 중대한 정신적 · 신체적 장애를 입을 위기에 처한 지원대상자를 발견한 경우 지체 없이 보장기관에 알리고, 지원대상자가 신속하게 지원을 받을 수 있도록 노력하여야 한다고 규정하고 있다(제13조).

또 사회보장이 필요한 지원대상자를 발굴하기 위하여 이 법에서는 다음과 같은 민관협력 규정을 두고 있다. 보장기관과 관계 기관 · 법인 · 단체 · 시설은 지역사회 내 사회보장이 필요한 지원대상자를 발굴하고, 가정과 지역공동체의 자발적인 협조가 이루어질 수 있도록 노력하여야 한다. 특별자치시장 및 시장 · 군수 · 구청장은 지원대상자의 발굴 및 지역사회보호체계의 구축을 위하여 필요한 경우 「사회보장급여법」에 따른 지역사회보장협의체에 관계 기관 · 법인 · 단체 · 시설의 장 및 그 밖에 사각지대 발굴과 관련한 기관 · 법인 · 단체 · 시설의 장 등을 포함시켜 운영할 수 있다(제14조).

1) 이 법에서 규정한 구체적인 신고의무자의 유형은 제13조 제2항을 참고하기 바란다.

3) 수급권자 등의 지원

첫째, 보장기관의 장은 사회보장급여의 제공을 결정한 때에는 필요한 경우 사회보장급여의 유형·방법·수량 및 제공기간, 사회보장급여를 제공할 기관 및 단체, 동일한 수급권자에 대하여 사회보장급여를 제공할 보장기관 또는 관계 기관·법인·단체·시설이 둘 이상인 경우 상호간 연계방법, 사회보장 관련 민간법인·단체·시설이 제공하는 복지혜택과 연계가 필요한 경우 그 연계방법 등이 포함된 수급권자별 사회보장급여 제공계획(이하 '지원계획')을 수립하여야 한다(제15조). 둘째, 보장기관의 업무담당자는 수급권자 또는 지원대상자(이하 '수급권자 등')가 필요한 사회보장급여를 편리하게 이용할 수 있도록 사회보장급여의 명칭, 수급권자의 선정기준, 보장내용 및 신청방법 등에 관한 사항을 상담하고 안내하여야 한다. 이러한 사회보장급여의 이용이 다른 보장기관의 권한에 속한다고 판단되는 경우 해당 보장기관을 안내하고, 필요한 경우 의뢰하여야 한다(제16조). 셋째, 이 법에 따른 처분에 이의가 있는 수급권자 등은 그 처분을 받은 날로부터 90일 이내에 처분을 결정한 보장기관의 장에게 이의신청을 할 수 있다. 다만, 정당한 사유로 인하여 그 기간 내에 이의신청을 할 수 없음을 증명한 때에는 그 사유가 소멸한 때부터 60일 이내에 이의신청을 할 수 있다. 보장기관의 장은 이의신청을 받은 날부터 10일 이내에 그 이의신청에 대하여 결정하고 그 결과를 신청인에게 지체없이 통지하여야 한다. 다만, 부득이한 사유로 정하여진 기간 이내에 결정할 수 없을 때에는 그 기간의 만료일 다음 날부터 기산하여 10일 이내의 범위에서 연장할 수 있으며, 연장 사유를 신청인에게 통지하여야 한다(제17조). 넷째, 보장기관의 장은 급여 제공이 결정된 수급권자를 자신의 가정에서 돌보는 사람의 부담을 줄이기 위하여 상담을 실시하거나 금전적 지원 등을 할 수 있다(제18조).

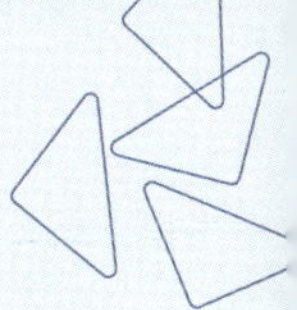

4) 사회보장급여의 관리

(1) 조사 및 신고

「사회보장급여법」에서는 사회보장급여 제공 이후 체계적인 관리를 위하여 급여의 적정성 확인조사, 부정수급실태조사, 수급자의 변동 신고 등의 절차를 규정하고 있다. 먼저, 보장기관의 장은 수급자에 대한 사회보장급여의 적정성을 확인하기 위하여 수급자격과 관련된 필요정보를 조사할 수 있다(제19조). 또한 보건복지부 장관은 속임수 등의 부정한 방법으로 사회보장급여를 받거나 타인으로 하여금 사회보장급여를 받게 한 경우에 대하여 보장기관이 효과적인 대책을 세울 수 있도록 그 발생 현황, 피해사례 등에 관한 '사회보장급여 부정수급 실태조사'를 3년마다 실시하고, 그 결과를 공개하여야 한다(제19조의2). 이 법에 따라 사회보장급여를 제공받는 수급자는 주기적으로 또는 기간을 정하여 거주지, 세대원, 소득 · 재산 상태, 근로능력, 다른 급여의 수급이력 등이 변동되었을 때에는 지체 없이 관할 보장기관의 장에게 신고하여야 한다(제20조).

(2) 변경 · 중지 및 환수

보장기관의 장은 사회보장급여의 적정성 확인조사 및 수급자의 변동신고에 따라 수급자 및 그 부양의무자의 인적사항, 가족관계, 소득 · 재산 상태, 근로능력 등에 변동이 있는 경우에는 직권 또는 수급자나 그 친족, 그 밖의 관계인의 신청에 따라 수급자에 대한 사회보장급여의 종류 · 지급방법 등을 변경할 수 있다(제21조). 만일 수급자가 신고를 고의로 회피하거나 속임수 등의 부정한 방법으로 사회보장급여를 받거나 타인으로 하여금 사회보장급여를 받게 한 경우에는 사회보장급여를 제공한 보장기관의 장은 그 사회보장급여의 전부 또는 일부를 그 사회보장급여를 받거나 받게 한 자(이하 '부정수급자')로부터 환수할 수 있다. 보장기관의 장은 수급권이 없는 자에게 사회보장급여를 제공하거나 그 변경 · 중지로 인하여 수급자에게 이미 제공한 사회보장급여 중 과잉지급분이 발생한 경우에는 즉시 이를 제공받은 사람에 대하여 그 전부 또는 일부의 반환을 명하여야 한다. 다만, 이를 이미 소비하였거나 그 밖에 수급자에게 부득이한 사유가 있는 때에는 그 반환을 면제할 수 있다(제22조).

(3) 맞춤형 급여 안내

이 법에서는 복지사각지대 문제에 적극적으로 대응하기 위하여 주기적으로 사회보장급여의 수급가능성을 확인하여 그 결과를 안내하는 맞춤형 급여 안내제도를 2020년 12월 29일 법률 개정으로 도입하였다. 보건복지부장관과 보장기관의 장은 사회보장급여 신청권자의 신청을 받아 주기적으로 사회보장급여의 수급가능성을 확인하여 그 결과를 안내할 수 있다. 보건복지부장관과 보장기관의 장은 수급가능성을 확인한 결과 신청인과 그 가구원의 사회보장급여 수급가능성이 인정되는 경우에는 지원대상자의 동의를 받아 신청인이 제출한 자료 또는 정보를 활용하여 사회보장급여의 조치를 할 수 있다(제22조의2).

4. 사회보장정보

1) 사회보장정보 및 사회보장정보시스템의 이용 등

이 법에서는 보장기관이 수급권자의 선정 및 급여관리 등에 관한 업무를 효율적으로 수행할 수 있도록 보건복지부장관이 사회보장정보시스템을 통하여 사회보장급여 현황에 관한 자료 또는 정보, 상담, 신청, 조사 및 자격의 변동관리에 필요한 인적사항·소득·재산 등에 관한 자료 또는 정보, 사회보장급여 수급이력에 관한 자료 또는 정보 등의 사회보장정보를 처리할 수 있도록 하고 있다(제23조). 이를 통해 정보의 범위(제23조), 사회보장정보시스템의 이용 등(제24조)과 구축·운

영 근거(제24조)를 마련하고 있으며, 사회보장급여가 필요한 국민에게 사회보장 관련 자료 또는 정보의 검색, 조회 등 온라인 서비스를 제공하는 인터넷 기반의 대국민 포털을 구축 · 관리하고 그 활용을 촉진하도록 하고 있다(제25조). 정보보유기관의 장에게는 사회보장정보의 정확성 유지 노력의 의무를 부과하고 있으며(제26조), 보건복지부장관은 사회보장정보와 관련된 각종 기준, 절차, 방법, 서식 등을 표준화하여 보장기관의 장에게 제시할 수 있도록 하는 사회보장정보의 표준화(제27조) 의무를 부과하고 있다. 한편 사회보장정보의 처리, 사회보장정보시스템의 이용, 사회보장정보의 표준화 등에 대하여 보장기관의 장 또는 관계 중앙행정기관의 장이 보건복지부장관과 협의하도록 하고 있으며, 협의가 이루어지지 아니할 경우 「사회보장기본법」에 따른 사회보장위원회가 이를 조정하도록 하고 있다(제28조). 그리고 사회보장정보시스템의 운영 · 지원을 위하여 한국사회보장정보원을 설립하도록 하고 있다(제29조).

2) 사회보장정보의 보호

보건복지부장관은 사회보장정보시스템의 사회보장정보를 안전하게 보호하기 위하여 물리적 · 기술적 대책을 포함한 보호대책을 수립 · 시행하여야 한다(제30조). 누구든지 사회보장정보를 처리할 때, 사회보장정보의 처리업무를 방해할 목적으로 사회보장정보를 위조 · 변경 · 훼손하거나 말소하는 행위, 정당한 사유 없이 사회보장정보를 위조 · 변경 · 훼손 · 말소 · 유출하거나 그 방법 또는 프로그램을 공개 · 유포 · 사용하는 행위, 정당한 사유 없이 사회보장정보시스템을 위조 · 변경 · 훼손하거나 이용하는 행위, 혹은 정당한 권한이 없거나 허용된 권한을 초과하여 사회보장정보를 처리하는 행위, 업무 외의 목적으로 사회보장정보를 열람하거나 조회하는 행위를 하여서는 안 된다는 사회보장정보침해행위 등의 금지조항(제31조)을 두고 있다.[2] 만일 침해행위가 발생한 때에는 사회보장정보원의 장

2) 이에 대해서는 10년 이하의 징역 또는 1억 원 이하의 벌금이나 5년 이하의 징역 또는 5천만원 이하의 벌금에

및 사회보장정보시스템을 이용하는 보장기관의 장은 사회보장정보시스템의 피해 복구 및 보호에 필요한 조치를 신속히 취하고 보건복지부장관에게 즉시 통보하여야 하며(제32조), 보건복지부장관은 사회보장정보 또는 사회보장정보시스템에 대한 침해행위가 발생하였다고 판단할 상당한 근거가 있고 이를 방치할 경우 회복하기 어려운 피해가 발생할 우려가 있다고 인정되면 침해행위를 한 자에 대하여 침해행위의 중지 등의 조치를 요구할 수 있다(제33조). 또한 보장기관의 장 및 사회보장정보원의 장은 사회보장정보를 5년이 지나면 파기하여야 한다(제34조).

5. 사회보장에 관한 지역계획 및 운영체계 등

1) 지역사회보장에 관한 계획

(1) 지역사회보장계획 수립 및 변경, 평가

이 법에서는 지역사회보장에 관한 계획을 수립하여 시행하도록 규정하고 있는데, 이에 대한 구체적인 규정은 다음과 같다. 먼저 시·도지사 및 시장·군수·구청장은 지역사회보장계획[3]을 4년마다 수립하고 매년 지역사회보장계획에 따른 연차별 기본계획을 수립하여야 한다. 이 경우 「사회보장기본법」에 따른 사회보장에 관한 기본계획과 연계되도록 하여야 한다. 시장·군수·구청장은 지역사회보장계획을 수립하는데 있어 지역주민 등 이해관계인의 의견을 들은 후 수립하고, 지역사회보장협의체의 심의와 해당 시·군·구 의회의 보고를 거쳐 시·도지사에게 제출하여야 한다. 시·도지사는 제출받은 시·군·구의 지역사회보장계획

처한다고 규정하여 비교적 강한 벌칙규정을 두고 있다.

3) 이 법의 제정으로 「사회복지사업법」에 따른 지역사회복지계획이 이 법에 따른 지역사회보장계획으로 대체되어, 「사회복지사업법」에서 제외되었다.

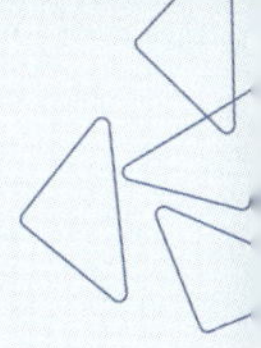

을 지원하는 내용 등을 포함한 해당 시 · 도의 지역사회보장계획을 수립하여야 하며, 이때, 시 · 도 사회보장위원회의 심의와 해당 시 · 도 의회의 보고를 거쳐 보건복지부장관에게 제출하여야 한다. 이 경우 보건복지부장관은 시 · 도에서 제출된 계획을 사회보장위원회에 보고하여야 한다(제35조). 이렇게 세워진 지역사회보장계획은 해당 시 · 도지사 또는 시장 · 군수 · 구청장이 시행하고, 상황에 따라 계획 수립절차에 준하여 변경할 수 있도록 하고 있다. 이후 보건복지부장관은 시 · 도 지역사회보장계획의 시행결과를, 시 · 도지사는 시 · 군 · 구 지역사회보장계획의 시행결과를 평가할 수 있다(제37조~제39조).

(2) 지역사회보장계획 주요 내용

이 법에서 규정하고 있는 지역사회보장계획의 주요 내용은 다음과 같다(제36조). 첫째, 시 · 군 · 구 지역사회보장계획은 지역사회보장 수요의 측정, 목표 및 추진전략, 지역사회보장의 목표를 점검할 수 있는 지표(이하 '지역사회보장지표')의 설정 및 목표, 지역사회보장의 분야별 추진전략, 중점 추진사업 및 연계협력 방안, 지역사회보장 전달체계의 조직과 운영, 사회보장급여의 사각지대 발굴 및 지원 방안, 지역사회보장에 필요한 재원의 규모와 조달 방안, 지역사회보장에 관련한 통계 수집 및 관리 방안, 지역 내 부정수급 발생 현황 및 방지대책, 그 밖에 대통령령으로 정하는 사항을 포함하여야 한다. 둘째, 시 · 도 지역사회보장계획은 시 · 군 · 구의 사회보장이 균형적이고 효과적으로 추진될 수 있도록 지원하기 위한 목표 및 전략, 지역사회보장지표의 설정 및 목표, 시 · 군 · 구에서 사회보장급여가 효과적으로 이용 및 제공될 수 있는 기반 구축 방안, 시 · 군 · 구 사회보장급여 담당 인력의 양성 및 전문성 제고 방안, 지역사회보장에 관한 통계자료의 수집 및 관리 방안, 시 · 군 · 구의 부정수급 방지대책을 지원하기 위한 방안, 그 밖에 지역사회보장 추진에 필요한 사항을 포함하여야 한다. 셋째, 특별자치시 지역사회보장계획은 시 · 군 · 구 지역사회보장계획 사항과 함께 사회보장급여가 효과적으로 이용 및 제공될 수 있는 기반 구축 방안, 사회보장급여 담당 인력의 양성 및 전문성 제고 방안, 그 밖에 지역사회보장 추진에 필요한 사항을 포함하도록 규정하고 있다.

2) 지역사회보장운영체계

(1) 지역사회보장체계 조직

지역사회보장운영체계로 시·도지사는 시·도의 사회보장증진을 위하여 시·도 사회보장위원회를 두고, 시장·군수·구청장은 지역의 사회보장을 증진하고, 사회보장과 관련된 서비스를 제공하는 관계 기관·법인·단체·시설과 연계·협력을 강화하기 위하여 해당 시·군·구에 지역사회보장협의체를 두도록 규정하고 있다. 시·도 사회보장위원회는 시·도의 지역사회보장계획 수립·시행 및 평가에 관한 사항, 시·도의 지역사회보장조사 및 지역사회보장지표에 관한 사항, 시·도의 사회보장급여 제공에 관한 사항, 시·도의 사회보장 추진과 관련한 중요 사항 등을 심의·자문한다. 한편 특별자치시는 위에 더하여 읍·면·동 단위 지역사회보장협의체의 구성 및 운영에 관한 사항과 사회보장과 관련된 서비스를 제공하는 관계 기관·법인·단체·시설과의 연계·협력 강화에 관한 사항 등 시·군·구 지역사회보장협의체의 업무를 일부 수행하도록 규정하고 있다. 이 위원회는 사회보장에 관한 전문적 지식이나 경험을 가진 사람, 사회보장관련 기관 및 단체의 대표자 등의 사람 중에서 시·도지사가 임명 또는 위촉한 사람으로 구성하며, 구체적인 조직·운영에 필요한 사항은 해당 시·도의 조례로 정한다(제40조). 다음으로 시·군·구 지역사회보장협의체는 시·군·구의 지역사회보장계획 수립·시행 및 평가에 관한 사항, 시·군·구의 지역사회보장조사 및 지역사회보장지표에 관한 사항, 시·군·구의 사회보장급여 제공에 관한 사항, 시·군·구의 사회보장 추진에 관한 사항, 읍·면·동 단위 지역사회보장협의체의 구성 및 운영에 관한 사항 등을 심의·자문한다. 지역사회보장협의체의 업무를 효율적으로 수행하기 위하여 지역사회보장협의체에 실무협의체를 두며, 보장기관의 장

은 지역사회보장협의체의 효율적 운영을 위하여 필요한 인력 및 운영비 등 재정을 지원할 수 있다. 구체적인 조직 · 운영에 필요한 사항은 해당 시 · 군 · 구의 조례로 정한다(제41조).

한편 이 법률의 제정으로 새롭게 신설된 것은 읍 · 면 · 동 단위의 지역사회보장협의체를 두는 부분이다. 즉 특별자치시장 및 시장 · 군수 · 구청장은 읍 · 면 · 동의 사회보장 관련 업무의 원활한 수행을 위하여 읍 · 면 · 동 단위 지역사회보장협의체[4]를 두도록 하고, 이에 대한 사항은 해당 특별자치시 및 시 · 군 · 구의 조례로 정하도록 규정하였다. 이는 시 · 군 · 구에서 읍 · 면 · 동 단위까지 복지전달체계를 확대한 것을 의미하며, 기관중심이던 협의기구를 지역중심으로 재편한 것을 의미한다. 즉 최근 복지전달체계 개편의 핵심은 읍 · 면 · 동 복지허브화이다. 이는 사례관리 기능이 시 · 군 · 구에서 읍 · 면 · 동으로 내려온 것으로, 읍 · 면 · 동 단위에서 민관협력을 공식화하여 공공의 부족한 부분을 민간자원을 통해서 보완하라는 보완적 측면의 민관협력이 요구된다고 할 수 있다.

특별자치시장 및 시장 · 군수 · 구청장은 사회보장에 관한 업무를 효율적으로 수행하기 위하여 관련 조직, 인력, 관계 기관 간 협력체계 등을 마련하여야 하며, 필요한 경우에는 사회보장에 관한 사무를 전담하는 기구(이하 '사회보장사무 전담기구')를 별도로 설치할 수 있다(제42조).

(2) 통합사례관리 및 사회복지전담공무원

보건복지부장관, 시 · 도지사 및 시장 · 군수 · 구청장은 지원대상자의 사회보장 수준을 높이기 위하여 지원대상자의 다양하고 복합적인 특성에 따른 상담과 지도, 사회보장에 대한 욕구조사, 서비스제공 계획의 수립을 실시하고, 그 계획에 따라 지원대상자에게 보건 · 복지 · 고용 · 교육 등에 대한 사회보장급여 및 민간법인 · 단체 · 시설 등이 제공하는 서비스를 종합적으로 연계 · 제공하는 통합사례관

4) 2017년 법률개정으로 읍 · 면 · 동 단위의 지역사회보장협의체와 중복되는 복지위원 규정을 삭제하였다.

리를 실시할 수 있으며, 이를 위해 특별자치시 및 시・군・구에 통합사례관리사를 둘 수 있다(제42조의2). 또 사회복지사업에 관한 업무를 담당하게 하기 위하여 시・도와 시・군・구, 읍・면・동 또는 사회보장사무 전담기구에 사회복지전담공무원을 둘 수 있다. 사회복지전담공무원은 사회복지사의 자격을 가진 사람으로 하며 사회보장급여에 관한 업무 중 취약계층에 대한 상담과 지도, 생활실태의 조사 등 보건복지부령으로 정하는 사회복지에 관한 전문적 업무를 담당한다(제43조).

3) 지역사회보장 지원 및 균형발전

중앙행정기관의 장 및 시・도지사는 시・도 및 시・군・구 간 사회보장수준의 차이를 최소화하기 위하여 예산 배분, 사회보장급여의 제공기관 등의 배치 등에 필요한 조치를 하여야 한다. 이를 위해 중앙행정기관의 장은 시・도지사 및 시장・군수・구청장에게 사회보장사업의 수행에 필요한 비용을 지원할 수 있으며, 영구임대주택단지, 저소득층 밀집 거주지, 그 밖에 보건, 복지, 고용, 주거, 문화 등 특정 분야의 서비스가 취약한 지역을 사회보장 특별지원구역으로 선정하여 지원할 수 있다. 또 보건복지부장관은 시・도 및 시・군・구의 사회보장 추진 현황 분석, 지역사회보장계획의 평가, 지역 간 사회보장의 균형발전 지원 등의 업무를 효과적으로 수행하기 위하여 지역사회보장균형발전지원센터를 설치・운영할 수 있다(제45조~제48조).

6. 비밀유지의무와 압류금지 등

이외에 「사회보장급여법」에서는 사회보장급여의 신청, 조사, 결정, 확인조사, 환수 등 급여의 제공 및 관리 등에 관한 업무와 사회보장정보의 처리 등에 관한

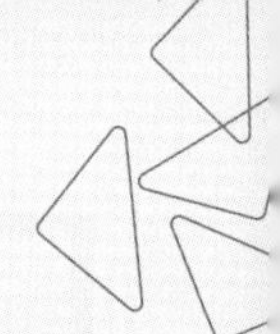

업무, 사회서비스정보시스템의 자료 또는 정보의 처리 등에 관한 업무, 그리고 통합사례관리에 관한 업무에 종사하거나 종사하였던 사람은 직무상 알게 된 비밀을 다른 사람에게 누설하거나 직무상 목적 외의 용도로 이용하여서는 아니 된다는 비밀유지의무(제49조)[5]와 사회보장급여의 압류금지(제50조) 등의 조항을 규정하고 있다.

5) 이 법에서는 비밀유지의무를 위반한 사람에 대한 별도의 처벌규정을 두고 있지 않고 있으며, 관련된 법률에서 처벌규정을 개별적으로 규정하고 있다.

사회복지사업법

CHAPTER 08

1. 의의 및 연혁

1) 의의

사회복지사업은 '사회복지를 필요로 하는 사람을 대상으로 그들의 욕구를 충족시키고 문제를 해결하며 정상적인 사회생활을 할 수 있도록 지원하고 사회환경을 조성하는 사회적 노력'을 말한다. 「사회복지사업법」은 이러한 사회복지사업의 조직과 운영에 관한 기본법적인 성격을 갖는 동시에 일반법적인 특성을 갖는다. 「사회복지사업법」은 제1조(목적)에서 "이 법은 사회복지사업에 관한 기본적 사항을 규정하여 사회복지를 필요로 하는 사람에 대하여 인간의 존엄성과 인간다운 생활을 할 권리를 보장하고 사회복지의 전문성을 높이며, 사회복지사업의 공정・투명・적정을 도모하고, 지역사회복지의 체계를 구축하고 사회복지서비스의

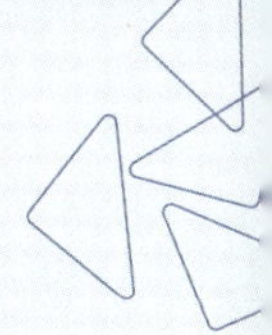

질을 높여 사회복지의 증진에 이바지함을 목적으로 한다."고 규정하고 있다. 또 제3조(다른 법률과의 관계)에서 "사회복지사업의 내용 및 절차 등에 관하여 제2조 제1호 각목의 법률(사회복지사업관련 개별 법률)에 특별한 규정이 있는 경우를 제외하고는 이 법에서 정하는 바에 따른다. 그리고 사회복지사업관련 개별 법률을 개정하는 경우에는 이 법에 부합하도록 하여야 한다."고 규정하고 있는데, 이는 사회복지복지사업에 관한 일반법으로서의 역할을 사회복지사업법에 부여한 것이라고 할 수 있다.[1)] 즉 「사회보장기본법」이 헌법의 이념에 따라 사회보험, 공공부조, 사회서비스에 대한 법률을 총체적으로 지휘하는 헌법의 하위규범으로서의 의의를 갖는다고 한다면, 「사회복지사업법」은 「사회보장기본법」과 사회복지사업 관련 개별 법률 사이에 위치하고 있으면서 사회복지사업의 기본적인 사항을 법률로 규정한 것으로 사회복지사업관련 개별 법률들의 개정의 범위와 방향을 규정한다고 할 수 있다.

2) 연혁

해방 및 한국전쟁 이후 외원기관 중심으로 시작된 우리나라의 사회복지서비스는 구체적인 법령조차 없이 시작되었다. 1961년 「생활보호법」과 「아동복리법」 등의 제정을 시작으로 사회복지서비스영역별로 법률들이 제정되기 시작하였다. 이후 사회복지사업의 전체적인 통일성을 기하고, 사회복지사업에 관한 기본적인 사항을 규정하여 그 공정한 운영을 기함으로써 사회복지의 증진을 도모하려는 목적으로 1970년 1월 1일 「사회복지사업법」이 제정되었다.[2)] 그러나 이 법은 국

1) 「사회복지사업법」은 사회복지사업에 관한 일반법으로서의 역할을 한다. 만일 사회복지사업 관련 개별 법률에 별도의 규정이 있는 경우에는 '특별법 우선의 원칙'에 따라서 개별 법률이 일반법인 「사회복지사업법」에 우선하여 적용이 된다. 예를 들어 「사회복지사업법」과 「장애인복지법」의 내용이 서로 다르다면 「장애인복지법」의 규정이 「사회복지사업법」에 우선하여 적용된디. 한편 개별 법률들에 별두의 규정이 없는 경우에는 「사회복지사업법」의 규정을 따른다. 그리고 사회복지사업관련 개별 법률을 개정하는 경우에는 「사회복지사업법」에 부합하도록 하여야 한다. 이는 「사회복지사업법」이 사회복지관련 개별 법률들의 모법(母法)의 역할을 하게 된다는 뜻이다.

민들의 복지욕구의 미분화, 정부재정 부족, 복지전문성의 미발달, 입법자의 이해 부족 등으로 인해 복지서비스에 있어서 정부와 민간의 분리원칙, 정부의 책임전가금지원칙, 민간의 자주성과 독립성 존중원칙 등이 배제된 채 제도화되었다(김만두, 1994; 김기원, 2007). 제정 이후 「사회복지사업법」은 사회변화에 따라 여러 차례 개정되었다. 주요 개정 내용을 살펴보면 다음과 같다. 1983년 5월 21일에는 일부개정으로 사회복지사 자격이 신설되었으며, 1992년 12월 8일에는 사회복지행정의 전문성과 효율성을 높이기 위하여 일선행정기관에 사회복지전담공무원을 두고 시·군·구에는 복지사무전담기구를 설치할 수 있도록 하며, 사회복지사업의 범위를 조정하기 위하여 전문개정을 하였다. 1997년 8월 22일에는 사회복지사의 전문성을 제고하기 위하여 사회복지사 1급은 국가시험에 합격한 자로 하고, 사회복지시설 설치·운영에 대한 허가제를 신고제로 변경하여 시설의 설치·운영을 용이하게 하며, 개인도 시설을 설치·운영할 수 있도록 하고, 사회복지법인과 시설 운영의 투명성을 보장할 수 있도록 제도적 장치를 강화하며, 자원봉사활동을 지원할 수 있는 법적 근거를 마련하는 등의 내용으로 전문개정하였다. 또 2003년 7월 30일에는 이 법의 목적에 '지역사회복지체계의 구축'을 추가하는 등 지역사회 중심의 사회복지사업을 효율적으로 추진하기 위한 기반을 조성하는 방향으로 일부 개정하였다.

「사회복지사업법」의 제·개정 관련된 주요 연혁을 살펴보면 〈표 8-1〉과 같다.

---

2) 제정 당시 「사회복지사업법」의 주요 내용은 다음과 같다. 사회복지사업은 「생활보호법」·「아동복리법」·「윤락행위 등 방지법」 등에 의한 보호사업·복지사업·선도사업·복지시설의 운영 등을 목적으로 하는 사업으로 하였고, 사회복지사업을 목적으로 하는 사회복지법인을 설립하고자 하는 자는 보건사회부장관의 인가를 받도록 하였으며, 사회복지시설의 설치·운영은 국가·지방자치단체 및 시·도지사의 허가를 받은 사회복지법인 또는 보건사회부장관의 허가를 받은 기타의 법인에 한하였다. 또한 보건사회부장관은 공동모금의 목적달성을 위하여 법인인 모금회의 설립을 허가할 수 있도록 하였다.

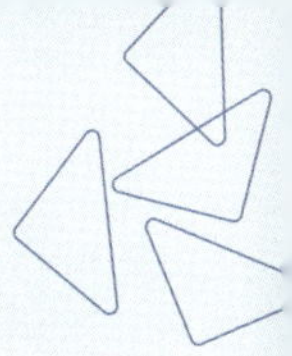

| 표 8-1 | 사회복지사업법 주요 연혁

제·개정(시행)	주요 내용
1970.1.1. (1970.4.2.)	사회복지사업법 제정
1983.5.21. (1983.5.21.)	일부개정 • 읍·면·동에 복지위원 위촉규정 신설 • 사회복지사 자격 신설 • 한국사회복지 법정단체화함
1992.12.8. (1993.6.9.)	전부개정 • 사회복지전담공무원에 관한 법적 근거 마련 • 사회복지행정을 종합적이고 전문적으로 수행할 수 있도록 하기 위하여 필요한 경우 조례에 의하여 시·군·구에 복지사무전담기구를 설치할 수 있도록 함
1997.8.22. (1998.7.1.)	전부개정3) • 사회복지사 자격 등급을 법에 규정하고, 사회복지사의 전문성을 제고시키기 위하여 사회복지사 1급은 국가시험에 합격한 자로 하며, 국가시험의 관리에 필요한 사항을 신설함 • 사회복지시설 설치·운영에 대한 허가제를 신고제로 변경하여 시설의 설치·운영을 용이하게 하며, 개인도 시설을 설치·운영할 수 있도록 함 • 사회복지법인과 시설 운영의 투명성을 보장할 수 있도록 제도적 장치를 강화함 • 사회복지 자원봉사활동을 지원·육성하기 위한 법적 근거 신설 • 사회복지시설에 대한 평가제도를 도입하고 그 결과를 동 시설의 감독 또는 지원에 반영할 수 있도록 함
2003.7.30. (2004.7.31.)	일부개정 • 시·군·구에 설치되어 있던 사회복지위원회를 폐지하고 지역사회복지협의체를 설치하도록 하고, 관할지역 안의 사회복지사업에 관한 중요사항과 지역사회복지계획을 심의하도록 함 • 지역사회복지를 효율적으로 실시하기 위하여 시·도지사 및 시장·군수·구청장은 지역보건의료계획과 연계하여 시·도 및 시·군·구 지역사회복지계획을 수립·시행하도록 함 • 시장·군수·구청장은 사회복지서비스를 필요로 하는 자에 대하여 개인별 보호계획을 수립하고, 동 보호계획에 따라 사회복지서비스를 제공하도록 함 • 사회복지서비스를 필요로 하는 자에게 사회복지서비스를 제공하는 경우 재가복지서비스를 우선하여 제공하도록 함
2011.8.4. (2011.8.4.)	일부개정 • 사회복지법인의 설치·운영 등에 관한 보건복지부장관의 사무를 시·도지사에게 이양함 • 농어촌지역 등의 지역특성과 시설분포 등을 고려하여 사회복지시설을 통합하여 설치할 수 있는 근거를 마련함

3) 현재 「사회복지사업법」의 모습은 1997년 개정으로 완성된 것이라고 할 수 있다.

2012.1.26. (2012.8.5.)	일부개정 • 사회복지사업에 있어 인권보호 강화 : 이 법의 목적, 기본이념, 국가와 지방자치단체의 책임, 복지업무 수행 원칙, 사회복지사업 종사자 지도·훈련 및 사회복지사에 대한 교육 등에 있어서 인권보호에 관한 사항을 명시함 • 사회복지법인 임원의 자격 요건 강화 : 법인의 이사 정수를 최소 5명에서 7명으로 증원, 이사의 3분의 1 이상을 사회복지위원회 및 지역사회복지협의체에서 추천한 사람 중에서 선임하도록 함. 감사 중 1명은 법률 또는 회계에 관한 지식이 있는 사람 중에서 선임하여야 하고, 대통령령으로 정하는 법인의 경우에는 시·도지사의 추천을 받아 외부감사인을 선임하도록 함 • 사회복지법인·시설 임직원 결격사유 확대 및 직무집행 정지사유 신설 • 법인이 운영하는 시설에서 반복적 또는 집단적 성폭력 범죄가 발생한 때에는 법인설립 허가를 취소할 수 있도록 하는 등 사회복지법인 및 시설 관리감독강화 • 이사회 회의록 작성을 의무화하고 회의록을 공개하도록 하는 등 사회복지법인 및 시설의 운영 개선 • 사회복지시설 서비스 최저기준을 마련하는 등 사회복지시설 서비스 품질 향상 강화
2017.10.24. (2018.4.25.)	일부개정 • 복지업무에 종사하는 사람이 그 업무를 수행할 때에 사회복지를 필요로 하는 사람의 인권을 침해하는 행위를 한 경우에는 그 사실을 공표하는 등의 조치를 취하도록 함 • 사회복지서비스제공은 현물(現物)로 제공하는 것을 원칙으로 하며, 사회복지사의 자격이 취소된 사람에게는 그 취소된 날부터 2년 이내에 자격을 재교부하지 못하도록 함 • 사회복지법인과 사회복지시설의 공공성을 강화하기 위하여 사회복지법인 임원 및 사회복지시설의 장의 결격사유를 추가함 • 사회보장급여법 제·개정으로 인한 일부 조항 삭제
2018.12.11. (2019.6.12.)	일부개정 • 정신건강·의료·학교 등의 직무영역별 사회복지사 신설을 통한 전문사회복지사 제도 도입 • 시·도지사 또는 시장·군수·구청장이 사회복지법인과 사회복지시설에 대하여 지방의회의 추천을 받아 공인회계사 또는 감사인을 선임하여 회계감사를 실시할 수 있도록 하여 사회복지법인 및 시설 운영의 투명성을 제고하고, 사회적 책임성을 강화할 수 있도록 함 • 사회복지시설과 사회복지법인 등이 채용광고와 다르게 채용하거나 근로조건을 변경하지 못하도록 하여 불합리한 채용관행을 개선함
2019.1.15. (2019.7.16.)	일부개정 • 임원의 불법행위에도 불구하고 임원의 지위를 유지시키는 문제를 해결하기 위해 임원 해임결의를 위한 이사회 개최기한을 설정하며, 반복적·집단적으로 학대범죄가 발생한 경우 법인의 설립을 취소할 수 있도록 하는 등 시설 및 법인 운영의 공공성을 강화하며, 사회복지시설의 설치·운영중단·폐지 신고가 수리를 요하는 신고임을 명확히 함
2020.12.29. (2020.12.29.)	일부개정 • 보조금 관련 법률 위반에 대한 사회복지법인 임원 결격사유를 보강하고, 사회복지시설의 무연고 사망자 유류금을 처리하는 절차를 명확히 함

2021.12.21. (2022.6.22.)	일부개정 • 아동학대관련범죄를 저지른 사람은 사회복지법인 임원, 사회복지시설의 장 및 법인·시설의 종사자가 될 수 없도록 함 • 사회복지시설의 장 및 법인·시설의 종사자에 대해서 신설된 결격사유를 포함하여 모든 결격사유 중 하나에 해당하는 경우에는 그 자격을 상실하도록 함 • 사회복지관의 사업으로 서비스 제공, 사례관리 사업, 지역조직화 사업 등을 규정하고 인력기준을 시행규칙으로 정하도록 함

2. 목적, 기본이념 및 정의

1) 목적

「사회복지사업법」은 사회복지사업에 관한 기본적 사항을 규정하여 사회복지를 필요로 하는 사람에 대하여 인간의 존엄성과 인간다운 생활을 할 권리를 보장하고 사회복지의 전문성을 높이며, 사회복지사업의 공정・투명・적정을 도모하고, 지역사회복지의 체계를 구축하고 사회복지서비스의 질을 높여 사회복지의 증진에 이바지함을 목적으로 한다(제1조). 이 법의 목적을 세분하여 살펴보면 다음과 같다. 첫째, 이 법은 사회복지사업에 관한 기본적 사항을 규정함으로써 사회복지사업을 합리적으로 수행할 수 있도록 하는 데 목적이 있다. 이를 위해 사회복지사업 관련 정의 등 일반적인 사항, 사회복지법인과 사회복지시설 관련 사항, 재가복지서비스 등의 내용을 제시하고 있다. 둘째, 사회복지를 필요로 하는 사람에 대하여 인간의 존엄성과 인간다운 생활을 할 권리를 보장하는 목적이 있다. 즉, 「사회복지사업법」은 「헌법」에 보장된 생존권을 보장하여 국민 모두가 건강하고 문화적인 생활을 할 수 있도록 기여함에 그 목적이 있다(김기원, 2007). 셋째, 이 법은 사회복지의 전문성을 높이는 데 그 목적이 있다. 이를 위해 지도훈련, 사회복지사 자격증 발급, 국가시험 등을 규정하고 있다. 넷째, 사회복지사업의 공정・투명・

적정을 도모하고 지역사회복지의 체계를 구축하고 사회복지서비스의 질을 높이고자 한다. 이를 위해 사회복지법인 임원의 자격, 재산관리, 수익사업 등과 사회복지시설의 장의 자격, 운영위원회 등, 그리고 보조금, 비용의 징수, 후원금 관리, 시설의 서비스 최저기준, 시설평가 등을 규정하고 있다. 그리고 이를 통해 사회복지의 증진에 이바지함을 궁극적인 목적으로 하고 있다.

2) 기본이념

「사회복지사업법」의 기본이념은 다음과 같다. 첫째, 사회복지를 필요로 하는 사람은 누구든지 자신의 의사에 따라 서비스를 신청하고 제공받을 수 있다. 둘째, 사회복지법인 및 사회복지시설은 공공성을 가지며 사회복지사업을 시행하는 데 있어서 공공성을 확보하여야 한다. 셋째, 사회복지사업을 시행하는 데 있어서 사회복지를 제공하는 자는 사회복지를 필요로 하는 사람의 인권을 보장하여야 한다. 넷째, 사회복지서비스를 제공하는 자는 필요한 정보를 제공하는 등 사회복지서비스를 이용하는 사람의 선택권을 보장하여야 한다(제1조의2). 이러한 기본이념은 지난 2012년 1월 개정으로 신설된 조항으로 「사회복지사업법」에서는 '신청주의'를 기본으로 채택하고 있음을 알 수 있다. 한편 지난 2017년 10월 사회복지사업에 있어 인권보호를 강화하고자 하는 목적으로 개정되면서 제4항 '이용하는 사람의 선택권을 보장하여야 한다.'는 부분이 기본이념에 추가되었다.

3) 사회복지사업 관련 용어의 정의

이 법에서 규정하고 있는 사회복지사업 관련 용어의 정의는 다음과 같다(제3조).

(1) 사회복지사업

'사회복지사업'이란 「국민기초생활보장법」, 「아동복지법」, 「노인복지법」, 「장애인복지법」 등의 법률에 따른 보호·선도(善導) 또는 복지에 관한 사업과 사회복지

상담, 직업지원, 무료 숙박, 지역사회복지, 의료복지, 재가복지(在家福祉), 사회복지관 운영, 정신질환자 및 한센병력자의 사회복귀에 관한 사업 등 각종 복지사업과 이와 관련된 자원봉사활동 및 복지시설의 운영 또는 지원을 목적으로 하는 사업을 말한다.

(2) 지역사회복지

'지역사회복지'란 주민의 복지증진과 삶의 질 향상을 위하여 지역사회 차원에서 전개하는 사회복지를 말한다.

(3) 사회복지법인/사회복지시설

'사회복지법인'이란 사회복지사업을 할 목적으로 설립된 법인을 말하며, '사회복지시설'이란 사회복지사업을 할 목적으로 설치된 시설을 말한다.

(4) 사회복지관

'사회복지관'이란 지역사회를 기반으로 일정한 시설과 전문인력을 갖추고 지역주민의 참여와 협력을 통하여 지역사회의 복지문제를 예방하고 해결하기 위하여 종합적인 복지서비스를 제공하는 시설을 말한다.

(5) 사회복지서비스

'사회복지서비스'란 국가·지방자치단체 및 민간부문의 도움을 필요로 하는 모든 국민에세 「사회보장기본법」에 따른 사회서비스 중 사회복지사업을 통한 서비스를 제공하여 삶의 질이 향상되도록 제도적으로 지원하는 것을 말한다.

(6) 보건의료서비스

'보건의료서비스'란 국민의 건강을 보호·증진하기 위하여 보건의료인이 하는 모든 활동을 말한다.

3. 국가와 지방자치단체의 책임 및 서비스제공의 원칙

1) 국가와 지방자치단체의 책임

(1) 복지와 인권증진의 책임

이 법에서는 다음과 같은 복지와 인권증진의 책임을 국가와 지방자치단체에 부과하고 있다(제4조). 첫째, 국가와 지방자치단체는 사회복지서비스를 증진하고, 서비스를 이용하는 사람에 대하여 인권침해를 예방하고 차별을 금지하며 인권을 옹호할 책임을 진다. 이는 「헌법」에 명시한 복지국가주의를 다시 강조한 조항이라고 할 수 있다. 둘째, 국가와 지방자치단체는 사회복지서비스와 보건의료서비스를 함께 필요로 하는 사람에게 이들 서비스가 연계되어 제공되도록 노력하여야 한다. 셋째, 국가와 지방자치단체, 그 밖에 사회복지사업을 하는 자는 사회복지를 필요로 하는 사람에 대하여 그 사업과 관련한 상담, 작업치료(作業治療), 직업훈련 등을 실시하고 필요한 경우에는 주민의 복지 욕구를 조사할 수 있다. 이를 통해 단순지원에서 벗어나 상담, 치료, 훈련 등의 지원을 적극적으로 제공할 수 있도록 하고 있다. 또한, 필요시 '복지욕구조사'를 통해서 이에 맞는 프로그램을 개발하고 실시할 수 있도록 하고 있다. 넷째, 국가와 지방자치단체는 도움을 필요로 하는 국민이 본인의 선호와 필요에 따라 적절한 사회복지서비스를 제공받을 수 있도록 사회복지서비스 수요자 등을 고려하여 사회복지시설이 균형 있게 설치되도록 노력하여야 한다. 다섯째, 국가와 지방자치단체는 민간부문의 사회복지증진활동이 활성화되고 국가 및 지방자치단체의 사회복지사업과 민간부문의 사회복지증진활동이 원활하게 연계될 수 있도록 노력하여야 한다. 이후 2012년 1월, 인권강화에

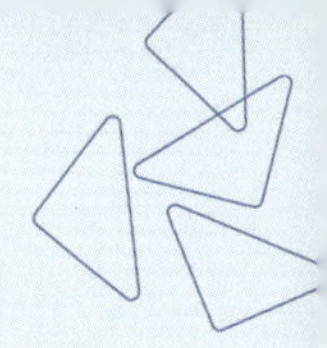

대한 내용이 다음과 같이 추가되었다. 여섯째, 국가와 지방자치단체는 사회복지를 필요로 하는 사람의 인권이 충분히 존중되는 방식으로 사회복지서비스를 제공하고 사회복지와 관련된 인권교육을 강화하여야 한다. 일곱째, 국가와 지방자치단체는 사회복지서비스를 이용하는 사람이 긴급한 인권침해 상황에 놓인 경우 신속히 대응할 체계를 갖추어야 한다. 여덟째, 국가와 지방자치단체는 시설 거주자의 희망[4]을 반영하여 지역사회보호체계에서 서비스가 제공될 수 있도록 노력하여야 한다. 아홉째, 국가와 지방자치단체는 사회복지서비스를 필요로 하는 사람들에게 사회복지서비스의 실시에 대한 정보를 제공하여야 한다. 또, 지난 2017년 10월에는 국가와 지방자치단체는 사회복지서비스를 제공하는 자로부터 위법 또는 부당한 처분을 받아 권리나 이익을 침해당한 사람을 위하여 간이하고 신속한 구제조치를 마련하여야 한다는 조항이 추가되었다.

(2) 사회복지자원봉사활동의 지원 · 육성의 책임

국가와 지방자치단체는 사회복지 자원봉사활동을 지원 · 육성하기 위하여 자원봉사활동의 홍보 및 교육, 자원봉사활동 프로그램의 개발 · 보급, 자원봉사활동 중의 재해에 대비한 시책의 개발, 그 밖에 자원봉사활동의 지원에 필요한 사항을 실시하여야 한다. 그리고 이를 효율적으로 수행하기 위하여 사회복지법인이나 그 밖의 비영리법인 · 단체에 이를 위탁할 수 있다(제9조).

(3) 지도 · 훈련의 책임

보건복지부장관은 이 법이나 그 밖의 사회복지 관련 법률의 시행에 관한 사무에 종사하는 공무원과 사회복지사업에 종사하는 사람의 자질 향상을 위하여 인권교육 등 필요한 지도와 훈련을 할 수 있다(제10조).

4) 2019년 1월 개정으로 '시설거주자 또는 보호자의 희망을 반영하여…'라는 조항이 '시설거주자의 희망을 반영하여…'로 변경되었다. 이는 장애인의 자기결정권을 강조하는 방향으로의 개정이라고 할 수 있다.

(4) 인권존중 및 최대봉사의 원칙

사회복지사업은 다른 업무와 달리 사회적 취약계층의 문제와 욕구를 대상으로 하고 있다. 따라서 이 법에 따라 복지업무에 종사하는 사람은 그 업무를 수행할 때에 사회복지를 필요로 하는 사람을 위하여 인권을 존중하고 차별 없이 최대로 봉사하여야 한다는 인권존중 및 무차별, 최대봉사의 원칙을 제시하고 있다(제5조). 지난 2017년 10월 개정에서는 "국가와 지방자치단체는 복지업무에 종사하는 사람이 그 업무를 수행할 때에 사회복지를 필요로 하는 사람의 인권을 침해하는 행위를 한 경우에는 제2조 제1호 각목의 법률이 정하는 바에 따라 처분하고 그 사실을 공표하는 등의 조치를 하여야 한다."는 조항을 신설하여, 인권존중 및 최대봉사의 원칙을 위반하였을 때와 관련된 처분 및 조치 관련 내용을 추가하였다.

2) 서비스제공의 원칙

지난 2017년 10월 개정으로 이 법에서는 서비스제공의 원칙을 다음과 같이 제시하고 있다(제5조의2). 첫째, 사회복지서비스를 필요로 하는 사람(이하 '보호대상자')에 대한 사회복지서비스 제공은 현물(現物)로 제공하는 것을 원칙으로 한다고 규정하여 현물제공을 원칙으로 하고 있다. 즉, 사회보험 및 공공부조가 현금급여를 원칙으로 하는 것과 달리 '서비스제공'은 현물제공이 원칙이라는 점을 제시한 것이다. 또, 시장 · 군수 · 구청장은 국가 또는 지방자치단체 외의 자로 하여금 서비스제공을 실시하게 하는 경우에는 보호대상자에게 사회복지서비스 이용권을 지급하여 국가 또는 지방자치단체 외의 자로부터 그 이용권으로 서비스제공을 받게 할 수 있다. 둘째, 국가와 지방자치단체는 사회복지서비스의 품질 향상과 원활한 제공을 위하여 필요한 시책을 마련하여야 한다. 그리고 사회복지서비스 품질관리를 위해 사회복지서비스를 제공하는 기관 · 법인 · 시설 · 단체의 서비스 환경, 서비스제공 인력의 전문성 등을 평가할 수 있다.

4. 시설설치의 방해금지

누구든지 정당한 이유 없이 사회복지시설의 설치를 방해하여서는 아니 된다. 시장・군수・구청장은 정당한 이유 없이 사회복지시설의 설치를 지연시키거나 제한하는 조치를 하여서는 아니 된다(제6조). 만일 정당한 이유 없이 사회복지시설의 설치를 방해한 경우에는 1년 이하의 징역 또는 1천만원 이하의 벌금에 처한다고 규정하고 있다(제54조 제1호). 이 조항은 특정 사회복지시설의 설치를 반대하는 현상인 님비현상을 공식적으로 금지하는 규정이라고 할 수 있다.

5. 사회복지사 등

1) 사회복지사 자격증의 발급 등

보건복지부장관은 사회복지에 관한 전문지식과 기술을 가진 사람에게 사회복지사 자격증을 발급할 수 있다. 이에 따른 사회복지사의 등급은 1급・2급으로 하되, 정신건강・의료・학교 영역에 대해서는 영역별로 정신건강사회복지사・의료사회복지사・학교사회복지사의 자격을 부여할 수 있다. 사회복지사 1급 자격은 국가시험에 합격한 사람에게 부여하고, 정신건강사회복지사・의료사회복지사・학교사회복지사의 자격은 1급 사회복지사의 자격이 있는 사람 중에서 보건복지부령으로 정하는 수련기관에서 수련을 받은 사람에게 부여한다(제11조). 지난 2017년 10월 법률 개정으로 1~3급으로 되어 있던 사회복지사의 자격이 1, 2급으로 개편되었다. 또한 2018년 12월 개정으로 다양화・전문화되는 사회복지 욕구에 능동적으로 대응할 수 있도록 하는 것을 목적으로 정신건강, 의료, 학교 등 전문사회복지사 제도가 도입되었다.

2) 사회복지사의 결격사유[5)]

피성년후견인, 금고 이상의 실형을 선고받고 그 집행이 끝나거나 집행이 면제되지 아니한 사람, 금고이상의 형의 집행유예를 선고받고 그 유예기간 중에 있는 사람, 법원의 판결에 따라 자격이 정지 또는 상실된 사람, 마약・대마 또는 향정신성의약품의 중독자, 그리고 「정신건강증진 및 정신질환자 복지서비스 지원에 관한 법률」에 따른 정신질환자(전문의가 사회복지사로서 적합하다고 인정하는 사람 제외)는 사회복지사가 될 수 없다(제11조의2).

3) 사회복지사의 자격취소 등

보건복지부장관은 사회복지사가 다음의 어느 하나에 해당하는 경우 그 자격을 취소하거나 1년의 범위에서 정지시킬 수 있다. 즉, 거짓이나 그 밖의 부정한 방법으로 자격을 취득한 경우, 결격사유(제11조의2)에 해당하게 된 경우, 자격증을 대여・양도 또는 위조・변조한 경우(이상 3가지 경우에 해당하면 그 자격을 취소하여야 한다.), 사회복지사의 업무수행 중 그 자격과 관련하여 고의나 중대한 과실로 다른 사람에게 손해를 입힌 경우, 자격정지 처분을 3회 이상 받았거나, 정지 기간 종료 후 3년 이내에 다시 자격정지 처분에 해당하는 행위를 한 경우, 자격정지 처분 기간에 자격증을 사용하여 자격 관련 업무를 수행한 경우 등이 여기에 해당된다. 한편 위의 규정에 따라 자격이 취소된 사람은 취소된 날부터 15일 내에 자격증을 보건복지부장관에게 반납하여야 한다. 보건복지부장관은 이상의 규정에 따라 자격이 취소된 사람에게는 그 취소된 날부터 2년 이내에 자격증을 재교부하지 못한다(제11조의3).

5) 2024년 1월 2일 법률개정으로 2024년 4월 24일부터 '피한정후견인'이 결격사유에서 제외되었다.

4) 유사명칭의 사용금지

이 법에 따른 사회복지사가 아니면 사회복지사 또는 이와 유사한 명칭을 사용하지 못한다(제11조의4).

5) 사회복지사의 채용 및 교육

사회복지법인 및 사회복지시설을 설치·운영하는 자는 대통령령으로 정하는 바에 따라 사회복지사를 그 종사자로 채용하고, 보고방법·보고주기 등 보건복지부령으로 정하는 바에 따라 시·도지사 또는 시장·군수·구청장에게 사회복지사의 임면에 관한 사항을 보고하여야 한다. 다만, 대통령령으로 정하는 사회복지시설은 그러하지 아니하다.[6] 보건복지부장관은 사회복지사의 자질 향상을 위하여 필요하다고 인정하면 사회복지사에게 교육을 받도록 명할 수 있다. 다만, 사회복지법인 또는 사회복지시설에 종사하는 사회복지사는 정기적으로 인권에 관한 내용이 포함된 보수교육(補修敎育)을 받아야 한다. 사회복지법인 또는 사회복지시

6) 시행령 제6조(사회복지사의 채용)
① 법 제13조 제1항 본문에 따라 사회복지법인 또는 사회복지시설을 설치·운영하는 자는 해당 법인 또는 시설에서 다음 각 호에 해당하는 업무에 종사하는 자를 사회복지사로 채용하여야 한다. 다만, 법 제2조 제1호 각목의 법률에서 따로 정하고 있는 경우에는 그에 의한다.
1. 사회복지프로그램의 개발 및 운영업무
2. 시설거주자의 생활지도업무
3. 사회복지를 필요로 하는 사람에 대한 상담업무
② 법 제13조 제1항 단서에서 '대통령령으로 정하는 사회복지시설'이란 다음 각 호의 시설을 말한다.
1. 「노인복지법」에 따른 노인여가복지시설(노인복지관은 제외한다)
2. 「장애인복지법」에 따른 장애인 지역사회재활시설 중 수어통역센터, 점자도서관, 점자도서 및 녹음서 출판시설
3. 「영유아보육법」에 따른 어린이집
4. 「성매매방지 및 피해자보호 등에 관한 법률」 제9조에 따른 성매매피해자 등을 위한 지원시설 및 같은 법 제17조에 따른 성매매피해상담소
5. 「정신건강증진 및 정신질환자 복지서비스 지원에 관한 법률」 제3조 제6호 및 제7호에 따른 정신요양시설 및 정신재활시설
6. 「성폭력방지 및 피해자보호 등에 관한 법률」에 따른 성폭력피해상담소

설을 운영하는 자는 그 법인 또는 시설에 종사하는 사회복지사에 대하여 교육을 이유로 불리한 처분을 하여서는 아니 된다(제13조).

6) 사회복지의 날

국가는 국민의 사회복지에 대한 이해를 증진하고 사회복지사업 종사자의 활동을 장려하기 위하여 매년 9월 7일[7]을 사회복지의 날로 하고, 사회복지의 날부터 1주간을 사회복지주간으로 한다(제15조의2).

6. 사회복지법인

1) 법인의 설립허가

사회복지법인을 설립하려는 자는 대통령령으로 정하는 바에 따라 시·도지사의 허가를 받아야 하며, 허가를 받은 자는 법인의 주된 사무소의 소재지에서 설립등기를 하여야 한다(제16조). 즉 사회복지법인의 설립허가를 받으려는 자는 법인 설립허가신청서에 보건복지부령으로 정하는 서류를 첨부하여 사회복지법인의 주된 사무소의 소재지를 관할하는 시장·군수·구청장을 거쳐 시·도지사에게 제출하여야 한다(시행령 제8조). 사회복지법인의 설립허가를 위해 기본적으로 갖추어야 하는 사항은 다음과 같은 정관, 임원, 재산 등 세 가지 사항이다(생각의마을, 2021).

7) 지난 1999년 9월 7일 「국민기초생활보장법」이 제정되었는데, 「사회복지사업법」에서는 이 법의 제정일을 사회복지의 날로 지정하고 지난 2000년부터 기념하고 있다.

(1) 정관

법인의 정관에는 목적, 명칭, 주된 사무소의 소재지, 사업의 종류, 자산 및 회계에 관한 사항, 임원의 임면(任免) 등에 관한 사항, 회의에 관한 사항, 수익(收益)을 목적으로 하는 사업이 있는 경우 그에 관한 사항, 정관의 변경에 관한 사항, 존립시기와 해산 사유를 정한 경우에는 그 시기와 사유 및 남은 재산의 처리방법, 공고 및 공고방법에 관한 사항이 포함되어야 한다. 한편 법인이 정관을 변경하려는 경우에는 시・도지사의 인가를 받아야 한다(제17조).

(2) 임원

① 임원의 구성 및 자격 등

사회복지법인은 대표이사를 포함한 이사 7명 이상과 감사 2명 이상을 두어야 한다. 또 이사 정수의 3분의 1 이상을 시・도 사회보장위원회, 지역사회보장협의체 중 하나에 해당하는 기관이 3배수로 추천한 사람 중에서 선임하여야 한다. 이사회의 구성에 있어서 대통령령으로 정하는 특별한 관계에 있는 사람이 이사 현원(現員)의 5분의 1을 초과할 수 없다. 이사의 임기는 3년으로 하고 감사의 임기는 2년으로 하며, 각각 연임할 수 있다. 외국인인 이사는 이사 현원의 2분의 1 미만이어야 한다. 법인은 임원을 임면(任免)하는 경우에는 보건복지부령으로 정하는 바에 따라 지체 없이 시・도지사에게 보고하여야 한다. 감사는 이사와 특별한 관계에 있는 사람이 아니어야 하며, 감사 중 1명은 법률 또는 회계에 관한 지식이 있는 사람 중에서 선임하여야 한다. 또 대통령령으로 정하는 일정 규모 이상의 법인은 시・도지사의 추천을 받아 「주식회사 등의 외부감사에 관한 법률」 제2조 제7호에 따른 감사인에 속한 사람을 감사로 선임하여야 한다(제18조). 누구든지 임원의 선임과 관련하여 금품, 향응 또는 그 밖의 재산상 이익을 주고받거나 주고받을 것을 약속하여서는 아니 된다(제18조의2).

② 임원의 결격사유

미성년자, 피성년후견인 또는 피한정후견인, 파산선고를 받고 복권되지 아니한 사람, 법원의 판결에 따라 자격이 상실되거나 정지된 사람, 금고 이상의 실형을 선고받고 그 집행이 끝나거나 집행이 면제된 날부터 3년이 지나지 아니한 사람, 금고 이상의 형의 집행유예를 선고받고 그 유예기간 중에 있는 사람, 사회복지사업 또는 그 직무와 관련하여 「아동복지법」 제71조, 「보조금 관리에 관한 법률」 제40조부터 제42조까지, 「지방재정법」 제97조, 「영유아보육법」 제54조 제2항 제1호, 「장애아동 복지지원법」 제39조 제1항 제1호 또는 「형법」 제28장・제40장(제360조는 제외한다)의 죄를 범하거나 이 법을 위반하여 100만원 이상의 벌금형을 선고받고 그 형이 확정된 후 5년이 지나지 아니하거나, 형의 집행유예를 선고받고 그 형이 확정된 후 7년이 지나지 아니한 사람, 징역형을 선고받고 그 집행이 끝나거나 집행이 면제된 날부터 7년이 지나지 아니한 사람, 「성폭력범죄의 처벌 등에 관한 특례법」 제2조의 성폭력범죄 또는 「아동・청소년의 성보호에 관한 법률」 제2조 제2호의 아동・청소년대상 성범죄를 저지른 사람으로서 형 또는 치료감호를 선고받고 확정된 후 그 형 또는 치료감호의 전부 또는 일부의 집행이 끝나거나 집행이 유예・면제된 날부터 10년이 지나지 아니한 사람, 제1호의5부터 제1호의8까지의 규정에도 불구하고 「아동복지법」에 따른 아동학대관련범죄를 저지른 사람으로서 다음 각 목의 어느 하나에 해당하는 사람, 즉 금고 이상의 실형을 선고받고 그 집행이 끝나거나(집행이 끝난 것으로 보는 경우를 포함한다) 집행이 면제된 날부터 10년이 지나지 아니한 사람, 금고 이상의 형의 집행유예를 선고받고 그 집행유예가 확정된 날부터 10년이 지나지 아니한 사람, 벌금형을 선고받고 그 형이 확정된 날부터 5년이 지나지 아니한 사람, 해임명령에 따라 해임된 날부터 5년이 지나지 아니한 사람, 설립허가가 취소된 사회복지법인의 임원이었던 사람(그 허가의 취소사유 발생에 관하여 직접적인 또는 이에 상응하는 책임이 있는 자로서 대통령령으로 정하는 사람으로 한정한다)으로서 그 설립허가가 취소된 날부터 5년이 지나지 아니한 사람, 시설의 장에서 해임된 사람으로서 해임된 날부터 5년이 지나지 아니한 사람,

폐쇄명령을 받고 3년이 지나지 아니한 사람은 법인의 임원이 될 수 없다. 또, 사회복지분야의 6급 이상 공무원으로 재직하다 퇴직한 지 3년이 경과하지 아니한 사람 중에서 퇴직 전 5년 동안 소속하였던 기초자치단체가 관할하는 법인의 임원이 될 수 없다(제19조).

③ 임원의 보충, 겸직금지, 해임명령 등

법인 이사 또는 감사 중에 결원이 생겼을 때에는 2개월 이내에 보충하여야 한다(제20조). 또 이사는 법인이 설치한 사회복지시설의 장을 제외한 그 시설의 직원을 겸할 수 없으며, 감사는 법인의 이사, 법인이 설치한 사회복지시설의 장 또는 그 직원을 겸할 수 없도록 겸직금지 규정을 두고 있다(제21조). 한편 시・도지사는 임원이 시・도지사의 명령을 정당한 이유 없이 이행하지 아니하거나, 회계부정이나 인권침해 등 현저한 불법행위 또는 그 밖의 부당행위 등이 발견되었을 때 해임명령을 할 수 있는데, 이러한 해임명령은 시・도지사가 해당 법인에게 그 사유를 들어 시정을 요구한 날부터 15일이 경과하여도 이에 응하지 아니한 경우에 한한다. 다만, 시정을 요구하여도 시정할 수 없는 것이 명백하거나 회계부정, 횡령, 뇌물수수 등 비리의 정도가 중대한 경우에는 시정요구 없이 임원의 해임을 명할 수 있다. 이때 해임명령을 받은 법인은 2개월 이내에 임원의 해임에 관한 사항을 의결하기 위한 이사회를 소집하여야 한다(제22조). 그리고 시・도지사는 해임명령을 하기 위하여 사실 여부에 대한 조사나 감사가 진행 중인 경우 및 해임명령 기간 중인 경우에는 해당 임원의 직무집행을 정지시킬 수 있다. 시・도지사는 제1항에 따른 임원의 직무집행 정지사유가 소멸되면 즉시 직무집행 정지명령을 해제하여야 한다(제22조의2). 법인의 정상적인 운영이 어렵다고 판단되는 경우 시・도지사는 지체 없이 이해관계인의 청구 또는 직권으로 임시이사를 선임하여야 한다. 임시이사는 문제사유가 해소될 때까지 재임한다(제22조의3).

(3) 재산, 재산의 취득 및 남은 재산의 처리 등

사회복지법인은 사회복지사업의 운영에 필요한 재산을 소유하여야 한다. 법인의 재산은 기본재산과 보통재산으로 구분하며, 기본재산은 그 목록과 가액(價額)을 정관에 적어야 한다. 법인은 기본재산에 관하여 매도・증여・교환・임대・담보제공 또는 용도변경을 하려는 경우, 보건복지부령으로 정하는 금액 이상을 1년 이상 장기차입(長期借入)하려는 경우에는 시・도지사의 허가를 받아야 한다(제23조). 법인의 기본재산은 부동산, 정관에서 기본재산으로 정한 재산, 이사회의 결의에 의하여 기본재산으로 편입된 재산을 말하고, 그 밖의 재산은 보통재산으로 한다(시행규칙 제12조). 기본재산은 다시 법인이 사회복지시설 등을 설치하는 데 직접 사용하는 목적사업용 기본재산과 법인이 그 수익으로 목적사업의 수행에 필요한 경비를 충당하기 위한 기본재산인 수익용 기본재산으로 나뉜다. 다만 시설의 설치・운영을 목적으로 하지 아니하고 사회복지사업을 지원하는 것을 목적으로 하는 법인은 이를 구분하지 아니할 수 있다(시행규칙 제13조).

법인이 매수・기부채납(寄附採納), 후원 등의 방법으로 재산을 취득하였을 때에는 지체 없이 이를 법인의 재산으로 편입 조치하여야 한다. 이 경우 법인은 그 취득 사유, 취득재산의 종류・수량 및 가액을 매년 시・도지사에게 보고하여야 한다(제24조). 해산한 법인의 남은 재산은 정관으로 정하는 바에 따라 국가 또는 지방자치단체에 귀속된다. 국가 또는 지방자치단체에 귀속된 재산은 사회복지사업에 사용하거나 유사한 목적을 가진 법인에 무상으로 대여하거나 무상으로 사용・수익하게 할 수 있다. 다만, 해산한 법인의 이사 본인 및 그와 대통령령으로 정하는 특별한 관계에 있는 사람이 이사로 있는 법인에 대하여는 그러하지 아니하다(제27조).

2) 설립허가의 취소 등

시・도지사는 법인이 거짓이나 그 밖의 부정한 방법으로 설립허가를 받았을

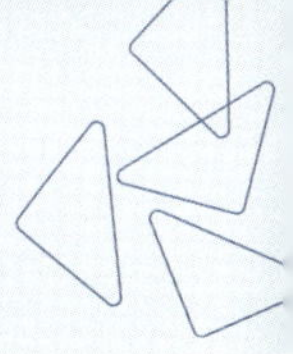

때, 설립허가 조건을 위반하였을 때, 목적 달성이 불가능하게 되었을 때, 목적사업 외의 사업을 하였을 때, 정당한 사유 없이 설립허가를 받은 날부터 6개월 이내에 목적사업을 시작하지 아니하거나 1년 이상 사업실적이 없을 때, 법인이 운영하는 시설에서 반복적 또는 집단적 성폭력범죄 및 학대관련 범죄가 발생한 때, 법인이 운영하는 시설에서 중대하고 반복적인 회계부정이나 불법행위가 발생한 때, 법인 설립 후 기본재산을 출연하지 아니한 때, 임원정수를 위반한 때, 이 법을 위반하여 이사를 선임한 때, 이법에 따른 임원의 해임명령을 이행하지 아니한 때, 그 밖에 이 법 또는 이 법에 따른 명령이나 정관을 위반하였을 때에는 기간을 하여 시정명령을 하거나 설립허가를 취소할 수 있다. 다만, 제1호(거짓이나 그 밖의 부정한 방법으로 설립허가를 받았을 때) 또는 제7호(법인 설립 후 기본재산을 출연하지 아니한 때)에 해당할 때에는 설립허가를 취소하여야 한다. 그 밖의 경우에는 다른 방법으로 감독 목적을 달성할 수 없거나 시정을 명한 후 6개월 이내에 법인이 이를 이행하지 아니한 경우에 한하여 설립허가를 취소할 수 있다(제26조).

3) 수익사업

법인은 목적사업의 경비에 충당하기 위하여 필요할 때에는 법인의 설립 목적 수행에 지장이 없는 범위에서 수익사업을 할 수 있다. 법인은 수익사업에서 생긴 수익을 법인 또는 법인이 설치한 사회복지시설의 운영 외의 목적에 사용할 수 없다. 수익사업에 관한 회계는 법인의 다른 회계와 구분하여 회계처리하여야 한다(제28조).

4) 기타 법인 운영과 관련된 규정

(1) 합병

법인의 합병(合倂)이란 둘 이상의 법인이 일정한 계약에 의하여 하나의 법인으로 합동하는 것을 말한다. 합병에는 신설합병과 흡수합병의 두 가지가 있다. 신설합병은 합병할 때 모든 당해 법인들이 해산을 하고 동시에 새로운 법인을 설립하는 것이며, 흡수합병은 한 당해 법인만이 존속하고 다른 당해 법인은 해산하여 존속법인에 흡수되는 것이다(김기원, 2007). 법인은 시·도지사의 허가를 받아 이 법에 따른 다른 법인과 합병할 수 있다. 다만, 주된 사무소가 서로 다른 시·도에 소재한 법인 간의 합병의 경우에는 보건복지부장관의 허가를 받아야 한다. 법인이 합병하는 경우 합병 후 존속하는 법인이나 합병으로 설립된 법인은 합병으로 소멸된 법인의 지위를 승계한다(제30조).

(2) 동일명칭 사용 금지

이 법에 따른 사회복지법인이 아닌 자는 사회복지법인이라는 명칭을 사용하지 못한다(제31조).

(3) 다른 법률의 준용

법인에 관하여 이 법에서 규정한 사항을 제외하고는 「민법」과 「공익법인의 설립·운영에 관한 법률」을 준용[8] 한다(제32조).

7. 사회복지시설

1) 사회복지시설의 설치

국가나 지방자치단체는 사회복지시설을 설치·운영할 수 있다. 국가 또는 지방자치단체 외의 자가 시설을 설치·운영하려는 경우에는 보건복지부령으로 정하

8) 준용(準用)이란 어떤 사항을 규율하기 위하여 만들어진 법규를 그것과 유사하나 성질이 다른 사항에 대하여 필요한 약간의 수정을 가하여 적용시키는 것을 의미한다(김기원, 2007: 296).

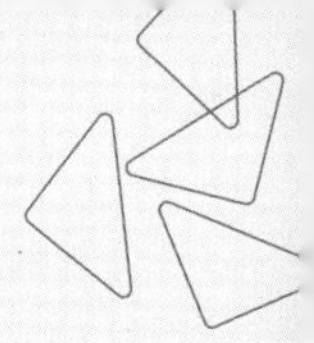

는 바에 따라 시장·군수·구청장에게 신고하여야 한다. 다만, 폐쇄명령을 받고 3년이 지나지 아니한 자, 혹은 법인의 임원의 결격사유 중 제19조 제1항 제1호 및 제1호의2부터 제1호의8까지의 어느 하나에 해당하는 개인 또는 그 개인이 임원인 법인은 시설의 설치·운영 신고를 할 수 없다. 시장·군수·구청장은 시설의 설치 신고를 받은 경우 그 내용을 검토하여 이 법에 적합하면 신고를 수리하여야 하며, 시설을 설치·운영하는 자는 보건복지부령으로 정하는 재무·회계에 관한 기준에 따라 시설을 투명하게 운영하여야 한다. 한편 국가나 지방자치단체가 설치한 시설은 필요한 경우 사회복지법인이나 비영리법인에 위탁하여 운영하게 할 수 있다(제34조).

지역특성과 시설분포의 실태 등을 고려하여 시설을 통합하여 설치·운영하기 위한 특례조항은 다음과 같다. 이 법 또는 제2조 제1호 각목의 법률에 따른 시설을 설치·운영하려는 경우에는 지역특성과 시설분포의 실태를 고려하여 이 법 또는 제2조 제1호 각목의 법률에 따른 시설을 통합하여 하나의 시설로 설치·운영하거나 하나의 시설에서 둘 이상의 사회복지사업을 통합하여 수행할 수 있다. 이 경우 국가 또는 지방자치단체 외의 자는 통합하여 설치·운영하려는 각각의 시설이나 사회복지사업에 관하여 해당 관계 법령에 따라 신고하거나 허가 등을 받아야 한다(제34조의2).

한편 2012년 1월 26일「사회복지사업법」개정으로 기존에 보건복지부령으로 정하고 있던 사회복지관 설치에 관한 내용 중 일부를 법률로 규정하였으며, 2021년 12월 21일에는 사회복지관이 수행하는 사례관리 사업, 서비스 제공, 지역조직화 사업 등의 근거를 법률에 명시하였다(제34조의5). 사회복지관은 지역사회의 복지증진을 위하여, 지역사회의 특성과 지역주민의 복지욕구를 고려한 서비스 제공 사업, 국가·지방자치단체 및 민간 부문의 사회복지서비스를 연계·제공하는 사례관리 사업, 지역사회 복지공동체 활성화를 위한 복지자원 관리, 주민교육 및 조직화 사업, 그 밖에 복지증진을 위한 사업으로서 지역사회에서 요청하는 사업을 실시할 수 있다. 사회복지관은 모든 지역주민을 대상으로 사회복지서비스를 실시하되, 「국민기초생활보장법」에 따른 수급자 및 차상위계층, 장애인, 노인, 한부모가족 및 다문화가족, 직업 및 취업 알선이 필요한 사람, 보호와 교육이 필요한 유아·아동 및 청소년, 그 밖에 사회복지관의 사회복지서비스를 우선 제공할 필요가 있다고 인정되는 사람 등의 지역주민에게 우선 제공하여야 한다.

2) 시설의 운영

(1) 보험가입의무

시설의 운영자는 화재로 인한 손해배상책임과 화재 외의 안전사고로 인하여 생명·신체에 피해를 입은 보호대상자에 대한 손해배상책임을 이행하기 위하여 손해보험회사의 책임보험에 가입하거나 「사회복지사 등의 처우 및 지위 향상을 위한 법률」 제4조에 따른 한국사회복지공제회의 책임공제에 가입하여야 한다. 국가나 지방자치단체는 예산의 범위에서 제1항에 따른 책임보험 또는 책임공제의 가입에 드는 비용의 전부 또는 일부를 보조할 수 있다(제34조의3).

(2) 시설의 안전점검 등

시설의 장은 시설에 대하여 정기 및 수시 안전점검을 실시하여야 하며, 안전점검을 한 후 그 결과를 시장·군수·구청장에게 제출하여야 한다. 시장·군수·구청장은 안전점검 결과를 받은 후 필요한 경우에는 시설의 운영자에게 시설의 보완 또는 개수(改修)·보수를 요구할 수 있으며, 이 경우 시설의 운영자는 요구에 따라야 한다. 국가나 지방자치단체는 예산의 범위에서 안전점검, 시설의 보완 및 개수·보수에 드는 비용의 전부 또는 일부를 보조할 수 있다(제34조의4).

(3) 시설의 서류 비치

시설의 장은 후원금품대장 등 보건복지부령[9]으로 정하는 서류를 시설에 갖추

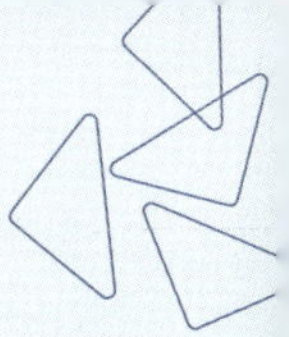

어 두어야 한다(제37조).

(4) 시설 수용인원의 제한

각 시설의 수용인원은 300명을 초과할 수 없다. 다만, 대통령령으로 정하는 경우에는 그러하지 아니하다(제41조).

(5) 시설의 서비스 최저기준

지난 2012년 1월 26일 사회복지서비스의 질적 수준을 제고하여 사회복지서비스 이용자들의 인권과 복지를 증진하려는 목적으로 사회복지시설 서비스의 최저기준이 신설되었다.[10] 보건복지부장관은 시설에서 제공하는 서비스의 최저기준을 마련하여야 하며, 시설 운영자는 서비스 최저기준 이상으로 서비스 수준을 유지하여야 한다(제43조).

(6) 시설의 평가

보건복지부장관과 시・도지사는 보건복지부령으로 정하는 바에 따라 시설을 정기적으로 평가하고, 그 결과를 공표하거나 시설의 감독・지원 등에 반영할 수 있으며 시설 거주자를 다른 시설로 보내는 등의 조치를 할 수 있다. 보건복지부장관이나 시・도지사는 제1항의 평가 결과에 따라 시설 거주자를 다른 시설로 보내는 경우에는 제38조 제3항(시설 거주자의 권익을 보호하기 위한 조치)의 조치를 하여야 한다(제43조의2).

---

9) 이 법에 따라 시설에 비치하여야 할 서류는 다음과 같다(보건복지부령 제25조 시설의 서류비치).
법인의 정관(법인에 한함), 법인설립허가증사본(법인에 한함), 사회복지시설신고증, 시설거주자 및 퇴소자의 명부, 시설거주자 및 퇴소자의 상담기록부, 시설의 운영계획서 및 예산・결산서, 후원금품대장, 시설의 건축물 관리대장, 시설의 장과 종사자의 명부

10) 2011년 3월 30일 「장애인복지법」이 개정되어 장애인거주시설에 대한 이용절차 및 시설이 제공하어야 하는 서비스의 최저기준이 최초로 규정되었다. 이 조항은 장애인거주시설의 서비스 최저기준을 모든 사회복지시설로 확대적용하기 위하여 「사회복지사업법」에 규정한 것이다.

3) 시설장과 종사자, 운영위원회

(1) 시설의 장

시설의 장은 상근(常勤)하여야 한다. 한편 사회복지법인 임원의 결격사유(제19조) 중 제1항 제2호(제22조에 따른 해임명령에 따라 해임된 날로부터 5년이 지나지 아니한 사람)을 제외한 모든 조항 중 어느 하나에 해당하는 사람은 시설의 장이 될 수 없으며, 시설의 장이 위 조항 중 어느 하나에 해당하게 되었을 때에는 그 자격을 상실한다(제35조).

(2) 종사자

사회복지법인과 사회복지시설을 설치・운영하는 자는 시설에 근무할 종사자를 채용할 수 있다. 다만, 제19조 제1항 제1호의7[11], 제1호의8[12], 제1호의9[13] 중 어느 하나에 해당하는 사람과 종사자로 재직하는 동안 시설이용자를 대상으로 「성폭력범죄의 처벌 등에 관한 특례법」 제2조에 따른 「성폭력범죄 및 아동・청소년의 성

11) 1의7. 사회복지사업 또는 그 직무와 관련하여 「아동복지법」 제71조, 「보조금 관리에 관한 법률」 제40조부터 제42조까지 또는 「형법」 제28장・제40장(제360조는 제외한다)의 죄를 범하거나 이 법을 위반하여 다음 각목 1의 어느 하나에 해당하는 사람
   가. 100만원 이상의 벌금형을 선고받고 그 형이 확정된 후 5년이 지나지 아니한 사람
   나. 형의 집행유예를 선고받고 그 형이 확정된 후 7년이 지나지 아니한 사람
   다. 징역형을 선고받고 그 집행이 끝나거나(집행이 끝난 것으로 보는 경우를 포함한다) 집행이 면제된 날부터 7년이 지나지 아니한 사람

12) 1의8. 「성폭력범죄의 처벌 등에 관한 특례법」 제2조의 성폭력범죄 또는 「아동・청소년의 성보호에 관한 법률」 제2조 제2호의 아동・청소년대상 성범죄를 저지른 사람으로서 형 또는 치료감호를 선고받고 확정된 후 그 형 또는 치료감호의 전부 또는 일부의 집행이 끝나거나(집행이 끝난 것으로 보는 경우를 포함한다) 집행이 유예・면제된 날부터 10년이 지나지 아니한 사람

13) 1의9. 제1호의5부터 제1호의8까지의 규정에도 불구하고 「아동복지법」 제3조 제7호의2에 따른 아동학대관련범죄를 저지른 사람으로서 다음 각 목의 어느 하나에 해당하는 사람
   가. 금고 이상의 실형을 선고받고 그 집행이 끝나거나(집행이 끝난 것으로 보는 경우를 포함한다) 집행이 면제된 날부터 10년이 지나지 아니한 사람
   나. 금고 이상의 형의 집행유예를 선고받고 그 집행유예가 확정된 날부터 10년이 지나지 아니한 사람
   다. 벌금형을 선고받고 그 형이 확정된 날부터 5년이 지나지 아니한 사람

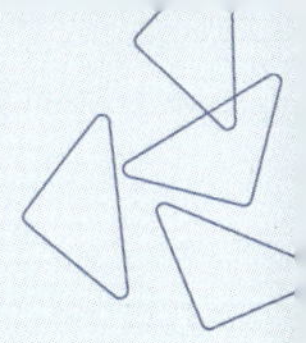

보호에 관한 법률」 제2조 제2호에 따른 아동·청소년대상 성범죄를 저질러 금고 이상의 형 또는 치료감호를 선고받고 그 형이 확정된 사람은 사회복지법인 또는 사회복지시설의 종사자가 될 수 없으며, 종사자가 위 조항 중 어느 하나에 해당하게 되었을 때에는 그 자격을 상실한다(제35조의2). 또, 해당 법인 또는 시설의 종사자를 채용할 때 정당한 사유 없이 채용광고의 내용을 종사자가 되려는 사람에게 불리하게 변경하여 채용하여서는 아니 되고, 종사자를 채용한 후에 정당한 사유 없이 채용광고에서 제시한 근로조건을 종사자에게 불리하게 변경하여 적용하여서는 아니 된다(제35조의3).

(3) 운영위원회

시설의 장은 시설 운영계획의 수립·평가에 관한 사항, 사회복지 프로그램의 개발·평가에 관한 사항, 시설 종사자의 근무환경 개선에 관한 사항, 시설 거주자의 생활환경 개선 및 고충처리 등에 관한 사항, 시설 종사자와 거주자의 인권보호 및 권익증진에 관한 사항, 시설과 지역사회의 협력에 관한 사항, 그 밖에 시설의 장이 운영위원회의 회의에 부치는 사항 등 시설의 운영에 관한 사항을 심의하기 위하여 시설에 운영위원회를 두어야 한다. 다만, 보건복지부령으로 정하는 경우에는 복수의 시설에 공동으로 운영위원회를 둘 수 있다(제36조).

운영위원회의 위원은 시설의 장, 시설 거주자 대표, 시설 거주자의 보호자 대표, 시설 종사자의 대표, 해당 시·군·구 소속의 사회복지업무를 담당하는 공무원, 후원자 대표 또는 지역주민, 공익단체에서 추천한 사람, 그밖에 시설의 운영 또는 사회복지에 관하여 전문적인 지식과 경험이 풍부한 사람 중 어느 하나에 해당하는 사람 중에서 관할 시장·군수·구청장이 임명하거나 위촉한다. 시설의 장은 시설의 회계 및 예산·결산에 관한 사항, 후원금 조성 및 집행에 관한 사항, 그 밖에 시설 운영과 관련된 사건·사고에 관한 사항을 운영위원회에 보고하여야 한다. 그 밖에 운영위원회의 조직 및 운영에 관한 사항은 보건복지부령으로 정한다.

4) 시설의 휴지 · 재개 · 폐지 신고 등

사회복지시설의 설치 · 운영 신고를 한 자는 지체 없이 시설의 운영을 시작하여야 한다. 시설의 운영자는 그 운영을 일정 기간 중단하거나 다시 시작하거나 시설을 폐지하려는 경우에는 보건복지부령으로 정하는 바에 따라 시장 · 군수 · 구청장에게 신고하여야 한다. 한편 시장 · 군수 · 구청장은 위 내용에 따라 시설 운영이 중단되거나 시설이 폐지되는 경우에는 보건복지부령으로 정하는 바에 따라 시설 거주자의 권익을 보호하기 위하여 다음 각 호의 조치를 하고 신고를 수리하여야 한다. 첫째, 시설 거주자가 자립을 원하는 경우 자립을 할 수 있도록 지원하고 그 이행을 확인하는 조치, 둘째, 시설 거주자가 다른 시설을 선택할 수 있도록 하고 그 이행을 확인하는 조치, 셋째, 시설 거주자가 이용료 · 사용료 등의 비용을 부담하는 경우 납부한 비용 중 사용하지 아니한 금액을 반환하게 하고 그 이행을 확인하는 조치, 넷째, 보조금 · 후원금 등의 사용 실태 확인과 이를 재원으로 조성한 재산 중 남은 재산의 회수조치, 다섯째, 그 밖에 시설 거주자의 권익 보호를 위하여 필요하다고 인정되는 조치 등이다. 그리고 시설 운영자가 시설 운영을 일정 기간 중단한 이후 다시 시설 운영을 재개하려고 할 때에는 보건복지부령으로 정하는 바에 따라 시설 거주자의 권익을 보호하기 위하여 운영 중단 사유의 해소, 향후 안정적 운영계획의 수립, 그 밖에 시설 거주자의 권익 보호를 위하여 보건복지부장관이 필요하다고 인정하는 조치를 하여야 한다. 이 경우 시장 · 군수 · 구청장은 그 조치 내용을 확인하고 이에 따른 신고를 수리하여야 한다(제38조).

5) 시설의 개선, 사업의 정리, 시설의 폐쇄 등

보건복지부장관, 시 · 도지사 또는 시장 · 군수 · 구청장은 시설이 다음의 어느 하나에 해당할 때에는 그 시설의 개선, 사업의 정지, 시설이 장의 교체를 명하거나 시설의 폐쇄를 명할 수 있다. 즉, 시설이 설치기준에 미달하게 되었을 때, 사회복지법인 또는 비영리법인이 설치 · 운영하는 시설의 경우 그 사회복지법인 또는 비

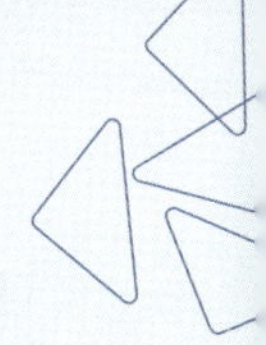

영리법인의 설립허가가 취소되었을 때, 설치 목적이 달성되었거나 그 밖의 사유로 계속하여 운영될 필요가 없다고 인정할 때, 회계부정이나 불법행위 또는 그 밖의 부당행위 등이 발견되었을 때, 신고를 하지 아니하고 시설을 설치・운영하였을 때, 운영위원회를 설치하지 아니하거나 운영하지 아니하였을 때, 정당한 이유 없이 제51조(지도・감독 등) 제1항에 따른 보고 또는 자료제출을 하지 아니하거나 거짓으로 하였을 때, 정당한 이유 없이 제51조 제1항 및 제2항에 따른 검사・질문・회계감사를 거부・방해하거나 기피하였을 때, 시설에서 다음 각목[14]의 성폭력범죄 또는 학대관련 범죄가 발생한 때, 1년 이상 시설이 휴지상태에 있어 시장・군수・구청장이 재개를 권고하였음에도 불구하고 재개하지 아니한 때 등이다(제40조).

6) 상속인 없는 재산의 처리

2020년 12월 29일 법률 개정으로 시설에서 거주하다 사망한 무연고자의 유류금 처리에 대한 규정이 다음과 같이 신설되었다.[15] 시설을 설치・운영하는 자는 그 시설에 입소 중인 사람이 사망하고 그 상속인의 존부가 분명하지 아니한 때에는 「민법」 제1053조부터 제1059조까지의 규정에 따라 사망한 사람의 재산을 처리한다. 다만, 사망한 사람의 잔여재산이 500만원 이하인 경우에는 관할 시장・군수・구청장에게 잔여재산 목록을 작성하여 보고하는 것으로 그 재산의 처리를 갈음할 수 있다(제45조의2).

14) 가. 「성폭력범죄의 처벌 등에 관한 특례법」 제2조 제1항 제3호부터 제5호까지의 성폭력범죄
나. 「아동・청소년의 성보호에 관한 법률」 제2조 제3호의 아동・청소년대상 성폭력범죄
다. 「아동복지법」 제3조 제7호의2의 아동학대관련범죄
라. 「노인복지법」 제1조의2 제5호의 노인학대관련범죄
마. 「장애인복지법」 제2조 제4항의 장애인학대관련범죄
바. 그 밖에 대통령령으로 정하는 성폭력범죄 또는 학대관련범죄

15) 이러한 규정이 없어도 사회복지시설 등에서 거주하다 사망한 무연고사의 유류금 처리는 「민법」상 절차를 준수하여야 한다. 그러나 시설 설치・운영자는 이해관계인 자격으로서 재산관리인 선임청구 자격이 있을 뿐 유류금품 처리 주체가 아니다. 또한 「민법」의 해당규정을 인지하지 못하고 법률에 대한 지식이 부족하여 무연고자의 유류금이 임의로 처리되는 사례가 있어 이에 대한 규정보완이 지속적으로 제기되어 왔다.

8. 재가복지

1) 재가복지서비스

국가나 지방자치단체는 보호대상자가 가정봉사서비스, 주간·단기보호서비스 중 어느 하나에 해당하는 재가복지서비스를 제공받도록 할 수 있다. 시장·군수·구청장은 「사회보장급여의 이용·제공 및 수급권자 발굴에 관한 법률」 제15조에 따른 보호대상자별 서비스제공 계획에 따라 보호대상자에게 사회복지서비스를 제공하는 경우 시설 입소에 우선하여 제1항 각 호의 재가복지서비스를 제공하도록 하여야 한다(제41조의2).

2) 가정봉사원의 양성

국가나 지방자치단체는 재가복지서비스를 필요로 하는 가정 또는 시설에서 보호대상자가 일상생활을 하기 위하여 필요한 각종 편의를 제공하는 가정봉사원을 양성하도록 노력하여야 한다(제41조의4).

9. 보조금, 지원금, 후원금 등

1) 보조금

국가나 지방자치단체는 사회복지사업을 하는 자 중 대통령령으로 정하는 자에게

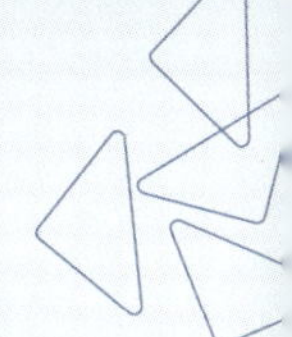

운영비 등 필요한 비용의 전부 또는 일부를 보조할 수 있으며, 보조금은 그 목적 외의 용도에 사용할 수 없다. 이를 위반하면 5년 이하의 징역 또는 5천만원 이하의 벌금에 처한다. 국가나 지방자치단체는 보조금을 받은 자가 거짓이나 그 밖의 부정한 방법으로 보조금을 받았을 때, 사업 목적 외의 용도에 보조금을 사용하였을 때, 이 법 또는 이 법에 따른 명령을 위반하였을 때 등의 어느 하나에 해당할 때에는 이미 지급한 보조금의 전부 또는 일부의 반환을 명할 수 있다. 보조금과 관련하여 이 법에서 규정한 사항 외에는 「보조금 관리에 관한 법률」 및 「지방재정법」을 따른다(제42조).

2) 국유 · 공유 재산의 우선매각

국가나 지방자치단체는 사회복지사업과 관련한 시설을 설치하거나 사업을 육성하기 위하여 필요하다고 인정하면 「국유재산법」과 「공유재산 및 물품 관리법」에도 불구하고 사회복지법인 또는 사회복지시설에 국유 · 공유 재산을 우선 매각하거나 임대할 수 있다(제42조의2).

3) 지방자치단체에 대한 지원금

보건복지부장관은 시 · 도지사 및 시장 · 군수 · 구청장에게 사회복지사업의 수행에 필요한 비용을 지원할 수 있다. 보건복지부장관은 「사회보장급여의 이용 · 제공 및 수급권자 발굴에 관한 법률」 제39조에 따른 평가결과를 반영하여 지원을 할 수 있다. 지원금의 지급기준 · 지급방법 등에 관하여 필요한 사항은 보건복지부령으로 정한다(제42조의3).

4) 비용의 징수

이 법에 따른 복지조치에 필요한 비용을 부담한 지방자치단체의 장이나 그 밖에 시설을 운영하는 자는 그 혜택을 받은 본인 또는 그 부양의무자로부터 대통령령으로 정하는 바에 따라 그가 부담한 비용의 전부 또는 일부를 징수할 수 있다(제44조).

5) 후원금의 관리

사회복지법인의 대표이사와 시설의 장은 아무런 대가 없이 무상으로 받은 금품이나 그 밖의 자산(이하 '후원금')의 수입 · 지출 내용을 공개하여야 하며 그 관리에 명확성이 확보되도록 하여야 한다. 후원금에 관한 영수증 발급, 수입 및 사용결과 보고, 그 밖에 후원금 관리 및 공개절차 등 구체적인 사항은 보건복지부령으로 정한다(제45조).

10. 사회복지협의회와 사회복지사협회

1) 사회복지협의회

사회복지에 관한 조사 · 연구 및 정책 건의, 사회복지 관련 기관 · 단체 간의 연계 · 협력 · 조정, 사회복지 소외계층 발굴 및 민간사회복지자원과의 연계 · 협력, 대통령령으로 정하는 사회복지사업의 조성 등의 업무를 수행하기 위하여 전국 단위의 한국사회복지협의회(이하 '중앙협의회')와 시 · 도 단위의 시 · 도 사회복지협의회(이하 '시 · 도협의회') 및 시 · 군 · 구 단위의 시 · 군 · 구 사회복지협의회(이하 '시 · 군 · 구협의회')를 둔다. 중앙협의회, 시 · 도협의회 및 시 · 군 · 구협의회는 이 법에 따른 사회복지법인으로 하되, 제23조 제1항(법인은 사회복지사업의 운영에 필요한 재산을 소유하여야 한다)은 적용하지 아니한다(제33조).

2) 한국사회복지사협회

사회복지사는 사회복지에 관한 전문지식과 기술을 개발·보급하고, 사회복지사의 자질 향상을 위한 교육훈련을 실시하며, 사회복지사의 복지증진을 도모하기 위하여 한국사회복지사협회(이하 '협회')를 설립한다. 이 협회는 법인으로 하되, 협회의 조직과 운영 등에 필요한 사항은 대통령령으로 정한다. 협회에 관하여 이 법에서 규정한 사항을 제외하고는 「민법」 중 사단법인에 관한 규정을 준용한다(제46조).

11. 비밀누설의 금지, 압류금지 및 청문

1) 비밀누설의 금지

사회복지사업 또는 사회복지업무에 종사하였거나 종사하고 있는 사람은 그 업무 수행 과정에서 알게 된 다른 사람의 비밀을 누설하여서는 아니 된다(제47조).

2) 압류금지

「사회복지사업법」 및 「사회복지사업법」 제2조 제1호 각목의 법률에 따라 지급된 금품과 이를 받을 권리는 압류하지 못한다(제48조).

3) 청문

보건복지부장관, 시·도지사 또는 시장·군수·구청장은 사회복지사의 자격취소, 법인의 설립허가 취소, 시설의 폐쇄에 해당하는 처분을 하려면 청문을 실시하여야 한다(제49조).

12. 포상, 지도 · 감독 등 권한의 위임 및 위탁

1) 포상

정부는 사회복지사업에 관하여 공로가 현저하거나 모범이 되는 자에게 포상(褒賞)을 할 수 있다(제50조).

2) 지도 · 감독 등

보건복지부장관, 시 · 도지사 또는 시장 · 군수 · 구청장은 사회복지사업을 운영하는 자의 소관 업무에 관하여 지도 · 감독을 하며, 필요한 경우 그 업무에 관하여 보고 또는 관계 서류의 제출을 명하거나, 소속 공무원으로 하여금 사회복지법인의 사무소 또는 시설에 출입하여 검사 또는 질문을 하게 할 수 있다. 시 · 도지사 또는 시장 · 군수 · 구청장은 사회복지법인과 사회복지시설에 대하여 지방의회의 추천을 받아 「공인회계사법」에 따라 등록한 공인회계사 또는 「주식회사 등의 외부감사에 관한 법률」 제2조 제7호에 따른 감사인을 선임하여 회계감사를 실시할 수 있다. 이 경우 공인회계사 또는 감사인의 추천, 회계감사의 대상 및 그 밖에 필요한 사항은 보건복지부령으로 정하는 기준에 따라 지방자치단체의 조례로 정한다. 사회복지법인의 주된 사무소의 소재지와 시설의 소재지가 같은 시 · 도 또는 시 · 군 · 구에 있지 아니한 경우 그 시설의 업무에 관하여는 시설 소재지의 시 · 도지사 또는 시장 · 군수 · 구청장이 지도 · 감독 · 회계감사 등을 한다. 이 경우 지도 · 감독 · 회계감사 등을 위하여 필요할 때에는 사회복지법인의 업무에 대하

여 사회복지법인의 주된 사무소 소재지의 시・도지사 또는 시장・군수・구청장에게 협조를 요청할 수 있다. 지도・감독・회계감사 등에 관하여 따로 지방자치단체 간에 협약을 체결한 경우에는 협약에서 정한 시・도지사 또는 시장・군수・구청장이 지도・감독・회계감사 등의 업무를 수행한다. 보건복지부장관, 시・도지사 또는 시장・군수・구청장은 지도・감독・회계감사를 실시한 후 제26조(설립허가의 취소 등) 및 제40조(시설의 개선, 사업의 정지, 시설의 폐쇄 등)에 따른 행정처분 등을 한 경우에는 처분 대상인 법인 또는 시설의 명칭, 처분사유, 처분내용 등 처분과 관련된 정보를 대통령령으로 정하는 바에 따라 공표할 수 있다. 지도・감독기관은 사회복지사업을 운영하는 자의 소관업무에 대한 지도・감독에 있어 필요한 경우 촉탁할 수 있으며 촉탁받은 자의 업무범위와 권한은 대통령령으로 정한다(제51조).

3) 권한의 위임 또는 위탁

이 법에 따른 보건복지부장관 또는 시・도지사의 권한은 대통령령으로 정하는 바에 따라 그 일부를 시・도지사 또는 시장・군수・구청장에게 위임할 수 있다. 보건복지부장관은 이 법에 따른 업무의 일부를 대통령령으로 정하는 바에 따라 제6조의2(사회복지시설 업무의 전산화) 제5항에 따른 전담기구, 사회복지 관련 기관 또는 단체에 위탁할 수 있다(제52조).

사회보험법의 이해

사회보험법의 이해

CHAPTER 09

1. 사회보험법의 이해

1) 사회보험의 개념

사회보험은 국민에게 발생하는 사회적 위험을 보험의 방식으로 대처함으로써 국민의 건강과 소득을 보장하는 제도를 말한다(「사회보장기본법」 제3조 제2호). 즉, 출산, 양육, 실업, 노령, 장애, 질병, 빈곤 및 사망 등 국민에게 발생하는 사회적 위험을 공공부조나 사회서비스가 아닌 보험방식을 통해서 대처함으로써 국민의 건강과 소득을 보장하는 제도이다. 따라서 사회보험은 각종 사회적 위험에 대하여 위험분산과 수평적 · 수직적 소득재분배를 통하여 국민을 보호하고 빈곤을 해소하며 국민생활의 질을 향상시키기 위한 제도라고 할 수 있다. 대표적인 우리나라의 사회보험제도는 국민연금, 국민건강보험, 산업재해보상보험, 고용보험, 그리고 노인장기요양보험 등 5가지가 있다. 한편 공적연금을 가입대상자를 기준으로 분류하면 국민연금, 공무원연금, 군인연금, 사립학교교직원연금 등 4대 공적연금으로 구분할 수 있다.

2) 사회보험과 민간보험의 유사점과 차이점

사회보험과 민간보험의 유사점과 차이점을 살펴보면 다음과 같다(김기원, 2007; 2016).

(1) 유사점

사회보험과 민간보험의 유사점은 다음과 같다. 첫째, 사회보험과 민간보험은 정해진 위험을 광범위하게 공동으로 분담한다. 둘째, 사회보험과 민간보험 모두 적용범위, 급여, 재정과 관련된 모든 조건이 구체적으로 명시되어 있다. 셋째, 사회보험과 민간보험은 모두 급여를 받을 자격과 급여량을 결정하기 위해 명확한 계산이 필요하다. 넷째, 사회보험과 민간보험은 운용에 필요한 비용을 충당하기 위한 충분한 기여금과 보험료가 필요하다. 다섯째, 사회보험과 민간보험은 사회 구성원에게 경제적 안정을 제공함으로써 사회 전체를 유익하게 하는 목적을 가지고 있다.

(2) 차이점

사회보험과 민간보험의 주요 차이점은 다음과 같다. 첫째, 사회보험은 강제적 가입이 원칙이나 민간보험은 임의계약을 통한 자발적 가입이 원칙이다. 둘째, 사회보험은 최저소득 혹은 정해진 소득을 보호하나, 민간보험은 개인의 의사와 지불능력에 따라 더 많은 양의 보호를 받을 수 있다. 셋째, 사회보험은 사회적 적절성을 강조하여 복지요소에 초점을 두나, 민간보험은 개인적 적절성을 강조하여 기여와 급여의 대응관계에 따른 보험수리원칙을 엄격하게 적용한다. 넷째, 사회

보험은 급여를 제공하는 근거는 법령에 명시되어 있으나, 민간보험은 급여를 제공하는 근거가 계약(약관)에 명시되어 있다. 다섯째, 사회보험은 관리체계가 국가 또는 공법인으로 정부가 독점하여 제공하고 있으나 민간보험은 사기업, 즉 민간 시장에서 자유경쟁을 통해서 제공된다.[1] 여섯째, 사회보험, 주로 공적연금은 조세 제도를 통하여 인플레이션에 대응할 수 있지만, 민간보험은 인플레이션에 취약하다. 일곱째, 급여형태를 보면 사회보험은 현금과 함께 의료・재활・상담 등의 서비스가 함께 제공되지만, 민간보험은 현금지급이 주된 지급형태이다.

2. 사회보험법의 특성

사회보험법은 다른 공공부조, 사회서비스 등 사회보장제도와 내용상 구분이 되는 다음과 같은 특성을 갖고 있다(김기원, 2007). 첫째, 사회보험은 강제가입을 법령에 규정하고 있어 역(逆)선택(adverse selection)을 방지하고 규모의 경제를 기할 수 있다. 둘째, 사회보험은 일종의 방빈(防貧)적 소득보장으로, 예방적 의미를 가진다. 셋째, 사회보험의 주된 재원은 가입자가 의무적으로 납부하는 기여금 내지 보험료로 조달되고, 이를 재원으로 하여 보험급여가 지급된다. 따라서 보험료를 납부한 가입자가 보험급여를 응당 받을 자격이 있어 권리성이 공공부조, 사회서비스 등 다른 사회보장제도에 비해 매우 강하다. 넷째, 사회보험은 가입자격, 수급자격, 가입・탈퇴・수급시기, 급여수준 등 모든 보험 관련사항이 법령에 규정되어 있으며 공통적으로 관리된다. 다섯째, 사회보험은 국민연금공단, 국민건강보험공단 등 비영리・특수공법인에 의해 공적으로 관리되는 보험이다. 여섯째, 사

1) 사회보험 역시 민간경쟁시장에서 제공되는 나라가 있다. 여기서 이야기하는 것은 우리나라의 사회보험과 민간보험의 차이라고 할 수 있다.

회보험은 서로 다른 소득계층 간의 수직적 재분배기능(vertical redistribution function)과 사회적 위험이 서로 다른 계층 간의 수평적 재분배기능(horizontal redistribution function)을 하고 있어 사회적 형평을 기함으로써 사회연대(social solidarity)를 도모하고 있다. 예를 들어, 수직적 재분배는 국민연금의 급여산식에서 가입자 전체의 평균소득을 포함시켜 실현[2] 하고 있으며, 건강보험에서는 소득이 많은 사람이 소득이 적은 사람에 비해서 더 많은 보험료를 부담함으로써 수행되고 있다. 수평적 재분배는 국민연금의 경우 노령세대와 젊은 세대 간에, 건강보험의 경우 병약자와 건강한 사람 간에, 고용보험의 경우 실업자와 비(非)실업자 간에, 산업재해보상보험은 피(被)재해근로자와 무재해근로자 간에 이루어지고 있다.

2) '저소득계층'의 경우 전체 가입자의 평균소득이 자신의 소득보다 높기 때문에 고소득계층과 비교하였을 때 자신이 낸 보험료에 비해 상대적으로 더 많은 연금을 받는 반면, '고소득계층'은 전체 가입자의 평균소득이 자신의 소득보다 낮기 때문에 저소득층에 비해 상대적으로 이러한 연금혜택이 적다. 이처럼 국민연금은 납입한 보험료 대비 수급하는 연금급여액(수익비)이 고소득층에 비해 저소득층의 경우가 상대적으로 높은데, 이러한 세대 내 소득재분배기능, 즉 수직적 소득재분배기능을 통해 소득계층 간의 소득격차를 줄임으로써 사회통합에 기여한다(국민연금공단 홈페이지).

국민연금법[1)]

CHAPTER 10

1. 의의 및 연혁

1) 의의

국민연금제도는 가입자인 국민의 노령, 장애 또는 사망으로 소득능력이 상실 또는 감퇴된 경우 본인이나 그 유족에게 경제적으로 안정된 생활을 보장할 수 있도록 연금형태의 급여를 제공하는 국가가 운영하는 장기적인 소득보장제도이다(김기원, 2007: 311). 즉 국민연금제도는 평균수명의 연장과 가족구조의 핵가족화,

1) 사회보험법 전체 내용을 사회복지법제론에서 모두 나루기에는 니무 앙이 방대하다. 또한, 사회보장론, 사회복지정책론 등 다른 과목과 중복되는 문제가 발생한다. 이에 제3부 사회보험법에 다루는 5개의 법률은 '의의 및 연혁, 가입대상 및 보험료, 급여내용, 관리・운영체계' 등 사회복지법제론과 관계가 깊은 내용 중심으로 정리하였다.

그리고 가족 등에 의한 노인의 사적부양체계가 약화되어감에 따라 국가사회적 차원에서 국민의 노후대책을 마련하는 것을 주된 목적으로 하는 노후소득보장제도이다. 이와 동시에 장애 또는 사망으로 본인의 소득능력을 잃거나 가족의 소득이 줄어든 경우 본인과 가족의 생활보장을 위한 소득보장제도이기도 하다. 「국민연금법」은 제1조(목적)에서 "이 법은 국민의 노령, 장애 또는 사망에 대하여 연금급여를 실시함으로써 국민의 생활 안정과 복지증진에 이바지하는 것을 목적으로 한다."고 규정하고 있다.

다양한 사회보장제도 중에서 국민연금은 보험원리에 따라 운영되는 대표적인 사회보험제도라고 할 수 있다. 즉, 가입자로부터 정률의 보험료를 받고, 이를 재원으로 제공되는 사회적 위험에 노출되어 소득이 중단되거나 상실될 가능성이 있는 사람들에게 다양한 급여를 제공하는 제도이다. 국민연금제도를 통해 제공되는 급여에는 노령으로 인한 근로소득 상실을 보전하기 위한 노령연금, 주소득자의 사망에 따른 소득상실을 보전하기 위한 유족연금, 질병 또는 사고로 인한 장기근로능력 상실에 따른 소득상실을 보전하기 위한 장애연금 등이 있다(국민연금공단 홈페이지).

2) 연혁

1960년대 추진된 경제개발계획으로 산업화, 도시화, 핵가족화, 노령화가 빠른 속도로 진행되고, 이로 인해 발생된 사회문제의 해결방안으로 1973년 「국민복지연금법」이 제정되었다. 그러나 1973년 발생한 석유파동의 영향에 의한 경제불황 등의 이유로 1974년 1월부터 시행 예정이었던 국민연금제도를 무기한 연기하게 되었다. 이후 평균수명이 연장되고 대부분의 가족구조가 핵가족화됨에 따라 절실해진 국민의 노후대책을 마련하고 사업장에서의 각종 사고로 인하여 소득능력을 잃은 자 등에 대한 생활보장 등의 이유로 국민연금제도에 대한 필요성이 증가되면서 종전의 「국민복지연금법」을 전부 개정하는 방식으로 1986년 12월 31일 「국

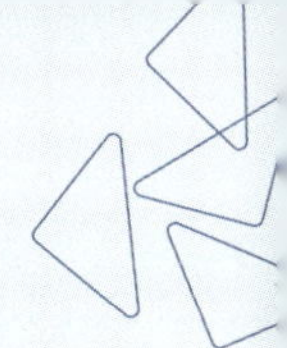

민연금법」을 제정하고, 1988년 1월 1일부터 시행하고 있다. 시행 초기에는 10인 이상 사업장 근로자와 사업주를 대상으로 시행하였다. 이후 1995년 1월 5일 법률 개정으로 국민연금 당연적용대상을 농어촌지역 거주자 및 도시지역 거주 농어민으로 확대함으로써 복지수요가 높은 농어민에게 국민연금에 의한 소득보장 혜택을 받도록 하였다. 이후 1998년 12월 31일 개정하여 1999년 4월 1일부터 도시지역 거주자까지 확대 적용함으로써 '전국민연금시대'로 진입하게 되었다. 한편 2009년 2월 6일에는 「국민연금과 직역연금의 연계에 관한 법률」을 제정하였다. 이전까지 공무원연금, 사립학교교직원연금, 군인연금 등 직역연금 사이에는 재직기간을 합산할 수 있으나, 국민연금의 가입기간과 직역연금의 재직기간은 상호연계가 되지 않아 공적연금의 사각지대가 발생하는 문제가 있었다. 이에 국민연금의 가입기간과 직역연금의 재직기간을 연계하여 연계급여를 지급함으로써 공적연금의 사각지대를 해소하고자 하였다. 「국민연금법」의 제・개정 관련된 주요 연혁을 살펴보면 〈표 10-1〉과 같다.

| 표 10-1 | 국민연금법 주요 연혁

제・개정(시행)	주요 내용
1973.12.24. (1974.1.1.)	국민복지연금법 제정 • 국민의 노령・폐질 또는 사망 등에 대하여 연금급여를 실시하기 위해 법제정이 이루어졌으나, 석유파동(오일쇼크)의 영향에 따른 경제불황 등의 이유로 시행이 연기됨
1986.12.31. (1988.1.1.)	국민연금법 제정(국민복지연금법 전부개정) • 법률명을 국민연금법으로 변경하여 제정 • 10인 이상 사업장(근로자 및 사업주)을 대상으로 국민연금법 시행
1995.1.5. (1995.7.1.)	일부개정 • 국민연금 당연적용대상을 농어민과 농어촌지역 자영자(농어촌지역 거주자 및 도시지역 거주 농어민)에게까지 확대하여 국민의 생활안정과 복지증진에 기여하고자 함
1998.12.31. (1999.4.1.)	일부개정 • 국민연금 가입 대상자의 범위를 현재 5인 이상 사업장의 근로자와 농어민 등 군지역 거주자로 한정하던 것을 1999년 4월 1일부터 도시지역 거주자까지 확대함 • 전(全)국민연금시대 진입

2009.2.6. (2009.8.7.)	국민연금과 직역연금의 연계에 관한 법률 제정 • 공무원연금, 사립학교교직원 연금, 군인연금 등 직역연금 간에는 재직기간을 합산할 수 있으나, 국민연금의 가입기간과 직역연금의 재직기간은 상호연계가 되지 않아 공적연금의 사각지대가 발생함 • 국민연금의 가입기간과 직역연금의 재직기간을 연계하여 연계급여를 지급함으로써 공적연금의 사각지대를 해소하고자 함

2. 가입대상 및 보험료

사회보험의 가입대상은 피용자(근로자)만을 대상으로 하는 산업재해보상보험, 고용보험과 모든 국민을 대상으로 하는 국민연금, 건강보험, 노인장기요양보험으로 나눌 수 있다. 「국민연금법」상 가입자와 관련된 내용을 살펴보면 다음과 같다.

1) 가입대상

(1) 가입대상

원칙적으로 국내에 거주하는 국민으로서 18세 이상 60세 미만인 자는 국민연금가입대상이 된다. 다만, 「공무원연금법」, 「군인연금법」, 「사립학교교직원 연금법」 및 「별정우체국법」을 적용받는 공무원, 군인, 교직원 및 별정우체국 직원, 그 밖에 대통령령으로 정하는 자[2]는 제외한다(제6조).

(2) 가입자의 종류

「국민연금법」에서의 가입자의 종류로는 사업장가입자, 지역가입자, 임의가입자

2) 대통령령으로 정한 가입대상 제외자는 국민연금법에 따라 노령연금의 수급권을 취득한 자 중 60세 미만의 특수 직종 근로자와 조기노령연금의 수급권을 취득한 자를 의미한다(시행령 제18조 가입대상제외자).

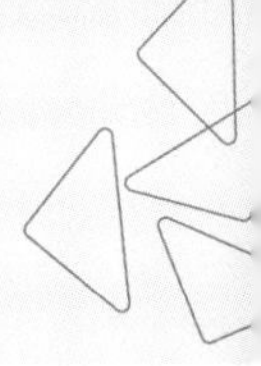

및 임의계속가입자가 있다(제7조).

① 사업장가입자(제8조)

사업장가입자는 사업의 종류, 근로자의 수 등을 고려하여 대통령령으로 정하는 사업장(이하 '당연적용사업장')의 18세 이상 60세 미만의 근로자와 사용자를 의미한다. 즉 1인 이상의 근로자를 사용하는 사업장에서 근무하는 18세 이상 60세 미만의 사용자와 근로자는 당연히 사업장가입자가 된다. 다만 다음의 어느 하나에 해당하는 자는 제외한다(제8조). 즉, 「공무원연금법」, 「공무원재해보상법」, 「사립학교교직원 연금법」 및 「별정우체국법」에 따른 퇴직연금·장해연금 또는 퇴직일시금이나 「군인연금법」에 따른 퇴역연금·상이연금·퇴역연금일시금을 받을 권리를 얻은 자(이하 '퇴직연금 등 수급권자')는 제외한다. 다만, 퇴직연금 등 수급권자가 「국민연금과 직역연금의 연계에 관한 법률」에 따라 연계신청을 한 경우에는 그러하지 아니하다.

국민연금의 가입대상은 18세 이상 60세 미만이라는 연령기준을 가지고 있다. 그러나 「국민연금법」 제8조 제2항에서 "국민연금에 가입된 사업장에 종사하는 18세 미만 근로자는 사업장 가입자가 되는 것으로 본다. 다만, 본인이 원하지 않으면 사업장가입자가 되지 아니할 수 있다."고 규정하여, 18세 미만의 근로자는 본인의 희망에 따라 사업장가입자가 되지 아니할 수 있다. 한편 「국민기초생활보장법」의 생계급여 수급자 또는 의료급여 수급자는 본인의 희망에 따라 사업장가입자가 되지 아니할 수 있다(제8조 제3항)고 규정하여 생계급여 또는 의료급여 수급자 역시 본인의 희망에 따라 사업장가입자가 되지 아니할 수 있다.

② 지역가입자

사업장가입자가 아닌 자로서 18세 이상 60세 미만인 자는 당연히 지역가입자가 된다. 다만, 다음의 어느 하나에 해당하는 자는 제외한다(제9조). 첫째, 특수직역연금이나 국민연금가입자의 배우자로서 별도의 소득이 없는 자, 둘째, 노령연금 수급권자 및 퇴직연금 등 수급권자의 배우자로서 별도의 소득이 없는 자, 셋째, 다른 공적연금에서 퇴직연금(일시금)・장애연금을 받는 퇴직연금 등 수급권자, 넷째, 18세 이상 27세 미만인 자로서 학생이거나 군복무 등의 이유로 소득이 없는 자(연금보험료를 납부한 사실이 있는 자는 제외), 다섯째, 「국민기초생활보장법」에 따른 생계급여 수급자 또는 의료급여 수급자, 여섯째, 1년 이상 행방불명된 자는 제외한다.

③ 임의가입자

사업장가입자와 지역가입자에 해당하지 않는 자로서 18세 이상 60세 미만인 자는 본인의 희망에 의해 가입신청을 하면 임의가입자가 될 수 있다. 즉, 소득활동에 종사하지 않는 사업장가입자 등의 배우자, 다른 공적연금에서 퇴직연금(일시금)・장애연금을 받는 퇴직연금 등 수급권자, 연금보험료를 납부한 사실이 없고 소득활동에 종사하지 않는 27세 미만인 자, 「국민기초생활보장법」에 따른 생계급여 또는 의료급여 수급자는 가입을 희망하는 경우 임의가입자가 될 수 있다(제10조).

④ 임의계속가입자

납부한 국민연금 보험료가 있는 가입자 또는 가입자였던 자로서 60세가 된 자가 노령연금수급권자로서 급여를 받지 않고 있거나, 전체 국민연금 가입기간의 5분의 3이상을 대통령령이 정하는 직종의 근로자로 국민연금에 가입하거나 가입하였던 사람(이하 '특수직종근로자')이 수급권을 취득하고도 노령연금급여를 지급받지 않고 있는 경우에는 65세가 될 때까지 신청에 의하여 임의계속가입자가 될 수 있다. 즉, 60세가 되어 국민연금 가입자의 자격을 상실하였으나, 가입기간이 부족하여 연금을 받지 못하거나 가입기간을 연장하여 더 많은 연금을 받기를 원할 경우에 임의계속가입을 신청할 수 있다(제13조). 이상 「국민연금법」의 가입대상과 가입자의 종류는 〈표 10-2〉와 같다.

| 표 10-2 | 국민연금법의 가입대상과 가입자 종류

가입대상	국내에 거주하는 국민으로서 18세 이상 60세 미만인 자
가입자 종류	사업장가입자 • 1인 이상의 근로자를 사용하는 사업장(당연적용사업장)에 근무하는 18세 이상 60세 미만의 사용자와 근로자 지역가입자 • 국내에 거주하는 18세 이상 60세 미만의 국민으로서 사업장가입자가 아닌 사람 임의가입자 • 사업장가입자와 지역가입자 이외의 18세 이상 60세 미만으로 본인이 희망한 사람 임의계속가입자 • 납부한 국민연금 보험료가 있는 가입자 또는 가입자였던 사람으로 60세에 달하여 가입대상에서 제외되는 사람이나, 본인의 희망으로 가입자 자격이 유지되는 사람 • 65세에 달할 때까지 신청에 의하여 임의계속 가입자가 될 수 있음

(3) 예외대상

한편 「국민연금법」 시행령 제2조(근로자에서 제외되는 사람)에서 규정한 경우에 해당하는 사람은 일을 하고 있더라도 「국민연금법」상의 사업장가입자에서 제외되어 지역가입자가 된다. 구체적인 사항은 다음과 같다.

- 일용근로자나 1개월 미만의 기한을 정하여 근로를 제공하는 사람.
- 소재지가 일정하지 아니한 사업장에 종사하는 근로자
- 법인의 이사 중 소득이 없는 사람
- 1개월 동안의 소정근로시간이 60시간 미만인 단시간근로자. 「고등교육법」에 따른 강사 등은 제외

2) 가입기간 계산

5대 사회보험 중 국민연금을 제외한 나머지 국민건강보험, 노인장기요양보험, 고용보험 및 산업재해보상보험은 단기보험의 성격이 강하다. 따라서 가입자격을 취득하게 되면 그 즉시 보험의 적용을 받게 된다.[3] 그러나 국민연금은 장기보험

3) 「고용보험법」에서 구직급여의 경우에는 일정기간의 보험가입기간을 요구하고 있다. 이를 제외하고는 모두 피보험자의 자격을 취득한 날부터 보험급여의 혜택을 볼 수 있다.

의 성격을 갖는다. 즉 가입기간을 급여액에 연동시키고 있기 때문에 가입기간을 어떻게 계산하느냐에 따라 급여의 차이가 발생한다. 국민연금 가입기간의 계산을 살펴보면 다음과 같다(제17조). 국민연금 가입기간은 월 단위로 계산하되, 가입자의 자격을 취득한 날이 속하는 달의 다음 달부터 자격을 상실한 날의 전날이 속하는 달까지로 한다. 한편 「국민연금법」에서는 군복무, 출산 등의 소위 사회적 기여가 있는 경우 추가로 가입기간을 늘려서 계산한다. 또한 실업상태에 있는 경우에도 본인이 신청할 경우 일부 보험료만 부과하고 가입기간을 산입할 수 있도록 하고 있다. 「국민연금법」에서의 가입기간 추가산입에 대한 내용을 구체적으로 살펴보면 〈표 10-3〉과 같다.

| 표 10-3 | 국민연금 가입기간 추가산입

구분	군복무기간에 대한 추가산입(제18조)	출산에 대한 추가산입(제19조)	실업에 대한 추가 산입(제19조의2)
대상	병역법에 따른 현역병, 전환복무를 한 사람, 상근예비역, 사회복무요원 * 병역의무를 수행한 기간이 6개월 미만인 경우에는 제외함	• 2 이상의 자녀가 있는 가입자 또는 가입자였던 자가 노령연금수급권을 취득한 때	18세 이상 60세 미만인 사람 중 가입자 또는 가입자였으며, 재산 또는 소득이 보건복지부장관이 정하여 고시하는 기준 이하인 사람이 고용보험의 구직급여를 받는 경우 * 구직급여를 받는 기간을 가입기간으로 산입하기 위하여 국민연금공단에 신청하는 때
추가 산입 기간	6개월	• 자녀수 2명 : 12개월 • 자녀수 3명 이상 : 둘째자녀에 대하여 인정되는 12개월에 2자녀를 초과하는 자녀 1명마다 18개월을 더한 개월 수(상한 50개월) * 2명(12개월), 3명(30개월), 4명(48개월), 5명 이상(50개월) • 부모가 모두 가입자 또는 가입자였던 자인 경우에는 부와 모의 합의에 따라 2명 중 1명의 가입기간에만 산입하되, 합의하지 아니한 경우에는 균등 배분하여 각각의 가입기간에 산입함	최대 1년 * 실업에 대한 가입기간추가산입의 경우 급여에 적용할 때 다음과 같이 제한을 두고 있음 1. 노령연금: 추가산입기간을 기본연금액에 반영 2. 장애연금: 추가산입기간을 기본연금액에 반영하지 아니함 3. 유족연금: 추가산입기간을 기본연금액에 반영하지 아니하되, 유족연금액을 결정하는 가입기간에는 반영함

재원 등	국가가 전부 부담	• 국가가 전부 또는 일부 부담	• 「고용보험법」에 따른 구직급여의 산정 기초가 되는 임금일액을 월액으로 환산한 금액의 절반에 해당하는 소득(인정소득)을 기준으로 연금보험료를 본인이 납부하여야 함 • 국가는 연금보험료의 전부 또는 일부를 일반회계, 국민연금기금 및 고용보험기금에서 지원할 수 있음

3) 보험료 부과기준 및 부과방식

사회보험료는 사회보험제도를 운영함에 있어 일정한 사회구성원으로부터 비용을 분담시킬 필요가 있고, 이때 갹출(醵出)된 비용을 사회보험료라고 한다(김기원, 2016: 206-207). 사회보험은 가입자가 납입한 보험료를 재원으로 사용하는 것이 기본이다. 다만, 운영비 등의 행정비용에 대해서는 국가가 부담하도록 하고 있으며, 농어민 등 일부 국민의 사회보험료에 대해서는 국가가 지원을 하고 있다. 「국민연금법」, 「국민건강보험법」, 「고용보험법」, 「노인장기요양보험법」은 근로자와 사업주, 자영자 등에게 보험료를 부과하고 있는 반면, 「산업재해보상보험법」에서는 사용주에게만 보험료를 부과하고 있다. 「국민연금법」상 보험료부과기준과 부과방식은 〈표 10-4〉와 같다.

| 표 10-4 | 국민연금법의 보험료 부과기준 및 부과방식

보험료 부과기준	보험료 부과방식	법률조항
기준소득월액	기준소득월액 × 9% • 사업장가입자: 가입자기여금 4.5%, 사용자부담금 4.5% • 지역가입자 · 임의가입자 · 임의계속가입자: 본인부담금 9%	제88조 (연금보험료의 부과 · 징수 등)

3. 급여

1) 급여종류와 자격요건(수급권자)

「국민연금법」의 급여종류는 노령연금, 장애연금, 유족연금 등의 연금과 반환일시금이 있다. 한편 이혼한 배우자는 배우자였던 자의 노령연금을 분할한 일정한 금액의 연금인 분할연금을 받을 수 있다. 「국민연금법」에서 규정하고 있는 급여의 종류와 자격요건을 살펴보면 〈표 10-5〉와 같다.

| 표 10-5 | 국민연금법의 급여 종류와 자격요건(수급권자)

급여 종류	자격요건(수급권자)
노령연금 (제61조, 제62조)	가입기간이 10년 이상인 가입자 또는 가입자였던 자에 대하여는 60세(특수직종근로자는 55세)가 된 때부터 그가 생존하는 동안 노령연금을 지급한다. 가입기간이 10년 이상인 가입자 또는 가입자였던 자로서 55세 이상인 자가 대통령령으로 정하는 소득이 있는 업무에 종사하지 아니하는 경우 본인이 희망하면 60세가 되기 전이라도 본인이 청구한 때부터 그가 생존하는 동안 일정한 금액의 연금(조기노령연금)을 받을 수 있다.
	노령연금의 수급권자로서 60세 이상 65세 미만인 사람(특수직종근로자는 55세 이상 60세 미만인 사람)이 연금지급의 연기를 희망하는 경우에는 65세(특수직종근로자는 60세) 전까지의 기간에 대하여 그 연금의 전부 또는 일부의 지급을 연기할 수 있다. (매 1개월마다 그 금액의 1천분의 6에 해당하는 금액이 더해짐: 연 7.2%)
분할연금 (제64조)	혼인기간이 5년 이상인 자가 다음 각 호의 요건을 모두 갖추면 그때부터 그가 생존하는 동안 배우자였던 자의 노령연금을 분할한 일정한 금액의 연금을 받을 수 있다. • 배우자와 이혼하였을 것 • 배우자였던 사람이 노령연금 수급권자일 것 • 60세가 되었을 것
장애연금 (제67조)	가입자 또는 가입자였던 자가 질병이나 부상으로 신체상 또는 정신장의 장애가 있고 일정 요건을 모두 충족하는 경우에는 장애 정도를 결정하는 기준이 되는 날(장애결정 기준일)부터 그 장애가 계속되는 기간 동안 장애 정도에 따라 장애연금을 지급한다.

유족연금 (제72조)	다음의 어느 하나에 해당하는 사람이 사망하면 그 유족에게 유족연금을 지급한다. • 노령연금 수급권자 • 가입기간이 10년 이상인 가입자 또는 가입자였던 자 • 연금보험료를 낸 기간이 가입대상기간의 3분의 1 이상인 가입자 또는 가입자였던 자 • 사망일 5년 전부터 사망일까지의 기간 중 연금보험료를 낸 기간이 3년 이상인 가입자 또는 가입자였던 자. 다만, 가입대상기간 중 체납기간이 3년 이상인 사람은 제외한다. • 장애등급이 2급 이상인 장애연금수급권자
반환일시금 (제77조)	가입자 또는 가입자였던 자가 다음의 어느 하나에 해당하게 되면 본인이나 그 유족의 청구에 의하여 반환일시금(연금보험료+이자)을 지급받을 수 있다. • 가입기간이 10년 미만인 자가 60세가 된 때 • 가입자 또는 가입자였던 자가 사망한 때. 다만, 유족연금이 지급되는 경우에는 그러하지 아니하다. • 국적을 상실하거나 국외로 이주한 때

2) 급여액

(1) 노령연금액

노령연금액은 다음 각 호의 구분에 따른 금액에 부양가족연금액을 더한 금액으로 한다(제63조).

- 가입기간이 20년 이상인 경우: 기본연금액
- 가입기간이 10년 이상 20년 미만인 경우: 기본연금액의 1천분의 500에 해당하는 금액에 가입기간 10년을 초과하는 1년마다 기본연금액의 1천분의 50에 해당하는 금액을 더한 금액

조기노령연금액은 가입기간에 따라 노령연금액 중 부양가족연금액을 제외한 금액에 수급연령별로 다음 각 호의 구분에 따른 비율을 곱한 금액에 부양가족 연금액을 더한 금액으로 한다.

- 55세부터 지급받는 경우 1천분의 700
- 56세부터 지급받는 경우 1천분의 760
- 57세부터 지급받는 경우 1천분의 820
- 58세부터 지급받는 경우 1천분의 880
- 59세부터 지급받는 경우 1천분의 940

(2) 장애연금액

장애연금액은 「국민연금법」상의 장애등급에 따라 다음 각 호의 금액으로 한다(제68조).

1. 장애등급 1급에 해당하는 자에 대하여는 기본연금액에 부양가족연금액을 더한 금액
2. 장애등급 2급에 해당하는 자에 대하여는 기본연금액에 기본연금액의 1천분의 800에 해당하는 금액에 부양가족연금액을 더한 금액
3. 장애등급 3급에 해당하는 자에 대하여는 기본연금액에 기본연금액의 1천분의 600에 해당하는 금액에 부양가족연금액을 더한 금액
4. 장애등급 4급에 해당하는 자에 대하여는 기본연금액의 1천분의 2천250에 해당하는 금액을 일시보상금으로 지급한다.

(3) 유족연금액

유족연금액은 가입기간에 따라 다음 각 호의 금액에 부양가족연금액을 더한 금액으로 한다. 다만 노령연금 수급권자가 사망한 경우의 유족연금액은 사망한 자가 지급받던 노령연금액을 초과할 수 없다(제74조).

1. 가입기간이 10년 미만이면 기본연금액의 1천분의 400에 해당하는 금액
2. 가입기간이 10년 이상 20년 미만이면 기본연금액의 1천분의 500에 해당하는 금액
3. 가입기간이 20년 이상이면 기본연금액의 1천분의 600에 해당하는 금액

(4) 중복급여의 조정

① 다른 법에 의한 중복급여의 조정

「국민연금법」상의 장애연금 또는 유족연금의 수급권자가 이 법에 따른 장애연금 또는 유족연금의 지급 사유와 같은 사유로 다음 각 호의 어느 하나에 해당하는 급여를 받을 수 있는 경우에는 장애연금액이나 유족연금액은 그 2분의 1에 해당하는 금액을 지급한다(제113조).

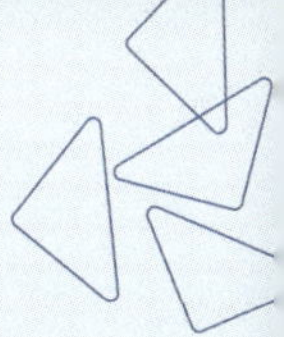

1. 「근로기준법」에 따른 장해보상, 유족보상 또는 일시보상
2. 「산업재해보상보험법」에 따른 장해급여, 유족급여, 진폐보상연금 또는 진폐유족연금
3. 「선원법」에 따른 장해보상, 일시보상 또는 유족보상
4. 「어선원 및 어선재해보상보험법」에 따른 장해급여, 일시보상급여 또는 유족급여

② 국민연금법에 의한 중복급여의 조정

「국민연금법」에 따른 2개 이상의 급여수급권이 수급권자에게 생기면 수급권자의 선택에 따라 그 중 하나만 지급하고 다른 급여의 지급은 정지된다. 이때 선택하지 아니한 급여가 다음 각 호의 어느 하나에 해당하는 경우에는 해당 호에 규정된 금액을 선택한 급여에 추가하여 지급한다(제56조).

1. 선택하지 아니한 급여가 유족연금일 때(선택한 급여가 반환일시금일 때를 제외한다): 유족연금액의 100분의 30에 해당하는 금액
2. 선택하지 아니한 급여가 반환일시금일 때(선택한 급여가 장애연금이고, 선택하지 아니한 급여가 본인의 연금보험료 납부로 인한 반환일시금일 때를 제외한다): 제80조 제2항(사망일시금)에 상당하는 금액

3) 분할연금 수급권과 노령연금의 관계

분할연금 수급권은 그 수급권을 취득한 후에 배우자였던 자에게 생긴 사유로 노령연금 수급권이 소멸·정지되어도 영향을 받지 아니한다. 수급권자에게 2개 이상의 분할연금 수급권이 생기면 2개 이상의 분할연금액을 합산하여 지급한다. 다만, 2개 이상의 분할연금 수급권과 노령연금을 제외한 다른 급여의 수급권이 생기면 그 2개 이상의 분할연금 수급권을 하나의 분할연금 수급권을 보고 본인의 선택에 따라 분할연금과 다른 급여 중 하나만 지급하고 선택하지 아니한 분할연금 또는 다른 급여의 지급은 정지된다. 분할연금 수급권자는 유족연금을 지급할 때 노령연금 수급권자로 보지 아니한다. 분할연금 수급권자에게 노령연금 수급권이 발생한 경우에는 분할연금액과 노령연금액을 합산하여 지급한다(제65조).

4. 관리 · 운영체계

1) 국민연금공단

사회보험 중 보건복지부가 관장하는 국민연금과 국민건강보험(노인장기요양보험)은 각각 국민연금공단과 국민건강보험공단을 통해 관리 · 운영되고 있다. 반면에 고용노동부가 관장하는 고용보험과 산업재해보상보험은 근로복지공단을 통해 관리 · 운영되고 있다. 국민연금공단의 업무에 대해서 살펴보면 다음과 같다.

(1) 국민연금공단의 설립

보건복지부장관의 위탁을 받아 「국민연금법」의 목적을 달성하기 위한 사업을 효율적으로 수행하기 위하여 국민연금공단을 설립한다(제24조).

(2) 국민연금공단의 업무

이 법에서 규정한 국민연금공단의 업무는 다음과 같다(제25조).

1. 가입자에 대한 기록의 관리 및 유지
2. 연금보험료의 부과
3. 급여의 결정 및 지급
4. 가입자, 가입자였던 자, 수급권자 및 수급자를 위한 자금의 대여와 복지시설의 설치 · 운영 등 복지사업
5. 가입자 및 가입자였던 자에 대한 기금 증식을 위한 자금 대여사업
6. 가입대상과 수급권자 등을 위한 노후준비서비스 사업
7. 국민연금제도 · 재정계산 · 기금운용에 관한 조사연구
8. 국민연금기금 운용 전문인력 양성
9. 국민연금에 관한 국제협력
10. 그 밖에 「국민연금법」 또는 다른 법령에 따라 위탁받은 사항
11. 그 밖에 국민연금사업에 관하여 보건복지부장관이 위탁하는 사항

2) 국민연금심의위원회

국민연금사업에 관하여 다음의 사항을 심의하기 위하여 보건복지부에 국민연금심의위원회를 둔다(제5조).

1. 국민연금제도 및 재정계산에 관한 사항
2. 급여에 관한 사항
3. 연금보험료에 관한 사항
4. 국민연금기금에 관한 사항
5. 그 밖에 국민연금제도의 운영과 관련하여 보건복지부장관이 회의에 부치는 사항

국민연금심의위원회는 위원장·부위원장 및 위원으로 구성하되, 위원장은 보건복지부차관이 되고, 부위원장은 공익을 대표하는 위원 중에서 호선(互選)하며, 위원은 다음 구분에 따라 보건복지부장관이 지명하거나 위촉한다.

1. 사용자를 대표하는 위원으로서 사용자 단체가 추천하는 자 4명
2. 근로자를 대표하는 위원으로서 근로자 단체가 추천하는 자 4명
3. 지역가입자를 대표하는 위원으로서 농어업인 단체가 추천하는 자 2명, 농어업인 단체 외의 자영자(自營者) 관련 단체가 추천하는 자 2명, 소비자단체와 시민단체가 추천하는 자 2명
4. 수급자를 대표하는 위원 4명
5. 공익을 대표하는 위원으로서 국민연금에 관한 전문가 5명

3) 국민연금기금의 운영

(1) 기금의 설치 및 조성

보건복지부장관은 국민연금사업에 필요한 재원을 원활하게 확보하고, 「국민연금법」에 따른 급여를 충당하기 위한 책임준비금으로서 국민연금기금을 설치한다. 기금은 연금보험료, 기금운용수익금, 적립금, 공단의 수입지출 결산상의 잉여금 등의 재원으로 조성한다(제101조).

(2) 기금의 관리 및 운용

기금은 보건복지부장관이 관리·운용한다. 보건복지부장관은 국민연금 재정의 장기적인 안정을 유지하기 위하여 그 수익을 최대로 증진시킬 수 있도록 국민연금기금운용위원회에서 의결한 바에 따라 다음의 방법으로 기금을 관리·운용하되, 가입자, 가입자였던 자 및 수급권자의 복지증진을 위한 사업에 대한 투자는 국민연금 재정의 안정을 해치지 아니하는 범위에서 하여야 한다. 다만 공공사업을 위한 공공부문에 대한 투자를 할 경우에는 기획재정부장관과 협의하여 국채를 매입한다(제102조).

1. 대통령령으로 정하는 금융기관에 대한 예입 또는 신탁
2. 공공사업을 위한 공공부문에 대한 투자
3. 「자본시장과 금융투자업에 관한 법률」에 따른 증권의 매매 및 대여
4. 「자본시장과 금융투자업에 관한 법률」에 따른 지수 중 금융투자상품지수에 관한 파생상품시장에서의 거래
5. 복지사업 및 대여사업
6. 기금의 본래 사업 목적을 수행하기 위한 재산의 취득 및 처분
7. 그 밖에 기금의 증식을 위하여 대통령령으로 정하는 사업

(3) 국민연금기금운용위원회

기금의 운용에 관한 다음의 사항을 심의·의결하기 위하여 보건복지부에 국민연금기금운용위원회를 둔다(제103조).

1. 기금운용지침에 관한 사항
2. 기금을 관리기금에 위탁할 경우 예탁 이자율의 협의에 관한 사항
3. 기금운용 계획에 관한 사항
4. 기금의 운용 내용과 사용 내용에 관한 사항
5. 그 밖에 기금의 운용에 관하여 중요한 사항으로서 운용위원회 위원장이 회의에 부치는 사항

운용위원회는 위원장인 보건복지부장관, 당연직 위원인 기획재정부차관·농림축산식품부차관·산업통상자원부차관·고용노동부차관과 공단 이사장 및 위원

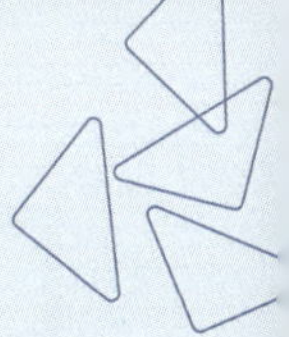

장이 위촉하는 다음 각 호의 위원으로 구성한다.

1. 사용자를 대표하는 위원으로서 사용자 단체가 추천하는 자 3명
2. 근로자를 대표하는 위원으로서 노동조합을 대표하는 연합단체가 추천하는 자 3명
3. 지역가입자를 대표하는 위원으로서 농어업인 단체가 추천하는 자 2명, 농어업인 단체 외의 자영자 관련 단체가 추천하는 자 2명, 소비자단체 및 시민단체가 추천하는 자 2명
4. 관계 전문가로서 국민연금에 관한 학식과 경험이 풍부한 자 2명

그리고 기금운영위원회에는 각 호의 심의·의결 사항을 사전에 전문적으로 검토·심의하기 위하여 '국민연금기금투자정책전문위원회' 등 분야별 국민연금기금운용전문위원회를 두며(제103조의3), 기금의 운용에 관하여 기금운용자산의 구성과 기금의 회계처리에 관한 사항 등을 심의·평가하기 위하여 '국민연금기금운용실무평가위원회'를 둔다(제104조).

한편 가입자의 자격, 기준소득월액, 연금보험료, 그 밖의 이 법에 따른 징수금과 급여에 관한 공단 또는 건강보험공단의 처분에 이의가 있는 자는 그 처분을 한 공단 또는 건강보험공단에 '심사청구'를 할 수 있는데, 이에 따른 심사청구 사항을 심사하기 위하여 국민연금공단에 국민연금심사위원회를 두고 건강보험공단에 징수심사위원회를 둔다(제108조).[4] 또한 심사청구에 대한 결정에 불복하는 자는 다시 '국민연금재심사위원회'에 재심사청구를 할 수 있으며 이를 위해 보건복지부에 '국민연금재심사위원회'를 둔다.

4) 사회보험료 징수는 모두 건강보험공단으로 일원화되어 있다. 따라서 징수금에 대한 이의는 건강보험공단에 한다. 이는 다른 사회보험도 모두 동일하다.

CHAPTER 11

국민건강보험법

1. 의의 및 연혁

1) 의의

국민건강보험은 질병이나 부상 등 사회적 위험으로 인해 발생한 고액의 진료비로 가계에 과도한 부담이 되는 것을 방지하기 위하여, 국민들이 평소에 보험료를 내고 보험자인 국민건강보험공단이 이를 관리·운영하다가 필요시 보험급여를 제공함으로써 국민 상호 간 위험을 분담하고 필요한 의료서비스를 받을 수 있도록 하는 사회보장제도이다(국민건강보험홈페이지). 즉, 보험가입자가 평소에 보험료를 내고, 이를 재원으로 하여 필요한 사람에게 보험급여를 제공함으로써 국민보건을 향상시키고 사회보장을 증진하기 위한 사회적 의료보장제도이다(김기원, 2007: 352). 「국민건강보험법」은 제1조(목적)에서 "이 법은 국민의 질병·부상에 대

한 예방·진단·치료·재활과 출산·사망 및 건강증진에 대하여 보험급여를 실시함으로써 국민보건 향상과 사회보장증진에 이바지함을 목적으로 한다."고 규정하고 있다.

국민건강보험의 특성은 다음과 같다(국민건강보험공단홈페이지). 첫째, 모든 국민은 보험가입 및 보험료 납부의 의무가 있다. 보험가입을 하지 않을 수 있도록 제도화될 경우 질병의 위험이 큰 사람만 보험에 가입하여 국민 상호 간 위험분담 및 의료비 공동해결이라는 건강보험제도의 목적을 실현할 수 없다. 따라서 일정한 법적 요건이 충족되면 본인의 의사와 관계없이 건강보험가입이 강제되며 보험료 납부의무가 부여된다. 둘째, 부담능력에 따라 보험료가 차등 부과된다. 민간보험은 보장의 범위, 질병위험의 정도, 계약의 내용 등에 따라 보험료를 부담하는 데 비해, 사회보험방식으로 운영되는 국민건강보험은 사회적 연대를 기초로 의료비 문제를 해결하는 것을 목적으로 하므로 소득수준 등 보험료부담능력에 따라서 보험료를 부과한다. 셋째, 균등한 보장을 제공한다. 민간보험은 보험료 수준과 계약 내용에 따라 개인별로 다르게 보장되지만, 사회보험인 국민건강보험은 보험료 부담수준과 관계없이 필요에 따라 균등하게 보험급여가 이루어진다.

2) 연혁

(1) 의료보험법

지난 1963년 12월 16일, 국민의 질병, 부상, 분만, 사망 등에 대하여 보험급여를 실시함으로써 국민보건을 증진시키고 사회보장의 증진을 도모하고자 「의료보험법」이 제정되었다 그러나 이 법은 법안 심의과정에서 강제적용의 원리가 삭제되고 임의적용으로 바뀌었기에 사회보험으로서 의의를 상실하였다고 할 수 있다. 이후 1970년 8월 7일 개정하여 제7조(적용대상)에 "근로자·공무원 및 군인은 대통령령이 정하는 바에 의하여 의료보험에 가입하여야 한다."고 규정하여 강제가입으로 변경하였다. 그러나 실제로는 대통령령이 제정되지 않아 강제가입대상에 대한 규정이 없어, 여전히 임의적용으로 남아 있었다. 이후 1976년 12월 22일 「의료보험법」을 개정하여 현실적으로 강제적용의 범위를 일시에 전 근로자에게 확대하기에는 곤란하므로 강제·임의적용을 병행하되, 강제적용의 범위를 일정규모 이상의 사업장부터 단계적으로 확대하도록 하였다. 이에 1977년 7월 1일부터 500인 이상의 사업장은 의료보험 강제가입을 의무화하였다. 1977년 12월 31일에는 「공무원 및 사립학교 교직원 의료보험법」을 제정하여 1979년 1월 1일부터 공무원 및 사립학교 교직원을 대상으로 의료보험을 실시하였다. 1988년 1월에는 농어촌지역 의료보험을 실시하였고, 7월에는 5인 이상 사업장 근로자에게 확대 적용하였다. 1989년 7월에는 도시지역 의료보험을 실시하여 전(全)국민의료보험을 달성하게 되었다.

(2) 국민의료보험법

의료보험제도는 보험료를 주된 재원으로 하여 의료보호대상자를 제외한 국민의 기본적인 의료문제를 해결하기 위한 제도임에도 대기업 중심의 직장의료보험은 누적적립금을 보유하고 있는 반면, 저소득 국민 대부분이 포함된 지역의료보험은 만성적인 적자구조로 인하여 약 1조 원(1998년도 예산)의 국고보조로 현상유지를 하고 있는 실정으로 의료보험으로서의 기능을 충실히 수행하기 어려워 이를 해소하기 위하여 모든 의료보험을 통합하여야 하였다. 이에 첫 단계로서 국민의료보험관리공단을 신설하여 현행의 공무원 및 사립학교교직원의료보험관리공단과 지역의료보험조합(227개) 업무를 포괄하여 수행하도록 함으로써 일시적 통합으로 인한 집단 간의 갈등을 최소화하면서 점진적으로 통합운영방식의 의료보험제도를 도입하려는 목적으로 1997년 12월 31일 「국민의료보험법」을 제정하였다.

(3) 국민건강보험법

1999년 2월 8일 「국민건강보험법」이 제정되었다. 이 법은 다보험자 방식으로 운

영되고 있는 기존의 의료보험관리체계를 단일보험자로 통합운영함으로써, 운영의 효율성과 보험료 부담의 형평성을 높이고 질병의 치료 외에 예방・건강증진 등을 포함하는 포괄적인 의료서비스를 제공하여 국민건강의 향상을 도모하려는 목적으로 제정되었다. 이에 국민의료보험관리공단과 직장의료보험조합(139개)을 통합

| 표 11-1 | 국민건강보험법 주요 연혁

제・개정(시행)	주요 내용
1963.12.16. (1964.3.17.)	의료보험법 제정 • 300인 이상 사업장의 근로자와 농어민을 대상으로 임의가입 형태를 취하여 시행하기로 되어 있었으나 일부 시범사업만 실시되었음. 또, 임의가입으로 실효성이 매우 낮았음
1976.12.22. (1977.1.1.)	의료보험법 전문개정 • 강제・임의적용을 병행하되, 강제적용의 범위를 일정규모 이상의 사업장부터 단계적으로 확대하도록 함 • 이에 500인 이상 사업장 근로자에게 우선 강제적용 시행(보험 적용은 1977년 7월 1일부터 시행)
1977.12.31 (1978.7.1.)	공무원 및 사립학교교직원 의료보험법 제정 • 공무원 및 사립학교 교직원 대상 의료보험 실시 (실제 보험 적용은 1979년 1월 1일부터 시행)
1988.1.1.	농・어촌지역의료보험 실시
1988.7.1.	5인 이상 사업장 의료보험 적용 확대
1989.7.1	도시지역의료보험 실시 → 전(全)국민의료보험 실시
1997.12.31. (1998.10.1)	국민의료보험법 제정 • 의료보험통합의 첫 단계로 공무원 및 사립학교교직원 의료보험관리공단과 지역의료보험조합(227개)을 통합한 국민의료보험관리공단 출범(1차 통합)
1999.2.8. (2000.7.1.)	국민건강보험법 제정 • 다보험자 방식으로 운영되고 있는 의료보험관리체계를 단일보험자로 통합운영함으로써 운영의 효율성과 보험료 부담의 형평성을 높이고자, 직장조합(139개)과 국민의료보험관리공단을 통합하여 국민건강보험공단으로 일원화함(2차 통합) • 질병의 치료 외에 예방・건강증진 등을 포함하는 포괄적인 의료서비스를 제공하여 국민건강의 향상 도모
2003.7.1	직장과 지역의 건강보험 재정 통합・운영 실시(3차 통합)
2009.5.21. (2011.1.1.)	일부개정 • 사회보험료 징수업무를 국민건강보험공단으로 일원화하여 사회보험징수업무 처리의 효율성을 높이고 잉여인력을 활용하여 각 사회보험의 신규서비스를 강화할 수 있도록 함

한 국민건강보험공단을 출범하였다. 이후 2003년 7월 1일, 지역과 직장의 재정을 하나로 통합하여 국민건강보험 재정의 안정성을 높이고 실질적인 건강보험 통합을 가져오게 되었다. 2009년 5월 21일에는 모든 사회보험료 징수업무를 국민건강보험공단으로 일원화하여 사회보험징수업무 처리의 효율성을 높이고 잉여인력을 활용하여 각 사회보험의 신규서비스를 강화할 수 있도록 하고자 「국민건강보험법」을 개정하였으며, 2011년 1월 1일부터는 사회보험통합징수가 시행되고 있다. 「국민건강보험법」의 제・개정과 관련된 주요 연혁을 살펴보면 〈표 11-1〉과 같다.

2. 가입대상 및 보험료

1) 가입대상

(1) 가입대상 및 가입자의 종류

국민건강보험과 노인장기요양보험의 가입대상[1]을 보면 국내에 거주하는 모든 국민은 국민건강보험과 노인장기요양보험의 가입자 혹은 피부양자가 되며, 가입자의 종류는 직장가입자와 지역가입자로 구분할 수 있다. 먼저 직장가입자는 모든 사업장의 근로자 및 사용자와 공무원 및 교직원을 의미한다. 그리고 직장가입자의 가족 등은 피부양자[2]가 된다. 지역가입자는 직장가입자와 직장가입자의 피

1) 「노인장기요양보험법」의 가입자는 동법 제7조 제3항에 따라, 「국민건강보험법」 제5조 및 제109조에 따른 가입자로 하고 있기 때문에, 두 사회보험의 가입자 기준은 동일하다.

2) 건강보험의 피부양자는 다음의 어느 하나에 해당하는 사람 중 직장가입자에게 주로 생계를 의존하는 사람으로서 보수나 소득이 없는 사람을 말한다.

1. 직장가입자의 배우자
2. 직장가입자의 직계존속(배우자의 직계존속 포함)
3. 직장가입자의 직계비속(배우자의 직계비속 포함)과 그 배우자
4. 직장가입자의 형제・자매

부양자를 제외한 가입자를 의미한다(「국민건강보험법」 제6조). 「국민건강보험법」과 「장기요양보험법」의 가입대상과 가입자의 종류는 〈표 11-2〉와 같다.

| 표 11-2 | 국민건강보험법과 노인장기요양보험법의 가입대상과 가입자 종류

대상 법률	국민건강보험 · 노인장기요양보험
가입대상	국내에 거주하는 국민
가입자 종류	• 직장가입자: 모든 사업장의 근로자 및 사용사와 공무원 및 교직원 • 지역가입자: 직장가입자와 피부양자를 제외한 가입자
	(직장가입자의) 피부양자 다음의 어느 하나에 해당하는 사람 중 직장가입자에게 주로 생계를 의존하는 사람으로서 소득 및 재산이 보건복지부령으로 정하는 기준 이하에 해당하는 사람 • 직장가입자의 배우자 • 직장가입자의 직계존속(배우자의 직계존속 포함) • 직장가입자의 직계비속(배우자의 직계비속 포함)과 그 배우자 • 직장가입자의 형제 · 자매

(2) 적용대상 제외자

「건강보험법」에서는 '「의료급여법」에 따라 의료급여를 받는 사람(이하 '수급권자')과 「독립유공자예우에 관한 법률」 및 「국가유공자 등 예우 및 지원에 관한 법률」에 따라 의료보호를 받는 사람(이하 '유공자 등 의료보호대상자')'을 가입자 또는 피부양자에서 제외하고 있다(제5조 제1항).

(3) 예외대상

한편 「국민건강보험법」 제6조 제2항(직장가입자 제외)에서 규정한 경우에 해당하는 사람은 일을 하고 있더라도 「국민건강보험법」의 직장가입사에서 제외되이 지역가입자가 된다. 구체적인 사항은 다음과 같다.

1. 고용기간이 1개월 미만인 일용근로자
2. 「병역법」에 따른 현역병(지원에 의하지 아니하고 임용된 하사를 포함), 전환복무된 사람 및 군간부후보생
3. 선거에 당선되어 취임하는 공무원으로서 매월 보수 또는 보수에 준하는 급료를 받지 아니하는 사람
4. 그 밖에 사업장의 특성, 고용 형태 및 사업의 종류 등을 고려하여 대통령령으로 정하는 사업장의 근로자 및 사용자와 공무원 및 교직원

2) 보험료 부과기준 및 부과방식

국민건강보험은 현재 직장가입자와 지역가입자로 구분하여 보험료가 부과되고 있다. 먼저 직장가입자는 가입자의 보수에 따라 부담하는 보수월액보험료와 일정 금액 이상의 보수외소득이 있는 경우에 추가로 부과하는 소득월액보험료로 구분할 수 있다. 첫째, 보수월액보험료는 가입자의 보수월액에 대통령령으로 정하는 건강보험료율[3]을 곱하여 보험료를 산정한 후, 경감률 등을 적용하여 가입자 단위로 부과한다. 둘째, 소득월액보험료는 보수월액의 산정에 포함된 보수를 제외한 직장가입자의 소득(이하 '보수외소득')이 일정금액(2024년 현재 연간 2,000만원)을 초과하는 직장가입자는 소득월액보험료 부과대상이 된다. 이러한 소득월액보험료는 보수외소득에서 정해진 금액(2024년 현재 2,000만원)을 공제한 나머지 금액을 12로 나누어 소득종류에 따른 금액비율로 곱해 산정한 소득월액보험료를 부과한다. 소득월액보험료는 직장가입자 본인이 부담한다.

다음으로 지역가입자의 건강보험료는 가입자의 소득, 재산(전월세 포함)[4]을 참작하여 정한 부과요소별 점수를 합산한 보험료 부과점수에 점수당 금액(2024년 현재 208.4원)을 곱하여 보험료를 산정한 후, 경감률 등을 적용하여 세대단위로 부과한다.

이렇게 산출되는 건강보험료는 상한과 하한이 정해져 있는데 2024년 기준으로

3) 2024년 현재 건강보험료율은 7.09%이다.

4) 재산의 범위는 주택, 건물, 토지, 선박, 항공기, 전세금, 월세 등이다. 예전에는 자동차까지 보험료 계산에 포함되었으나 자동차 부문의 보험료 반영은 2024년 2월부터 폐지되었다.

지역가입자의 하한 보험료는 19,780원이고 상한 보험료는 4,240,710원이며, 직장가입자는 하한 19,780원, 상한 8,481,420원이다. 단 직장가입자는 절반을 직장에서 부담하기 때문에 실제 본인부담액은 각각 9,890원, 4,240,710원이다.

「국민건강보험법」의 보험료 부과기준과 부과방식은 〈표 11-3〉과 같다.

| 표 11-3 | 국민건강보험법의 보험료 부과기준 및 부과방식

법률		보험료 부과기준	보험료부과방식	법률 소항
국민건강보험법	직장가입자	보수월액(제70조)	보수월액×대통령령으로 정하는 보험료율(8% 이내)	제6장 (보험료)
		소득월액(보수외 소득)(제71조)	소득월액×대통령령으로 정하는 보험료율	
	지역가입자	보험료부과점수 (제72조)	보험료부과점수×보험료부과점수당 금액	

3. 급여

1) 급여종류

(1) 요양급여 및 요양비

가입자와 피부양자의 질병, 부상, 출산 등에 대하여 진찰·검사, 약제(藥劑)·치료재료의 지급, 처치·수술 및 그 밖의 치료, 예방·재활, 입원, 간호, 이송(移送) 등의 요양급여를 실시한다(제41조). 국민건강보험공단은 가입자나 피부양자가 보건복지부령으로 정하는 긴급하거나 그 밖의 부득이한 사유로 요양기관과 비슷한 기능을 하는 기관으로서 보건복지부령이 정하는 기관(업무정시기간 중인 요양기관 포함. 이하 '준요양기관')에서 질병·부상·출산 등에 대하여 요양을 받거나 요양기관이 아닌 장소에서 출산한 경우 그 요양급여에 상당하는 금액을 보건복지부령으로 정하는 바에 따라 가입자나 피부양자에게 요양비(현금)로 지급한다(제49조).

(2) 부가급여

공단은 「국민건강보험법」에서 정한 요양급여 외에 대통령령으로 정하는 바에 따라 임신 · 출산 진료비, 장제비, 상병수당, 그 밖의 급여를 실시할 수 있다(제50조). 현재 부가급여는 임신 · 출산 진료비만 지급하고 있다(시행령 제23조).[5)]

(3) 건강검진

공단은 가입자와 피부양자에 대하여 질병의 조기 발견과 그에 따른 요양급여를 하기 위하여 건강검진을 실시한다. 건강검진의 종류 및 대상은 다음과 같다.

1. 일반건강검진: 직장가입자, 세대주인 지역가입자, 20세 이상인 지역가입자 및 20세 이상인 피부양자
2. 암검진: 「암관리법」에 따른 암의 종류별 검진주기와 연령 기준 등에 해당하는 사람
3. 영유아건강검진: 6세 미만의 가입자 및 피부양자

건강검진은 2년마다 1회 이상 실시하되 사무직에 종사하지 아니하는 직장가입자에 대해서는 1년에 1회 실시한다. 다만 암검진은 「암관리법」 시행령에서 정한 바에 따르며, 영유아건강검진은 영유아의 나이 등을 고려하여 보건복지부장관이 정하여 고시하는 바에 따라 검진주기와 검진횟수를 다르게 할 수 있다(시행령 제25조).

(4) 장애인에 대한 특례

공단은 「장애인복지법」에 따라 등록한 장애인인 가입자 및 피부양자에게는 「장

5) 2024년 현재 임신 · 출산 진료비는 이용권을 발급하여 지원하고 있으며, 2021년 6월 시행령 개정으로 2022년부터 하나의 태아를 임신 · 출산한 경우에는 100만원, 둘 이상의 태아를 임신 · 출산한 경우에는 140만원을 상한선으로 규정하고 있으며, 이용권을 발급받은 날부터 '출산일부터 2년이 되는 날'까지 사용할 수 있다(시행령 제23조 부가급여).

애인 · 노인 등을 위한 보조기기 지원 및 활용촉진에 관한 법률」에 따른 보조기기에 대하여 보험급여를 할 수 있다(제51조).

4. 관리 · 운영체계

1) 국민건강보험공단

건강보험의 보험자는 국민건강보험공단으로 건강보험과 관련하여 다음의 업무를 관장한다(제14조).

국민건강보험공단의 업무

1. 가입자 및 피부양자의 자격 관리
2. 보험료와 그 밖에 이 법에 따른 징수금의 부과 · 징수
3. 보험급여의 관리
4. 가입자 및 피부양자의 질병의 조기발견 · 예방 및 건강관리를 위하여 요양급여 실시 현황과 건강검진 결과 등을 활용하여 실시하는 예방사업
5. 보험급여 비용의 지급
6. 자산의 관리 · 운영 및 증식사업
7. 의료시설의 운영
8. 건강보험에 관한 교육훈련 및 홍보
9. 건강보험에 관한 조사연구 및 국제협력
10. 「국민건강보험법」에서 공단의 업무로 정하고 있는 사항
11. 「국민연금법」, 「고용보험 및 산업재해보상보험의 보험료징수 등에 관한 법률」, 「임금채권보장법」 및 「석면피해구제법」에 따라 위탁받은 업무[6]
12. 그 밖에 이 법 또는 다른 법령에 따라 위탁받은 업무
13. 그 밖에 건강보험과 관련하여 보건복지부장관이 필요하다고 인정한 업무

2) 건강보험심사평가원

요양급여비용을 심사하고, 요양급여의 적정성을 평가하기 위하여 건강보험심사평가원을 설립한다(제62조). 건강보험심사평가원은 국민건강보험공단과 별개의 독립된 법인으로 하며(제64조), 다음의 업무를 관장한다(제63조).

건강보험심사평가원의 업무

1. 요양급여비용의 심사
2. 요양급여의 적정성 평가
3. 심사기준 및 평가기준의 개발
4. 제1호부터 제3호까지의 규정에 따른 업무와 관련된 조사연구 및 국제협력
5. 다른 법률에 따라 지급되는 급여비용의 심사 또는 의료의 적정성 평가에 관하여 위탁받은 업무
6. 그 밖에 이 법 또는 다른 법령에 따라 위탁받은 업무
7. 건강보험과 관련하여 보건복지부장관이 필요하다고 인정한 업무
8. 그 밖에 보험급여비용의 심사와 보험급여의 적정성 평가와 관련하여 대통령령으로 정하는 업무

3) 건강보험정책심의위원회

건강보험정책에 관한 다음의 사항을 심의・의결하기 위하여 보건복지부장관 소속으로 건강보험정책심의위원회를 둔다(제4조).

6) 국민건강보험공단에서는 사회보험 보험료의 고지 및 수납, 체납관리 등 징수업무를 통합하여 운영하고 있다. 예를 들어 국민연금공단에서 국민연금보험료를 부과하고, 국민건강보험공단이 징수하고 있으며, 고용보험 및 산업재해보상보험의 경우에는 근로복지공단이 부과하고 국민건강보험공단이 징수하도록 하고 있다.

1. 종합계획 및 시행계획에 관한 사항(심의에 한정)
2. 요양급여의 기준
3. 요양급여비용에 관한 사항
4. 직장가입자의 보험료율
5. 지역가입자의 보험료부과점수당 금액
6. 그 밖에 건강보험에 관한 주요사항으로서 대통령령으로 정하는 사항

심의위원회는 위원장 1명과 부위원장 1명을 포함하여 25명의 위원으로 구성하며, 위원장은 보건복지부차관이 되고, 부위원장은 위원 중에서 위원장이 지명하는 사람이 된다. 심의위원회 위원은 다음 각 호에 해당하는 사람을 보건복지부장관이 임명 또는 위촉한다.

1. 근로자단체 및 사용자단체가 추천하는 각 2명
2. 시민단체, 소비자단체, 농어업인단체 및 자영업자 단체가 추천하는 각 1명
3. 의료계를 대표하는 단체 및 약업계를 대표하는 단체가 추천하는 8명
4. 다음 각목에 해당하는 8명
   가. 대통령령으로 정하는 중앙행정기관 소속 공무원 2명
   나. 국민건강보험공단의 이사장 및 건강보험심사평가원의 원장이 추천하는 각 1명
   다. 건강보험에 관한 학식과 경험이 풍부한 4명

이외에 「국민건강보험법」에서는 요양급여비용의 계약 및 결손처분 등 보험재정과 관련된 사항을 심의・의결하기 위하여 공단에 두는 재정운영위원회(제33조), 심사평가원의 업무를 효율적으로 수행하기 위하여 심사평가원에 두는 진료심사평가위원회(제66조), 보험료 부과와 관련된 제도 개선을 위하여 보건복지부장관 소속으로 두는 관계중앙행정기관 소속 공무원 및 민간전문가로 구성된 보험료부과제도개선위원회(제72조의2), 가입자 및 피부양자의 자격, 보험료 등, 보험급여 비용에 관한 공단의 처분에 이의가 있어 공단에 이의신청(제87조)을 한 이후, 이의신

청 결정에 불복하는 자가 제기하는 심판청구(제88조)를 심리・의결하기 위하여 보건복지부에 두는 건강보험분쟁조정위원회(제89조) 등이 있다.

4) 요양기관

「건강보험법」에서는 이 법에 따른 요양급여(간호와 이송 제외)를 다음과 같은 요양기관에서 실시하도록 규정하고 있다(제42조).

1. 「의료법」에 따라 개설된 의료기관
2. 「약사법」에 따라 등록된 약국
3. 「약사법」에 따라 설립된 한국희귀・필수의약품센터
4. 「지역보건법」에 따른 보건소・보건의료원 및 보건지소
5. 「농어촌 등 보건의료를 위한 특별조치법」에 따라 설치된 보건진료소

보건복지부장관은 효율적인 요양급여를 위하여 필요하면 보건복지부령으로 정하는 바에 따라 시설・장비・인력 및 진료과목 등 보건복지부령으로 정하는 기준에 해당하는 요양기관을 전문요양기관으로 인정할 수 있다. 이때 전문요양기관으로 인정된 요양기관 또는 「의료법」에 따른 상급종합병원에 대하여는 요양급여의 절차 및 요양급여비용을 다른 요양기관과 달리 할 수 있다. 한편 요양기관은 정당한 이유 없이 요양급여를 거부하지 못한다.

CHAPTER 12

노인장기요양보험법

1. 의의 및 연혁

1) 의의

노인장기요양보험은 고령이나 노인성질병 등으로 인하여 6개월 이상 동안 혼자서 일상생활을 수행하기 어려운 노인 등에게 신체활동 또는 가사지원 등의 장기요양급여를 사회적 연대원리에 의해 제공하는 사회보험제도이다. 「노인장기요양보험법」은 제1조(목적)에서 "이 법은 고령이나 노인성 질병 등의 사유로 일상생활을 혼자서 수행하기 어려운 노인등에게 제공하는 신체활동 또는 가사활동지원 등의 장기요양급여에 관한 사항을 규정하여 노후의 건강증진 및 생활안정을 도모하고 그 가족의 부담을 덜어줌으로써 국민의 삶의 질을 향상하도록 함을 목적으로 한다."고 규정하고 있다. 즉, 국민건강보험이 질환의 진단, 입원 및 외래치료, 재활

치료 등을 목적으로 주로 병·의원 및 약국에서 제공하는 서비스를 급여대상으로 하는 반면, 노인장기요양보험은 치매·중풍의 노화 및 노인성 질환 등으로 인하여 혼자 힘으로 일상생활을 영위하기 어려운 대상자에게 요양시설이나 재가 장기요양기관을 통해 신체활동 또는 가사지원 등의 서비스를 제공하는 제도이다(국민건강보험공단 홈페이지).

2) 연혁

2007년 4월 27일, 노인의 간병·장기요양문제를 정부와 사회가 공동으로 해결하는 노인장기요양보험제도를 도입하여 노인의 노후생활 안정을 도모하고 그 가족의 부양부담을 덜어줌으로써 국민의 삶의 질을 향상하려는 목적으로 「노인장기요양보험법」이 제정되었으며, 2008년 7월 1일부터 시행되었다. 2014년 7월 1일에는 치매특별등급인 5등급을 신설하는 등 기존의 3등급 체계에서 5등급 체계로 장기요양등급체계를 개편하였으며, 2018년 1월 1일에는 치매가 있는 사람이면 장기요양인정을 받을 수 있도록 장기요양인지지원등급을 신설하여 총 6등급 체계로 개편하였다.

「노인장기요양보험법」 제·개정과 관련된 주요 연혁을 살펴보면 〈표 12-1〉과 같다.

| 표 12-1 | 노인장기요양보험법 주요 연혁

제·개정(시행)	주요 내용
2007.4.27. (2008.7.1.)	노인장기요양보험법 제정 • 노인의 간병·장기요양문제를 정부와 사회가 공동으로 해결하는 노인장기요양보험제도를 도입하여 노인의 노후생활 안정을 도모하고 그 가족의 부양부담을 덜어줌으로써 국민의 삶의 질을 향상하려는 목적으로 제정됨
2014.7.1.	장기요양등급체계 개편 • 5등급(치매특별등급) 신설 등 3등급 체계에서 5등급 체계로 개편

2018.1.1.	장기요양인지지원등급 신설 • 치매가 있는 사람이면 장기요양인정을 받을 수 있도록 장기요양인지지원등급 신설(6등급 체계로 개편)
2021.12.21. (2022.6.22.)	일부 개정 • 장기요양보험 가입자의 보험료 과부담 인식을 해소하기 위하여 장기요양보험료율의 부과표준을 '건강보험료'에서 '소득'으로 변경하고, 장기요양급여에 대한 본인부담금을 차등 규정할 수 있도록 함
2024.1.2. (2025.1.31.)	일부 개정 • 장기요양기관은 재가급여의 전부 또는 일부를 통합하여 제공하는 서비스를 제공할 수 있도록 하고, 특별자치시장·특별자치도지사·시장·군수·구청장이 장기요양기관을 지정하려는 경우 검토해야 하는 사항에 해당 지역의 치매 등 노인성질환 환자 수를 추가하도록 함

2. 보험료

노인장기요양보험의 장기요양보험료는 「국민건강보험법」에 따라 산정한 건강보험료에 대통령령으로 정하는 건강보험료율 대비 장기요양보험료율의 비율[1)]을 곱하여 산정한 금액으로 정한다.

| 표 12-2 | 노인장기요양보험법의 보험료 부과기준 및 부과방식

법률	보험료 부과기준	보험료 부과방식	법률조항
노인장기요양보험법	소득	건강보험료×장기요양보험료율/건강보험료율	제9조 (장기요양보험료의 산정)

1) 2024년 현재 장기요양보험료율은 소득대비 0.9182%, 건강보험료 대비 12.95%이다.

3. 급여

노인장기요양급여의 종류는 재가급여와 시설급여로 구분할 수 있으며, 이외에 가족요양비 등 특별현금급여가 있다. 이에 대한 구체적인 내용은 〈표 12-3〉과 같다(제23조).

| 표 12-3 | 노인장기요양보험법의 급여 종류와 급여 내용

급여 종류		급여 내용
재가급여[2]	방문요양	장기요양요원이 수급자의 가정 등을 방문하여 신체활동 및 가사활동 등을 지원하는 장기요양급여
	방문목욕	장기요양요원이 목욕설비를 갖춘 장비를 이용하여 수급자의 가정 등을 방문하여 목욕을 제공하는 장기요양급여
	방문간호	장기요양요원인 간호사 등이 의사, 한의사 또는 치과의사의 지시서(방문간호 지시서)에 따라 수급자의 가정 등을 방문하여 간호, 진료의 보조, 요양에 관한 상담 또는 구강위생 등을 제공하는 장기요양급여
	주·야간보호	수급자를 하루 중 일정한 시간 동안 장기요양기관에 보호하여 신체활동 지원 및 심신기능의 유지·향상을 위한 교육·훈련 등을 제공하는 장기요양급여
	단기보호	수급자를 보건복지부령으로 정하는 범위 안에서 일정 기간 동안 장기요양기관에 보호하여 신체활동 지원 및 심신기능의 유지·향상을 위한 교육·훈련 등을 제공하는 장기요양급여
	기타재가급여	수급자의 일상생활·신체활동 지원 및 인지기능의 유지·향상에 필요한 용구를 제공하거나 가정을 방문하여 재활에 관한 지원 등을 제공하는 장기요양급여로서 대통령령으로 정하는 것
시설급여		장기요양기관에 장기간 입소한 수급자에게 신체활동 지원 및 심신기능의 유지·향상을 위한 교육·훈련 등을 제공하는 장기요양급여

2) 2024년 1월 2일 법률 개정으로 '장기요양기관은 방문요양에서 단기보호까지의 재가급여 전부 또는 일부를 통합하여 제공하는 서비스(통합재가서비스)를 제공할 수 있다.'는 규정이 신설되었다(제23조 제3항).

특별 현금급여	가족요양비	가족 등으로부터 방문요양에 상당한 장기요양급여를 받은 때 대통령령으로 정하는 기준에 따라 지급하는 가족장기요양급여(제24조)[3]
	특례요양비	수급자가 장기요양기관이 아닌 노인요양시설 등의 기관 또는 시설에서 재가급여 또는 시설급여에 상당한 장기요양급여를 받은 경우에 지급하는 특례장기요양급여(제25조)
	요양병원 간병비	수급자가 「의료법」에 따른 요양병원에 입원한 때 대통령령으로 정하는 기준에 따라 지급하는 요양병원 장기요양급여(제26조)

4. 관리 · 운영체계

1) 국민건강보험공단의 업무

장기요양보험사업은 보건복지부장관이 관장하며, 장기요양보험사업의 보험자는 국민건강보험공단으로 한다(제7조). 국민건강보험공단은 노인장기요양보험 관련하여 다음의 업무를 관장한다(제48조).

3) 가족요양비 지급의 요건은 다음과 같다(제24조).
1. 도서・벽지 등 장기요양기관이 현저히 부족한 지역으로서 보건복지부장관이 정하여 고시하는 지역에 거주하는 자
2. 천재지변이나 그 밖에 이와 유사한 사유로 인하여 장기요양기관이 제공하는 장기요양급여를 이용하기가 어렵다고 보건복지부장관이 인정하는 자
3. 신체・정신 또는 성격 등 대통령령으로 정하는 사유로 인하여 가족 등으로부터 장기요양을 받아야 하는 자

1. 장기요양보험가입자 및 그 피부양자와 의료급여수급권자의 자격관리
2. 장기요양보험료의 부과·징수
3. 신청인에 대한 조사
4. 등급판정위원회의 운영 및 장기요양등급 판정
5. 장기요양인정서의 작성 및 표준장기요양이용계획서의 제공
6. 장기요양급여의 관리 및 평가
7. 수급자에 대한 정보제공·안내·상담 등 장기요양급여 관련 이용지원에 관한 사항
8. 재가 및 시설 급여비용의 심사 및 지급과 특별현금급여의 지급
9. 장기요양급여 제공내용 확인
10. 장기요양사업에 관한 조사·연구, 국제협력 및 홍보
11. 노인성질환예방사업
12. 이 법에 따른 부당이득금의 부과·징수 등
13. 장기요양급여의 제공기준을 개발하고 장기요양급여비용의 적정성을 검토하기 위한 장기요양기관의 설치 및 운영
14. 그 밖에 장기요양사업과 관련하여 보건복지부장관이 위탁한 업무

2) 장기요양위원회

다음 각 호의 사항을 심의하기 위하여 보건복지부장관 소속으로 장기요양위원회를 둔다(제45조).

1. 장기요양보험료율
2. 가족요양비, 특례요양비 및 요양병원간병비의 지급기준
3. 재가 및 시설 급여비용
4. 그 밖에 대통령령으로 정하는 주요 사항

장기요양위원회는 위원장 1명, 부위원장 1명을 포함하여 16인 이상 22인 이하의 위원으로 구성한다. 위원장은 보건복지부차관이 되고, 부위원장은 위원 중에서 위원장이 지명하는 사람이 된다. 심의위원회 위원은 다음 각 호에 해당하는 사람을 보건복지부장관이 임명 또는 위촉한 자로 하고, 각 호에 해당하는 자는 각각 동수로 구성하여야 한다.

1. 근로자단체, 사용자단체, 시민단체, 노인단체, 농어업인단체 또는 자영자단체를 대표하는 자
2. 장기요양기관 또는 의료계를 대표하는 자
3. 대통령령으로 정하는 관계 중앙행정기관의 고위공무원단 소속 공무원, 장기요양에 관한 학계 또는 연구계를 대표하는 자, 공단 이사장이 추천하는 자

3) 등급판정위원회

장기요양인정 및 장기요양등급 판정 등을 심의하기 위하여 공단에 장기요양등급판정위원회를 둔다. 등급판정위원회는 특별자치시・특별자치도・시・군・구 단위로 설치한다. 다만, 인구 수 등을 고려하여 하나의 특별자치시・특별자치도・시・군・구에 2 이상의 등급판정위원회를 설치하거나 2 이상의 특별자치시・특별자치도・시・군・구를 통합하여 하나의 등급판정위원회를 설치할 수 있다. 등급판정위원회는 위원장 1인을 포함하여 15인의 위원으로 구성하며, 위원은 다음 각 호의 자 중에서 공단 이사장이 위촉한다. 이 경우 특별자치시장・특별자치도지사・시장・군수・구청장이 추천한 위원은 7인, 의사 또는 한의사가 1인 이상 각각 포함되어야 한다(제52조).

1. 「의료법」에 따른 의료인
2. 「사회복지사업법」에 따른 사회복지사
3. 특별자치시・특별자치도・시・군・구 소속 공무원
4. 그 밖에 법학 또는 장기요양에 관한 학식과 경험이 풍부한 자

4) 장기요양급여심사위원회[4)]

공단에 다음과 같은 사항을 심의하기 위하여 위원장 1명을 포함하여 10명 이하의 위원으로 구성된 장기요양급여심사위원회를 둔다(제53조의2).

4) 이 조항은 2024년 2월 6일 법률 개정으로 새롭게 신설된 부분으로, 기존에 「장기요양급여 제공기준 및 급여비용 산정방법에 관한 고시」에 따라 설치되었던 급여심사위원회의 설치 근거를 법률로 상향하여 규정한 것이다.

1. 장기요양급여 제공 기준의 세부사항 설정 및 보완에 관한 사항
2. 장기요양급여비용 및 산정방법의 세부사항 설정 및 보완에 관한 사항
3. 장기요양급여비용 심사기준 개발 및 심사조정에 관한 사항
4. 그 밖에 공단 이사장이 필요하다고 인정한 사항

5) 장기요양기관

(1) 장기요양기관의 지정[5)]

재가급여 또는 시설급여를 제공하는 장기요양기관을 운영하려는 자는 소재지를 관할 구역으로 하는 특별자치시장・특별자치도지사・시장・군수・구청장으로부터 지정을 받아야 한다. 이때 장기요양기관으로 지정받으려는 자는 보건복지부령으로 정하는 장기요양에 필요한 시설 및 인력을 갖추어야 하며, 특별자치시장・특별자치도지사・시장・군수・구청장이 지정을 하려는 경우에는 다음 각 호의 사항을 검토하여 장기요양기관을 지정하여야 한다. 이 경우 특별자치시장・특별자치도지사・시장・군수・구청장은 공단에 관련 자료의 제출을 요청하거나 그 의견을 들을 수 있다(제31조).

1. 장기요양기관을 운영하려는 자의 장기요양급여 제공 이력
2. 장기요양기관을 운영하려는 자 및 그 기관에 종사하려는 자가 이 법, 「사회복지사업법」 또는 「노인복지법」 등 장기요양기관의 운영과 관련된 법에 따라 받은 행정처분의 내용
3. 장기요양기관의 운영 계획
4. 해당 지역의 노인인구 수, 치매 등 노인성질환 환자 수 및 장기요양급여 수요 등 지역 특성
5. 그 밖에 특별자치시장・특별자치도지사・시장・군수・구청장이 장기요양기관으로 지정하는 데 필요하다고 인정하여 정하는 사항

5) 2018년 12월 11일 법률 개정으로 2019년 12월 12일부터 특별자치시장・특별자치도지사・시장・군수・구청장의 지정을 받아 설치 운영하도록 한 '장기요양기관'과 특별자치시장・특별자치도지사・시장・군수・구청장에게 신고하여 설치・운영할 수 있는 '재가장기요양기관'이 모두 지정을 받아서 운영하는 '장기요양기관'으로 통합되었다.

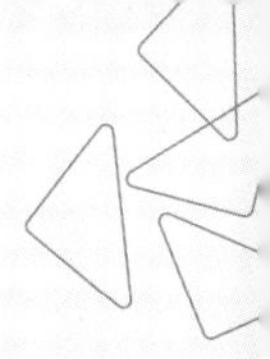

한편 재가급여를 제공하는 장기요양기관 중 의료기관이 아닌 자가 설치·운영하는 장기요양기관이 방문간호를 제공하는 경우에는 방문간호의 관리책임자로서 간호사를 둔다.

(2) 장기요양기관의 의무 등

장기요양기관은 수급자로부터 장기요양급여신청을 받은 때 장기요양급여의 제공을 거부하여서는 아니 된다. 다만, 입소정원에 여유가 없는 경우 등 정당한 사유가 있는 경우는 그러하지 아니하다. 장기요양기관은 이 법에 따른 장기요양급여의 제공 기준·절차 및 방법 등에 따라 장기요양급여를 제공하여야 한다. 장기요양기관의 장은 장기요양급여를 제공한 수급자에게 장기요양급여비용에 대한 명세서를 교부하여야 한다. 장기요양기관의 장은 장기요양급여 제공에 관한 자료를 기록·관리하여야 하며, 장기요양기관의 장 및 그 종사자는 장기요양급여 제공에 관한 자료를 거짓으로 작성하여서는 아니 된다. 장기요양기관은 이 법 제40조 제1항 단서에 따라 면제받거나 같은 조 제3항에 따라 감경받는 금액 외에 영리를 목적으로 수급자가 부담하는 재가 및 시설 급여비용(이하 '본인부담금')을 면제하거나 감경하는 행위를 하여서는 아니 된다. 누구든지 영리를 목적으로 금전, 물품, 노무, 향응, 그 밖의 이익을 제공하거나 제공할 것을 약속하는 방법으로 수급자를 장기요양기관에 소개, 알선 또는 유인하는 행위 및 이를 조장하는 행위를 하여서는 아니 된다(제35조).

산업재해보상보험법

CHAPTER 13

1. 의의 및 연혁

1) 의의

산업재해보상보험은 산업화가 진전됨에 따라 근로자의 업무상 부상, 질병, 장애 또는 사망 등 산업재해를 입은 근로자와 유족, 그리고 사업주를 보호하기 위하여 1964년 1월부터 시행하고 있는 사회보험으로 1960년에 시행된 공무원연금법을 제외하고 우리나라 최초의 사회보험이다. 「산업재해보상보험법」은 제1조(목적)에 "이 법은 산업재해보상보험 사업을 시행하여 근로자의 업무상의 재해를 신속하고 공정하게 보상하며, 재해근로자의 재활 및 사회 복귀를 촉진하기 위하여 이에 필요한 보험시설을 설치·운영하고, 재해 예방과 그 밖에 근로자의 복지증진을 위한 사업을 시행하여 근로자 보호에 이바지하는 것을 목적으로 한다."고 규정하고 있다. 이 제도는 근로자의 업무상 재해를 신속하고 공정하게 보상하고, 불의의 재

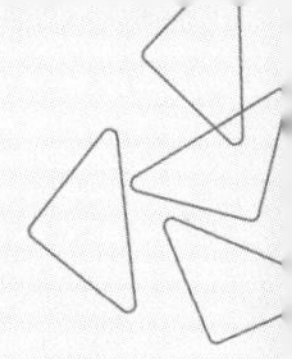

해를 입은 근로자나 그 가족의 생활을 보호하기 위한 보험시설을 설치하여 운영하고 근로복지사업을 실시하며, 동시에 불의의 재해로 인한 사업주의 경제적 부담을 산업재해보상보험가입자들에게 분산시켜 부담을 경감시켜 주는 데 의의가 있다. 이를 위하여 사업주의 보험가입의사와 관계없이 강제적으로 보험에 가입시키고 있다. 산업재해보상보험은 보험료를 전액 사업주에게 부담하도록 하고 있다는 측면에서 다른 사회보험과 차이가 있다(김기원, 2007: 406).

2) 연혁

1963년 11월 5일 「산업재해보상보험법」이 제정되어 1964년 1월부터 시행되었다.[1] 이후 노동부에서 직접 관리·운영하던 산업재해보상보험업무를 근로복지공단에 위탁 운영하도록 하기 위하여 1994년 12월 22일 전부개정하였다. 1964년에 도입된 산업재해보상보험은 최초에는 500인 이상 사업장에만 적용되어 혜택을 받지 못하는 근로자가 매우 많았다. 이후 지속적으로 산업재해보상보험 대상자가 확대되어, 2000년 7월 1일부터는 1인 이상 사업장까지 확대되었다.

한편 보험가입자로서 300명 미만의 근로자를 사용하는 사업주나 근로자를 사용하지 않는 사람 등 대통령령으로 정하는 중·소기업 사업주에 대하여 근로복지공단의 승인을 받아 산업재해보상보험에 가입할 수 있는 특례를 두어 보호하고 있으나, 함께 일하는 친족은 사업주의 지휘·감독 아래 상시근로를 제공하고, 임금 형태의 금품을 정기적으로 받는 경우 외에는 근로자로 인정되지 않아 산업재해보상보험의 가입 대상이 되지 못하므로 업무상 사고를 당한 경우에도 적절한 보호를 받을 수 없다는 문제점이 지속적으로 제기되어 왔다. 이에 2020년 12월 8일에

1) 「산업재해보상보험법」과 「사회보장에 관한 법률」, 그리고 「의료보험법」은 1963년에 함께 논의가 진행되었다. 당시 「산업재해보상보험법」은 「근로기준법」에 따라 개별 고용주에게 책임지어왔던 재해부상을 보험이라는 형식으로 대체한 것이기 때문에 기업인에게 추가적인 부담을 별도로 지우지 않아 경제성장 일변도의 정책을 추구하던 군사정권의 지도자들도 강제적용의 원리가 수용되었다. 반면 「의료보험법」은 법안 심의과정에서 강제적용원칙이 배제되고 임의적용으로 수정되었다(하상락, 1989; 김기원, 2007).

는 중소기업 사업주의 배우자 또는 4촌 이내의 친족으로서 대통령령으로 정하는 요건을 갖춘 자는 산업재해보상보험에 가입할 수 있도록 개정하였다.

또 2022년 6월 10일에는 산업재해보상보험의 전속성 요건을 폐지하고, 기존 특수형태근로종사자 및 온라인 플랫폼 종사자 등을 포괄하는 개념으로 "노무제공자"의 정의를 신설하여 산업재해보상보험의 적용을 받을 수 있도록 하였으며, 2023년 8월 8일에는 손자녀의 유족보상연금 수급자격 연령을 19세 미만으로 상향하였다.

「산업재해보상보험법」 제・개정과 관련된 주요 연혁을 살펴보면 〈표 13-1〉과 같다.

| 표 13-1 | 산업재해보상보험법 주요 연혁

제・개정(시행)	주요 내용
1963.11.5. (1964.1.1.)	「산업재해보상보험법」 제정 • 산업재해보상보험사업을 행함으로써 근로자의 업무상의 재해를 신속하고 공정하게 보상할 수 있도록 하고자 함 • 500인 이상 사업장 적용
1994.12.22. (1995.5.1.)	전부개정 • 정부(노동부)에서 직접 관리・운영하던 산업재해보상보험업무를 근로복지공단에 위탁함
1999.12.31. (2000.7.1.)	일부개정 • 1인 이상 사업장까지 확대 운영
2020.12.8. (2021.6.9.)	일부개정 • 중소기업 사업주의 배우자 또는 4촌 이내의 친족으로서 대통령령으로 정하는 요건을 갖춘 자는 산업재해보상보험에 가입할 수 있도록 함
2022.6.10. (2023.7.1.)	일부개정 • 특수형태근로종사자에 대한 특례를 삭제하고 관련 종사자를 "노무제공자"로 재정의하면서 특정 사업에의 전속성 요건 폐지
2023.8.8. (2024.2.9.)	일부개정 • 근로자가 산업재해로 인해 사망한 경우에 손자녀의 유족보상연금 수급 자격 연령을 19세 미만에서 25세 미만으로 상향

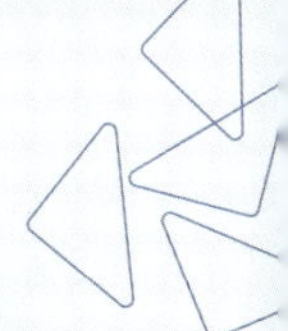

2. 가입대상 및 보험료

1) 가입대상과 적용제외사업

(1) 가입대상

근로자를 사용하는 모든 사업 또는 사업장은 산업재해보상보험과 고용보험의 가입대상[2)]이다. 「산업재해보상보험법」의 보험가입자는 이 법의 적용을 받는 사업의 사업주이며, 수급권자는 근로자와 사업주이다(제6조 적용범위).

| 표 13-2 | 산업재해보상보험의 가입대상

가입대상	근로자를 사용하는 모든 사업 또는 사업장
가입자/ 수급권자	• 보험가입자: 「산업재해보상보험법」의 적용을 받는 사업의 사업주 • 수급권자: 근로자와 사업주(대통령령으로 정하는 중소기업사업주)

2) 사업주 등에 대한 특례: 산업재해보상보험과 고용보험은 원칙적으로 근로자에게 급여를 행하는 보험으로 사업주는 그 대상에서 제외된다. 다만, 「산업재해보상보험법」 제124조에서는 중·소기업 사업주 등에 대한 특례조항을 두어 대통령령으로 정하는 중·소기업 사업주(근로자를 사용하지 아니하는 자를 포함)와 사업주의 배우자 또는 4촌 이내의 친족으로서 대통령령으로 정하는 요건을 갖추어 해당 사업에 노무를 제공하는 사람은 공단의 승인을 받아 보험에 가입할 수 있도록 하고 있다(2020.12.8. 법률개정). 고용보험에서도 「고용보험 및 산업재해보상보험의 보험료 징수 등에 관한 법률」(이하 '고용산재보험료징수법') 제49조의2에 따라 자영업자에 대한 특례를 두고 있는데, 근로자를 사용하지 아니하거나 50명 미만의 근로자를 사용하는 사업주로서 대통령령으로 정하는 요건을 갖춘 자영업자는 공단의 승인을 받아 자기를 이 법에 따른 근로자로 보아 고용보험에 가입할 수 있다.

(2) 적용제외사업

산업재해보상보험은 모든 사업장의 근로자에게 적용하는 것을 원칙으로 하지만 일부 적용제외사업이 있다. 법령에서 규정하고 있는 「산업재해보상보험법」의 적용제외사업(시행령 제2조)은 다음과 같다.

1. 「공무원 재해보상법」, 「군인재해보상법」, 「선원법」, 「어선원 및 어선 재해보상보험법」, 「사립학교교직원 연금법」에 따라 재해보상이 되는 사업
2. 가구 내 고용활동
3. 농업, 임업(벌목업은 제외), 어업 및 수렵업 중 법인이 아닌 자의 사업으로서 상시근로자 수가 5명 미만인 사업

2) 보험료 부과기준

앞서 살펴본 것처럼 다른 사회보험법이 근로자와 사용주 등에게 보험료를 부과하고 있는 반면, 「산업재해보상보험법」에서는 사용주에게만 보험료를 부과하고 있다. 산재보험료는 그 사업주가 경영하는 사업에 종사하는 근로자의 개인별 보수총액에 산재보험료율을 곱한 금액을 합한 금액으로 한다(「고용산재보험료징수법」 제13조). 산재보험료율은 과거 3년 동안의 보수총액에 대한 산재보험급여총액의 비율을 기초로 하여, 「산업재해보상보험법」에 따른 연금 등 산재보험급여에 드는 금액, 재해예방 및 재해근로자의 복지증진에 드는 비용 등을 고려하여 사업의 종류별[3]로 구분하여 고용노동부령으로 정한다(「고용산재보험료징수법」 제14조).

| 표 13-3 | 산업재해보상보험의 보험료 부과기준 및 부과방식

법률	보험료 부과기준	보험료 부과방식	법률조항
고용산재 보험료 징수법	사업에 종사하는 근로자의 개인별 보수총액	근로자의 개인별 보수총액×산업재해보상보험료율	제13조(보험료)

3. 급여

「산업재해보상보험법」의 급여는 업무상 재해에 해당하는 경우에 지급하며, 업무상 재해는 업무기인성과 업무수행성 여부에 따라서 결정되며, 업무상 사고와 업무상 질병으로 구분된다. 여기서 업무기인성(業務基因性)은 재해가 업무로 인해 발생하였다고 인정되는 관계를 의미하며, 업무수행성(業務遂行性)은 사용자의 지배 또는 관리하에 이루어지는 해당 근로자의 업무수행 및 그에 수반되는 통상적인 활동과정에서 재해의 원인이 발생한 것을 의미한다(찾기 쉬운 생활법령정보 홈페이지). 이 법에서 규정하는 업무상 재해의 인정기준은 다음과 같다.

3) 2024년도 사업종류별 산업재해보상보험료율(고용노동부고시 제2024-1호)

사 업 종 류	요율	사 업 종 류	요율
1. 광업		4. 건설업	35
석탄광업 및 채석업	185	5. 운수·창고·통신업	
석회석·금속·비금속·기타광업	57	철도·항공·창고·운수관련서비스업	8
2. 제조업		육상 및 수상운수업	18
식료품 제조업	16	통신업	9
섬유 및 섬유제품 제조업	11	6. 임업	58
목재 및 종이제품 제조업	20	7. 어업	27
출판·인쇄·제본업	9	8. 농업	20
화학 및 고무제품 제조업	13	9. 기타의 사업	
의약품·화장품·연탄·석유제품 제조업	7	시설관리 및 사업지원 서비스업	8
기계기구·금속·비금속광물제품 제조업	13	기타의 각종 사업	8
금속제련업	10	전문·보건·교육·여가관련 서비스업	6
전기기계기구·정밀기구·전자제품 제조업	6	도소매·음식·숙박업	8
선박건조 및 수리업	24	부동산 및 임대업	7
수제품 및 기타제품 제조업	12	국가 및 지방자치단체의 사업	9
3. 전기·가스·증기·수도사업	7	0. 금융 및 보험업	5
		* 해외파견자: 14/1,000	

* 통상적인 경로와 방법으로 출퇴근하는 중 발생한 재해에 관한 산재보험료율 : 전 업종 0.6/1,000 동일

1) 업무상 재해의 인정기준

근로자가 〈표 13-4〉의 각 호의 어느 하나에 해당하는 사유로 부상·질병 또는 장해가 발생하거나 사망하면 업무상의 재해로 본다. 다만 업무와 재해 사이에 상당인과관계(相當因果關係)가 없는 경우에는 그러하지 아니하다. 한편 근로자의 고의·자해행위나 범죄행위 또는 그것이 원인이 되어 발생한 부상·질병·장해 또는 사망은 업무상의 재해로 보지 아니한다. 다만, 그 부상·질병·장해 또는 사망이 정상적인 인식능력 등이 뚜렷하게 저하된 상태에서 한 행위로 발생한 경우로서 대통령령으로 정하는 사유가 있으면 업무상의 재해가 된다(제37조).

| 표 13-4 | 업무상 재해의 인정기준

구분	내용
1. 업무상 사고	가. 근로자가 근로계약에 따른 업무나 그에 따르는 행위를 하던 중 발생한 사고 나. 사업주가 제공한 시설물 등을 이용하던 중 그 시설물 등의 결함이나 관리소홀로 발생한 사고 다. 사업주가 주관하거나 사업주지시에 따라 참여한 행사나 행사준비 중에 발생한 사고 라. 휴게시간 중 사업주의 지배관리하에 있다고 볼 수 있는 행위로 발생한 사고 마. 그 밖에 업무와 관련하여 발생한 사고
2. 업무상 질병	가. 업무수행 과정에서 물리적 인자(因子), 화학물질, 분진, 병원체, 신체에 부담을 주는 업무 등 근로자의 건강에 장해를 일으킬 수 있는 요인을 취급하거나 그에 노출되어 발생한 질병 나. 업무상 부상이 원인이 되어 발생한 질병 다. 「근로기준법」에 따른 직장 내 괴롭힘, 고객의 폭언 등으로 인한 업무상 정신적 스트레스가 원인이 되어 발생한 질병 라. 그 밖에 업무와 관련하여 발생한 질병
3. 출퇴근 재해	가. 사업주가 제공한 교통수단이나 그에 준하는 교통수단을 이용하는 등 사업주의 지배관리하에서 출퇴근하는 중 발생한 사고 나. 그 밖에 통상적인 경로와 방법으로 출퇴근하는 중 발생한 사고

2) 보험급여의 종류와 산정기준

산업재해보상보험에서 보험급여의 종류는 요양급여, 휴업급여, 장해급여, 간병급여, 유족급여, 상병(傷病)보상연금, 장의비(葬儀費), 직업재활급여 등 8가지가 있다. 다만, 진폐에 따른 보험급여의 종류는 요양급여, 간병급여, 장의비, 직업재활

급여 등 4가지와 제91조3에 따른 진폐보상연금 및 제91조4에 따른 진폐유족연금으로 한다(제36조). 구체적인 급여의 종류와 내용은 〈표 13-5〉와 같다.

| 표 13-5 | 산업재해보상보험의 급여의 종류와 내용

급여의 종류	급여의 내용
요양급여 (제40조)	• 근로자가 업무상의 사유로 부상을 당하거나 질병에 걸린 경우에 그 근로자에게 지급함 • 요양급여는 산업재해보상보험 의료기관에서 요양을 하게 함. 부득이한 경우 요양비 지급가능 • 3일 이내의 요양으로 치유되는 부상이나 질병은 요양급여를 지급하지 아니함 • 요양급여의 범위 : 진찰 및 검사, 약제 또는 진료재료와 의지(義肢) 그 밖의 보조기의 지급, 처치·수술·그 밖의 치료, 재활치료, 입원, 간호 및 간병, 이송 등
휴업급여 (제52조)	• 업무상 사유로 부상을 당하거나 질병에 걸린 근로자에게 요양으로 취업하지 못한 기간에 대하여 지급함 • 1일당 지급액 : 평균임금의 100분의 70에 상당하는 금액 • 취업하지 못한 기간이 3일 이내이면 지급하지 아니함
장해급여 (제57조)	• 업무상 사유로 부상을 당하거나 질병에 걸려 치유된 후 신체 등에 장해가 있는 경우에 그 근로자에게 지급함 • 장해등급에 따라 장해보상연금 또는 장해보상 일시금으로 지급
간병급여 (제61조)	• 요양급여를 받은 사람 중 치유 후 의학적으로 상시 또는 수시로 간병이 필요하여 실제로 간병을 받는 사람에게 지급함
유족급여 (제62조, 제63조)	• 근로자가 업무상의 사유로 사망한 경우에 유족에게 지급함 • 권리의 순위: 배우자, 자녀, 부모, 손자녀, 조부모, 형제자매 등 • 부모/조부모: 60세 이상, 자녀/손자녀: 25세 미만, 형제자매: 19세 미만/60세 이상
상병보상연금 (제66조)	• 요양급여를 받는 근로자가 요양을 시작한 지 2년이 지난 날 이후에 다음 각 호의 요건 모두에 해당하는 상태가 계속되면 휴업급여 대신 상병보상연금을 그 근로자에게 지급함 1. 그 부상이나 질병이 치유되지 아니한 상태일 것 2. 그 부상이나 질병에 따른 중증요양상태의 정도가 대통령령으로 정하는 중증요양상태등급 기준에 해당할 것 3. 요양으로 인하여 취업하지 못하였을 것
장례비 (제71조)	• 근로자가 업무상의 사유로 사망한 경우에 지급하되, 평균임금의 120일분에 상당하는 금액을 그 장례를 지낸 유족에게 지급함. 다만, 장례를 지낼 유족이 없거나 그 밖에 부득이한 사유로 유족이 아닌 사람이 장례를 지낸 경우에는 평균임금의 120일분에 상당하는 금액의 범위에서 실제 드는 비용을 그 장례를 지낸 사람에게 지급함

직업재활급여 (제72조)	• 장해급여 또는 진폐보상연금을 받은 사람이나 장해급여를 받을 것이 명백한 사람으로서 대통령령으로 정하는 사람(장해급여자) 중 취업을 위하여 직업훈련이 필요한 사람에 대하여 실시하는 직업훈련에 드는 비용 및 직업훈련수당 • 업무상의 재해가 발생할 당시의 사업에 복귀한 장해급여자에 대하여 사업주가 고용을 유지하거나 직장적응훈련 또는 재활운동을 실시하는 경우에 각각 지급하는 직장복귀지원금, 직장적응훈련비 및 재활운동비

4. 관리 · 운영체계

1) 근로복지공단

고용보험과 산업재해보상보험은 근로복지공단에서 주관하고 있다. 이러한 근로복지공단의 사업은 「산업재해보상보험법」 제11조(공단의 사업)에 다음과 같이 규정하고 있다.

1. 보험가입자와 수급권자에 관한 기록의 관리 · 유지
2. 「고용산재보험료징수법」에 따른 보험료와 그 밖의 징수금의 징수
3. 보험급여의 결정과 지급
4. 보험급여 결정 등에 관한 심사 청구의 심리 · 결정
5. 산업재해보상보험 시설의 설치 · 운영
6. 업무상 재해를 입은 근로자 등의 진료 · 요양 및 재활
7. 재활보조기구의 연구개발 · 검정 및 보급
8. 보험급여 결정 및 지급을 위한 업무상 질병 관련 연구
9. 근로자 등의 건강을 유지 · 증진하기 위하여 필요한 건강진단 등 예방 사업
10. 근로자의 복지증진을 위한 사업
11. 그 밖에 정부로부터 위탁받은 사업

「고용산재보험료징수법」 제4조(보험사업의 수행주체)에서는 「고용보험법」 및 「산업재해보상보험법」에 따른 보험사업에 관하여 이 법에서 정한 사항은 고용노

동부장관으로부터 위탁을 받아 「산업재해보상보험법」 제10조에 따른 근로복지공단이 수행하도록 규정하고 있다. 다만, 보험료 등의 고지 및 수납, 보험료 등의 체납관리에 해당하는 징수업무는 국민건강보험공단이 고용노동부장관으로부터 위탁을 받아 수행하도록 규정하고 있다.

2) 산업재해보상보험 및 예방심의위원회

산업재해보상보험 및 예방에 관한 중요 사항을 심의하게 하기 위하여 고용노동부에 산업재해보상보험 및 예방심의위원회를 둔다(제8조). 위원회는 근로자를 대표하는 자, 사용자를 대표하는 자 및 공익을 대표하는 자로 구성하되, 그 수는 각각 같은 수로 한다. 위원회의 기능은 다음과 같다(시행령 제3조).

1. 요양급여의 범위나 비용 등 요양급여의 산정 기준에 관한 사항
2. 산업재해보상보험료율의 결정에 관한 사항
3. 산업재해보상보험 및 예방기금의 운용계획 수립에 관한 사항
4. 산업안전·보건 업무와 관련되는 주요 정책 및 산업안전보건법 제7조에 따른 산업재해 예방에 관한 기본계획
5. 그 밖에 고용노동부장관이 산업재해보상보험 사업 및 산업안전·보건 업무에 관하여 심의에 부치는 사항

한편 산업재해보상보험 및 예방심의위원회는 그 심의 사항을 검토하고, 위원회의 심의를 보조하게 하기 위하여 전문위원회를 둘 수 있도록 규정하고 있는데, 현재 산업재해보상보험정책전문위원회, 산업재해보상보험요양전문위원회 및 산업안전보건전문위원회를 두고 있다(시행령 제8조).

3) 산업재해보상보험 의료기관

한편 업무상의 재해를 입은 근로자의 요양을 담당할 의료기관은 다음 각 호와 같다(제43조).

1. 근로복지공단에 두는 의료기관
2. 「의료법」에 따른 상급종합병원
3. 「의료법」에 따른 의료기관과 「지역보건법」에 따른 보건소(「지역보건법」에 따른 보건의료원 포함)로서 고용노동부령으로 정하는 인력·시설 등의 기준에 해당하는 의료기관 또는 보건소 중 공단이 지정한 의료기관 또는 보건소

고용보험법

CHAPTER 14

1. 의의 및 연혁

1) 의의

고용보험은 실직근로자에게 실업급여를 지급하는 전통적 의미의 사후적/소극적 사회보장제도인 실업보험사업을 비롯하여 산업구조조정의 촉진 및 실업예방, 고용촉진 등을 위한 고용안정사업, 근로자의 생애직업능력개발을 위한 직업능력개발사업 등 사전적/적극적 노동시장정책을 상호연계하여 실시하는 사회보장제도인 동시에 노동시장정책이다(고용보험홈페이지). 「고용보험법」은 제1조(목적)에서 "이 법은 고용보험의 시행을 통하여 실업의 예방, 고용의 촉진 및 근로자 등의 직업능력의 개발과 향상을 꾀하고, 국가의 직업지도와 직업소개 기능을 강화하며, 근로자 등이 실업한 경우에 생활에 필요한 급여를 실시하여 근로자 등의 생활안정과 구직활동을 촉진함으로써 경제·사회발전에 이바지하는 것을 목적으로 한다."고 규정하고 있다.

2) 연혁

「고용보험법」은 적극적 고용정책의 일환으로 근로자의 직업능력개발·실업예방 및 고용기회의 확대 등을 도모하고, 근로자의 실업으로 인한 경제·사회적인 어려움을 해소하는 것을 주요 내용을 하는 고용보험제도를 행함으로써 근로자의 생활안정 및 경제·사회발전에 이바지하고자 하는 것을 목적으로 1993년 12월 27일 제정되었고, 1995년 7월 1일부터 시행되었다. 이후 IMF 경제위기상황으로 인하여 1998년 10월 1일부터 1인 이상 전사업장으로 고용보험 적용을 확대·시행하였다. 한편 1999년 10월 1일부터는 고용보험 적용 및 징수업무를 산업재해보상보험업무를 담당하고 있던 근로복지공단에 수탁하여, 산업재해보상보험과 고용보험업무를 '근로복지공단'에서 함께 맡도록 하였다. 이후 2003년 12월 31일에는 「고용보험 및 산업재해보상보험의 보험료 징수 등에 관한 법률」(이하 '고용산재보험료징수법')을 제정하고, 2005년 1월 1일부터 고용보험료와 산업재해보상보험료 통합징수를 시작하였다. 지난 2019년 8월 27일에는 일정한 요건을 갖춘 단시간근로자에 대한 구직급여 수급 기준기간을 완화하고, 구직급여일액을 상향하며, 구직급여 소정급여일수를 연장하는 등 고용보험 제도를 개선하려는 목적과 모성보호 및 남성의 육아 참여를 증진하기 위하여 육아휴직 급여 및 육아기 근로시간 단축 급여 지급요건을 조정하려는 목적으로 개정되었다. 2020년 6월 9일에는 '예술인'이 고용보험법 적용대상이 되도록 확대하였으며, 2021년 1월 5일에는 실업의 위험에 노출되어 있는 특수형태근로종사자 등 '노무제공자'를 고용보험법 적용대상으로 편입하였다.

「고용보험법」 제·개정과 관련된 주요 연혁은 〈표 14-1〉과 같다.

| 표 14-1 | 고용보험법 주요 연혁

제·개정(시행)	주요 내용
1993.12.27. (1995.7.1.)	고용보험법 제정 • 적극적 고용정책의 일환으로 근로자의 직업능력개발·실업예방 및 고용기회의 확대 등을 도모하고, 근로자의 실업으로 인한 경제·사회적인 어려움을 해소하는 것을 주요 내용을 하는 고용보험제도를 행함으로써 근로자의 생활안정 및 경제·사회발전에 이바지하고자 함
1998.10.1.	1인 이상 전사업장으로 고용보험 적용 확대
1999.10.1.	고용보험 적용 및 징수업무 근로복지공단에 수탁
2003.12.31. (2005.1.1.)	고용보험 및 산업재해보상보험의 보험료 징수 등에 관한 법률 제정 • 고용보험법과 산업재해보상보험법에 각각 규정된 보험관계의 성립·소멸, 보험료의 납부 및 징수 등에 관한 사항을 통합 규정하는 단일의 법률 제정하여 민원인의 보험업무의 편의를 도모하고 보험관리와 그 운영을 효율적으로 하고자 함 • 고용보험료와 산업재해보상보험료 통합징수 시작
2019.8.27. (2020.8.28.)	일부개정 • 이직 당시 1주 소정 근로시간이 15시간 미만인 근로자가 일정한 요건에 모두 해당하는 경우의 구직급여 기준기간을 종전의 18개월에서 24개월로 연장함 • 구직급여일액을 수급자격자의 기초일액에 100분의 50을 곱한 금액에서 100분의 60을 곱한 급액으로 인상하고, 최저구직급여일을 수급자격자의 기초일액에 100분의 90을 곱한 금액에서 100분의 80을 곱한 급액으로 조정함 • 같은 자녀에 대하여 배우자가 30일 이상의 육아휴직 또는 육아기 근로시간 단축을 실시하지 아니하고 있을 것을 육아휴직 급여 및 육아기 근로시간 단축 급여 지급 요건으로 정하고 있던 현행 규정을 삭제함 • 배우자 출산휴가를 받는 경우에 출산전후휴가 급여 등을 지급할 수 있는 근거를 마련함
2020.6.9. (2020.12.10.)	일부개정 • 일정한 기준을 갖춘 '예술인'이 고용보험법 적용대상이 되도록 특례를 신설함
2021.1.5. (2022.1.1.)	일부개정 • 특수형태근로종사자 등 '노무제공자'를 고용보험법 적용대상으로 편입함

2. 가입대상 및 보험료

1) 가입대상과 적용제외사업

(1) 가입대상

고용보험은 산업재해보상보험과 마찬가지로 근로자를 사용하는 모든 사업 또는 사업장이 가입대상이다. 보험가입자는 「고용보험법」의 적용을 받는 사업의 사업주와 근로자, 예술인 또는 노무제공자, 자영업자이며, 피보험자는 「고용산재보험료징수법」에 따라 보험에 가입되거나 가입된 것으로 보는 근로자, 예술인 또는 노무제공자와 자영업자이다(제8조 적용범위).[1]

| 표 14-2 | 고용보험의 가입대상

가입대상	근로자를 사용하는 모든 사업 또는 사업장
가입자/피보험자	• 보험가입자 : 고용보험법의 적용을 받는 사업의 사업주와 근로자, 예술인 또는 노무제공자, 자영업자 • 피보험자 : 보험에 가입되거나 가입된 것으로 보는 근로자, 예술인 또는 노무제공자, 자영업자

(2) 적용제외사업

고용보험은 모든 사업장의 근로자에게 적용하는 것을 원칙으로 하지만 일부 적용제외사업이 있다. 「고용보험법」의 적용제외사업(시행령 제2조)은 다음과 같다.

1) 2020년 6월 고용보험법이 개정되면서 '예술인 등'이 고용보험법 적용대상이 되도록 확대되었으며, 2021년 1월에는 실업의 위험에 노출되어 있는 특수형태근로종사자 등 '노무제공자'를 고용보험법 적용대상으로 편입하였다.

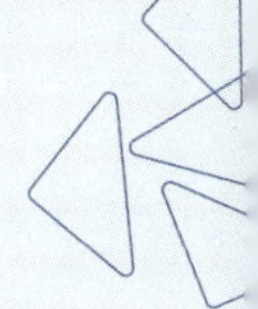

1. 농업, 임업 및 어업 중 법인이 아닌 자가 상시 4명 이하의 근로를 사용하는 사업
2. 다음의 어느 하나에 해당하는 공사(법제15조 제2항 각 호에 해당하는 자가 시공하는 공사(전문업자)는 제외)
   - 총공사금액이 2천만원 미만인 공사
   - 연면적이 100m² 이하인 건축물의 건축 또는 연면적이 200m² 이하인 건축물의 대수선에 관한 공사
3. 가구 내 고용활동 및 달리 분류되지 아니한 자가소비 생산활동

(3) 적용제외 대상자

「고용보험법」에서는 적용대상사업 또는 사업장이라서 할지라도 다음과 같은 일부 사람에게는 「고용보험법」을 적용하지 아니한다(제10조).

- 1개월간 소정(所定)근로시간이 대통령령으로 정하는 시간(60시간) 미만인 사람
  * 다만, 3개월 이상 계속하여 근로를 제공하는 사람과 1개월 미만 동안 고용된 일용근로자는 적용대상임
- 「국가공무원법」과 「지방공무원법」에 따른 공무원
  * 다만, 별정직공무원과 임기제공무원의 경우는 본인의 의사에 따라 고용보험 가입가능(실업급여만 적용)
- 「사립학교교직원연금법」의 적용을 받는 사람
- 「별정우체국법」에 따른 별정우체국 직원
- 65세 이후에 고용되거나 자영업을 개시한 사람(실업급여(제4장)와 육아휴직급여 등(제5장) 적용제외(고용안정・직업능력개발사업은 적용함에 따라 고용보험 피보험자격취득대상임)
  * 65세 전부터 피보험자격을 유지하던 사람이 65세 이후에 계속하여 고용된 경우는 실업급여 등 고용보험 전 사업 적용

2) 보험료 부과기준 및 부과방식

고용보험의 보험료는 사업의 종류에 따라 다르게 적용한다. 실업급여는 1/2을 근로자와 사업주가 각각 부담하고, 고용안정・직업능력개발사업은 전액 사업주가 부담한다.[2)]

| 표 14-3 | 고용보험의 보험료 부과기준 및 부과방식

법률		보험료 부과기준	보험료부과방식	근거조항
고용산재 보험료 징수법	근로자	보수총액	• 근로자 본인의 보수총액×실업급여 보험료율의 1/2	제13조 (보험료)
	사업주	근로자의 개인별 보수총액	• 근로자의 개인별 보수총액×실업급여 보험료율의 1/2 • 근로자의 개인별 보수총액×고용안정・직업능력개발 사업의 보험료율	

3. 급여

고용보험의 급여는 고용안정・직업능력개발사업, 실업급여, 유아휴직급여 등의 3가지 영역에서 제공된다.

1) 고용안정・직업능력개발사업의 실시

고용노동부장관은 피보험자 및 피보험자였던 자, 그 밖에 취업할 의사를 가진 자에 대한 실업의 예방, 취업의 촉진, 고용기회의 확대, 직업능력개발・향상의 기회 제공 및 지원, 그 밖에 고용안정과 사업주에 대한 인력 확보를 지원하기 위하여 고용안정・직업능력개발사업을 실시한다(제19조). 고용안정・직업능력개발사업의 구체적인 내용은 〈표 14-4〉와 같다.

2) 2024년 현재 고용보험의 보험료율은 다음과 같다(고용산재보험료징수법 시행령 제12조).

구분		근로자	사업주
실업급여*		0.90%	0.90%
고용안정 및 직업능력개발 사업	150만 미만기업	–	0.25%
	150인 이상 기업(우선지원대상기업)	–	0.45%
	150인 이상~1,000인 미만 기업(우선지원대상기업 제외)	–	0.65%
	1,000인 이상 기업 및 국가, 지방자치단체가 직접 행하는 사업	–	0.85%

* 2019년 10월 1일부터 실업급여 보험료율이 1.3%에서 1.6%로 0.3%p 인상되었으며, 2022년 7월 1일부터 1.8%로 0.2%p 추가 인상되었다.

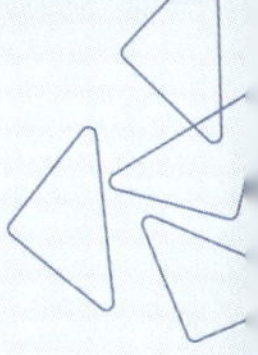

| 표 14-4 | 고용안정 · 직업능력개발사업의 종류

종류	내용
고용창출의 지원(제20조)	• 고용환경 개선, 근무형태 변경 등으로 고용의 기회를 확대한 사업주에게 대통령령으로 정하는 바에 따라 필요한 지원 제공
고용조정의 지원(제21조)	• 경기의 변동, 산업구조의 변화 등에 따른 사업 규모의 축소, 사업의 폐업 또는 전환으로 고용조정이 불가피하게 된 사업주가 근로자에 대한 휴업, 휴직, 직업전환에 필요한 직업능력개발 훈련, 인력의 재배치 등을 실시하거나 그 밖에 근로자의 고용안정을 위한 조치를 하면 그 사업주에게 필요한 지원 제공(휴업이나 휴직 등 고용안정을 위한 조치로 근로자의 임금이 감소할 때에는 근로자에게도 필요한 지원 제공) • 고용조정으로 이직된 근로자를 고용하는 등 고용이 불안정하게 된 근로자의 고용안정을 위한 조치를 하는 사업주에게 필요한 지원 제공
지역고용의 촉진(제22조)	• 고용기회가 뚜렷이 부족하거나 산업구조의 변화 등으로 고용사정이 급속하게 악화되고 있는 지역으로 사업을 이전하거나 그러한 지역에서 사업을 신설 또는 증설하여 그 지역의 실업 예방과 재취업 촉진에 기여한 사업주, 그 밖에 그 지역의 고용기회 확대에 필요한 조치를 한 사업주에게 필요한 지원 제공
고령자 등 고용촉진의 지원(제23조)	• 고령자 등 노동시장의 통상적인 조건에서는 취업이 특히 곤란한 사람의 고용을 촉진하기 위하여 고령자 등을 새로 고용하거나 이들의 고용안정에 필요한 조치를 하는 사업주 또는 사업주가 실시하는 고용안정 조치에 해당된 근로자에게 필요한 지원 제공
건설근로자 등의 고용안정 지원(제24조)	• 건설근로자 등 고용상태가 불안정한 근로자를 위하여 고용상태의 개선을 위한 사업, 계속적인 고용기회의 부여 등 고용안정을 위한 사업 등을 실시하는 사업주에게 필요한 지원 제공(사업주가 단독으로 고용안정사업을 실시하기 어려운 경우에는 사업주 단체에 대하여도 지원 가능)
고용안정 및 취업촉진(제25조)	• 피보험자 등의 고용안정 및 취업을 촉진하기 위하여 고용관리진단 등 고용개선 지원사업, 피보험자 등의 창업을 촉진하기 위한 지원사업 등을 직접 실시하거나 이를 실시하는 자에게 필요한 비용 지원 또는 대부
고용촉진 시설에 대한 지원(제26조)	• 피보험자 등의 고용안정 · 고용촉진 및 사업주의 인력 확보를 지원하기 위하여 상담 시설, 어린이집 등 고용촉진 시설을 설치 · 운영하는 자에게 필요한 지원 제공
직업능력개발 훈련의 지원(제27조~32조)	• 사업주에 대한 직업능력개발 훈련의 지원(제27조) • 피보험자 등에 대한 직업능력개발지원(제29조) • 직업능력개발 훈련 시설에 대한 지원 등(제30조) • 직업능력개발의 촉진(제31조): 피보험자 등의 직업능력개발 · 향상을 촉진하기 위하여 직업능력개발 사업에 대한 기술지원 및 평가사업, 자격검정사업 및 숙련기술 장려사업 등의 사업을 실시하는 자에게 필요한 지원 제공 • 건설근로자 등의 직업능력개발 지원(제32조)
고용정보의 제공 및 고용 지원 기반의 구축 등(제33조)	• 사업주 및 피보험자 등에 대한 구인 · 구직 · 훈련 등 고용정보의 제공, 직업 · 훈련 상담 등 직업지도, 직업소개, 고용안정 · 직업능력개발에 관한 기반의 구축 및 그에 필요한 전문인력의 배치 등의 사업 제공
지방자치단체 등에 대한 지원(제34조)	• 지방자치단체 또는 비영리법인 · 단체가 그 지역에서 피보험자 등의 고용안정 · 고용촉진 및 직업능력개발을 위한 사업을 실시하는 경우에 필요한 지원 제공

2) 실업급여

실업급여는 구직급여와 취업촉진수당으로 구분하며, 취업촉진수당은 조기(早期)재취업수당, 직업능력개발수당, 광역구직활동비, 이주비 등이 있다.

(1) 구직급여

구직급여는 이직한 피보험자가 다음 구직급여의 수급요건(제40조) 중 1~4의 요건을 모두 갖춘 경우에 지급한다. 다만, 다음의 5호와 6호는 최종 이직 당시 일용근로자였던 자만 해당한다.

1. 기준기간 동안[3]의 피보험 단위기간이 통산(通算)하여 180일 이상일 것
2. 근로의 의사와 능력이 있음에도 불구하고 취업(영리를 목적으로 사업을 영위하는 경우를 포함)하지 못한 상태에 있을 것
3. 이직 사유가 수급자격의 제한사유(중대한 귀책사유 등)에 해당하지 아니할 것
4. 재취업을 위한 노력을 적극적으로 할 것
5. 다음 각목의 어느 하나에 해당할 것
   가. 수급자격 인정신청일이 속한 달의 직전 달 초일부터 수급자격 인정신청일까지의 근로일수의 합이 같은 기간 동안의 총 일수의 3분의 1 미만일 것
   나. 건설일용근로자로서 수급자격 인정신청일 이전 14일간 연속하여 근로내역이 없을 것
6. 최종 이직일 이전 기준기간의 피보험 단위기간 180일 중 다른 사업에서 수급자격의 제한 사유에 해당하는 사유로 이직한 사실이 있는 경우에는 그 피보험 단위기간 중 90일 이상을 일용근로자로 근무하였을 것

---

3) 2019년 8월 27일, 고용보험법 개정으로 노동시간이 주15시간 미만인 초단시간 노동자의 실업급여수급요건이 '실직 직전 18개월 동안 유급 근로일 180일 이상'에서 '실직 직전 24개월 동안 유급근로일 180일 이상'으로 2019년 10월부터 변경・시행되었다. 구체적인 법률조항은 다음과 같다(제40조 구직급여의 수급 요건 제2항)
   ② 기준기간은 이직일 이전 18개월로 하되, 피보험자가 다음 각 호의 어느 하나에 해당하는 경우에는 다음 각 호의 구분에 따른 기간을 기준기간으로 한다.
      1. 이직일 이전 18개월 동안에 질병・부상, 그 밖에 대통령령으로 정하는 사유로 계속하여 30일 이상 보수의 지급을 받을 수 없었던 경우: 18개월에 그 사유로 보수를 지급 받을 수 없었던 일수를 가산한 기간(3년을 초과할 때에는 3년으로 한다.)
      2. 다음 각목의 요건에 모두 해당하는 경우: 이직일 이전 24개월
   가. 이직 당시 1주 소정근로시간이 15시간 미만이고, 1주 소정근로일수가 2일 이하인 근로자로 근로하였을 것
   나. 이직일 이전 24개월 동안의 피보험 단위기간 중 90일 이상을 가목의 요건에 해당하는 근로자로 근로하였을 것

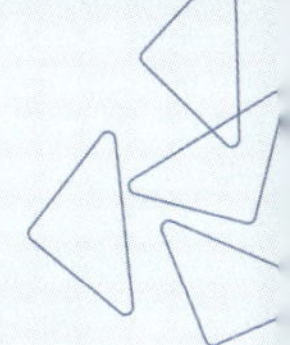

구직급여의 소정급여일수는 피보험기간과 연령, 장애유무 등에 따라 각각 다르게 적용된다(제50조). 즉, 고용보험 가입기간이 10년 이상인 사람의 경우 50세 미만이면 240일 동안, 50세 이상 및 장애인은 270일 동안 실업급여를 받을 수 있다. 구체적인 내용은 〈표 14-5〉와 같다.[4)]

| 표 14-5 | 구직급여의 소정급여일수(고용보험법 〈별표1〉)

구분		피보험기간				
		1년 미만	1년 이상 3년 미만	3년 이상 5년 미만	5년 이상 10년 미만	10년 이상
이직일 현재 연령	50세 미만	120일	150일	180일	210일	240일
	50세 이상	120일	180일	210일	240일	270일

비고: 「장애인고용촉진 및 직업재활법」 제2조 제1호에 따른 장애인은 50세 이상인 것으로 보아 위 표를 적용한다.

(2) 취업촉진수당

취업촉진수당에는 조기재취업 수당, 직업능력개발 수당, 광역 구직활동비, 이주비 등이 있다. 구체적인 내용은 〈표 14-6〉과 같다.

| 표 14-6 | 취업촉진수당

종류	내용
조기재취업수당 (제64조)	수급자격자가 안정된 직업에 재취직하거나 스스로 영리를 목적으로 하는 사업을 영위하는 경우로서 대통령령으로 정하는 기준에 해당하면 지급 • 대기기간을 지난 후 재취업한 날의 전날을 기준으로 소정급여일수를 2분의 1 이상 남기고 재취업한 경우(시행령 제84조)
직업능력개발수당 (제65조)	수급자격자가 직업안정기관의 장이 지시한 직업능력개발 훈련 등을 받는 경우에 그 직업능력개발훈련 등을 받는 기간에 대하여 지급 • 직업능력개발 수당의 금액은 교통비, 식대 등 직업훈련 등의 수강에 필요한 비용을 고려하여 고용노동부장관이 결정하여 고시하는 금액(시행령 제88조)

4) 2019년 8월 27일 고용보험법 개정으로 2019년 10월부터, 90~240일이었던 실업급여 지급기간이 120~270일로 확대되었으며, 실업급여 지급대상의 연령구분도 3단계에서 2단계로 단순화되었다.

광역구직활동비 (제66조)	수급자격자가 직업안정기관의 소개에 따라 광범위한 지역에 걸쳐 구직활동을 하는 경우로서 대통령령으로 정하는 기준에 따라 직업안정기관의 장이 필요하다고 인정하면 지급 • 수급자격자의 거주지로부터 구직활동을 위하여 방문하는 사업장까지의 거리가 고용노동부령으로 정하는 거리(2021년 현재 25km) 이상일 것(시행령 제89조, 시행규칙 제111조)
이주비 (제67조)	수급자격자가 취업하거나 직업안정기관의 장이 지시한 직업능력개발 훈련 등을 받기 위하여 그 주거를 이전하는 경우로서 대통령령으로 정하는 기준에 따라 직업안정기관의 장이 필요하다고 인정하면 지급 • 이주비의 금액: 수급자격자 및 그 수급자격자에 의존하여 생계를 유지하는 동거 친족의 이주에 일반적으로 드는 비용(이주거리에 따라 고용노동부장관이 정하여 고시하는 금액)

3) 육아휴직급여 등

(1) 육아휴직급여

고용노동부장관은 「남녀고용평등과 일·가정 양립 지원에 관한 법률」 제19조에 따른 육아휴직을 30일 이상 부여받은 피보험자 중 육아휴직을 시작한 날 이전에 피보험 단위기간이 합산하여 180일 이상인 피보험자에게 육아휴직급여를 지급한다. 이때 육아휴직급여를 지급받으려는 사람은 육아휴직을 시작한 날 이후 1개월부터 육아휴직이 끝난 날 이후 12개월 이내에 신청하여야 한다. 다만, 해당 기간에 대통령령으로 정하는 사유로 육아휴직급여를 신청할 수 없었던 사람은 그 사유가 끝난 후 30일 이내에 신청하여야 한다. 한편 피보험자가 육아휴직급여 지급신청을 하는 경우 육아휴직기간 중에 이직하거나 고용노동부령으로 정하는 기준에 해당하는 취업을 한 사실이 있는 경우에는 해당 신청서에 그 사실을 기재하여야 한다(제70조).

피보험자가 육아휴직기간 중에 그 사업에서 이직한 경우에는 그 이직하였을 때부터 육아휴직급여를 지급하지 아니하며, 육아휴직기간 중에 취업을 한 경우에는 그 취업한 기간에 대하여 육아휴직급여를 지급하지 아니한다. 또한 피보험자가 사업주로부터 육아휴직을 이유로 금품을 지급받은 경우 금액을 감액하여 지급할 수 있다(제73조).

(2) 육아기 근로시간 단축 급여

고용노동부장관은 육아기 근로시간 단축을 30일 이상 실시한 피보험자 중 육아기 근로시간 단축을 시작한 날 이전에 피보험 단위기간이 합산하여 180일 이상인 피보험자에게 육아기 근로시간 단축 급여를 지급한다. 이때 육아기 근로시간 단축 급여를 지급받으려는 사람은 육아기 근로시간 단축을 시작한 날 이후 1개월부터 끝난 날 이후 12개월 이내에 신청하여야 한다. 다만, 해당 기간에 대통령령으로 정하는 사유로 육아기 근로시간 단축 급여를 신청할 수 없었던 사람은 그 사유가 끝난 후 30일 이내에 신청하여야 한다(제73조의2).

(3) 출산전후휴가 급여 등

고용노동부장관은 「남녀고용평등과 일·가정 양립 지원에 관한 법률」에 따라 피보험자가 「근로기준법」에 따른 출산전후휴가 또는 유산·사산휴가를 받은 경우와 「남녀고용평등과 일·가정 양립 지원에 관한 법률」 제18조의2에 따른 배우자 출산휴가 또는 같은 법 제18조의3에 따른 난임치료휴가를 받은 경우로서 다음 각 호의 요건을 모두 갖춘 경우에 출산전후휴가 급여 등을 지급한다(제75조).

1. 휴가가 끝난 날 이전에 제41조에 따른 피보험 단위기간이 합산하여 180일 이상일 것

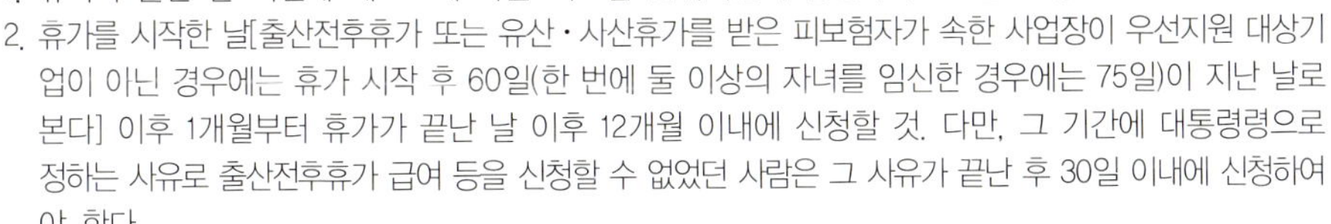
2. 휴가를 시작한 날[출산전후휴가 또는 유산·사산휴가를 받은 피보험자가 속한 사업장이 우선지원 대상기업이 아닌 경우에는 휴가 시작 후 60일(한 번에 둘 이상의 자녀를 임신한 경우에는 75일)이 지난 날로 본다] 이후 1개월부터 휴가가 끝난 날 이후 12개월 이내에 신청할 것. 다만, 그 기간에 대통령령으로 정하는 사유로 출산전후휴가 급여 등을 신청할 수 없었던 사람은 그 사유가 끝난 후 30일 이내에 신청하여야 한다.

4. 관리 · 운영체계[5)]

1) 고용보험위원회

「고용보험법」 및 「고용산재보험료징수법」(보험에 관한 사항만 해당한다)의 시행에 관한 주요 사항을 심의하기 위하여 고용노동부에 고용보험위원회를 둔다. 위원회는 위원장 1명을 포함한 20명 이내의 위원으로 구성한다. 위원장은 고용노동부차관이 되고, 위원은 근로자를 대표하는 사람, 사용자를 대표하는 사람, 공익을 대표하는 사람, 정부를 대표하는 사람 중에서 각각 같은 수(數)로 고용노동부장관이 임명하거나 위촉하는 사람이 된다. 위원회의 심의내용은 다음과 같다(제7조).

1. 보험제도 및 보험사업의 개선에 관한 사항
2. 「고용산재보험료징수법」에 따른 보험료율의 결정에 관한 사항
3. 보험사업의 평가에 관한 사항
4. 기금운용 계획의 수립 및 기금의 운용 결과에 관한 사항
5. 그 밖에 위원장이 보험제도 및 보험사업과 관련하여 위원회의 심의가 필요하다고 인정하는 사항

한편 고용보험위원회는 그 심의사항을 사전에 검토 · 조정하기 위하여 전문위원회를 둘 수 있도록 규정하고 있는데, 현재 고용보험운영전문위원회와 고용보험평가전문위원회를 두고 있다(시행령 제1조의7).

5) 고용보험은 산업재해보상보험과 마찬가지로 근로복지공단에서 주관하고 있다. 근로복지공단의 사업은 제13장 산업재해보상보험법의 해당 부분을 참고하기 바란다.

공공부조법의 이해

사회복지법제와 실천

공공부조법의 이해

CHAPTER 15

1. 공공부조법의 이해

1) 공공부조의 개념

공공부조는 국가와 지방자치단체의 책임하에 생활유지능력이 없거나 생활이 어려운 국민의 최저생활을 보장하고 자립을 지원하는 제도를 말한다(「사회보장기본법」 제3조 제3호). 즉 공공부조제도는 근로의 능력이 없거나 생활이 어려운 자에게 국가의 책임하에 최저한도의 건강하고 문화적인 생활을 할 권리를 보장해 주는 것이라고 할 수 있다. 공공부조법은 사회보험법, 사회서비스법과 함께 사회복지법의 3대 구성체계의 하나이다. 그러나 그 목적과 대상자의 특수성으로 인하여 국가와 지방자치단체가 전적으로 책임을 지고 비용을 부담한다는 점에서 다른 2개의 체계와 차이가 있다. 대표적인 우리나라의 공공부조법으로는 「국민기초생활보장법」과 「의료급여법」

이 있으며, 「긴급복지지원법」, 「기초연금법」, 「장애인연금법」 등도 공공부조법에 속한다.

2) 공공부조와 사회보험의 차이점

공공부조와 사회보험은 모두 사회보장제도이나 다음과 같은 차이가 있다. 주요 차이점을 살펴보면 다음과 같다(강희갑, 2006; 김기원, 2007). 첫째, 제도의 목적이 다르다. 공공부조는 빈곤 등의 사회적 위험이 발생한 이후 국가 등이 사후에 해결하는 사후적 대응책인데 비해 사회보험은 미래에 직면할 수 있는 사회적 위험을 정형화하여 보험기술을 통해 미리 대비하는 사전적 제도라는 차이가 있다. 둘째, 이념적인 차이가 있다. 공공부조는 도움이 필요한 사람을 선정하여 원조를 제공하는 선택주의에 입각하고 있으나, 사회보험은 모든 국민을 대상으로 하고 개별 보험제도에서 요구하는 자격요건을 갖추고 여기에 맞는 급여를 제공하는 점에서 보편주의를 채택하고 있다. 셋째, 원리의 차이가 있다. 즉 공공부조는 사람들을 차별하지 않고 평등하게 취급하여 일단 빈곤에 처한 모든 사람들에게 동일한 조건에서 똑같은 급여를 제공한다는 점에서 무차별 평등주의의 원리가 있다. 반면에 사회보험은 급여의 제공에 있어 가능한 기여금에 일정부분 비례하거나 혹은 가입연한에 비례하여 제공하는 경향이 있다. 넷째, 공공부조는 주로 빈곤층을 대상으로 하는데 반해 사회보험은 일정 요건을 갖춘 모든 국민을 대상으로 하고 있다. 따라서 공공부조는 자산조사(means test)를 통하여 자격을 정하지만, 사회보험은 기여금(보험료)과 가입기간 등을 자격요건으로 정하고 있다. 다섯째, 재원의 차이가 있다. 공공부조는 주로 일반조세수입을 통하여 재원을 마련하지만, 사회보험은 주로 가입자의 보험료(수혜대상자의 기여금과 사용자의 부담금)를 통하여 재원을 마련한다. 여섯째, 급여수준의 차이가 있다. 공공부조는 국민최저선(national minimum)을 설정하고 있으며, 최저생계비를 주매개로 하여 책정된다. 반면에 사회보험은 급여수준이 기계적으로 정해지는데 이것은 기여금 정도와 과거의 생활수준

그리고 사회적 통념 등을 고려하여 급여의 적정선을 선택한다. 일곱째, 공공부조는 더 많이 가진 자의 부가 빈곤층에게 이전되는 수직적 재분배가 주로 발생한다. 그러나 사회보험은 수직적 재분배기능이 일부 있지만, 상대적으로 수평적 재분배 기능이 더 크다. 여덟째, 수급권의 성격에서의 차이가 있다. 공공부조는 수혜자의 직접적인 기여가 없기 때문에 수급권에 대한 권리성이 약한 반면, 사회보험의 경우 수혜자의 직접적인 기여가 있기 때문에 급여에 대한 권리성이 상대적으로 강하다. 이상의 공공부조와 사회보험의 차이점을 비교·정리하면 〈표 15-1〉과 같다.

| 표 15-1 | 공공부조와 사회보험의 차이점

구분	공공부조	사회보험
목적	구빈(救貧), 사후적 대응	방빈(防貧), 사전적 대응
이념	선택주의	보편주의
원리	무차별평등(평등주의)	비례원리강조(형평주의)
대상	빈곤계층	국민 전체
자격요건	자산조사	기여금/가입기간 등
재원	일반조세	보험료
급여수준	국민최저선	적정선 추구
재분배	주로 수직적 재분배	주로 수평적 재분배
수급권의 성격	약한 권리성	강한 권리성

출처: 강희갑(2006). p.276; 김기원(2007). p.445.

국민기초생활보장법

CHAPTER 16

1. 의의 및 연혁

1) 의의

「국민기초생활보장법」은 국민의 생존권 보장을 목적으로 국민의 최저생활을 보장하는 것과 관련된 법으로, 생활이 어려운 사람에게 필요한 급여를 실시하여 이들의 최저생활을 보장하고 자활을 돕는 것을 목적으로 한다(「국민기초생활보장법」 제1조). 즉, 「헌법」에 보장된 인간다운 생활을 할 권리, 생존권, 사회권, 복지권 내지는 사회보장수급권 보장에 근거한 법률로 공공부조수급권을 구체적으로 보장하기 위한 법이다. 따라서 최저생활을 보장하기 위해 마련되었으며, 가능한 도움을 받는 사람들이 자활·자립할 수 있도록 돕는 것을 목적으로 하고 있다.

2) 입법 배경 및 주요 연혁

1997년 IMF 외환위기에 따른 경제불황과 이에 따라 발생한 대량실업, 그리고 빈곤층의 대량발생 등 당시 광범위하게 발생한 절대적 빈곤에 국가가 적극적으로 대응할 수 있는 새로운 제도의 도입이 절실히 필요하다는 사회적 공감대가 이루어졌다. 즉 기존의 저소득층을 포함한 국가 전체의 빈곤계층의 생활안정을 위하여 새로운 형태의 정책적·제도적 장치가 요구되었던 것이다. IMF 경제위기상황 당시 기존의 「생활보호법」을 근간으로 하면서 생활보호, 실업급여, 공공근로, 노숙인 보호, 생업자금융자 등 사회안전망사업이 실시되었지만, 많은 저소득층이 사회보장의 혜택을 전혀 받지 못하는 사각지대에 놓이게 되어 국가가 모든 국민의 기본적인 생활을 제도적으로 보장해야 할 필요성이 대두되었다. 즉 기존의 「생활보호법」은 보호대상을 특정 범주의 사람들만 제한적으로 규정하고 있어 사회안전망의 사각지대에 놓인 빈곤층과 저소득층의 생존이 위기에 처하는 상황이 발생하였다. 또한 중간소득층을 포함한 대규모사업장의 장기실업자, 영세사업장의 실직자, 일용노동자, 기타 영세 도시빈민 등을 망라한 본격적이고도 일반적인 사회문제로 자리잡게 되었다. 이와 같이 당시 IMF 경제위기상황은 '특정 인구학적 범주에 국한된 예외적·비현실적인 보호'에서 '빈곤'이라는 이유 하나만으로 생존을 보장하는 '일반적 공공부조'로의 전환을 절실히 요구하였던 것이다. 또, 기존 「생활보호법」에서 실질적으로는 제외되었던 18세 이상 65세 미만 자들의 장기실업으로 인한 '절대적 빈곤'에 대하여 국가 및 지방자치단체에서 적극적으로 대응할 수 있도록 새로운 제도의 도입이 필요하였다(김기원, 2000). 이에 단순 생계지원이 아닌 수급자이 자립자활을 촉진하는 생산적 복지 지향의 종합적 빈곤대책이 필요하게 되었다. 이러한 배경에서 1999년 9월 7일 「국민기초생활보장법」이 제정·공포되었고, 2000년 10월 1일부터 실시되게 되었다.

「국민기초생활보장법」이 기존의 「생활보호법」과 다른 특성은 크게 다음과 같은 세 가지이다(김수정, 2017). 첫째, 최저생활보장이 권리라는 점을 부각시키기 위해 '수급권', '보장기관' 등의 용어를 사용하여 법률에 국민의 권리를 명확히 명시하였다. 즉 기존의 「생활보호법」은 빈곤의 책임이 개인과 가족에 있다는 관점에서 법의 내용이 잔여적 · 시혜적 성격을 띠고 있었다. 그러나 「국민기초생활보장법」은 빈곤에 대한 사회구조적인 접근을 기반으로 하여 법의 명칭을 '생활보호'에서 '생활보장'으로, 법적용 대상자를 '보호대상자'에서 '수급권자'로, 법적용 의무자를 '보호기관'에서 '보장기관'으로, 그리고 보장내용을 '보호'에서 '급여'로 바꾸었다. 둘째, 「생활보호법」의 가장 큰 문제로 지적되어 왔던 대상자의 제한을 폐지하였다. 즉, 연령과 신체상태 등을 기준으로 대상자를 한정하였던 것을 폐지하고 소득인정액을 기준으로 하여 대상자를 선정하였다. 기존의 「생활보호법」에서는 '생계보호'와 '자활보호'로 구분하고 생계보호대상자는 65세 이상의 노쇠자, 18세 미만의 아동, 임산부, 질병 · 사고 등의 결과로 근로능력을 상실했거나 장애로 인해 근로능력이 없는 자로 보호대상자의 범위를 제한하였다. 그러나 「국민기초생활보장법」에서는 근로능력이나 연령에 관계없이 소득인정액이 최저생계비에 미달하는 모든 가구를 수급대상자로 정하였다. 셋째, 기존의 '생계보호'와 '자활보호'로 이원화되어 있던 급여체계를 다양화하여 개별 대상자에 맞는 급여가 이루어지도록 하였다.

현재 「국민기초생활보장법」은 주로 지난 2014년에 개정된 것이다. 당시 개정된 주요 내용으로는 맞춤형 급여체계 개편을 위하여 최저보장수준과 기준 중위소득을 정의하고, 급여의 종류별로 보건복지부장관 또는 소관 중앙행정기관의 장이 급여의 기준을 정하도록 하였다. 그리고 급여체계 개편에 따라 수급권자의 범위를 급여의 종류별로 별도로 규정하게 되어, 수급권자의 범위를 삭제하고, 수급권자의 범위에 대한 특례규정을 별도로 규정하였다. 또 기준 중위소득과 소득인정액의 산정방식을 법률에 명시하였다. 「국민기초생활보장법」의 제 · 개정 관련 주요 연혁을 살펴보면 〈표 16-1〉과 같다.

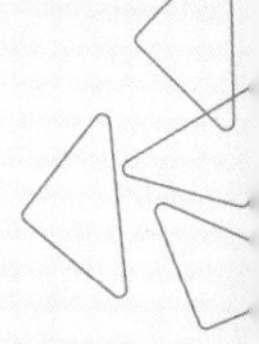

| 표 16-1 | 국민기초생활보장법 주요 연혁

제·개정(시행)	주요 내용
1999.9.7. (2000.10.1.)	국민기초생활보장법 제정
2005.12.23. (2007.1.1.)	일부개정 • 부양의무자의 범위를 1촌의 직계혈족 및 그 배우자로 축소하여 수급대상을 확대함 • 급여지급의 기본단위인 개별가구의 개념을 명확히 규정함 • 국내체류 외국인 중 한국인과 결혼하여 한국국적의 미성년자녀를 양육하고 있는 자도 수급권자가 되도록 하여 외국인 배우자와 그 자녀의 복시를 증진힘
2006.12.28. (2007.1.1.)	일부개정 • 차상위계층에 부분급여지급 • 중앙자활센터 설치
2011.6.7. (2011.9.8.)	일부개정 • 수급자의 자활촉진을 위해 가구 특성을 감안한 고용지원 서비스 연계, 아동·노인 등에 대한 서비스 지원, 자산 형성을 위한 재정적 지원 및 교육 실시 • 급여를 수급권자 명의의 지정된 계좌에 입금하도록 하고 그 계좌의 예금은 압류할 수 없도록 함으로써 수급자의 기초생활을 실질적으로 보장하고, 수급권 보호의 실효성을 확보
2012.2.1. (2012.2.1.)	일부개정 • 시·도 단위 광역자활센터 지정할 수 있는 법적 근거 마련 • 자활공동체 조항을 자활기업으로 개정 • 중앙자활센터 사업에 수급자와 차상위자에 대한 취·창업을 위한 자활촉진 프로그램 개발 및 지원 추가
2014.12.30. (2015.7.1.)	일부개정 • 맞춤형 급여체계 개편을 위하여 최저보장수준과 기준 중위소득을 정의 • 급여의 종류별로 보건복지부 장관 또는 소관 중앙행정기관의 장이 급여의 기준을 정함 • 급여체계 개편에 따라 수급권자의 범위는 급여의 종류별로 별도로 규정하게 되므로 현행 수급권자의 범위는 삭제하되, 수급권자의 범위에 대한 특례규정은 별도로 규정 • 기준 중위소득과 소득인정액의 산정방식을 법률에 명시

2. 목적과 용어의 정의

1) 목적

「국민기초생활보장법」은 생활이 어려운 사람에게 필요한 급여를 실시하여 이들의 최저생활을 보장하고 자활을 돕는 것을 목적으로 한다(제1조). 즉 「국민기초생활보장법」은 공공부조법으로서 「헌법」에서 규정하고 있는 생존권 보장을 위한 구체적이고 최후의 보루로서 기능하는 법으로, 생활이 어려운 사람들의 '최저생활을 보장'하고, '자활을 돕는다'는 2가지 목적을 가지고 있다.

2) 용어의 정의

(1) 수급권자, 수급자, 수급품

이 법에 따른 급여를 받을 수 있는 자격을 가진 사람을 '수급권자'[1]라고 하며, 실제 급여를 받는 사람은 '수급자'라고 한다. 또, 이 법에 따라 수급자에게 지급하거나 대여하는 금전 또는 물품을 '수급품'이라고 한다(제2조 제1~3호).

---

1) 국내에 체류하고 있는 외국인 중 대한민국 국민과 혼인하여 본인 또는 배우자가 임신 중이거나 대한민국 국적의 미성년 자녀를 양육하고 있거나 배우자의 대한민국 국적인 직계존속(直系尊屬)과 생계나 주거를 같이하고 있는 사람으로서 대통령령으로 정하는 사람이 이 법에 따른 급여를 받을 수 있는 자격을 가진 경우에는 수급권자가 된다(제5조의2 외국인에 대한 특례). 대통령령에서 규정하고 있는 수급권자에 해당하는 외국인의 범위는 다음과 같다.

1. 대한민국 국민과 혼인 중인 사람으로서 다음 각목의 어느 하나에 해당하는 사람
   가. 본인 또는 대한민국 국적의 배우자가 임신 중인 사람
   나. 대한민국 국적의 미성년 자녀(계부자·계모자 관계와 양친자 관계 포함)를 양육하고 있는 사람
   다. 배우자의 대한민국 국적인 직계존속과 생계나 주거를 같이 하는 사람
2. 대한민국 국민인 배우자와 이혼하거나 그 배우자가 사망한 사람으로서 대한민국 국적의 미성년 자녀를 양육하고 있는 사람 또는 사망한 배우자의 태아를 임신하고 있는 사람

(2) 보장기관과 보장시설

이 법에서는 보장기관과 보장시설을 정의하고 있는데, 이 법에 따른 급여를 실시하는 국가 또는 지방자치단체를 '보장기관'이라고 하며, 이 법에서 규정된 급여를 실시하는 「사회복지사업법」에 따른 사회복지시설로서 보건복지부령으로 정하는 시설은 '보장시설'이라고 정의하고 있다(제2조 제4~5호).

(3) 부양의무자

부양의무자란 수급권자를 부양할 책임이 있는 사람으로서 수급권자의 1촌의 직계혈족 및 그 배우자(부모와 자식)를 말한다. 다만, 사망한 1촌의 직계혈족 및 그 배우자는 제외한다(제2조 제5호). 따라서 조부모와 손자녀, 그리고 형제·자매 등 사이에는 법률상 부양의무가 없다. 또한 자식이 사망한 경우 그 배우자(아들이 사망한 경우 며느리, 딸이 사망한 경우 사위)는 부양의무가 없다. 한편 이 법에서 수급권자가 되기 위해서는 부양의무자가 없거나, 부양의무자가 있어도 부양능력이 없거나 부양을 받을 수 없는 경우여야 한다. 「국민기초생활보장법」에서 부양능력이 없거나 부양을 받을 수 없는 경우는 〈표 16-2〉와 같다.

| 표 16-2 | 부양능력이 없거나 부양을 받을 수 없는 경우(제8조의2 부양능력 등)

구분	주요 내용
부양능력이 없는 경우	1. 기준 중위소득수준을 고려하여 대통령령으로 정하는 소득·재산 기준 미만인 경우[2] 2. 직계존속 또는 장애인연금법 제2호의 중증장애인이 직계비속을 자신의 주거에서 부양하는 경우로서 보건복지부장관이 정하여 고시하는 경우 3. 그 밖에 질병, 교육, 가구 특성 등으로 부양능력이 없다고 보건복지부장관이 정하는 경우

2) 시행령 제5조의6(부양능력이 없는 경우) ① 법 제8조의2 제1항 제1호에서 '대통령령으로 정하는 소득·재산 기준 미만인 경우'란 부양의무자가 다음 각 호의 어느 하나에 해당하는 경우를 말한다.
1. 수급자인 경우
2. 다음 각목의 어느 하나에 해당하는 사람으로서 재산의 소득환산액이 보건복지부장관이 정하여 고시하는 금액 미만인 경우
가. 실제소득에서 질병, 교육 및 가구특성을 고려하여 보건복지부장관이 정하여 고시하는 금액을 뺀 금액

부양을 받을 수 없는 경우	1. 부양의무자가 「병역법」에 따라 징집되거나 소집된 경우 2. 부양의무자가 「해외이주법」의 해외이주자에 해당하는 경우 3. 부양의무자가 「형의 집행 및 수용자의 처우에 관한 법률」 및 「치료감호법」 등에 따른 교도소, 구치소, 치료감호시설 등에 수용 중인 경우 4. 부양의무자에 대하여 실종선고 절차가 진행 중인 경우 5. 부양의무자가 '보장시설'에서 급여를 받고 있는 경우 6. 부양의무자의 가출 또는 행방불명으로 경찰서 등 행정관청에 신고된 후 1개월이 지났거나 가출 또는 행방불명 사실을 특별자치시장・특별자치도지사・시장・군수・구청장(자치구의 구청장을 말한다. 이하 "시장・군수・구청장")이 확인한 경우 7. 부양의무자가 부양을 기피하거나 거부하는 경우 8. 그 밖에 부양을 받을 수 없는 것으로 보건복지부장관이 정하는 경우 * 「아동복지법」 제15조 제1항 제2호부터 제4호까지(제2호의 경우 친권자인 보호자는 제외한다)에 따라 부양 대상 아동이 보호조치된 경우에는 제8조 제2항, 제12조 제3항, 제12조의3 제2항에 따른 부양을 받을 수 없는 것으로 본다.

(4) 최저보장수준과 최저생계비

① 최저보장수준

최저보장수준은 국민의 소득・지출수준과 수급권자의 가구 유형 등 생활실태, 물가상승률 등을 고려하여 급여 종류별로 공표하는 금액이나 보장수준을 말한다(제2조 제6호). 보건복지부장관 또는 소관 중앙행정기관의 장은 급여의 종류별 수

(차감된 소득)이 기준 중위소득 미만인 사람
나. 일용근로 등에 종사하는 사람. 이 경우 일용근로는 근로를 한 날이나 시간에 따라 근로대가를 계산하는 근로로서 고용계약기간이 1개월 미만인 근로로 한다.
3. 위 1, 2. 외의 사람으로서 다음 각목의 요건을 모두 충족하는 경우
가. 차감된 소득이 수급권자 기준 중위소득의 100분의 40과 해당 부양의무자 기준 중위소득을 더한 금액 미만일 것
나. 재산의 소득환산액이 보건복지부장관이 정하여 고시하는 금액 미만일 것
다. 부양의무자의 차감된 소득에서 부양의무자 기준 중위소득에 해당하는 금액을 뺀 금액의 범위에서 보건복지부장관이 정하는 금액을 수급권자에게 정기적으로 지원할 것
② 보건복지부장관은 다음 각 호의 어느 하나에 해당하는 경우에는 부양능력 인정기준을 완화하여 정할 수 있다.
1. 부양의무자가 혼인한 딸이거나 혼인한 딸의 직계존속인 경우
2. 부양의무자 가구에 「장애인연금법」에 따른 중증장애인이 있는 경우
3. 노인, 장애인, 한부모가족 등 수급권자 가구의 특성으로 인하여 특히 생활이 어렵다고 보건복지부장관이 정하는 경우

급자 선정기준 및 최저보장수준을 결정하여야 하며, 매년 8월 1일까지 중앙생활보장위원회의 심의·의결을 거쳐 다음 연도의 급여의 종류별 수급자 선정기준 및 최저보장수준을 공표하여야 한다(제6조).

② 최저생계비

최지생계비는 국민이 건강하고 문화적인 생활을 유지하기 위하여 소요되는 최소한의 비용으로서 제20조2 제4항에 따라 보건복지부장관이 계측하는 금액을 말한다(제2조 제7호). 보건복지부장관은 수급권자, 수급자 및 차상위계층 등의 규모·생활실태 파악, 최저생계비 계측 등을 위하여 3년마다 실태조사를 실시·공표하여야 한다(제20조2 제4항).

(5) 개별가구와 소득인정액

이 법에 따른 급여를 받거나 이 법에 따른 자격요건 부합여부에 관한 조사를 받는 기본단위로서 수급자 및 수급권자로 구성된 가구를 '개별가구'라고 하며, 이 개별가구의 소득평가액과 재산의 소득환산액을 합산한 금액을 '소득인정액'이라고 한다.

① 개별가구의 소득평가액

개별가구의 소득평가액은 개별가구의 실제소득에도 불구하고 보장기관이 급여의 결정 및 실시 등에 사용하기 위하여 산출한 금액으로 근로소득, 사업소득, 재산소득, 이전소득을 합한 개별가구의 실제소득에서 장애·질병·양육 등 가구 특성에 따른 지출요인, 근로를 유인하기 위한 요인, 그 밖에 추가적인 지출요인에 해당하는 금액을 감하여 산정한다(제6조의3 제1항).

② 재산의 소득환산액

재산의 소득환산액은 개별가구의 재산가액에서 기본재산액(기초생활의 유지에 필요하다고 보건복지부장관이 정하여 고시하는 재산액) 및 부채를 공제한 금액에 소득환산율을 곱하여 산정한다. 이 경우 소득으로 환산하는 재산의 범위는 일반재산(금융재산 및 자동차를 제외한 재산), 금융재산, 자동차를 말한다(제6조의3 제2항).

(6) 차상위계층

차상위계층이란 수급권자에 해당하지 아니하는 계층으로서 소득인정액이 대통령령으로 정하는 기준 이하인 계층을 말한다(제2조 제10호). 「국민기초생활보장법」 제7조 제3항에서 차상위계층에 속하는 사람(이하 '차상위자')에 대한 급여는 보장기관이 차상위자의 가구별 생활여건을 고려하여 예산의 범위에서 생계급여, 주거급여, 의료급여, 교육급여, 장제급여, 자활급여 등 해산급여를 제외한 급여의 전부 또는 일부를 실시할 수 있다고 규정하고 있으며, 차상위자에 대한 급여의 기준 및 절차 등에 관하여 필요한 사항은 대통령령으로 정한다고 규정하고 있다(제7조 제3항).[3)]

(7) 기준중위소득

기준중위소득이란 보건복지부장관이 급여의 기준 등에 활용하기 위하여 중앙생활보장위원회의 심의·의결을 거쳐 고시하는 국민 가구소득의 중위값을 말한다(제2조 제11호). 기준 중위소득은 「통계법」 제27조에 따라 통계청이 공표하는 통계자료의 가구 경상소득(근로소득, 사업소득, 재산소득, 이전소득을 합산한 소득)의 중간값에 최근 가구소득 평균 증가율, 가구규모에 따른 소득수준의 차이 등을 반영하여 가구규모별로 산정한다. 그 밖에 가구규모별 소득수준 반영 방법 등 기준 중위소득의 산정에 필요한 사항은 중앙생활보장위원회에서 정한다(제6조의2).

3) 시행령에서는 소득인정액이 기준 중위소득의 100분의 50 이하인 사람을 차상위계층으로 정의하고 있으며(시행령 제3조 차상위계층), 제5조의5(차상위자에 대한 급여의 기준 등) 제1항에서는 "차상위자에게 지급하는 급여는 자활급여로 한다."고 규정하고 있어, 현재 「국민기초생활보장법」에 따라 차상위자가 받을 수 있는 급여는 자활급여로 한정된다고 할 수 있다.

3. 급여

1) 급여의 원칙과 기준

(1) 급여의 원칙

① 보충성의 원칙

이 법에 따른 급여는 수급자가 자신의 생활의 유지・향상을 위하여 그의 소득, 재산, 근로능력 등을 활용하여 최대한 노력하는 것을 전제로 이를 보충・발전시키는 것을 기본원칙으로 한다(제3조 제1항).

② 타법 우선의 원칙

부양의무자의 부양과 다른 법령에 따른 보호는 이 법에 따른 급여에 우선하여 행하여지는 것으로 한다. 다만, 다른 법령에 따른 보호의 수준이 이 법에서 정하는 수준에 이르지 아니하는 경우에는 나머지 부분에 관하여 이 법에 따른 급여를 받을 권리를 잃지 아니한다(제3조 제2항).

(2) 급여의 기준

이 법에서 규정한 급여의 기준은 다음과 같다(제4조).

① 최저생활보장

이 법에 따른 급여는 건강하고 문화적인 최저생활을 유지할 수 있는 것이어야 한다.

② 급여의 개별화

이 법에 따른 급여의 기준은 수급자의 연령, 가구 규모, 거주지역, 그 밖의 생활여건 등을 고려하여 급여의 종류별로 보건복지부장관이 정하거나 급여를 지급하는 중앙행정기관의 장(이하 '소관 중앙행정기관의 장')이 보건복지부장관과 협의하여 정한다.

③ 급여의 단위

보장기관은 이 법에 따른 급여를 개별가구를 단위로 실시하되, 「장애인복지법」 제32조에 따라 등록한 장애인 중 장애의 정도가 심한 장애인으로서 보건복지부장관이 정하는 사람에 대한 급여 등 특히 필요하다고 인정하는 경우에는 개인단위로 실시할 수 있다.

④ 지방자치단체별 급여 제공

지방자치단체인 보장기관은 해당 지방자치단체의 조례로 정하는 바에 따라 이 법에 따른 급여의 범위 및 수준을 초과하여 급여를 실시할 수 있다. 이 경우 해당 보장기관은 보건복지부장관 및 소관 중앙행정기관의 장에게 알려야 한다.

2) 급여의 종류

이 법에서 규정하고 있는 급여는 생계급여, 주거급여, 의료급여, 교육급여, 해산급여(解産給與), 장제급여(葬祭給與), 자활급여 등 7가지이며, 수급자의 필요에 따라 7가지 급여의 전부 또는 일부를 실시한다(제7조).[4] 급여의 주요 내용은 다음과 같다.

4) 한편 차상위자에 대한 급여는 보장기관이 차상위자의 가구별 생활여건을 고려하여 예산의 범위에 주거급여, 의료급여, 교육급여, 장제급여, 자활급여 중 전부 또는 일부를 실시할 수 있도록 규정(제7조 제3항)하고 있다. 그러나 앞서 살펴본 것처럼 2022년 현재 자활급여만 지급되고 있다.

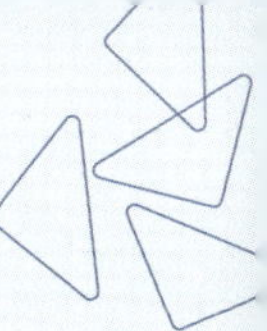

(1) 생계급여

① 생계급여의 내용

생계급여는 수급자에게 의복, 음식물 및 연료비와 그 밖에 일상생활에 기본적으로 필요한 금품을 지급하여 그 생계를 유지하게 하는 것으로 한다. 생계급여 수급권자는 부양의무자가 없거나, 부양의무자가 있어도 부양능력이 없거나 부양을 받을 수 없는 사람으로서 소득인정액이 중앙생활보장위원회의 심의·의결을 거쳐 결정하는 금액(이하 '생계급여 선정기준') 이하인 사람으로 한다. 이 경우 생계급여 선정기준은 기준 중위소득의 100분의 30 이상으로 한다. 생계급여 최저보장수준은 생계급여와 소득인정액을 포함하여 생계급여 선정기준 이상이 되도록 하여야 한다. 한편 보장시설에 위탁하여 생계급여를 실시하는 경우에는 보건복지부장관이 정하는 고시에 따라 그 선정기준 등을 달리 정할 수 있다(제8조).

② 생계급여의 방법

생계급여는 금전을 지급하는 것으로 한다. 다만, 금전으로 지급할 수 없거나 금전으로 지급하는 것이 적당하지 아니하다고 인정하는 경우에는 물품을 지급할 수 있다. 이러한 수급품은 특별한 사정이 있어서 지급방법을 다르게 정하는 것을 제외하고는 매월 정기적으로 지급하여야 한다. 또 수급품은 수급자에게 직접 지급한다. 다만, 보장시설이나 타인의 가정에 위탁하여 생계급여를 실시하는 경우에는 그 위탁받은 사람에게 이를 지급할 수 있다. 이 경우 보장기관은 보건복지부장관이 정하는 바에 따라 정기적으로 수급자의 수급 여부를 확인하여야 한다. 생계급여는 보건복지부장관이 정하는 바에 따라 수급자의 소득인정액 등을 고려하여 차등지급할 수 있다. 보장기관은 대통령령으로 정하는 바에 따라 근로능력이 있는 수급자에게 자활에 필요한 사업에 참가할 것을 조건으로 하여 생계급여를 실시할 수 있다. 이 경우 보장기관은 자활지원계획을 고려하여 조건을 제시하여야 한다(제9조).

③ 생계급여를 실시할 장소

생계급여는 수급자의 주거에서 실시한다. 다만, 수급자가 주거가 없거나 주거가 있어도 그곳에서는 급여의 목적을 달성할 수 없는 경우 또는 수급자가 희망하는 경우에는 수급자를 보장시설이나 타인의 가정에 위탁하여 급여를 실시할 수 있다. 수급자에 대한 생계급여를 타인의 가정에 위탁하여 실시하는 경우에는 거실의 임차료와 그 밖에 거실의 유지에 필요한 비용은 수급품에 가산하여 지급한다. 이 경우 이 법에서 규정하는 주거급여가 실시된 것으로 본다(제10조).

(2) 주거급여

주거급여는 수급자에게 주거 안정에 필요한 임차료, 수선유지비, 그 밖의 수급품을 지급하는 것으로 한다. 주거급여에 관하여 필요한 사항은 따로 법률에서 정하도록 규정하고 있는데, 현재 국토교통부에서 관할하는 「주거급여법」에서 주거급여에 대해서 별도로 정하고 있다(제11조)[5].

(3) 교육급여

교육급여는 수급자에게 입학금, 수업료, 학용품비, 그 밖의 수급품을 지급하는 것으로 하되, 학교의 종류·범위 등에 관하여 필요한 사항은 대통령령으로 정한다. 교육급여는 교육부장관의 소관으로, 교육급여 수급권자는 부양의무자가 없거나, 부양의무자가 있어도 부양능력이 없거나 부양을 받을 수 없는 사람으로서 그 소득인정액이 중앙생활보장위원회의 심의·의결을 거쳐 결정하는 금액(이하 '교육급여 선정기준') 이하인 사람으로 한다(제12조). 이 경우 교육급여 선정기준은 기준 중위소득의 100분의 50 이상으로 한다. 한편 교육급여 수급권자를 선정하는 경우에는 「초·중등교육법」에 따른 교육비 지원과의 연계·통합을 위하여 소득인정액이 교육급여

5) 2024년 현재 주거급여법에서는 '주거급여 선정기준은 기준 중위소득의 100분의 43 이상으로 한다.'고 규정하고 있다. 또한 2018년 복지사각지대 해소를 위해 주거급여법을 개정하여 부양의무자 요건을 폐지하였다. 따라서 주거급여의 경우 부양의무자 기준을 적용하지 않고 있다(주거급여법 제5조 수급권자의 범위).

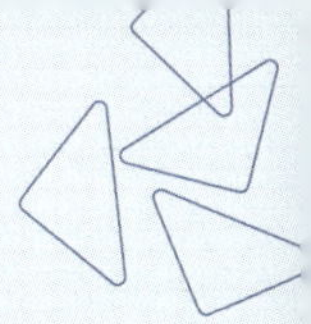

선정기준 이하인 사람을 수급권자로 본다. 즉, 부양의무자 기준을 적용하지 않고 있다(제12조의2 교육급여의 적용특례).

(4) 의료급여

의료급여는 수급자에게 건강한 생활을 유지하는 데 필요한 각종 검사 및 치료 등을 지급하는 것으로 한다. 의료급여 수급권자는 부양의무자가 없거나, 부양의무자가 있어도 부양능력이 없거나 부양을 받을 수 없는 사람으로서 그 소득인정액이 중앙생활보장위원회의 심의·의결을 거쳐 결정하는 금액(의료급여 선정기준) 이하인 사람으로 한다. 이 경우 의료급여 선정기준은 기준 중위소득의 100분의 40 이상으로 한다(제12조의3). 의료급여에 관하여 필요한 사항은 따로 법률에서 정하도록 규정하고 있는데, 현재 「의료급여법」에서 따로 규정하고 있다.

(5) 해산급여

해산급여는 생계급여, 주거급여, 의료급여 중 하나 이상의 급여를 받는 수급자에게 조산(助産), 분만 전과 분만 후에 필요한 조치와 보호의 급여를 실시하는 것으로 보건복지부령으로 정하는 바에 따라 보장기관이 지정하는 의료기관에 위탁하여 실시할 수 있다. 해산급여에 필요한 수급품은 보건복지부령으로 정하는 바에 따라 수급자나 그 세대주 또는 세대주에 준하는 사람에게 지급한다. 다만, 그 급여를 의료기관에 위탁하는 경우에는 수급품을 그 의료기관에 지급할 수 있다(제13조).

(6) 장제급여

장제급여는 생계급여, 주거급여, 의료급여 중 하나 이상의 급여를 받는 수급자가 사망한 경우 사체의 검안(檢案)·운반·화장 또는 매장, 그 밖의 장제조치를 하는 것으로 한다. 장제급여는 보건복지부령으로 정하는 바에 따라 실제로 장제를 실시하는 사람에게 장제에 필요한 비용을 지급하는 것으로 한다. 다만, 그 비용을 지급할 수 없거나 비용을 지급하는 것이 적당하지 아니하다고 인정하는 경우에는 물품을 지급할 수 있다(제14조).

(7) 자활급여

자활급여는 수급자의 자활을 돕기 위하여, 자활에 필요한 금품의 지급 또는 대여, 자활에 필요한 근로능력의 향상 및 기능습득의 지원, 취업알선 등 정보의 제공, 자활을 위한 근로기회의 제공, 자활에 필요한 시설 및 장비의 대여, 창업교육·기능훈련 및 기술·경영지도 등 창업지원, 자활에 필요한 자산형성 지원, 그 밖에 대통령령으로 정하는 자활을 위한 각종 지원의 급여를 행하는 것으로 한다. 이러한 자활급여는 관련 공공기관·비영리법인·시설과 그 밖에 대통령령으로 정하는 기관에 위탁하여 실시할 수 있으며, 이 경우 그에 드는 비용은 보장기관이 부담한다(제15조).

3) 급여의 실시

(1) 급여의 신청

수급권자와 그 친족, 그 밖의 관계인은 관할 시장·군수·구청장에게 수급권자에 대한 급여를 신청할 수 있다. 차상위자가 급여를 신청하려는 경우에도 같다. 사회복지 전담공무원은 이 법에 따른 급여를 필요로 하는 사람이 누락되지 아니하도록 하기 위하여 관할지역에 거주하는 수급권자에 대한 급여를 직권으로 신청할 수 있다. 이 경우 수급권자의 동의를 구하여야 하며 수급권자의 동의는 수급권자의 신청으로 볼 수 있다. 급여신청을 할 때나 사회복지 전담공무원이 급여신청을 하는 것에 수급권자가 동의하였을 때에는 수급권자와 부양의무자는 금융정보, 신용정보, 보험정보의 제공에 대하여 동의한다는 서면을 제출하여야 한다. 수급권자 등이 급여를 신청할 경우 사회복지 전담공무원은 신청한 사람이 급여에 관

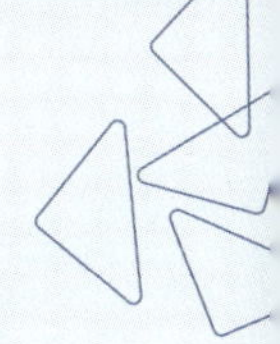

한 정보의 부족 등으로 불리한 입장에 놓이지 아니하도록 수급권자의 선정기준, 급여의 내용 및 신청방법 등을 알기 쉽게 설명하여야 한다. 시장 · 군수 · 구청장은 신청자에게 급여 신청의 철회나 포기를 유도하는 행위를 하여서는 아니 된다(제21조).

(2) 신청에 의한 조사

시장 · 군수 · 구청장은 급여신청이 있는 경우에는 사회복지 전담공무원으로 하여금 급여의 결정 및 실시 등에 필요한 다음의 사항, 즉 부양의무자의 유무 및 부양능력 등 부양의무자와 관련된 사항, 수급권자 및 부양의무자의 소득 · 재산에 관한 사항, 수급권자의 근로능력, 취업상태, 자활욕구 등 제28조에 따른 자활지원계획 수립에 필요한 사항, 그 밖에 수급권자의 건강상태, 가구 특성 등 생활실태에 관한 사항을 조사하게 하거나 수급권자에게 보장기관이 지정하는 의료기관에서 검진을 받게 할 수 있다. 시장 · 군수 · 구청장은 신청한 수급권자 또는 그 부양의무자의 소득, 재산 및 건강상태 등을 확인하기 위하여 필요한 자료를 확보하기 곤란한 경우 보건복지부령으로 정하는 바에 따라 수급권자 또는 부양의무자에게 필요한 자료의 제출을 요구할 수 있다. 또한, 급여의 결정 또는 실시 등을 위하여 필요한 경우에는 조사를 관계 기관에 위촉하거나 수급권자 또는 그 부양의무자의 고용주, 그 밖의 관계인에게 이에 관한 자료의 제출을 요청할 수 있다(제22조).

(3) 확인조사

시장 · 군수 · 구청장은 수급자 및 수급자에 대한 급여의 적정성을 확인하기 위하여 매년 연간조사계획을 수립하고 관할구역의 수급자를 대상으로 급여의 결정 및 실시 등에 필요한 사항을 매년 1회 이상 정기적으로 조사하여야 하며, 특히 필요하다고 인정하는 경우에는 보장기관이 지정하는 의료기관에서 검진을 받게 할 수 있다. 다만, 보건복지부장관이 정하는 사항은 분기마다 조사하여야 한다(제23조).

(4) 차상위계층에 대한 조사

시장·군수·구청장은 급여의 종류별 수급자 선정기준의 변경 등에 의하여 수급권자의 범위가 변동함에 따라 다음 연도에 이 법에 따른 급여가 필요할 것으로 예측되는 수급권자의 규모를 조사하기 위하여 보건복지부령으로 정하는 바에 따라 차상위계층에 대하여 조사할 수 있다(제24조).

(5) 급여의 결정

시장·군수·구청장은 급여 신청에 의한 조사를 하였을 때에는 지체 없이 급여 실시 여부와 급여의 내용을 결정하여야 한다. 또한 차상위계층을 조사한 시장·군수·구청장은 급여개시일이 속하는 달에 급여 실시 여부와 급여 내용을 결정하여야 한다. 시장·군수·구청장은 급여 실시 여부와 급여 내용을 결정하였을 때에는 그 결정의 요지, 급여의 종류·방법 및 급여의 개시 시기 등을 서면으로 수급권자 또는 신청인에게 통지하여야 한다. 신청인에 대한 통지는 급여의 신청일부터 30일 이내에 하여야 한다. 다만, 부양의무자의 소득·재산 등의 조사에 시일이 걸리는 특별한 사유가 있거나, 수급권자 또는 부양의무자가 조사나 자료제출 요구를 거부·방해 또는 기피하는 경우에는 신청일부터 60일 이내에 통지할 수 있다. 이 경우 통지서에 그 사유를 구체적으로 밝혀야 한다(제26조).

(6) 급여의 실시

급여 실시 및 급여 내용이 결정된 수급자에 대한 급여는 급여의 신청일부터 시작한다. 다만, 보건복지부장관 또는 소관중앙행정기관의 장이 매년 결정·공표하는 급여의 종류별 수급자 선정기준의 변경으로 인하여 매년 1월에 새로 수급자로 결정되는 사람에 대한 급여는 해당 연도의 1월 1일을 그 급여개시일로 한다. 시장·군수·구청장은 급여 실시 여부의 결정을 하기 전이라도 수급권자에게 급여를 실시하여야 할 긴급한 필요가 있다고 인정할 때에는 급여의 일부를 실시할 수 있

다(제27조).

(7) 급여의 지급방법과 대리수령

보장기관이 급여를 금전으로 지급할 때에는 수급자의 신청에 따라 수급자 명의의 지정된 계좌(이하 '급여수급계좌')[6]로 입금하여야 한다. 급여수급계좌의 해당 금융기관은 이 법에 따른 급여와 추가로 지방자치단체가 실시하는 급여만이 급여수급계좌에 입금되도록 관리하여야 한다(제27조의2). 보장기관은 수급자가 피성년후견인이거나, 채무불이행으로 금전채권이 압류된 경우, 그 밖에 대통령령으로 정하는 사유로 본인명의의 계좌를 개설하기 어려운 경우 중 어느 하나에 해당하는 경우에는 수급자 또는 후견인의 동의를 받아 급여를 수급자의 배우자, 직계혈족 또는 3촌 이내의 방계혈족(이하 '배우자 등') 명의의 계좌에 입금할 수 있다(제27조의3).

(8) 급여의 변경 또는 중지

① 급여의 변경

수급자에 대한 급여는 정당한 사유 없이 수급자에게 불리하게 변경할 수 없다(제34조). 그러나 보장기관은 수급자의 소득·재산·근로능력 등이 변동된 경우에는 직권으로 또는 수급자나 그 친족, 그 밖의 관계인의 신청에 의하여 그에 대한 급여의 종류·방법 등을 변경할 수 있다. 이에 따른 급여의 변경은 서면으로 그 이유를 구체적으로 밝혀 수급자에게 통지하여야 한다(제29조).

② 급여의 중지

보장기관은 수급자에 대한 급여의 전부 또는 일부가 필요 없게 되거나, 수급자가 급여의 전부 또는 일부를 거부한 경우에 급여의 전부 또는 일부를 중지하여야 한

6) 급여수급계좌를 따로 지정하는 이유는 이 계좌로 입금된 급여를 보호하기 위해서인데, 지정된 급여수급계좌의 예금에 관한 채권은 압류할 수 없다(제35조).

다. 또, 근로능력이 있는 수급자에게는 자활에 필요한 사업에 참가할 것을 조건으로 하여 생계급여를 실시할 수 있는데, 이 조건을 이행하지 아니하는 경우 조건을 이행할 때까지 근로능력이 있는 수급자 본인의 생계급여의 전부 또는 일부를 지급하지 아니할 수 있다. 이 경우 역시 서면으로 그 이유를 구체적으로 밝혀 수급자에게 통지하여야 한다(제30조).

4. 자활지원

1) 자활지원계획의 수립

시장・군수・구청장은 수급자의 자활을 체계적으로 지원하기 위하여 보건복지부장관이 정하는 바에 따라 신청에 의한 조사 등 각종 조사 결과를 고려하여 수급자 가구별로 자활지원계획을 수립하고 그에 따라 이 법에 따른 급여를 실시하여야 한다. 보장기관은 수급자의 자활을 위하여 필요한 경우에는 「사회복지사업법」 등 다른 법률에 따라 보장기관이 제공할 수 있는 급여가 있거나 민간기관 등이 후원을 제공하는 경우 자활지원계획에 따라 급여를 지급하거나 후원을 연계할 수 있다. 시장・군수・구청장은 수급자의 자활여건 변화와 급여 실시 결과를 정기적으로 평가하고 필요한 경우 자활지원계획을 변경할 수 있다(제28조).

2) 한국자활복지개발원 및 자활센터

수급자 및 차상위자의 자활촉진에 필요한 사업을 수행하기 위하여 기존의 중앙자활센터를 대신하여 한국자활복지개발원(이하 '자활복지개발원')을 설립한다. 한편 보장기관은 광역시도와 지역에 각각 '광역자활센터'와 '지역자활센터'를 지정할

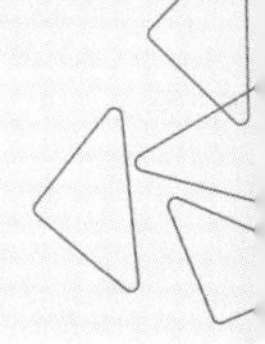

수 있다. 자활복지개발원은 법인으로 하며, 주된 사무소의 소재지에서 설립등기를 함으로써 성립한다. 광역자활센터와 지역자활센터는 사회복지법인, 사회적협동조합 등 비영리법인과 단체 등의 신청을 받아 보장기관이 지정한다. 이 법에서 규정한 자활복지개발원과 자활센터의 업무는 〈표 16-3〉과 같다.

| 표 16-3 | 자활복지개발원 및 광역·지역자활센터 업무

자활복지개발원(제15조의3)	광역자활센터(제15조의10)	지역자활센터(제16조)
1. 자활 지원을 위한 사업(자활지원사업)의 개발 및 평가 2. 자활 지원을 위한 조사·연구 및 홍보 3. 광역자활센터, 지역자활센터 및 자활기업의 기술·경영 지도 및 평가 4. 자활 관련 기관 간의 협력체계 구축·운영 5. 자활 관련 기관 간의 정보네트워크 구축·운영 6. 취업·창업을 위한 자활촉진 프로그램 개발 및 지원 7. 고용지원서비스의 연계 및 사회복지서비스의 지원 대상자 관리 8. 수급자 및 차상위자의 자활촉진을 위한 교육·훈련, 광역자활센터 등 자활 관련 기관의 종사자 및 참여자에 대한 교육·훈련 및 지원 9. 국가 또는 지방자치단체로부터 위탁받은 자활 관련 사업 10. 그 밖에 자활촉진에 필요한 사업으로서 보건복지부장관이 정하는 사업	1. 시·도 단위의 자활기업 창업지원 2. 시·도 단위의 수급자 및 차상위자에 대한 취업·창업 지원 및 알선 3. 지역자활센터 종사자 및 참여자에 대한 교육훈련 및 지원 4. 지역특화형 자활프로그램 개발·보급 및 사업개발 지원 5. 지역자활센터 및 자활기업에 대한 기술·경영지도 6. 그 밖에 자활촉진에 필요한 사업으로서 보건복지부장관이 정하는 사업	1. 자활의욕 고취를 위한 교육 2. 자활을 위한 정보제공, 상담, 직업교육 및 취업 알선 3. 생업을 위한 자금융자 알선 4. 자영창업 지원 및 기술·경영 지도 5. 자활기업의 설립·운영 지원 6. 그 밖에 자활을 위한 각종 사업

3) 자활기관협의체

시장·군수·구청장은 자활지원사업의 효율적인 추진을 위하여 지역자활센터, 「직업안정법」의 직업안정기관, 「사회복지사업법」의 사회복지시설의 장 등과 상시적인 협의체계(이하 '자활기관협의체')를 구축하여야 한다(제17조).

4) 자활기업

수급자 및 차상위자는 상호 협력하여 조합 또는 「부가가치세법」상의 사업자로 자활기업을 설립·운영할 수 있다. 이때 설립 및 운영 주체는 수급자 또는 차상위자를 2인 이상 포함하여 구성하여야 한다. 보장기관은 자활기업에게 직접 또는 자활복지개발원, 광역자활센터 및 지역자활센터를 통하여 자활을 위한 사업자금 융자, 국유지·공유지 우선 임대, 국가나 지방자치단체가 실시하는 사업의 우선 위탁, 자활기업 운영에 필요한 경영·세무 등의 교육 및 컨설팅 지원, 그 밖에 수급자의 자활촉진을 위한 각종 사업 등의 지원을 할 수 있다(제18조). 또한 공공기관의 장은 자활기업이 직접 생산하는 물품, 제공하는 용역 및 수행하는 공사(이하 '자활기업 생산품')의 우선구매를 촉진하여야 하며, 공공기관의 장은 소속기관 등에 대한 평가를 시행하는 경우에는 자활기업생산품의 구매실적을 포함하여야 한다고 공공기관의 우선 구매 규정을 두고 있다(제18조의2). 이 밖에 자활기업의 사업실적 등에 대한 보고(제18조의3), 거짓이나 그 밖의 부정한 방법으로 인정을 받은 경우 등 인정을 취소할 수 있는 인정취소(제18조의4), 유사명칭의 사용금지(제18조의5) 등의 규정을 두고 있다.

5) 고용촉진

보장기관은 수급자 및 차상위자의 고용을 촉진하기 위하여 상시근로자의 일정 비율 이상을 수급자 및 차상위자로 채용하는 기업에 대하여는 대통령령으로 정하는 바에 따라 자활기업에 해당하는 지원을 할 수 있다. 또 시장·군수·구청장은 수급자 및 차상위자에게 가구별 특성을 고려하여 관련 기관의 고용지원서비스를 연계할 수 있으며, 수급자 및 차상위자의 취업활동으로 인하여 지원이 필요하게 된 해당 가구의 아동·노인 등에게 사회복지서비스를 지원할 수 있다(제18조의6).

6) 자활기금의 적립

보장기관은 이 법에 따른 자활지원사업의 원활한 추진을 위하여 자활기금을 적립하며, 자활지원사업의 효율적 추진을 위하여 필요하다고 인정하는 경우에는 자활기금의 관리·운영을 자활복지개발원 또는 자활지원사업을 수행하는 비영리법인에 위탁할 수 있다. 이 경우 그에 드는 비용은 보장기관이 부담한다(제18조의7).

7) 자산형성지원

보장기관은 수급자 및 차상위자가 자활에 필요한 자산을 형성할 수 있도록 재정적인 지원을 할 수 있으며, 자활에 필요한 자산을 형성하는 데 필요한 교육을 실시할 수 있다. 다만, 「청소년기본법」의 청년으로서 대통령령으로 정하는 소득·재산 기준을 충족하는 사람은 다른 규정에도 불구하고 이 법에 따른 자산형성지원대상으로 본다. 자산형성지원으로 형성된 자산은 대통령령으로 정하는 바에 따라 수급자의 재산의 소득환산액 산정 시 이를 포함하지 아니한다. 보장기관은 자산형성지원과 그 교육에 관한 업무의 전부 또는 일부를 자활복지개발원 등의 법인 또는 단체 등에 위탁할 수 있다(제18조의8).

8) 자활의 교육

보건복지부장관, 시·도지사, 시장·군수·구청장은 수급자 및 차상위자의 자활촉진을 위하여 교육을 실시할 수 있다. 보건복지부장관은 자활교육의 전부 또는 일부를 법인·단체 등에 위탁할 수 있으며, 교육을 위탁받은 법인·단체 등에 대하여 그 운영에 필요한 비용을 지원할 수 있다(제18조의9).

9) 전산망 구축 및 개인정보보호

(1) 자활지원사업 통합정보전산망의 구축 · 운영

보건복지부장관은 근로능력이 있는 수급자 등 자활지원사업 참여자의 수급이력 및 근로활동 현황 등 자활지원사업의 수행 · 관리 및 효과분석에 필요한 각종 자료 및 정보를 효율적으로 처리하고 기록 · 관리하는 자활지원사업 통합정보전산망(통합정보전산망)을 구축 · 운영할 수 있다. 보건복지부장관은 통합정보전산망의 구축 · 운영을 위하여 국가보훈부, 고용노동부, 국세청 등 국가기관과 지방자치단체의 장 및 관련 기관 · 단체의 장에게 사업자등록부, 공적 연금 및 보험 관련 자료, 사회보장급여 수급이력, 국가기술자격취득 정보 등의 자료 제공 및 관계 전산망의 이용을 요청할 수 있으며, 자료의 제공 등을 요청받은 기관의 장은 정당한 사유가 없으면 그 요청에 따라야 한다. 보건복지부장관은 통합정보전산망의 구축 · 운영에 필요한 자료의 조사를 위하여 「사회보장기본법」에 따른 사회보장정보시스템을 연계하여 사용할 수 있다. 자활지원사업을 수행하는 중앙행정기관, 지방자치단체 및 위탁받은 기관 · 단체의 장과 자활복지개발원의 원장은 자활지원사업의 수행 · 관리 및 효과분석을 위하여 위의 정보를 활용하고자 하는 경우 보건복지부장관에게 통합정보전산망의 사용을 요청할 수 있다. 보건복지부장관은 통합정보전산망 구축 · 운영에 관한 업무의 전부 또는 일부를 자활복지개발원에 위탁할 수 있다(제18조의10).

(2) 개인정보의 보호

보건복지부장관은 수행기관의 통합정보전산망 사용 요청에 대하여 업무에 필요한 최소한의 정보만 제공하여야 한다. 또한, 수행기관은 보건복지부장관에게 통합정보전산망 사용을 요청하는 경우 보안교육 등 자활지원사업 참여자의 개인정보에 대한 보호대책을 마련하여야 한다. 또한, 자료 및 관계 전산망을 이용하고자 하는 경우에는 사전에 정보주체의 동의를 받아야 하며, 자활지원사업 신청자

및 참여자의 특성 등 개인정보를 제외한 정보는 참여자의 수급이력 및 근로활동 현황 등 자활지원사업의 수행·관리 및 효과분석 목적을 달성한 경우 지체 없이 파기하여야 한다. 이러한 개인정보는 수행기관에서 자활지원사업을 담당하는 자 중 해당 기관의 장으로부터 개인정보 취급승인을 받은 자만 취급할 수 있으며, 자활지원사업 업무에 종사하거나 종사하였던 자는 자활지원사업 업무 수행과 관련하여 알게 된 개인·법인 또는 단체의 정보를 누설하거나 다른 용도로 사용해서는 아니 된다(제18조의11).

5. 실시주체

1) 보장기관

이 법에 따른 급여는 수급권자 또는 수급자의 거주지를 관할하는 시·도지사와 시장·군수·구청장(교육급여인 경우에는 시·도교육감)이 실시한다. 다만, 주거가 일정하지 아니한 경우에는 수급권자 또는 수급자가 실제 거주하는 지역을 관할하는 시장·군수·구청장이 실시한다. 이러한 규정에도 불구하고 보건복지부장관, 소관 중앙행정기관의 장과 시·도지사는 수급자를 각각 국가나 해당 지방자치단체가 경영하는 보장시설에 입소하게 하거나 다른 보장시설에 위탁하여 급여를 실시할 수 있다. 수급권자나 수급자가 거주지를 변경하는 경우의 처리방법과 보장기관 간의 협조, 그 밖에 업무처리에 필요한 사항은 보건복지부령으로 정한다. 보장기관은 수급권자·수급자·차상위계층에 대한 조사와 수급자 결정 및 급여의 실시 등 이 법에 따른 보장업무를 수행하게 하기 위하여 「사회복지사업법」에 따른 사회복지 전담공무원을 배치하여야 한다. 이 경우 자활급여 업무를 수행하는 사회복지 전담공무원은 따로 배치하여야 한다(제19조).

2) 생활보장위원회

이 법에 따른 생활보장사업의 기획・조사・실시 등에 관한 사항을 심의・의결하기 위하여 보건복지부와 시・도 및 시・군・구에 각각 생활보장위원회를 둔다(제20조). 다만, 시・도 및 시・군・구에 두는 생활보장위원회는 그 기능을 담당하기에 적합한 다른 위원회가 있고 그 위원회의 위원이 제4항에 규정된 자격을 갖춘 경우에는 시・도 또는 시・군・구의 조례가 정하는 바에 따라 그 위원회가 생활보장위원회의 기능을 대신할 수 있다. 보건복지부에 두는 생활보장위원회(이하 '중앙생활보장위원회')는 다음 각 호의 사항을 심의・의결한다.

1. 기초생활보장 종합계획의 수립
2. 소득인정액 산정방식과 기준 중위소득의 결정
3. 급여의 종류별 수급자 선정기준과 최저보장수준의 결정
4. 급여기준의 적정성 등 평가 및 실태조사에 관한 사항
5. 급여의 종류별 누락・중복, 차상위계층의 지원사업 등에 대한 조정
6. 자활기금의 적립・관리 및 사용에 관한 지침의 수립
7. 그 밖에 위원장이 회의에 부치는 사항

중앙생활보장위원회와 시・도 및 시・군・구생활보장위원회의 구성 및 위원 자격 등은 〈표 16-4〉와 같다.

| 표 16-4 | 생활보장위원회 구성 및 위원자격

구분	중앙생활보장위원회	시・도 및 시・군・구 생활보장위원회
위원장	보건복지부장관	시・도지사 또는 시장・군수・구청장
위원	1. 공공부조 또는 사회복지와 관련된 학문을 전공한 전문가로서 대학의 조교수 이상인 사람 또는 연구기관의 연구원으로 재직 중인 사람 5명 이내 2. 공익을 대표하는 사람 5명 이내 3. 관계 행정기관 소속 3급 이상 공무원 또는 고위공무원단에 속하는 일반직공무원 5명 이내	1. 사회보장에 관한 학식과 경험이 있는 사람 2. 공익을 대표하는 사람 3. 관계 행정기관 소속 공무원

3) 보장시설

(1) 보장시설

보장시설이란 이 법에 규정된 급여를 실시하는 「사회복지사업법」에 따른 사회복지시설로서 다음의 시설 중 보건복지부령으로 정하는 시설을 말한다(제32조).

1. 「장애인복지법」의 장애인거주시설
2. 「노인복지법」의 노인주거복지시설 및 노인의료복지시설
3. 「아동복지법」에 따른 아동복지시설 및 통합 시설
4. 「정신건강증진 및 정신질환자 복지서비스 지원에 관한 법률」에 따른 정신요양시설 및 정신재활시설
5. 「노숙인 등의 복지 및 자립지원에 관한 법률」의 노숙인재활시설 및 노숙인요양시설
6. 「가정폭력방지 및 피해자보호 등에 관한 법률」에 따른 가정폭력피해자 보호시설
7. 「성매매방지 및 피해자보호 등에 관한 법률」에 따른 성매매피해자 등을 위한 지원시설
8. 「성폭력방지 및 피해자보호 등에 관한 법률」에 따른 성폭력피해자보호시설
9. 「한부모가족지원법」의 한부모가족복지시설
10. 「사회복지사업법」의 사회복지시설 중 결핵 및 한센병요양시설
11. 그 밖에 보건복지부령으로 정하는 시설

(2) 보장시설의 장의 의무

보장시설의 장은 보장기관으로부터 수급자에 대한 급여를 위탁받은 경우에는 정당한 사유 없이 이를 거부하여서는 아니 된다. 또 위탁받은 수급자에게 보건복지부장관 및 소관 중앙행정기관의 장이 정하는 최저기준 이상의 급여를 실시하여야 한다. 급여를 실시할 때 성별 · 신앙 또는 사회적 신분 등을 이유로 차별대우를

하여서는 아니 되며, 수급자의 자유로운 생활을 보장하여야 한다. 또, 종교상의 행위를 강제하여서는 아니 된다(제33조).

6. 수급자의 권리보호

1) 수급자의 권리와 의무

이 법에서 규정된 수급자의 권리와 의무 규정은 다음과 같다. 첫째, 수급자에 대한 급여는 정당한 사유 없이 불리하게 변경할 수 없다(제34조 급여변경의 금지). 둘째, 수급자에게 지급된 수급품(지방자치단체가 실시하는 급여 포함)과 이를 받을 권리는 압류할 수 없다(제35조 압류금지). 셋째, 수급자는 급여를 받을 권리를 타인에게 양도할 수 없다(제36조 양도금지). 넷째, 수급자는 거주지역, 세대의 구성 또는 임대차 계약내용이 변동되거나 급여의 결정 및 실시를 위해 조사하는 사항이 현저하게 변동되었을 때에는 지체 없이 관할보장기관에 이를 신고하여야 한다(제37조 신고의 의무).

2) 이의신청

(1) 시 · 도지사에 대한 이의신청 · 처분 등

수급자나 급여 또는 급여 변경을 신청한 사람은 시장 · 군수 · 구청장(교육급여인 경우에는 시 · 도교육감)의 처분에 대하여 이의가 있는 경우에는 그 결정의 통지를 받은 날부터 90일 이내에 해당 보장기관을 거쳐 시 · 도지사, 시 · 도교육감에게 서면 또는 구두로 이의를 신청할 수 있다. 이 경우 구두로 이의신청을 접수한 보장기관의 공무원은 이의신청서를 작성할 수 있도록 협조하여야 한다. 이의신청을

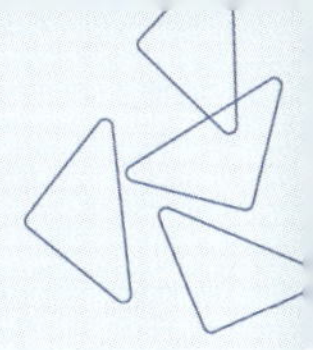

받은 시장·군수·구청장은 10일 이내에 의견서와 관계 서류를 첨부하여 시·도지사에게 보내야 한다(제38조). 시·도지사가 시장·군수·구청장으로부터 이의신청서를 받았을 때에는 30일 이내에 필요한 심사를 하고 이의신청을 각하 또는 기각하거나 해당 처분을 변경 또는 취소하거나 그 밖에 필요한 급여를 명하여야 한다. 시·도지사는 제1항에 따른 처분 등을 하였을 때에는 지체 없이 신청인과 해당 시장·군수·구청장에게 각각 서면으로 통지하여야 한다(제39조).

(2) 보건복지부장관에 대한 이의신청 등

시·도지사의 처분 등에 대하여 이의가 있는 사람은 그 처분 등의 통지를 받은 날부터 90일 이내에 시·도지사를 거쳐 보건복지부장관(주거급여 또는 교육급여인 경우에는 소관 중앙행정기관의 장)에게 서면 또는 구두로 이의를 신청할 수 있다. 이 경우 구두로 이의신청을 접수한 보장기관의 공무원은 이의신청서를 작성할 수 있도록 협조하여야 한다. 시·도지사는 이의신청을 받으면 10일 이내에 의견서와 관계 서류를 첨부하여 보건복지부장관 또는 소관 중앙행정기관의 장에게 보내야 한다(제40조). 보건복지부장관 또는 소관 중앙행정기관의 장은 이의신청서를 받았을 때에는 30일 이내에 필요한 심사를 하고 이의신청을 각하 또는 기각하거나 해당 처분의 변경 또는 취소의 결정을 하여야 한다. 보건복지부장관 또는 소관 중앙행정기관의 장은 이에 따른 결정을 하였을 때에는 지체 없이 시·도지사 및 신청인에게 각각 서면으로 결정 내용을 통지하여야 한다. 이 경우 소관 중앙행정기관의 장이 결정 내용을 통지하는 때에는 그 사실을 보건복지부장관에게 알려야 한다(제41조).

7. 보장비용

1) 보장비용

이 법에서 보장비용이라 함은 이 법에 따른 보장업무에 소요되는 인건비와 사무비, 생활보장위원회의 운영에 소요되는 비용, 급여 실시 비용, 그 밖에 이 법에 따른 보장업무에 드는 비용을 말하며 국가 또는 지방자치단체 등이 비용을 분담한다(제42조).

2) 비용의 징수 및 반환명령

수급자에게 부양능력을 가진 부양의무자가 있음이 확인된 경우에는 보장비용을 지급한 보장기관은 생활보장위원회의 심의・의결을 거쳐 그 비용의 전부 또는 일부를 그 부양의무자로부터 부양의무의 범위에서 징수할 수 있다. 한편 속임수나 그 밖의 부정한 방법으로 급여를 받거나 타인으로 하여금 급여를 받게 한 경우에는 보장비용을 지급한 보장기관은 그 비용의 전부 또는 일부를 그 급여를 받은 사람 또는 급여를 받게 한 자(부정수급자)로부터 징수할 수 있다. 이에 따라 징수할 금액은 각각 부양의무자 또는 부정수급자에게 통지하여 징수하고, 부양의무자 또는 부정수급자가 이에 응하지 아니하는 경우 국세 또는 지방세 체납처분의 예에 따라 징수한다(제46조). 보장기관은 급여의 변경 또는 급여의 정지・중지에 따라 수급자에게 이미 지급한 수급품 중 과잉 지급분이 발생한 경우에는 즉시 수급자에 대하여 그 전부 또는 일부의 반환을 명하여야 한다. 다만, 이미 이를 소비하였거나 그 밖에 수급자에게 부득이한 사유가 있을 때에는 그 반환을 면제할 수 있다. 시장・군수・구청장이 긴급급여를 실시하였으나 조사 결과에 따라 급여를 실시하지 아니하기로 결정한 경우 급여비용의 반환을 명할 수 있다(제47조).

의료급여법

CHAPTER 17

1. 의의 및 연혁

1) 의의

의료급여제도는 「국민기초생활보장법」에 의한 수급자 등 소득이 없거나 일정한 소득이 있어도 생계유지가 곤란한 저소득층을 대상으로 그들이 자력으로 의료문제를 해결할 수 없는 경우, 또는 국가사회에 대한 공헌을 하였거나 희생한 유공자와 그 가족 및 유공자에 대하여 응분의 예우를 하기 위하여, 그리고 중요 무형문화재의 보호, 북한이탈주민의 보호를 위해, 국가재정으로 의료혜택을 주는 공공부조제도로서 건강보험과 함께 국민의 의료보장정책의 중요한 수단이 된다. 「의료급여법」 제1조는 "생활이 어려운 사람에게 의료급여를 함으로써 국민보건의 향상과 사회복지의 증진에 이바지함을 목적으로 한다."고 이 법의 목적을 규정하고 있다.

2) 입법배경 및 주요 연혁

1961년 12월 30일 「생활보호법」이 제정되면서 생활보호제도의 일환으로 의료보호제도가 처음으로 실시되었다. 그러나 수혜대상이 무능력자로 한정되어 있고 진료제공기관도 보건소나 국·공립의료기관 등 일부 진료기관으로 국한되어 있는 등 진료급여수준은 매우 미흡한 수준이었다. 이에 1977년 1월 의료보호에 관한 규칙 제정을 통해 비로소 의료보호사업이 본격화되기 시작하였다(김수정, 2017). 지난 1977년 12월 31일 의료보호에 관한 규정을 「생활보호법」에서 분리하여, 생활능력이 없거나 생활이 어려운 국민에 대한 의료보호의 내용 및 그 방법 등을 명확하게 규정하는 방향으로 「의료보호법」이 제정됨으로써 의료보호가 본격적으로 시행되기 시작하였다. 1999년 9월 7일 이 법의 근거법률인 「국민기초생활보장법」에서 종전의 '의료보호'를 '의료급여'로 변경함에 따라 이 법의 제명을 「의료급여법」으로 변경하였다. 「의료급여법」의 제·개정 관련 주요 연혁을 살펴보면 〈표 17-1〉과 같다.

| 표 17-1 | 의료급여법 주요 연혁

제·개정(시행)	주요 내용
1977.12.31. (1977.12.31.)	의료보호법 제정
2001.5.24. (2001.10.1.)	일부개정 • 의료급여법으로 명칭 변경하여 제정 • 의료급여수급기간의 제한 폐지[1)] • 예방·재활 등에 대하여도 의료급여를 행하도록 함
2004.3.5. (2005.1.1.)	일부개정 • 보호를 필요로 하는 아동에 대한 의료비 부담을 완화하여 국내 입양을 촉진하기 위하여 입양촉진 및 절차에 관한 특례법에 의하여 국내에 입양된 18세 미만의 아동에 대하여 의료급여 실시
2006.12.28. (2007.3.29.)	일부개정 • 의료급여 수급권자가 당해진료가 급여항목에 해당하는지 여부를 직접 확인할 수 있도록 함 • 의료급여기관이 수급권자에게 입원보증금 등을 청구하지 못하도록 함 • 수급권자가 제3자에 의하여 상해를 입은 경우에도 의료급여 지원

2011.3.30. (2011.7.1.)	일부개정 • 의료급여 수급권자에 대한 사례관리 실시 • 시·도, 시·군·구에 의료급여관리사를 두고 의료급여 사업단을 설치·운영하도록 함
2013.6.12. (2013.6.12.)	일부개정 • 수급권자 인정절차를 명확히 규정함(제3조의3 신설) – 다른 법령에 따라 수급권자가 되는 사람에 대한 절차 규정 명확화

2. 대상

1) 수급권자

이 법에서 '수급권자'란 이 법에 따라 의료급여를 받을 수 있는 자격을 가진 사람(제2조 제1호)을 말한다. 의료급여는 공공부조의 일환이다. 따라서 「국민기초생활보장법」에 의한 수급자를 1차 대상으로 하고 있으며, 이 법의 목적에서도 '생활이 어려운 사람'에게 의료급여를 제공한다고 규정하고 있다. 그러나 이 법의 대상자는 「국민기초생활보장법」에 의한 수급자보다 훨씬 더 넓다. 이 법에서 규정하고 있는 수급권자는 다음과 같다(제3조).

1. 「국민기초생활 보장법」에 따른 의료급여 수급자
2. 「재해구호법」에 따른 이재민으로서 보건복지부장관이 의료급여가 필요하다고 인정한 사람
3. 「의사상자 등 예우 및 지원에 관한 법률」에 따라 의료급여를 받는 사람
4. 「국내입양에 관한 특별법」에 따라 입양된 18세 미만의 아동
5. 「독립유공자예우에 관한 법률」, 「국가유공자 등 예우 및 지원에 관한 법률」 및 「보훈보상대상자 지원에 관한 법률」의 적용을 받고 있는 사람과 그 가족으로서 국가보훈부장관이 의료급여가 필요하다고 추천한 사람 중에서 보건복지부장관이 의료급여가 필요하다고 인정한 사람

1) 의료급여수급기간의 제한 : 2001년 「의료급여법」의 제정으로 없어졌던 급여일수의 상한은 의료급여수급자의 과다한 수진을 방지하기 위하여 2001년 12월 31일 개정된 「의료급여법」 시행규칙에서 제8조의2(의료급여일수의 상한)이라는 조항이 신설되면서 2002년부터는 다시 연간 365일로 제한되게 되었다.

6. 「무형문화재 보전 및 진흥에 관한 법률」에 따라 지정된 국가무형문화재의 보유자(명예보유자를 포함한다)와 그 가족으로서 문화재청장이 의료급여가 필요하다고 추천한 사람 중에서 보건복지부장관이 의료급여가 필요하다고 인정한 사람
7. 「북한이탈주민의 보호 및 정착지원에 관한 법률」의 적용을 받고 있는 사람과 그 가족으로서 보건복지부장관이 의료급여가 필요하다고 인정한 사람
8. 「5·18민주화운동 관련자 보상 등에 관한 법률」 제8조에 따라 보상금등을 받은 사람과 그 가족으로서 보건복지부장관이 의료급여가 필요하다고 인정한 사람
9. 「노숙인 등의 복지 및 자립지원에 관한 법률」에 따른 노숙인 등으로서 보건복지부장관이 의료급여가 필요하다고 인정한 사람
10. 그 밖에 생활유지 능력이 없거나 생활이 어려운 사람으로서 대통령령[2)]으로 정하는 사람

② 제1항 제2호 및 제5호부터 제9호까지의 규정에 따른 수급권자의 인정 기준 등에 관한 사항은 보건복지부장관이 정하는 바에 따른다.
③ 제1항에 따른 수급권자에 대한 의료급여의 내용과 기준은 대통령령으로 정하는 바에 따라 구분하여 달리 정할 수 있다.
④ 제1항에 따른 수급권자에 대한 의료급여의 개시일 등에 관하여 필요한 사항은 대통령령으로 정한다.

2) 난민에 대한 특례

이 외에 이 법에서는 다음과 같이 난민에 대한 특례를 두고 있다. 즉 「난민법」에 따른 난민인정자로서 「국민기초생활보장법」에 따른 의료급여 수급권자의 범위에 해당하는 사람은 수급권자로 본다(제3조의2).

3) 수급권자의 인정절차 등

「국민기초생활보장법」에 따른 의료급여 수급자를 제외하고 수급권자가 되려는 사람은 보건복지부령으로 정하는 바에 따라 특별자치시장·특별자치도지사·시장(특별자치도의 행정시장 제외)·군수·구청장(구청장은 자치구의 구청장을 말하며, 이하 "시장·군수·구청장")에게 수급권자 인정 신청을 하여야 한다. 시장·군수·구청장은 신청인을 수급권자로 인정하는 것이 타당한지를 확인하기 위하여

2) 대통령령으로 정하는 사람이란 법 제3조 제1항 제1호부터 제9호까지의 규정에 해당하는 사람과 유사한 사람으로서 일정한 거소가 없는 사람으로서 경찰관서에서 무연고자로 확인된 사람, 그 밖에 보건복지부령으로 정하는 사람 중 보건복지부장관이 의료급여가 필요하다고 인정하는 사람을 말한다. (시행령 제2조 수급권자)

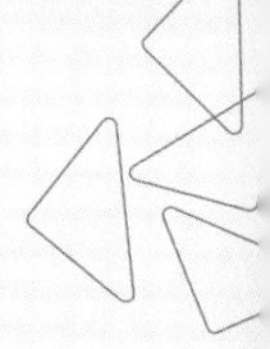

필요한 경우 그 신청인에게 「국민기초생활보장법」에 따른 자료 또는 정보의 제공에 동의한다는 서면을 제출하게 할 수 있다. 국가보훈처장과 문화재청장은 대통령령으로 정하는 바에 따라 수급권자로 인정할 필요가 있는 사람을 추천하여 그 결과를 수급권자의 주소지를 관할하는 시장・군수・구청장에게 알려야 한다. 이 경우 수급권자가 되려는 사람이 수급권자 인정 신청을 한 것으로 본다. 시장・군수・구청장은 인정 신청을 한 사람(제3조 제1항 제3호 의사상자 및 제4호 국내입양아동에 해당하는 사람 제외) 중에서 이 법에 따른 수급권자의 인성 기준에 따라 수급권자를 정하여야 한다(제3조의3).

4) 적용배제

수급권자가 업무 또는 공무로 생긴 질병・부상・재해로 다른 법령에 따른 급여나 보상(報償) 또는 보상(補償)을 받게 되는 경우에는 이 법에 따른 의료급여를 하지 아니한다. 수급권자가 다른 법령에 따라 국가나 지방자치단체 등으로부터 의료급여에 상당하는 급여 또는 비용을 받게 되는 경우에는 그 한도에서 이 법에 따른 의료급여를 하지 아니한다(제4조).

5) 수급권자의 구분

수급권자는 「의료급여법」 제3조 제3항에 따라 1종 수급권자와 2종 수급권자로 구분한다(시행령 제3조). 1종과 2종 수급권자는 다음과 같다.

(1) 1종 수급권자

첫째, 「의료급여법」 제3조 제1항 제1호 및 제3호부터 제8호까지의 규정에 해당하는 사람 중 다음 중 어느 하나에 해당하는 사람은 1종 수급권자가 된다.

1. 다음의 어느 하나에 해당하는 사람만으로 구성된 세대의 구성원
   1) 18세 미만인 사람
   2) 65세 이상인 사람
   3) 「장애인고용촉진 및 직업재활법」에 따른 중증장애인
   4) 질병, 부상 또는 그 후유증으로 치료나 요양이 필요한 사람 중에서 근로능력평가를 통하여 시장·군수·구청장이 근로능력이 없다고 판정한 사람
   5) 세대의 구성원을 양육·간병하는 사람 등 근로가 곤란하다고 보건복지부장관이 정하는 사람
   6) 임신 중에 있거나 분만 후 6개월 미만의 여자
   7) 「병역법」에 의한 병역의무를 이행 중인 사람
2. 「국민기초생활 보장법」 제32조에 따른 보장시설에서 급여를 받고 있는 사람
3. 보건복지부장관이 정하여 고시하는 결핵질환, 희귀난치성질환 또는 중증질환을 가진 사람

둘째, 「의료급여법」 제3조 제1항 제2호(이재민) 및 제9호(노숙인 등)에 해당하는 사람, 셋째, 일정한 거소가 없는 사람으로서 경찰관서에서 무연고자로 확인된 사람, 그 밖에 보건복지부령이 정하는 사람으로서 보건복지부장관이 1종 의료급여가 필요하다고 인정하는 자는 1종 수급권자가 된다.

(2) 2종 수급권자

「의료급여법」 제3조 제1항 제1호 및 제3호로부터 제8호까지의 규정에 해당하는 사람 중 제2항 제1호에 해당하지 않는 사람, 즉 1종 수급자가 아닌 사람과 그 밖에 보건복지부령이 정하는 사람으로서 보건복지부장관이 2종 의료급여가 필요하다고 인정하는 사람은 2종 수급권자가 된다.

3. 관련 기관과 사례관리

1) 보장기관

의료급여에 관한 업무는 수급권자의 거주지를 관할하는 시장·군수·구청장이

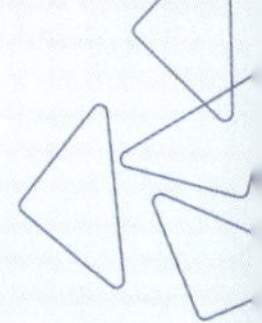

하고, 주거가 일정하지 아니한 수급권자에 대한 의료급여 업무는 그가 실제 거주하는 지역을 관할하는 시장・군수・구청장이 한다. 시・도지사 및 시장・군수・구청장은 수급권자의 건강 유지 및 증진을 위하여 필요한 사업을 실시하여야 한다(제5조).

2) 사례관리

보건복지부장관, 시・도지사 및 시장・군수・구청장은 수급권자의 건강관리능력 향상 및 합리적 의료 이용 유도 등을 위하여 사례관리를 실시할 수 있다. 이러한 사례관리를 실시하기 위하여 시・도 및 시・군・구에 의료급여 관리사를 둔다. 보건복지부장관은 사례관리사업의 전문적인 지원을 위하여 해당 업무를 공공 또는 민간기관・단체 등에 위탁하여 실시할 수 있다(제5조의2).

3) 의료급여심의위원회

의료급여사업의 실시에 관한 사항을 심의하기 위하여 보건복지부, 시・도 및 시・군・구에 각각 의료급여심의위원회를 둔다(제6조). 다만, 시・도 및 시・군・구에 두는 의료급여심의위원회의 경우에는 그 기능을 담당하기에 적합한 다른 위원회가 있고 그 위원회의 위원이 규정된 자격을 갖춘 경우 시・도 또는 시・군・구의 조례로 각각 정하는 바에 따라 그 위원회로 하여금 의료급여심의위원회의 기능을 수행하게 할 수 있다. 보건복지부와 시・도, 시・군・구에 두는 의료급여심의위원회의 심의사항은 다음과 같다.

(1) 보건복지부에 두는 의료급여심의위원회(중앙의료급여심의위원회) 심의사항
　① 의료급여사업의 기본방향 및 대책 수립에 관한 사항
　② 의료급여기준 및 수가에 관한 사항
　③ 그 밖에 보건복지부장관 또는 위원장이 부의하는 사항
(2) 시・도에 두는 의료급여심의위원회의 심의사항(시행령 제7조 제2항)
　① 의료급여기금의 관리・운영에 관한 주요사항

② 시·군·구의 의료급여사업의 조정에 관한 사항
③ 그밖에 의료급여사업과 관련하여 시·도지사가 필요하다고 인정하여 회의에 부치는 사항
(3) 시·군·구에 두는 의료급여심의위원회 심의사항(시행령 제7조 제3항)
① 대지급금 및 부당이득금 등의 결손처분에 관한 사항
② 의료급여일수의 연장승인에 관한 사항
③ 그 밖에 의료급여사업과 관련하여 시장·군수·구청장이 필요하다고 인정하여 회의에 부치는 사항

4) 의료급여기관

(1) 의료급여기관

의료급여기관은 의료급여를 수급권자에게 제공하는 의료기관으로 1차에서부터 3차까지 구분하고 있다. 제1차 의료급여기관은 주로 통원서비스를, 제2차 의료급여기관은 입원서비스를 주로 제공하는 기관이며, 제3차 의료급여기관은 특수진료를 전담하는 기관으로 구분할 수 있다. 의료급여는 「의료법」에 따라 개설된 의료기관, 「지역보건법」에 따라 설치된 보건소·보건의료원 및 보건지소, 「농어촌 등 보건의료를 위한 특별조치법」에 따라 설치된 보건진료소, 그리고 「약사법」에 따라 개설등록된 약국 및 같은 법에 따라 설립된 한국희귀·필수의약품센터 등의 의료급여기관에서 행한다. 이 경우 보건복지부장관은 공익상 또는 국가시책상 의료급여기관으로 적합하지 아니하다고 인정하는 때에는 대통령령이 정하는 바에 따라 의료급여기관에서 제외할 수 있다(제9조).

① 제1차 의료급여기관

제1차 의료급여기관에는 「의료법」에 따라 시장·군수·구청장에게 개설신고를 한 의료기관, 「지역보건법」에 따라 설치된 보건소·보건의료원 및 보건지소, 「농어촌 등 보건의료를 위한 특별조치법」에 따라 설치된 보건진료소, 그리고 「약사법」에 따라 개설등록된 약국 및 같은 법 제91조에 따라 설립된 한국희귀·의약품센터 등이 해당된다.

② 제2차 의료급여기관

제2차 의료급여기관은 의료법에 따라 시・도지사가 개설허가를 한 의료기관으로 병원과 종합병원 등을 말한다.

③ 제3차 의료급여기관

제3차 의료급여기관은 제2차 의료급여기관 중에서 보건복지부장관이 지정하는 의료기관이 여기에 해당된다.

(2) 의료급여의 절차

수급권자가 의료급여를 받고자 하는 경우에는 제1차 의료급여기관에 의료급여를 신청하여야 한다.[3] 의료급여 신청을 받은 의료급여기관은 진찰결과 또는 진료 중에 다른 의료급여기관의 진료가 필요하다고 판단하는 경우에는 진료담당의사의 진료의견을 기재한 의료급여 의뢰서를 수급권자 또는 그 보호자에게 발급하여야 한다. 이러한 의료급여 의뢰서를 발급받은 수급권자는 발급받는 날부터 7일 이내에 제2차 의료급여기관 또는 제3차 의료급여기관에 이를 제출하여야 한다. 이 경우 의료급여 의뢰서를 발급받은 날부터 7일 이내에 진료를 예약하고, 진료를 받는 때에 의료급여 의뢰서를 제출하는 경우에는 예약접수일을 의료급여 의뢰서 제출일로 본다(시행규칙 제3조).

3) 응급환자, 분만, 결핵질환, 희귀난치성질환 또는 중증질환을 가진 사람, 제2차 의료급여기관 또는 제3차 의료급여기관에서 근무하는 수급권자가 그 근무하는 의료급여기관에서 의료급여를 받고자 하는 경우, 장애인이 장애인 보장구를 지급받고자 하는 경우, 감염병의 확산 등 긴급한 사유가 있어 보건복지부장관이 정하여 고시하는 기준에 따라 의료급여를 받고자 하는 경우, 단순물리치료가 아닌 작업치료・운동치료 등의 재활치료가 필요하다고 인정되는 자가 재활의학과에서 의료급여를 받고자 하는 경우, 한센병환자, 장애인, 상이등급을 받은 사람 등은 제2차 의료급여기관이나 제3차 의료급여기관에서 의료급여를 신청할 수 있다(시행규칙 제3조).

4. 급여

이 법에 따른 의료급여수급권자에게 제공되는 의료급여의 내용은 다음과 같다(제7조).

1. 진찰・검사
2. 약제(藥劑)・치료재료의 지급
3. 처치・수술과 그 밖의 치료
4. 예방・재활
5. 입원
6. 간호
7. 이송과 그 밖의 의료목적의 달성을 위한 조치

5. 급여비용

1) 급여비용의 부담

급여비용은 대통령령으로 정하는 바에 따라 그 전부 또는 일부를 의료급여기금에서 부담하되, 의료급여기금에서 일부를 부담하는 경우 그 나머지의 비용은 본인이 부담한다(제10조, 시행령 제13조). 2007년 2월 28일 시행규칙의 개정으로 2007년 7월 1일부터 1종 수급권자가 외래진료를 받는 경우에도 의료급여기관 및 의료급여의 내용에 따라 의료급여 대상 본인부담금을 부담하도록 하였다(시행령 〈별표 1〉 및 시행규칙 제19조의4).

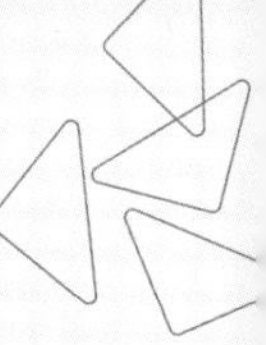

2) 본인부담금 일부 지급

수급권자가 의료급여기관에 지급한 급여대상 본인부담금이 매 30일간 1종수급권자의 경우에는 2만원, 2종수급권자의 경우에는 20만원을 초과하면 그 초과한 금액의 100분의 50에 해당하는 금액을 시장・군수・구청장이 수급권자에게 지급한다. 이 경우 지급하여야 할 금액이 2천원 미만인 경우에는 이를 지급하지 아니한다. 급여대상 본인부담금에서 시장・군수・구청장으로부터 지급받은 금액을 차감한 금액이 매 30일간 1종수급권자의 경우 5만원, 2종수급권자의 경우 연간 80만원을 초과한 경우에는 그 초과금액을 기금에서 부담한다. 다만, 초과금액이 2천원 미만인 경우에는 이를 수급권자가 부담한다(시행령 제13조).

3) 급여비용의 청구와 지급

의료급여기관은 의료급여기금에서 부담하는 급여비용의 지급을 시장・군수・구청장에게 청구할 수 있다. 이 경우 심사청구는 이를 시장・군수・구청장에 대한 급여비용의 청구로 본다. 급여비용의 청구를 하고자 하는 의료급여기관은 급여비용심사기관에 급여비용의 심사청구를 하여야 하며, 심사청구를 받은 급여비용심사기관은 이를 심사한 후 지체 없이 그 내용을 시장・군수・구청장 및 의료급여기관에 알려야 한다. 심사의 내용을 통보받은 시장・군수・구청장은 지체 없이 그 내용에 따라 급여비용을 의료급여기관에 지급하여야 한다. 이 경우 수급권자가 이미 납부한 본인부담금이 과다한 경우에는 의료급여기관에 지급할 금액에서 그 과다하게 납부된 금액을 공제하여 이를 수급권자에게 반환하여야 한다(제11조).

4) 수급권자의 의료급여대상 여부의 확인 등

수급권자는 본인부담금 외에 부담한 비용이 의료급여의 대상에서 제외되는 사항에 소요된 비용인지에 대하여 급여비용심사기관에 확인을 요청할 수 있다. 확인을 요청받은 급여비용심사기관은 그 확인결과를 확인을 요청한 수급권자에게 알려야 하며, 확인을 요청한 비용이 급여비용에 해당하는 것으로 확인되었을 때에는 급여비용지급기관 및 관련 의료급여기관에도 각각 알려야 한다. 통보받은 의료급여기관은 과다하게 징수한 금액을 지체 없이 수급권자에게 반환하여야 하며, 만일 의료급여기관이 과다 징수한 금액을 반환하지 아니하면 그 의료급여기관에 지급할 급여비용에서 과다 징수한 금액을 공제하여 그 공제한 금액을 수급권자에게 지급할 수 있다(제11조의3).

5) 의료급여기관의 비용청구에 관한 금지행위

의료급여기관은 진료 등의 의료급여를 행하기 전에 수급권자에게 본인부담금을 청구하거나 수급권자가 이 법에 따라 부담하여야 하는 비용과 비급여비용 외에 입원보증금 등 다른 명목의 비용을 청구하여서는 아니 된다(제11조의4).

6) 급여비용의 대지급

① 급여비용의 대지급

급여비용의 일부를 의료급여기금에서 부담하는 경우에 그 나머지 급여비용은 수급권자 또는 그 부양의무자의 신청에 따라 의료급여기금에서 이를 대지급할 수 있다(제20조).

② 대지급금의 독촉

시장 · 군수 · 구청장은 상환의무자가 대지급금을 납부기한까지 상환하지 아니하면 납부기한이 지난 날부터 6개월 이내의 기간을 정하여 지체 없이 독촉장을 발부하여야 한다. 시장 · 군수 · 구청장은 상환의무자가 대지급금의 독촉을 받고도 상환하지 아니하면 지방세체납처분의 예에 따라 징수할 수 있다(제22조).

6. 요양비와 건강검진 등

1) 요양비

시장・군수・구청장은 수급권자가 보건복지부령이 정하는 긴급하거나 그 밖의 부득이한 사유로 의료급여기관과 같은 기능을 수행하는 기관으로서 보건복지부령이 정하는 기관에서 질병・부상・출산 등에 대하여 의료급여를 받거나 의료급여기관이 아닌 장소에서 출산을 하였을 때에는 그 의료급여에 상당하는 금액을 수급권자에게 요양비로 지급한다(제12조). 보건복지부령이 정하는 긴급하거나 그 밖의 부득이한 사유라 함은 의료급여기관을 이용할 수 없거나 의료급여기관이 없는 경우, 만성신부전증환자가 의사의 처방전에 의하여 복막관류액을 의료급여기관 외의 의약품판매업소에서 구입・사용한 경우, 산소치료를 필요로 하는 환자가 의사의 산소치료처방전에 의하여 보건복지부장관이 정하여 고시하는 방법으로 산소치료를 받을 경우 등을 말한다(시행규칙 제24조 제1항).

2) 장애인 및 임산부에 대한 특례 및 건강검진

시장・군수・구청장은 「장애인복지법」에 따라 등록한 장애인인 수급권자에게 보조기기에 대하여 급여를 실시할 수 있다. 또 임신한 수급권자가 임신기간 중 의료급여기관에서 받는 진료에 드는 비용(출산비용 포함)에 대하여 추가급여를 실시할 수 있다(제13조).

한편 시장・군수・구청장은 이 법에 따른 수급권자에 대하여 질병의 조기발견과 그에 따른 의료급여를 하기 위하여 건상검진을 할 수 있다(제14조).

7. 의료급여기금의 설치 및 조성

이 법에 따른 급여비용의 재원에 충당하기 위하여 시・도에 의료급여기금을 설치한다. 기금은 국고보조금, 지방자치단체의 출연금, 상환받은 대지급금, 징수한 부당이득금, 징수한 과징금, 기금의 결산상 잉여금 및 그 밖의 수입금으로 조성한다(제25조).

8. 의료급여의 제한과 변경, 중지

1) 의료급여의 제한

시장・군수・구청장은 수급권자가 다음 각 호의 어느 하나에 해당하면 이 법에 따른 의료급여를 행하지 아니한다.[4] 다만, 보건복지부장관이 의료급여를 할 필요가 있다고 인정하는 경우에는 그러하지 아니하다(제15조).

1. 수급권자가 자신의 고의 또는 중대한 과실로 인한 범죄행위에 기인하거나 고의로 사고를 발생시켜 의료급여가 필요하게 된 경우
2. 수급권자가 정당한 이유 없이 이 법의 규정이나 의료급여기관의 진료에 관한 지시에 따르지 아니한 경우

4) 제3자의 고의・과실행위에 의하여 의료급여가 필요하게 된 경우에도 급여가 제한되었으나 법 개정(2006. 12. 28)으로 삭제되었다.

2) 급여의 변경

시장・군수・구청장은 수급권자의 소득・재산상황・근로능력 등이 변동되었을 때에는 직권으로 또는 수급권자나 그 친족, 그 밖의 관계인의 신청을 받아 의료급여의 내용 등을 변경할 수 있다. 시장・군수・구청장은 급여의 내용 등을 변경한 때에는 서면으로 그 이유를 밝혀 수급권자에게 알려야 한다(제16조).

3) 급여의 중지

시장・군수・구청장은 수급권자에 대한 의료급여가 필요 없게 되거나, 수급권자가 의료급여를 거부한 경우에는 의료급여를 중지하여야 한다. 수급권자가 의료급여를 거부한 경우에는 수급권자가 속한 가구원 전부에 대하여 의료급여를 중지하여야 한다. 시장・군수・구청장은 의료급여를 중지하였을 때에는 서면으로 그 이유를 밝혀 수급권자에게 알려야 한다(제17조).

9. 수급권의 보호 등

1) 양도 및 압류 금지

의료급여를 받을 권리는 양도 또는 압류할 수 없다(제18조).

2) 이의신청

수급권자의 자격, 의료급여 및 급여비용에 대한 시장・군수・구청장의 처분에 이의가 있는 자는 시장・군수・구청장에게 이의신청을 할 수 있다. 급여비용의 심사 · 조정, 의료급여의 적정성 평가 및 급여대상 여부 확인에 관한 급여비용심사기관의 처분에 이의가 있는 보장기관, 의료급여기관 또는 수급권자는 급여비용심사기관에게 이의신청을 할 수 있다(제30조).

3) 소멸시효

의료급여를 받을 권리, 급여비용을 받을 권리, 대지급금을 상환받을 권리는 3년간 행사하지 아니하면 소멸시효가 완성된다(제31조).

4) 구상권

시장 · 군수 · 구청장은 제3자의 행위로 인하여 수급권자에게 의료급여를 한 경우에는 그 급여비용의 범위에서 제3자에게 손해배상을 청구할 권리를 얻는다. 한편 의료급여를 받은 사람이 제3자로부터 이미 손해배상을 받은 경우에는 시장 · 군수 · 구청장은 그 배상액의 한도에서 의료급여를 하지 아니한다(제19조).

긴급복지지원법

CHAPTER 18

1. 의의 및 연혁

「긴급복지지원법」은 경제 양극화 및 이혼 증가 등 사회변화 속에서 소득상실, 질병과 같이 갑작스러운 위기상황이 발생한 경우 누구든지 손쉽게 도움을 청하고 필요한 지원을 받을 수 있는 제도를 마련하기 위하여 지역사회의 각종 복지지원을 활용하여 위기상황에 처한 자를 조기에 찾을 수 있는 체계를 갖추고 이들에게 필요한 지원을 신속하게 실시하며 기존의 공공부조제도나 사회복지서비스와 연계되도록 하려는 목적으로 2005년 12월 23일 제정되어 2006년 3월 24일부터 시행되었다(법제처홈페이지). 이 법이 제정되기 전에도 「국민기초생활보장법」에 따라 긴급급여를 실시하였다. 그러나 긴급급여제도를 실시한 실적이 매우 미미하고, 급여의 내용이 생계급여에 한정되어 저소득층의 다양한 삶의 위기를 포괄적으로 대체할 수 없어 제도의 실효성에 문제가 있는 것으로 판단되었다. 따라서 위기상황에 처한 저소득층의 건강하고 인간다운 생활을 보다 적극적으로 보장하기 위하여 기존의 「국민기초생활보장법」상 긴급급여제도를 보완하고 나아가 대체하기 위한 입법의 필요성이 제기되어 이 법이 제정되었다(김기원, 2007: 506). 제정 당시에는 시행일로부터 5년간 효력을 가지는 한시법이었으나, 2009년 5월 28일 법률개정으로 부칙 제2항(유효기간) "이 법은 시행일로부터 5년간 그 효력을 가진다."를 삭제하여 현재는 한시법이 아니다.

「긴급복지지원법」 제정 및 개정 관련 주요 연혁은 〈표 18-1〉과 같다.

| 표 18-1 | 긴급복지지원법 주요 연혁

제·개정(시행)	주요 내용
2005.12.23. (2006.3.24.)	긴급복지지원법 제정
2009.5.28. (2009.5.28)	일부개정 • 외국인에 대한 특례 규정 신설 • 긴급지원의 종류에 교육 지원 추가 • 필요시 긴급지원의 기간을 1개월씩 2번의 범위에서 연장할 수 있도록 함 • 부칙 제2항(유효기간) 삭제
2021.7.27. (2022.1.1.)	일부개정 • 법인·단체·시설·기관에서도 수급자의 요청에 따라 긴급복지 신청서 작성, 제출 등을 지원할 수 있도록 함
2023.6.13. (2023.12.14.)	일부개정 • 생계지원에 대한 긴급지원 기간을 1개월에서 3개월로 연장함

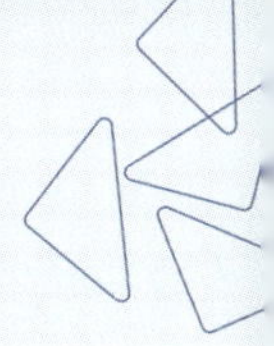

2. 목적과 정의, 기본원칙 등

1) 목적

이 법은 생계곤란 등의 위기상황에 처하여 도움이 필요한 사람을 신속하게 지원함으로써 이들이 위기상황에서 벗어나 건강하고 인간다운 생활을 하게 함을 목적으로 한다(제1조).

2) 정의

이 법에서 '위기상황'이란 본인 또는 본인과 생계 및 주거를 같이 하고 있는 가구구성원이 다음 각 호의 어느 하나에 해당하는 사유로 인하여 생계유지 등이 어렵게 된 것을 말한다(제2조).

1. 주소득자(主所得者)가 사망, 가출, 행방불명, 구금시설에 수용되는 등의 사유로 소득을 상실한 경우
2. 중한 질병 또는 부상을 당한 경우
3. 가구구성원으로부터 방임(放任) 또는 유기(遺棄)되거나 학대 등을 당한 경우
4. 가정폭력을 당하여 가구구성원과 함께 원만한 가정생활을 하기 곤란하거나 가구구성원으로부터 성폭력을 당한 경우
5. 화재 또는 자연재해 등으로 인하여 거주하는 주택 또는 건물에서 생활하기 곤란하게 된 경우
6. 주소득자 또는 부소득자(副所得者)의 휴업, 폐업 또는 사업장의 화재 등으로 인하여 실질적인 영업이 곤란하게 된 경우
7. 주소득자 또는 부소득자의 실직으로 소득을 상실한 경우
8. 보건복지부령으로 정하는 기준에 따라 지방자치단체의 조례로 정한 사유가 발생한 경우
9. 그 밖에 보건복지부장관이 정하여 고시하는 사유가 발생한 경우

3) 기본원칙

이 법에 따른 지원은 위기상황에 처한 사람에게 일시적으로 신속하게 지원하는 것

을 기본원칙으로 한다. 「재해구호법」, 「국민기초생활보장법」, 「의료급여법」, 「사회복지사업법」, 「가정폭력방지 및 피해자보호 등에 관한 법률」, 「성폭력방지 및 피해자보호 등에 관한 법률」 등 다른 법률에 따라 이 법에 따른 지원 내용과 동일한 내용의 구호·보호 또는 지원을 받고 있는 경우에는 이 법에 따른 지원을 하지 아니한다(제3조).

4) 국가 및 지방자치단체의 책무

국가 및 지방자치단체는 위기상황에 처한 사람을 찾아내어 최대한 신속하게 필요한 지원을 하도록 노력하여야 하며, 긴급지원의 지원대상 및 소득 또는 재산 기준, 지원 종류·내용·절차와 그 밖에 필요한 사항 등 긴급지원사업에 관하여 적극적으로 안내하여야 한다. 국가 및 지방자치단체는 이 법에 따른 지원 후에도 위기상황이 해소되지 아니하여 계속 지원이 필요한 것으로 판단되는 사람에게는 다른 법률에 따른 구호·보호 또는 지원을 받을 수 있도록 노력하여야 한다. 국가 및 지방자치단체는 위의 구호·보호 또는 지원이 어렵다고 판단되는 경우에는 민간기관·단체와의 연계를 통하여 구호·보호 또는 지원을 받을 수 있도록 노력하여야 한다(제4조).

3. 대상과 지원내용

1) 긴급지원대상자

이 법에 따른 지원대상자는 위기상황에 처한 사람으로서 이 법에 따른 지원이 긴급하게 필요한 사람(이하 '긴급지원대상자')으로 한다(제5조). 국내에 체류하고 있는 외국인 중 대통령령으로 정하는 사람이 위기상황에 처해 이 법에 따른 지원이 긴급하게 필요한 경우에는 긴급지원대상자가 된다(제5조의2). 긴급지원대상자가 될 수 있는 외국인은 다음의 어느 하나에 해당하는 사람으로 한다(시행령 제1조의2).

1. 대한민국 국민과 혼인 중인 사람
2. 대한민국 국민인 배우자와 이혼하거나 그 배우자가 사망한 사람으로서 대한민국 국적을 가진 직계존비속(直系尊卑屬)을 돌보고 있는 사람
3. 「난민법」에 따른 난민(難民)으로 인정된 사람
4. 본인의 귀책사유 없이 화재, 범죄, 천재지변으로 피해를 입은 사람
5. 그 밖에 보건복지부장관이 긴급한 지원이 필요하다고 인정하는 사람

2) 긴급지원기관

이 법에 따른 지원은 긴급지원대상자의 거주지를 관할하는 시장(「제주특별자치도 설치 및 국제자유도시 조성을 위한 특별법」에 따른 행정시장 포함)·군수·구청장(자치구의 구청장)이 한다. 다만, 긴급지원대상자의 거주지가 분명하지 아니한 경우에는 지원요청 또는 신고를 받은 시장·군수·구청장이 한다. 한편 거주지가 분명하지 아니한 사람에게 지원요청 또는 신고가 특정지역에 집중되는 경우에는 보건복지부령으로 정하는 바에 따라 긴급지원기관을 달리 정할 수 있다. 시장·군수·구청장은 이 법에 따른 긴급지원사업을 수행할 담당공무원(이하 '긴급지원담당공무원')을 지정하여야 한다. 이 경우 긴급지원담당공무원은 긴급지원사업을 포함한 복지 관련 교육훈련을 받은 사람으로 한다(제6조).

3) 긴급지원의 절차

(1) 지원요청 및 신고

긴급지원대상자와 친족, 그 밖의 관계인은 구술 또는 서면 등으로 관할 시장·군수·구청장에게 이 법에 따른 지원을 요청할 수 있다. 누구든지 긴급지원대상자를 발견한 경우에는 관할 시장·군수·구청장에게 신고하여야 한다. 한편 다음의 어느 하나에 해당하는 사람은 진료·상담 등 직무수행 과정에서 긴급지원대상자가 있음을 알게 된 경우에는 관할 시장·군수·구청장에게 이를 신고하고, 긴급지원대상자가 신속하게 지원을 받을 수 있도록 노력하여야 한다.

1. 「의료법」에 따른 의료기관의 종사자
2. 「유아교육법」, 「초·중등교육법」 및 「고등교육법」에 따른 교원, 직원, 산학겸임교사, 강사
3. 「사회복지사업법」에 따른 사회복지시설의 종사자
4. 「국가공무원법」 및 「지방공무원법」에 따른 공무원
5. 「장애인활동 지원에 관한 법률」 에 따른 활동지원기관의 장 및 그 종사자와 활동지원인력
6. 「학원의 설립·운영 및 과외교습에 관한 법률」 에 따른 학원의 운영자·강사·직원 및 같은 법 제14조에 따른 교습소의 교습자·직원
7. 「건강가정기본법」에 따른 건강가정지원센터의 장과 그 종사자
8. 「청소년 기본법」에 따른 청소년시설 및 청소년단체의 장과 그 종사자
9. 「청소년 보호법」에 따른 청소년 보호·재활센터의 장과 그 종사자
10. 「평생교육법」에 따른 평생교육기관의 장과 그 종사자
11. 그 밖에 긴급지원대상자를 발견할 수 있는 자로서 보건복지부령으로 정하는 자

관계 중앙행정기관의 장은 위의 어느 하나에 해당하는 사람의 자격취득 또는 보수교육과정에 긴급지원사업의 신고와 관련된 교육 내용을 포함하도록 하여야 하며, 긴급복지 신고의무자가 소속된 기관·시설 등의 장은 소속 긴급복지 신고의무자에게 신고의무교육을 실시하고, 그 결과를 관계 중앙행정기관의 장에게 제출하여야 한다. 한편 시장·군수·구청장이 지정한 법인·단체·시설·기관 등은 긴급지원대상자의 요청에 따라 이 법에 따른 지원요청을 지원할 수 있다(제7조).

(2) 위기상황의 발굴

국가 및 지방자치단체는 위기상황에 처한 사람에 대한 발굴조사를 연 1회 이상 정기적으로 실시하여야 한다. 국가 및 지방자치단체는 정기 발굴조사 또는 수시 발굴조사를 위하여 필요한 경우 관계 기관·법인·단체 등의 장에게 자료의 제출, 위기상황에 처한 사람의 거주지 등 현장조사 시 소속 직원의 동행 등 협조를

요청할 수 있다. 이 경우 관계 기관·법인·단체 등의 장은 정당한 사유가 없으면 이에 따라야 한다. 국가 및 지방자치단체는 위기상황에 처한 사람에 대한 발굴체계의 운영 실태를 정기적으로 점검하고 개선방안을 수립하여야 한다(제7조의2).

(3) 현장 확인 및 지원

시장·군수·구청장은 지원요청 또는 신고를 받거나 위기상황에 처한 사람을 찾아낸 경우에는 지체 없이 긴급지원담당공무원으로 하여금 긴급지원대상자의 거주지 등을 방문하여 위기상황을 확인하여야 한다. 시장·군수·구청장은 위기상황을 확인하기 위하여 필요한 경우에는 관할 경찰관서, 소방관서 등 관계 행정기관의 장에게 협조를 요청할 수 있다. 이 경우 관계 행정기관의 장은 정당한 사유가 없으면 그 요청에 따라야 한다. 시장·군수·구청장은 현장 확인 결과 위기상황의 발생이 확인된 사람에 대하여는 지체 없이 지원의 종류 및 내용을 결정하여 지원을 하여야 한다. 이 경우 긴급지원대상자에게 신속히 지원할 필요가 있다고 판단되는 경우 긴급지원담당공무원으로 하여금 우선 필요한 지원을 하도록 할 수 있다(제8조).

4) 긴급지원의 종류 및 내용

긴급지원의 종류로는 금전 또는 현물(現物) 등의 직접 지원과 민간기관·단체와의 연계 등의 지원이 있으며 구체적인 내용은 다음과 같다(제9조).

(1) 금전 또는 현물(現物) 등의 직접 지원

① 생계지원: 식료품비·의복비 등 생계유지에 필요한 비용 또는 현물 지원
② 의료지원: 각종 검사 및 치료 등 의료서비스 지원
③ 주거지원: 임시거소(臨時居所) 제공 또는 이에 해당하는 비용 지원
④ 사회복지시설 이용 지원: 「사회복지사업법」에 따른 사회복지시설 입소(入

所) 또는 이용 서비스제공이나 이에 필요한 비용 지원

⑤ 교육 지원: 초·중·고등학생의 수업료, 입학금, 학교운영지원비 및 학용품비 등 필요한 비용 지원

⑥ 그 밖의 지원: 연료비나 그 밖에 위기상황의 극복에 필요한 비용 또는 현물지원

(2) 민간기관·단체와의 연계 등의 지원

① 「대한적십자사 조직법」에 따른 대한적십자사, 「사회복지공동모금회법」에 따른 사회복지공동모금회 등의 사회복지기관·단체와의 연계 지원

② 상담·정보제공, 그 밖의 지원

5) 긴급지원수급계좌

시장·군수·구청장은 긴급지원대상자의 신청이 있는 경우에는 긴급지원대상자에게 지급하는 금전(이하 '긴급지원금')을 긴급지원대상자 명의의 지정된 계좌(이하 '긴급지원수급계좌')로 입금하여야 한다. 다만, 정보통신장애나 그 밖에 대통령령으로 정하는 불가피한 사유로 긴급지원수급계좌로 이체할 수 없을 때에는 현금지급 등 대통령령으로 정하는 바에 따라 지급할 수 있다(제9조의2).

6) 긴급지원의 기간

긴급지원의 기간은 다음과 같다. 첫째, 생계지원은 3개월간[1)], 주거지원, 사회복지시설 이용지원, 그 밖의 지원에 따른 긴급지원은 1개월간의 생계유지 등에 필요한 지원으로 한다. 다만, 주거지원, 사회복지시설 이용지원, 그 밖의 지원에 따른 긴급지원은 시장·군수·구청장이 긴급지원대상자의 위기상황이 계속된다고 판

1) 2023년 6월 13일에 긴급복지지원법이 개정되어 생계지원에 대한 긴급지원 기간이 1개월에서 3개월로 연장되었다.

단하는 경우에는 1개월씩 두 번의 범위에서 기간을 연장할 수 있다. 둘째, 의료지원은 위기상황의 원인이 되는 질병 또는 부상을 검사・치료하기 위한 범위에서 한 번 실시하며, 교육 지원도 한 번 실시한다. 시장・군수・구청장은 위에 따른 지원에도 불구하고 위기상황이 계속되는 경우에는 긴급지원심의위원회의 심의를 거쳐 지원을 연장할 수 있다. 이 경우 생계지원, 사회복지시설 이용 지원, 그 밖의 지원은 총 6개월을 초과하여서는 아니 되고, 주거지원은 총 12개월을 초과하여서는 아니 되며, 의료지원은 총 두 번, 교육 지원은 총 네 번을 초과하여서는 아니 된다. 지원 연장에 관한 긴급지원심의위원회의 심의 시기 및 절차는 보건복지부령으로 정한다(제10조). 이상의 긴급지원 종류별 지원기간을 정리하면 〈표 18-2〉와 같다.

| 표 18-2 | 긴급지원의 기간 및 종류

<table>
<tr><th>종류</th><th>기간</th><th>지원연장(긴급지원심의위원회)</th></tr>
<tr><td>생계지원</td><td>3개월</td><td rowspan="2">주거지원: 총 12개월
생계지원, 사회복지시설이용지원,
그 밖의 지원: 총 6개월</td></tr>
<tr><td>주거지원, 사회복지시설
이용지원, 그 밖의 지원</td><td>1개월
* 1개월씩 2번 연장 가능
(시장・군수・구청장)</td></tr>
<tr><td>의료지원, 교육 지원</td><td>1회</td><td>의료지원: 총 2회
교육 지원: 총 4회</td></tr>
</table>

7) 긴급지원심의위원회의 구성

긴급지원연장 결정, 긴급지원의 적정성 심사, 긴급지원의 중단 또는 지원비용의 환수 결정 등에 관한 사항을 심의・의결하기 위하여 시・군・구에 긴급지원심의위원회를 둔다. 긴급지원심의위원회는 위원장(시장・군수・구청장) 1명을 포함한 15명 이내의 위원으로 구성하며, 위원은 사회보장에 관한 학식과 경험이 있는 사람, 비영리민간단체에서 추천한 사람, 해당 시・군・구 또는 관계 행정기관 소속공무원, 시・군・구 지방의회가 추천한 사람 중에 해당하는 사람 중에서 시장 · 군수 · 구청장이 임명하거나 위촉한다(제12조).

8) 사후 조사 및 긴급지원의 적정성 심사, 지원중단 또는 비용환수

(1) 사후조사 및 긴급지원의 적정성 심사

시장 · 군수 · 구청장은 긴급지원을 받았거나 받고 있는 긴급지원대상자에 대하여 소득 또는 재산 등 대통령령으로 정하는 기준에 따라 긴급지원이 적정한지를 조사하여야 한다(제13조). 긴급지원심의위원회는 시장 · 군수 · 구청장이 한 사후조사 결과를 참고하여 긴급지원의 적정성을 심사한다. 긴급지원심의위원회는 긴급지원대상자가 「국민기초생활보장법」 또는 「의료급여법」에 따른 수급권자로 결정된 경우에는 위 규정에 따른 심사를 하지 아니할 수 있다. 시장 · 군수 · 구청장은 심사결과 긴급지원대상자에 대한 지원이 적정하지 아니한 것으로 결정된 경우에도 긴급지원담당공무원의 고의 또는 중대한 과실이 없으면 이를 이유로 긴급지원담당공무원에 대하여 불리한 처분이나 대우를 하여서는 아니 된다(제14조).

(2) 지원중단 또는 비용환수

시장 · 군수 · 구청장은 긴급지원의 적정성 심사결과 거짓이나 그 밖의 부정한 방법으로 지원을 받은 것으로 결정된 사람에게는 긴급지원심의위원회의 결정에 따라 지체 없이 지원을 중단하고 지원한 비용의 전부 또는 일부를 반환하게 하여야 한다. 시장 · 군수 · 구청장은 긴급지원의 적정성 심사결과 긴급지원이 적정하지 아니한 것으로 결정된 사람에게는 지원을 중단하고 지원한 비용의 전부 또는 일부를 반환하게 할 수 있다. 시장 · 군수 · 구청장은 지원기준을 초과하여 지원받은 사람에게는 그 초과지원 상당분을 반환하게 할 수 있다(제15조).

기초연금법

CHAPTER 19

1. 의의 및 연혁

「기초연금법」은 노인이 후손의 양육과 국가 및 사회의 발전에 이바지하여 온 점을 고려하여 생활이 어려운 노인에게 기초노령연금을 지급함으로써 노인의 생활안정을 지원하고 복지를 증진하려는 목적으로 2007년 4월 25일 제정(2008년 1월 1일 시행)되었던 「기초노령연금법」을 개정하여, 2014년 5월 20일 제정(2014년 7월 1일 시행)되었다. 이 법은 "노인에게 기초연금을 지급하여 안정적인 소득기반을 제공함으로써 노인의 생활안정을 지원하고 복지를 증진함을 목적으로 한다(제1조)." 고 규정하고 있다.[1)] 즉 1997년 개정된 「노인복지법」에서 규정한 경로연금 대상자

1) 기초연금과 비슷한 제도로 「노인복지법」에서 규정한 경로연금이 있었다. 지난 1997년 8월 22일 전부 개정하여 1998년 7월 1일 시행한 「노인복지법」에서는 '경로연금'이라는 내용을 새롭게 추가・규정하였다. 이 법에서는 65세 이상 노인 중 생활보호대상자와 일정소득과 재산이하인 자에게 '「국민연금법」상 특례노령연금의 최저지급액'을 감안하여 일정금액의 연금을 지급하도록 규정하고 있었다. 이후 「기초노령연금법」이 제정되면서 「노

와 금액을 확대하여 2008년부터 시행하였던 「기초노령연금법」을 2014년에 개정하여 시행하는 것이라고 할 수 있다.

「기초연금법」 제정 및 개정 관련 주요 연혁은 〈표 19-1〉과 같다.

| 표 19-1 | 기초연금법 주요 연혁

제·개정(시행)	주요 내용
1997.8.22. (1998.7.1.)	노인복지법 전부개정 • 경로연금 신설
2007.4.25. (2008.1.1.)	기초노령연금법 제정
2014.5.20. (2014.7.1.)	기초연금법 제정
2021.6.8. (2022.1.1.)	일부개정 • 민간기관에서도 수급자의 요청에 따라 지급신청을 지원할 수 있도록 함

인복지법」에서 규정한 '경로연금' 조항(「노인복지법」 제2장 제9조~제22조)은 삭제되었다. 당시 「노인복지법」에서 규정한 경로연금의 주요 내용은 다음과 같다.

> 제9조(경로연금 지급대상) ① 국가 또는 지방자치단체는 다음 각 호의 1에 해당하는 국민에게 경로연금(이하 '年金'이라 한다)을 지급한다.
> 1. 65세 이상의 국민 중 「생활보호법」 제3조의 규정에 의한 보호대상자
> 2. 제1호에 해당하는 자 외의 자로서 1998년 7월 1일 현재 「주민등록법」상 65세 이상이고 본인 및 그 배우자(사실상의 婚姻關係에 있는 者를 포함한다. 이하 같다)와 부양의무자(生活保護法상의 扶養義務者를 말한다. 이하 같다)의 소득을 합산한 금액이 가계소득 및 가구원수 등을 기준으로 하여 대통령령이 정하는 금액 이하 이거나 그 재산을 합산한 금액이 대통령령이 정하는 금액 이하인 자
>
> ② 「국민연금법」·「공무원연금법」·「사립학교교원연금법」 또는 「군인연금법」에 의한 연금지급대상자는 이 법에 의한 연금을 지급하지 아니한다.
>
> 제10조(연금지급액) 연금지급액은 「국민연금법」상 특례노령연금의 최저지급액을 감안하여 결정하되 연금지급대상자 및 그 배우자가 모두 연금을 지급받을 권리를 가지는 경우에는 그 중 1인에 대하여는 연금액의 100분의 25를 감액한다. 다만, 연금지급대상자 및 그 배우자가 생활보호대상자인 경우에는 그러하지 아니하다.

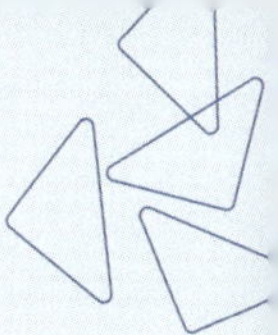

2. 목적과 대상

1) 목적

이 법은 노인에게 기초연금을 지급하여 안정적인 소득기반을 제공함으로써 노인의 생활안정을 지원하고 복지를 증진함을 목적으로 한다(제1조).

2) 기초연금 수급권자의 범위

기초연금은 65세 이상인 사람으로서 소득인정액이 보건복지부장관이 정하여 고시하는 금액(선정기준액) 이하인 사람에게 지급한다.[2] 보건복지부장관이 선정기준액을 정하는 경우 65세 이상인 사람 중 기초연금 수급자가 100분의 70 수준이 되도록 한다(제2항)는 규정에 따라 하위 70%의 노인들에게 기초연금을 지급하도록 규정하고 있다. 이때, 공무원・사립학교교직원・군인・별정우체국직원 등 직역연금을 받는 사람 중 대통령령으로 정하는 사람과 그 배우자, 그리고 「국민연금 및 직역연금의 연계에 관한 법률」에 따른 연계퇴직연금 또는 연계퇴직유족연금 중 같은 법에 따른 직역재직기간이 10년 이상인 경우의 연계퇴직연금 또는 연계퇴직유족연금을 받는 사람과 그 배우자에게는 기초연금을 지급하지 아니한다(제3조).

2) 기초연금은 「국민기초생활보장법」 상의 급여와 다르게 본인과 배우자의 소득 및 재산만으로 수급권자를 결정한다. 따라서 자식 등 부양의무자 조건은 반영되지 않는다. 이는 장애인을 대상으로 하는 장애인연금도 동일하다.

3. 기초연금액

1) 기초연금액의 산정

기초연금 수급권자에 대한 기초연금의 금액(이하 '기초연금액')은 기준연금액과 국민연금 급여액 등을 고려하여 산정한다. 기준연금액은 보건복지부장관이 그 전년도의 기준연금액에 대통령령으로 정하는 바에 따라 전국소비자물가변동률을 반영하여 매년 고시한다. 이 경우 그 고시한 기준연금액의 적용기간은 해당 조정연도 4월부터 다음 연도 3월까지로 한다(제5조).

기초연금액이 기준연금액을 초과하는 경우 기준연금액을 기초연금액으로 본다(제7조).

2) 기초연금액의 감액

산정된 기초연금액은 가구 유형, 소득인정액 수준에 따라 감액될 수 있다(제8조). 첫째, 부부감액이 있다. 본인과 그 배우자가 모두 기초연금 수급권자인 경우에는 각각의 기초연금액에서 기초연금액의 100분의 20에 해당하는 금액을 감액한다. 둘째, 소득역전방지감액으로 소득역전을 방지하기 위한 기초연금액의 감액이다. 즉, 소득인정액과 기초연금액(부부인 경우 감액분이 반영된 금액)을 합산한 금액이 선정기준액 이상인 경우에는 선정기준액을 초과하는 금액의 범위에서 기초연금액의 일부를 감액할 수 있다.

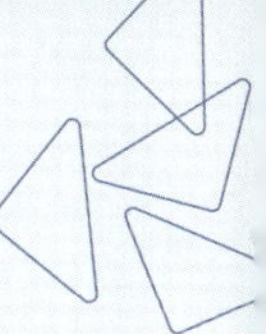

4. 기초연금의 신청 및 지급 결정 등

1) 기초연금 지급의 신청

기초연금을 지급받으려는 사람(이하 '기초연금 수급희망자') 또는 보건복지부령으로 정하는 대리인은 특별자치시장・특별자치도지사・시장・군수・구청장에게 기초연금의 지급을 신청할 수 있다. 또한 특별자치시장・특별자치도지사・시장・군수・구청장이 지정한 법인・단체・시설・기관 등은 기초연금 수급희망자의 요청에 따라 이 법에 따른 기초연금 지급 신청을 지원할 수 있다(제10조). 보건복지부장관 또는 특별자치시장・특별자치도지사・시장・군수・구청장은 65세 이상인 사람에게 기초연금의 지급대상, 금액 및 신청방법 등 기초연금 관련 정보를 제공하여야 한다(제10조의2). 보건복지부장관 또는 특별자치시장・특별자치도지사・시장・군수・구청장은 기초연금 수급권의 발생・변경・상실 등을 확인하기 위하여 기초연금을 신청한 기초연금 수급희망자, 기초연금 수급권자, 기초연금 수급자와 그 각각의 배우자 및 고용주(기초연금 수급권자 등)에게 필요한 서류나 그 밖에 소득・재산 등에 관한 자료의 제출을 요구할 수 있으며, 소속 공무원으로 하여금 기초연금 수급권자 등의 집이나 그 밖의 필요한 장소에 방문하여 서류 등을 조사하게 하거나 관계인에게 필요한 질문을 하게 할 수 있다(제11조).

2) 기초연금 지급의 결정

특별자치시장・특별자치도지사・시장・군수・구청장은 제11조에 따른 조사를 실시한 후 기초연금 수급권의 발생・변경・상실 등을 결정한다. 특별자치시장・특별자치도지사・시장・군수・구청장은 지급의 결정을 한 경우에는 그 결정 내용을 서면으로 그 이유를 구체적으로 밝혀 기초연금 수급권자에게 지체 없이 통지하여야 한다(제13조).

3) 기초연금의 지급 및 지급 시기

특별자치시장·특별자치도지사·시장·군수·구청장은 기초연금 수급권자로 결정한 사람에 대하여 기초연금의 지급을 신청한 날이 속하는 달부터 기초연금 수급권을 상실한 날이 속하는 달까지 매월 정기적으로 기초연금을 지급한다(제14조).

4) 기초연금 지급의 정지

특별자치시장·특별자치도지사·시장·군수·구청장은 기초연금 수급자가 금고 이상의 형을 선고받고 교정시설 또는 치료감호시설에 수용되어 있는 경우, 행방불명되거나 실종되는 등 대통령령으로 정하는 바에 따라 사망한 것으로 추정되는 경우, 기초연금 수급자의 국외 체류기간이 60일 이상 지속되는 경우(이 경우 국외 체류 60일이 되는 날을 지급 정지의 사유가 발생한 날로 본다.) 중 어느 하나의 경우에 해당하면 그 사유가 발생한 날이 속하는 달의 다음 달부터 그 사유가 소멸한 날이 속하는 달까지는 기초연금의 지급을 정지한다(제16조).

5) 기초연금 수급권의 상실

기초연금 수급권자는 다음 각 호의 어느 하나에 해당하게 된 때에 기초연금 수급권을 상실한다(제17조).

1. 사망한 때
2. 국적을 상실하거나 국외로 이주한 때
3. 제3조에 따른 기초연금 수급권자에 해당하지 아니하게 된 때

6) 기초연금 수급권의 보호

기초연금 수급권은 양도하거나 담보로 제공할 수 없으며, 압류 대상으로 할 수 없다. 또한 기초연금으로 지급받은 금품은 압류할 수 없다(제21조).

5. 전달체계

보건복지부장관 또는 특별자치시장·특별자치도지사·시장·군수·구청장은 기초연금사업의 원활한 수행을 위하여 대통령령으로 정하는 바에 따라 기초연금 신청의 접수, 기초연금 관련 정보 제공, 조사·질문의 지원, 기초연금의 지급, 미지급 기초연금 청구의 접수, 신고의 접수, 환수금의 고지, 독촉 및 징수, 이의신청의 접수, 기초연금정보시스템의 구축·운영 등의 업무를 「국민연금법」에 따른 국민연금공단에 위탁할 수 있다(제28조 권한의 위임·위탁).

장애인연금법

CHAPTER 20

1. 의의 및 연혁

「장애인연금법」은 경제활동이 어려운 근로무능력 중증장애인은 생활수준이 열악하고 국민연금 등 공적소득보장제도의 사각지대에 놓인 경우가 많으므로, 18세 이상의 중증장애인으로서 소득인정액이 일정 수준 이하인 자에게 매월 일정액의 무기여(無寄與) 연금을 지급하는 장애인연금제도를 도입하여 중증장애인에 대한 사회보장 사각지대를 해소하고 사회통합을 강화하려는 목적으로 2010년 4월 12일 제정(2010년 7월 1일 시행)되었다.[1] 저소득 중증장애인을 대상으로 하고 있는 「장애

1) 「장애인연금법」 시행 이전에는 저소득장애인은 장애의 경중에 관계없이 「장애인복지법」에 근거한 장애수당이라는 동일한 제도의 적용을 받았다. 그러나 이 법 시행 이후 장애의 경중에 따라 중증장애인은 장애인연금을 지급받고, 경증장애인은 기존 장애수당을 지급받게 되었다.

인연금법」은 저소득 노인을 대상으로 하고 있는 「기초연금법」과 부가급여 등 일부 조항을 제외하고는 내용이 거의 동일하다. 이에 여기서는 「기초연금법」과 다른 부분, 즉 법의 목적과 대상, 연금의 종류와 내용 등에 대해서만 살펴본다.

2. 목적과 대상

1) 목적

이 법은 장애로 인하여 생활이 어려운 중증장애인에게 장애인연금을 지급함으로써 중증장애인의 생활안정 지원과 복지증진 및 사회통합을 도모하는 데 이바지함을 목적으로 한다(제1조).

2) 장애인연금 수급권자의 범위

장애인연금은 18세 이상의 중증장애인[2]으로서 소득인정액이 그 중증장애인의 소득・재산・생활수준과 물가상승률 등을 고려하여 보건복지부장관이 정하여 고시하는 금액(이하 '선정기준액') 이하인 사람에게 지급한다.[3] 기초연금과 마찬가지로 "보건복지부장관은 선정기준액을 정하는 경우에 18세 이상의 중증장애인 중 수급자가 100분의 70 수준이 되도록 한다."는 규정에 따라 하위 70%의 중증장애인에게 장애인연금을 지급하도록 규정하고 있다. 기타 공무원 등 직역연금수급자 등 제외대상자 역시 「기초연금법」과 동일하게 규정하고 있다(제4조).

2) 중증장애인이란 「장애인복지법」에 따라 등록한 장애인 중 근로능력이 상실되거나 현저하게 감소되는 등 장애 정도가 중증인 사람으로서 대통령령으로 정하는 사람을 말한다(제2조 제1호).

3) 장애인연금은 노인을 대상으로 하는 기초연금과 동일하게 본인과 배우자의 소득 및 재산만으로 수급권자를 결정하며, 부양의무자 조건은 반영되지 않는다.

3. 장애인연금의 종류 및 내용

장애인연금의 종류로는 근로능력의 상실 또는 현저한 감소로 인하여 줄어드는 소득을 보전(補塡)하여 주기 위하여 지급하는 '기초급여'와 장애로 인하여 추가로 드는 비용의 전부 또는 일부를 보전하여 주기 위하여 지급하는 급여인 '부가급여'가 있다(제5조).

1) 기초급여액

기초급여의 금액(이하 '기초급여액')은 보건복지부장관이 그 전년도 기초급여액에 대통령령으로 정하는 바에 따라 전국소비자물가변동률을 반영하여 매년 고시한다. 이 경우 그 고시한 기초급여액의 적용기간은 해당 조정연도 4월부터 다음 연도 3월까지로 한다. 이에도 불구하고 장애인연금의 기초급여액은 「기초연금법」에 따라 기준연금액을 고시한 경우 그 기준연금액을 기초급여액으로 한다(제2항)는 규정에 따라 기초연금액과 동일하게 금액을 규정하고 있다. 수급권자와 그 배우자가 모두 기초급여를 받는 경우에는 기초연금과 동일하게 각각의 기초급여액에서 기초급여액의 100분의 20에 해당하는 금액을 감액한다. 소득인정액과 기초급여액을 합한 금액이 선정기준액 이상인 경우에는 기초급여액의 일부를 감액하여 지급할 수 있다(제6조).

2) 부가급여액

장애로 인하여 추가로 드는 비용을 보전하여 주기 위하여 지급하는 부가급여액은 월정액으로 하며, 수급권자와 그 배우자의 소득 수준 및 장애로 인한 추가비용

등을 고려하여 대통령령으로 정하도록 하고 있다(제7조). 대통령령 〈별표 1〉에서 규정하고 있는 '부가급여액'은 2025년 현재 3만원부터 9만원까지 연령과 소득수준에 따라 기초급여액에 더해서 지급하고 있으며, 장애 종류와 정도에 따른 구분은 없는 상황이다.

4. 장애인연금과 기초연금의 차이점

앞서 살펴본 것처럼 기초연금과 장애인연금은 대상만 노인과 중증장애인으로 차이가 있을 뿐 본질적인 면에서 동일한 제도라고 할 수 있다. 다만 중증장애인의 경우에는 연령 및 소득수준에 따라 부가급여를 추가로 더 받는다는 차이가 있다. 그러나 이 두 가지 제도의 실질적인 가장 큰 차이는 기초연금과 장애인연금을 받는 노인과 장애인이 「국민기초생활보장법」의 수급권자가 되어 「국민기초생활보장법」에 따른 급여를 받게 될 때 발생한다. 먼저 국민기초생활보장 수급노인이 기초연금을 받게 되면 이것이 개별가구의 '소득평가액'에 포함되어 「기초생활보장법」에서 받는 급여가 깎이게 된다. 즉 기초연금을 받으나 받지 않으나 전체 금액은 차이가 없는 상황이 되는 것이다. 그러나 기초생활보장 수급 장애인이 장애인연금을 받으면 이것은 개별가구의 '소득평가액'에 포함되지 않아 장애인연금액만큼 실제소득이 늘어나게 된다. 이에 대해 '줬다가 뺏는 기초연금'이라는 비난을 받고 있지만 아직 개선되지 않고 있다. 이와 관련된 조항인 「국민기초생활보장법」 제6조의3(소득인정액의 산정)과 「국민기초생활보장법」 시행령 제5조(소득의 범위), 제5조의2(소득평가액의 범위 및 산정기준)를 보면 다음과 같다.[4]

4) 장애인연금과 같이 기초연금을 실제소득에서 제외하려면 「국민기초생활보장법」 시행령 제5조(소득의 범위) 제1항 제4호 이전소득에서 「기초연금법」을 제외하고 시행령 제5조의2(소득평가액의 범위 및 산정기준)의 제1호~

국민기초생활보장법

제6조의3(소득인정액의 산정) ① 제2조 제9호에 따른 개별가구의 소득평가액은 개별가구의 실제소득에도 불구하고 보장기관이 급여의 결정 및 실시 등에 사용하기 위하여 산출한 금액으로 다음 각 호의 소득을 합한 개별가구의 실제소득에서 장애·질병·양육 등 가구 특성에 따른 지출요인, 근로를 유인하기 위한 요인, 그 밖에 추가적인 지출요인에 해당하는 금액을 감하여 산정한다.

1. 근로소득
2. 사업소득
3. 재산소득
4. 이전소득

② 제2조 제9호에 따른 재산의 소득환산액은 개별가구의 재산가액에서 기본재산액(기초생활의 유지에 필요하다고 보건복지부장관이 정하여 고시하는 재산액을 말한다) 및 부채를 공제한 금액에 소득환산율을 곱하여 산정한다. 이 경우 소득으로 환산하는 재산의 범위는 다음 각 호와 같다.

1. 일반재산(금융재산 및 자동차를 제외한 재산을 말한다)
2. 금융재산
3. 자동차

③ 실제소득, 소득평가액 및 재산의 소득환산액의 산정을 위한 구체적인 범위·기준 등은 대통령령으로 정한다.

국민기초생활보장법 시행령

제5조(소득의 범위) ① 법 제6조의3 제1항 각 호 외의 부분에서 '실제소득'이란 다음 각 호의 소득을 합산한 금액을 말한다.

1. 근로소득: 근로의 제공으로 얻는 소득. 다만, 「소득세법」에 따라 비과세되는 근로소득은 제외하되, 다음 각목의 급여는 근로소득에 포함한다.
   가. 「소득세법」 제12조 제3호 더목에 따라 비과세되는 급여
   나. 「소득세법」 시행령 제16조 제1항 제1호에 따라 비과세되는 급여
2. 사업소득

제12호 사이에 '「기초연금법」에 따른 기초연금액'을 포함시키면 된다. 이렇게 개정하면, 기초연금액이 소득평가액의 범위에 들어가지 않게 되어, 실질적으로 기초생활수급노인들의 소득이 높아지는 효과를 가져오게 된다.

가. 농업소득: 경종업(耕種業), 과수·원예업, 양잠업, 종묘업, 특수작물생산업, 가축사육업, 종축업(種畜業) 또는 부화업과 이에 부수하는 업무에서 얻는 소득
나. 임업소득: 영림업, 임산물생산업 또는 야생조수사육업과 이에 부수하는 업무에서 얻는 소득
다. 어업소득: 어업과 이에 부수하는 업무에서 얻는 소득
라. 기타 사업소득: 도매업, 소매업, 제조업, 그 밖의 사업에서 얻는 소득
3. 재산소득
가. 임대소득: 부동산, 동산, 권리 또는 그 밖의 재산의 대여로 발생하는 소득
나. 이자소득: 예금·주식·채권의 이자와 배당 또는 할인에 의하여 발생하는 소득 중 보건복지부장관이 정하는 금액 이상의 소득
다. 연금소득: 「소득세법」 제20조의3 제1항 제2호 및 제3호에 따라 발생하는 연금 또는 소득과 「보험업법」 제4조 제1항 제1호 나목의 연금보험에 의하여 발생하는 소득
4. 이전소득[차상위계층에 속하는 사람(이하 '차상위자'라 한다)에 대해서는 생활여건 등을 고려하여 보건복지부장관이 정하여 고시하는 바에 따라 다음 각목의 이전소득의 범위를 달리할 수 있다]
가. 친족 또는 후원자 등으로부터 정기적으로 받는 금품 중 보건복지부장관이 정하는 금액 이상의 금품
나. 제5조의6제1항 제4호 다목에 따라 보건복지부장관이 정하는 금액
다. 「국민연금법」, 「기초연금법」, 「공무원연금법」, 「공무원 재해보상법」, 「군인연금법」, 「별정우체국법」, 「사립학교교직원 연금법」, 「고용보험법」, 「산업재해보상보험법」, 「국민연금과 직역연금의 연계에 관한 법률」, 「보훈보상대상자 지원에 관한 법률」, 「독립유공자예우에 관한 법률」, 「국가유공자 등 예우 및 지원에 관한 법률」, 「고엽제후유의증 등 환자지원 및 단체설립에 관한 법률」, 「자동차손해배상 보장법」, 「참전유공자 예우 및 단체설립에 관한 법률」 등에 따라 정기적으로 지급되는 각종 수당·연금·급여 또는 그 밖의 금품

② 제1항에도 불구하고 다음 각 호의 금품은 소득으로 보지 아니한다.
1. 퇴직금, 현상금, 보상금, 「조세특례제한법」 제100조의2에 따른 근로장려금 및 같은 법 제100조의27에 따른 자녀장려금 등 정기적으로 지급되는 것으로 볼 수 없는 금품
2. 보육·교육 또는 그 밖에 이와 유사한 성질의 서비스 이용을 전제로 받는 보육료, 학자금, 그 밖에 이와 유사한 금품
3. 법 제43조 제5항에 따라 지방자치단체가 지급하는 금품으로서 보건복지부장관이 정하는 금품

③ 보장기관은 다음 각 호의 어느 하나에 해당하는 경우에는 개별가구의 생활실태 등을 조사하여 확인한 소득을 제1항 및 제2항에 따라 산정된 실제소득에 더할 수 있다. 이 경우 실제소득의 구체적인 확인 및 산정 기준은 보건복지부장관이 정한다.
1. 수급자 또는 수급권자의 소득 관련 자료가 없거나 불명확한 경우
2. 「최저임금법」 제5조에 따른 최저임금액 등을 고려할 때 소득 관련 자료의 신뢰성이 없다고 보장기관이 인정하는 경우

제5조의2(소득평가액의 범위 및 산정기준) 법 제6조의3 제1항에 따른 소득평가액은 제5조에 따른 실제소득에서 제1호부터 제12호까지에 해당하는 금액을 뺀 금액으로 한다.

1. 「장애인연금법」 제6조에 따른 기초급여액 및 같은 법 제7조에 따른 부가급여액
2. 「장애인복지법」 제49조에 따른 장애수당, 같은 법 제50조에 따른 장애아동수당과 보호수당
3. 「한부모가족지원법」 제12조 제1항 제4호에 따른 아동양육비
4. 「고엽제후유의증 등 환자지원 및 단체설립에 관한 법률」 제7조 제7항에 따른 수당(제1호에 따른 기초급여액 및 부가급여액에 해당하는 금액에 한정한다)
5. 「독립유공자예우에 관한 법률」 제14조, 「국가유공자 등 예우 및 지원에 관한 법률」 제14조 및 「보훈보상대상자 지원에 관한 법률」 제13조에 따른 생활조정수당
6. 「참전유공자 예우 및 단체설립에 관한 법률」 제6조에 따른 참전명예수당 중 법 제2조 제11호에 따라 보건복지부장관이 고시하는 1인 가구 기준 중위소득의 100분의 20 이하에 해당하는 금액
7. 만성질환 등의 치료·요양·재활로 인하여 지속적으로 지출하는 의료비
8. 장애인이 다음 각목의 시설에서 실시하는 직업재활사업에 참가하여 받은 소득의 100분의 50에 해당하는 금액

가. 「장애인복지법」 제58조에 따른 장애인복지시설 중 장애인 지역사회재활시설(장애인복지관만 해당한다) 및 장애인 직업재활시설

나. 「정신건강증진 및 정신질환자 복지서비스 지원에 관한 법률」 제27조 제1항 제2호에 따른 재활훈련시설(주간재활시설만 해당한다)

9. 삭제
10. 학생·장애인·노인 및 18세 이상 24세 이하인 사람이 얻은 제5조 제1항 제1호 및 제2호에 따른 소득의 100분의 30에 해당하는 금액
11. 제8호부터 제10호까지의 규정에 해당하지 않는 소득으로서 제5조 제1항 제1호 및 제2호에 따른 소득에 100분의 30의 범위에서 보건복지부장관이 정하는 비율을 곱한 금액
12. 그 밖에 개별가구 특성에 따라 추가적인 지출이 필요하다고 인정되어 보건복지부장관이 정하는 금품의 금액

PART 05 사회서비스법의 이해

사회서비스법의 이해

CHAPTER 21

1. 사회서비스법의 이해

사회서비스는 국가·지방자치단체 및 민간부문의 도움이 필요한 모든 국민에게 복지, 보건의료, 교육, 고용, 주거, 문화, 환경 등의 분야에서 인간다운 생활을 보장하고 상담, 재활, 돌봄, 정보의 제공, 관련 시설의 이용, 역량 개발, 사회참여 지원 등을 통하여 국민의 삶의 질이 향상되도록 지원하는 제도를 말한다(「사회보장기본법」 제3조 제4호). 즉, 사회복지와 관련된 도움이 필요한 국민에게 이와 관련된 각종 서비스를 지원하는 제도이다. 앞서 「사회보장기본법」에서 살펴보았지만, 사회보험이나 공공부조와 달리 사회서비스는 국가와 지방자치단체뿐만 아니라 민간부분 역시 서비스제공의 주체가 될 수 있다. 이러한 사회서비스법으로는 대표적으로 「사회복지사업법」이 있으며, 그 밖에 「아동복지법」, 「노인복지법」, 「장애인복지법」 등이 있다.

여기서는 3대 사회서비스법이라고 할 수 있는 「노인복지법」, 「아동복지법」, 「장애인복지법」을 중심으로 살펴보고, 이어서 「한부모가족지원법」과 「다문화가족지원법」 등 가족관련 사회서비스법을 추가로 살펴본다.

CHAPTER 22

노인복지법

1. 의의 및 연혁

1) 의의

「노인복지법」은 노인의 질환을 사전예방 또는 조기발견하고 질환상태에 따른 적절한 치료·요양으로 심신의 건강을 유지하고, 노후의 생활안정을 위하여 필요한 조치를 강구함으로써 노인의 보건복지증진에 기여함을 목적으로 한다(제1조). 이 법의 목적에서 볼 수 있듯이 「노인복지법」은 노인의 건강유지를 위한 다양한 조치를 하는 것을 1차 목적으로 하고 있다. 이는 다른 사회서비스법과 달리 노인만의 특징을 제시한 법이라고 할 수 있다. 또한 「노인복지법」은 노인복지와 관련된 활동에 관한 법을 말하는데, 여기서 노인복지란 노인문제를 해결하고 노후생활을 활력 있고 행복하게 영위하도록 국가 사회적으로 도움을 제공하는 사회복지를 의미한다. 즉 「노인복지법」은 사회서비스법의 한 영역으로 사회보험법, 공공부조법과 다른 사회서비스법으로서의 특성을 가지고 있다. 예전에는 이 법에서 경로연금과 같은 경제적 욕구까지 다루었으나, 기초(노령)연금법 제정 이후 경제적 욕구와 관련된 부분은 제외되고, 노인들이 가지고 있는 욕구 중 비경제적 욕구에 속하는 심리적·정신적·사회적 서비스 급여에 관한 내용을 주로 담고 있다.

2) 연혁

1960년대 이래 진행된 평균수명 연장과 인구고령화 현상은 경로효친사상의 감퇴, 핵가족화, 농촌공동화, 산업화 등 사회적 현상과 함께 우리나라에서 노인문제가 개인의 문제가 아닌 사회의 문제로 대두되게 되었다. 이에 이러한 노인문제를 국가적 차원에서 대처하기 위한 입법 노력이 전개되었다. 1969년에는 이윤영 옹이 「노령자복지법(안)」을 기초하여 제출하였으나 법사위원회 심의 중 국회가 폐회되어 사장되었고, 1976년부터 수차례에 걸쳐 한국노인문제연구소가 「노인복지법(안)」을 국회에 청원하였다. 1978년에는 '노인복지문제법제화추진협의회'가 발족하는 등 입법을 위한 노력이 전개되었다(한창영, 1980; 현외성, 2001; 김기원, 2007). 이러한 과정을 거쳐 1981년 6월 5일 「노인복지법」이 제정되었다. 「노인복지법」은 의약기술의 발달과 문화생활의 향상으로 평균수명이 연장되어 노인인구의 절대수가 크게 증가하는 한편 산업화, 도시화, 핵가족화의 진전에 따라 노인문제가 점차 큰 사회문제로 대두되고 있음에 대처하여 우리 사회의 전통적 가족제도에 연유하고 있는 경로효친의 미풍양속을 유지·발전시켜 나아가는 한편, 노인을 위한 건강보호와 시설의 제공 등 노인복지시책을 효과적으로 추진함으로써 노인의 안락한 생활을 북돋워 주며 나아가 사회복지의 증진에 기여하려는 것을 목적으로 제정되었다. 제정 당시 「노인복지법」의 주요 내용은 다음과 같다. 첫째, 국가 또는 지방자치단체는 매년 5월에 경로주간을 설정하여 경로효친의 사상을 앙양하도록 한다. 둘째, 노인의 복지를 위한 상담 및 지도업무를 담당하게 하기 위하여 시·군·구에 노인복지상담원을 둘 수 있도

록 한다. 셋째, 보건사회부장관, 서울특별시장・직할시장・도지사 또는 시장・군수(복지실시기관)는 65세 이상의 노인으로서 신체・정신・환경・경제적 이유로 거택에서 보호받기가 곤란한 자를 노인복지시설에 입소시키거나 입소를 위탁하도록 한다. 넷째, 복지실시기관은 65세 이상의 노인에 대하여 건강진단 또는 보건교육을 실시할 수 있도록 한다. 다섯째, 65세 이상의 노인에 대하여는 국가 또는 지방자치단체의 수송시설 기타 공공시설 및 민간서비스사업의 이용료를 무료로 하거나 할인우대할 수 있도록 한다. 여섯째, 노인복지시설을 양로시설・노인요양시설・유료양로시설 및 노인복지센터 등으로 구분하고 양로시설 및 노인요양시설은 무료와 실비시설로 구분한다. 일곱째, 국가 또는 지방자치단체는 노인복지시설을 설치할 수 있도록 하고 사회복지법인 기타 비영리법인은 도지사의 허가를 받아 노인복지시설을 설치할 수 있도록 한다. 여덟째, 국가 또는 지방자치단체는 노인복지시설에 대하여 그 설치 또는 운영에 필요한 비용을 보조할 수 있도록 한다.

1989년 12월 30일 노인문제가 심각한 사회문제로 대두됨에 따라 노인복지의 증진을 도모하는 데 필요한 제도를 보완・개선하려는 목적으로 전부 개정하였다. 주요 내용으로는 노인복지대책에 관한 국무총리의 자문에 응하기 위하여 노인복지대책위원회를 설치하고, 국가 또는 지방자치단체가 65세 이상의 노인에 대하여 노령수당을 지급할 수 있도록 하고, 노인복지시설의 범위에 새로이 실비양로시설, 유료노인요양시설 및 노인복지주택을 추가하였다. 이후 1997년 8월 22일 「노인복지법」이 다시 전부 개정되었다. 법률 개정 목적은 인구의 고령화 추세에 따라 증가하고 있는 치매 등 만성퇴행성 노인질환에 보다 효과적으로 대처하고, 노인생활의 안정을 위하여 전(全)국민연금이 실시되어도 연금적용대상에서 제외되는 65세 이상 노인 중 경제적으로 생활이 어려운 노인에 대한 국가의 적극적인 소득지원과 노인취업 활성화를 도모하며, 노인복지시설 이용 및 운영체계 개편 등을 통하여 노인보건복지증진을 도모하려는 것이다. 이에 65세 이상 노인 중 일정한 자에게 경로연금을 지급하고, 노인지역봉사기관, 노인취업알선기관의 지원근거 규정을 마련하였다.

「노인복지법」 제정 및 개정관련 주요 연혁은 〈표 22-1〉과 같다.

| 표 22-1 | 노인복지법 주요 연혁

제·개정(시행)	주요 내용
1981.6.5. (1981.6.5.)	노인복지법 제정 • 평균수명의 연장으로 노인인구가 크게 증가하는 한편 노인문제가 점차 큰 사회문제로 대두되고 있음에 대처하여 경로효친의 미풍양속을 유지·발전시켜 나아가는 한편, 노인복지시책을 효과적으로 추진함으로써 노인의 안락한 생활을 북돋워 주며 나아가 사회복지의 증진에 기여하고자 함
1989.12.30. (1989.12.30.)	전부개정 • 노인복지대책위원회 설치 • 65세 이상의 노인에 대하여 노령수당을 지급할 수 있도록 함 • 노인복지시설에 실비양로시설, 유료노인요양시설 및 노인복지주택 추가
1997.8.22. (1998.7.1.)	전부개정 • 65세 이상의 일정한 자에게 경로연금 지급 • 노인지역봉사기관, 노인취업알선기관의 지원근거규정 마련
2004.1.29. (2004.7.30.)	일부개정 • 노인학대예방 및 노인학대 긴급전화 설치 • 노인보호전문기관 설치 • 의료인, 노인복지시설의 장 또는 종사자 등 노인학대 신고의무규정 명시
2007.4.25. (2008.1.1.)	일부개정, 기초노령연금법 제정 • 기초노령연금법 제정 및 시행으로 제2장 경로연금관련 규정 삭제
2007.8.3. (2008.8.4.)	일부개정 노인장기요양보험에 대비하여 노인복지시설의 무료·실비 및 유료구분 삭제 • 요양보호사 자격제 도입 • 홀로 사는 노인지원규정 마련 • 실종노인을 보호할 경우 신고 규정 마련
2010.1.25. (2010.4.26.)	일부개정 • 요양보호사 자격시험 제도 도입 • 신고제에서 지정제로 요양보호사 교육기관 운영제도 변경
2011.6.7. (2011.12.8.)	일부개정 • 노인전문병원을 의료법상 요양병원으로 일원화, 노인휴양소 폐지 • 실종노인에 대한 빠른 발견과 안전한 복귀 등을 위한 근거규정 보강 • 노인학대에 대한 관련 법규 강화

2012.10.22. (2013.4.23.)	일부개정 • 노인학대 신고의무자 교육과정에 노인학대 예방 및 신고의무와 관련된 내용이 포함되도록 함 • 신고의무 위반에 따른 처벌 규정 마련
2015.12.29. (2016.12.30.)	일부개정 • 노인학대관련 범죄 전력자의 취업제한 등 노인학대관련 규제 및 처벌 강화
2016.12.2. (2017.6.3.)	일부개정 • 노인에 대한 금지행위 규정에 정서적 학대행위 추가
2017.3.14. (2017.9.15.)	일부개정 • 노인복지사업안내에 규정되어 있던 〈학대피해노인 전용쉼터〉 규정을 법률에 규정하도록 하여, 쉼터의 설치 및 업무위탁에 필요한 비용 지원의 근거 마련
2017.10.24. (2018.1.25.)	일부개정 • 노인복지시설의 설치·운영자와 종사자 및 이용자에 대하여 인권교육을 실시할 수 있는 근거 마련 • 독거노인 지원사업의 홍보, 수행기관 교육 및 지원 등을 수행하기 위하여 독거노인종합지원센터 설치·운영규정 마련
2018.3.13. (2018.3.13.)	일부개정 • 노인일자리 보급을 확대하기 위해 공공시설에 청소, 주차관리 및 매표 등의 사업을 위탁하는 경우에 노인을 100분 20이상 채용한 사업체를 우대할 수 있도록 함 • 노인학대 의무신고자에 건보공단 요양직 직원 등 추가 • 노인보호전문기관으로 하여금 노인학대의 종료 후에도 방문, 전화상담 및 피해노인과 그 가족에 대한 상담, 교육, 치료 등을 하도록 함
2020.4.7. (2020.7.8.)	일부개정 • 요양보호사 자격증 대여, 알선 행위 금지 처벌 조항 신설 • 직무상 알게 된 비밀을 누설한 자에 대한 벌칙을 '1년 이하의 징역 또는 1천만원 이하의 벌금'에서 '3년 이하의 징역 또는 3천만원 이하의 벌금'으로 상향
2020.12.29. (2021.6.30.)	일부개정 • 지역노인보호전문기관의 업무에 피해노인에 대한 법률 지원 요청 내용을 추가하고, 학대피해노인 전용쉼터의 업무에 법률구조법인 등에 대한 협조 및 지원 요청 내용 추가함 • 노인학대행위자에게 노인보호전문기관의 장이 제공하는 상담·교육 및 심리적 치료 등을 받도록 하는 규정과 피해노인의 보호자·가족이 노인보호전문기관의 사후관리 업무를 거부하거나 방해하여서는 아니 되도록 하는 규정 신설
2021.12.21. (2022.3.22.)	일부개정 • 노인과 관련된 사회복지시설에서 복무하는 사회복무요원을 노인학대 신고의무대상으로 추가함
2023.6.13. (2023.12.14.)	일부개정 • 노인학대 관련 범죄자의 취업제한대상기관에 홀로 사는 노인에 대한 지원을 하는 기관·단체, 독거노인종합지원센터, 장애인활동지원기관, 치매안심센터를 추가함

2024.2.6. (2024.8.7.)	일부개정 • 노인학대 관련 범죄자의 취업제한대상기관에 노인인권, 노인복지 등 노인을 위한 사업을 수행하는 비영리법인을 추가함

2. 목적과 기본이념

1) 목적

이 법은 노인의 질환을 사전예방 또는 조기발견하고 질환상태에 따른 적절한 치료·요양으로 심신의 건강을 유지하고, 노후의 생활안정을 위하여 필요한 조치를 강구함으로써 노인의 보건복지증진에 기여함을 목적으로 한다(제1조).

2) 기본이념

노인은 후손의 양육과 국가 및 사회의 발전에 기여하여 온 자로서 존경받으며 건전하고 안정된 생활을 보장받는다. 노인은 그 능력에 따라 적당한 일에 종사하고 사회적 활동에 참여할 기회를 보장받는다. 노인은 노령에 따르는 심신의 변화를 자각하여 항상 심신의 건강을 유지하고 그 지식과 경험을 활용하여 사회의 발전에 기여하도록 노력하여야 한다(제2조).

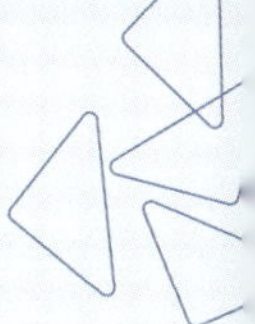

3. 노인에 대한 보건 · 복지조치

1) 보건복지증진의 책임

(1) 국가와 지방자치단체의 책임

국가와 지방자치단체는 노인의 보건 및 복지증진의 책임이 있으며, 이를 위한 시책을 강구하여야 한다고 규정하여 노인복지의 책임이 원칙적으로 국가와 지방자치단체에 있음을 명시하고 있다. 그리고 국가와 지방자치단체는 그 시책을 강구함에 있어 이 법에 규정된 기본이념이 구현되도록 노력하여야 한다(제4조).

(2) 국민 및 민간의 책임

국가와 국민은 경로효친의 미풍양속에 따른 건전한 가족제도가 유지·발전되도록 노력하여야 한다(제3조)고 규정하여 노인복지에 대하여 일반국민의 책임도 규정하고 있는 것과 동시에 '선 가정보호 후 사회복지'란 기본방향을 제시하고 있다. 한편 노인의 일상생활에 관련되는 사업을 경영하는 자는 그 사업을 경영함에 있어 노인의 보건복지가 증진되도록 노력하여야 한다(제4조 제3항)고 규정하여 민간의 노인복지증진책임을 규정하고 있다.

2) 노인의 날 등

노인에 대한 사회적 관심과 공경의식을 높이기 위하여 매년 10월 2일을 노인의 날로, 매년 10월을 경로의 달로 한다. 부모에 대한 효사상을 앙양하기 위하여 매년 5월 8일을 어버이날로 한다(제6조).

3) 노인복지상담원

노인의 복지를 담당하기 위하여 특별자치도와 시·군·구에 노인복지상담원을 두고 있는데(제7조) 그 임용, 직무 및 보수 등은 아래와 같다. 노인복지상담원은 「사회복지사업법」 제11조의 규정에 따른 사회복지사 3급 이상의 자격증 소지자 중에서 특별자치시장·특별자치도지사·시장·군수·구청장이 공무원으로 임용한다. 다만 부득이한 경우에는 공무원 외의 자로 위촉할 수 있다(시행령 제12조 제1항). 위촉한 상담원의 임기는 3년으로 하되, 연임할 수 있다(시행령 제12조 제2항). 특별자치시장·특별자치도지사·시장·군수·구청장은 필요하다고 인정하는 때에는 「아동복지법」에 따른 아동복지전담공무원, 「장애인복지법」에 따른 장애인복지상담원 또는 사회복지에 관한 업무를 담당하는 공무원으로 하여금 상담원을 겸직하게 할 수 있다(시행령 제12조 제3항). 상담원의 직무로는 노인 및 그 가족 또는 관계인에 대한 상담 및 지도, 노인복지에 필요한 가정환경 및 생활실태에 관한 조사, 법 제28조 상담·입소 등의 조치에 필요한 상담 및 지도, 노인의 단체활동 및 취업의 상담, 기타 노인의 복지증진에 관한 사항 등이다.

4) 보건·복지조치

노인복지의 실시 주체는 원칙적으로 국가와 지방자치단체이다. 국가와 지방자치단체가 제공하는 노인에 대한 보건·복지조치는 다음과 같다.

(1) 노인의 사회참여지원

국가 또는 지방자치단체는 노인의 사회참여 확대를 위하여 노인의 지역봉사 활동기회를 넓히고 노인에게 적합한 직종의 개발과 그 보급을 위한 시책을 강구하며 근로능력이 있는 노인에게 일할 기회를 우선적으로 제공하도록 노력하여야 한다. 그리고 노인의 지역봉사활동 및 취업의 활성화를 기하기 위하여 노인지역봉사기관, 노인취업알선기관 등 노인복지 관계 기관에 대하여 필요한 지원을 할 수 있다. 이와 같이 노인들이 노후에도 적절한 사회봉사와 취업의 기회를 보장받을 수 있도록 국가가 지원해야 한다는 것을 법에 규정하고 있으며, 이를 위해 노인 등 고령자 고용을 촉진하는 법과 직종개발, 취업알선기관 등을 운용하도록 정책적으로 지원하고 있다(제23조).

(2) 지역봉사지도원 위촉 및 업무

국가 또는 지방자치단체는 사회적 신망과 경험이 있는 노인으로서 지역봉사를 희망하는 경우에는 이를 지역봉사지도원으로 위촉할 수 있다. 이 법에서 규정하고 있는 지역봉사지도원의 업무는 다음과 같다(제24조).

- 국가 또는 지방자치단체가 행하는 업무 중 민원인에 대한 상담 및 조언
- 도로의 교통정리, 주·정차 단속의 보조, 자연보호 및 환경침해 행위단속의 보조와 청소년 선도
- 충효사상, 전통의례 등 전통문화의 전수교육
- 국가유산의 보호 및 안내
- 노인에 대한 교통안전 및 교통사고예방교육 등

(3) 생업지원

국가, 지방자치단체, 그 밖의 공공단체 중 대통령령으로 정하는 기관은 소관 공공시설에 식료품·사무용품·신문 등 일상생활용품의 판매를 위한 매점이나 자동판매기의 설치를 허가 또는 위탁할 때에는 65세 이상 노인의 신청이 있는 경우 이를 우선적으로 반영하여야 한다. 그리고 소관 공공시설에 청소, 주차관리, 매표 등의 사업을 위탁하는 경우에는 65세 이상 노인을 100분의 20 이상 채용한 사업체를 우선적으로 고려할 수 있다(제25조).

(4) 경로우대, 정당한 편의제공의무 및 건강진단

국가 또는 지방자치단체는 65세 이상의 자에 대하여 국가 또는 지방자치단체의 수송시설 및 고궁·능원·박물관·공원 등의 공공시설을 무료로 또는 그 이용요금을 할인하여 이용하게 할 수 있다(제26조). 또한 65세 이상의 자에 대하여 건강진단과 보건교육을 실시할 수 있다(제27조).

(5) 홀로 사는 노인에 대한 지원

국가 또는 지방자치단체는 홀로 사는 노인에 대하여 방문요양과 돌봄 등의 서비스와 안전확인 등의 보호조치를 취하여야 한다. 이를 위해 노인 관련 기관·단체에 위탁할 수 있으며, 예산의 범위에서 그 사업 및 운영에 필요한 비용을 지원할 수 있다(제27조의2). 이를 위해 보건복지부장관은 독거노인종합지원센터를 설치·운영할 수 있다. 이 법에서 규정하고 있는 독거노인종합지원센터의 사업내용은 다음과 같다(제27조의3).

- 홀로 사는 노인에 대한 정책 연구 및 프로그램의 개발
- 홀로 사는 노인에 대한 현황조사 및 관리
- 홀로 사는 노인 돌봄사업 종사자에 대한 교육
- 홀로 사는 노인에 대한 돌봄사업의 홍보, 교육교재 개발 및 보급
- 홀로 사는 노인에 대한 돌봄사업의 수행기관 지원 및 평가
- 관련 기관 협력체계의 구축 및 교류
- 홀로 사는 노인에 대한 기부문화 조성을 위한 기부금품의 모집, 접수 및 배부
- 그 밖에 홀로 사는 노인의 돌봄을 위하여 보건복지부장관이 위탁하는 업무

(6) 노인성 질환에 대한 의료지원

국가 또는 지방자치단체는 노인성 질환자의 경제적 부담능력 등을 고려하여 노인성 질환의 예방교육, 조기발견 및 치료 등에 필요한 비용의 전부 또는 일부를 지원할 수 있다(제27조의3).

(7) 상담·입소 등의 조치

보건복지부장관, 시·도지사, 시장·군수·구청장은 노인에 대한 복지를 도모하기 위하여 필요하다고 인정한 때에는 다음의 조치를 하여야 한다.

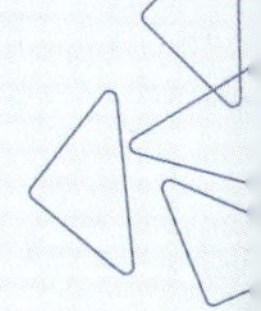

- 65세 이상의 자 또는 그를 보호하고 있는 자를 관계공무원 또는 노인복지상담원으로 하여금 상담·지도하게 하는 것
- 65세 이상의 자로서 신체적·정신적·경제적 이유 또는 환경상의 이유로 거택에서 보호받기가 곤란한 자를 노인주거복지시설 또는 재가노인복지시설에 입소시키거나 입소를 위탁하는 것
- 65세 이상의 자로서 신체 또는 정신상의 현저한 결함으로 인하여 항상 보호를 필요로 하고 경제적 이유로 거택에서 보호받기가 곤란한 자를 노인의료복지시설에 입소시키거나 입소를 위탁하는 것

또 65세 미만의 자에 대하여도 그 노쇠현상이 현저하여 특별히 보호할 필요가 있다고 인정할 때에는 조치를 취할 수 있다(제28조).

(8) 노인재활요양사업

국가 또는 지방자치단체는 신체적·정신적으로 재활요양을 필요로 하는 노인을 위한 재활요양사업을 실시할 수 있다(제30조).

(9) 노인 실태조사

보건복지부장관은 노인의 보건 및 복지에 관한 실태조사를 3년마다 실시하고 그 결과를 공표하여야 한다(제5조).

(10) 기타 조치

이외에 노인의 안전사고 예방을 위한 시책 수립·시행(제4조의2), 고령친화도시 조성 노력(제4조의3), 노인정책영향평가(제5조의2) 등을 규정하고 있다.

4. 노인복지시설

1) 노인복지시설[1)]의 종류

「노인복지법」에서 규정하고 있는 노인복지시설의 종류는 노인주거복지시설, 노인의료복지시설, 노인여가복지시설, 재가노인복지시설, 노인보호전문기관, 재가노인복지시설, 노인보호전문기관, 학대피해노인 전용쉼터가 있다. 「노인복지법」에서 규정하고 있는 노인복지시설의 종류와 기능은 〈표 22-2〉와 같다(제31조).

| 표 22-2 | 노인복지시설의 종류와 기능

분류	시설의 종류	시설의 기능과 정의
노인주거복지시설 (제32조)	양로시설	노인을 입소시켜 급식과 그 밖에 일상생활에 필요한 편의를 제공함을 목적으로 하는 시설
	노인공동생활가정	노인들에게 가정과 같은 주거여건과 급식, 그 밖에 일상생활에 필요한 편의를 제공함을 목적으로 하는 시설
	노인복지주택	노인에게 주거시설을 임대하여 주거의 편의·생활지도·상담 및 안전관리 등 일상생활에 필요한 편의를 제공함을 목적으로 하는 시설
노인의료복지시설 (제34조)	노인요양시설	치매·중풍 등 노인성질환 등으로 심신에 상당한 장애가 발생하여 도움을 필요로 하는 노인을 입소시켜 급식·요양과 그 밖에 일상생활에 필요한 편의를 제공함을 목적으로 하는 시설
	노인요양공동생활가정	치매·중풍 등 노인성질환 등으로 심신에 상당한 장애가 발생하여 도움을 필요로 하는 노인에게 가정과 같은 주거여건과 급식·요양, 그 밖에 일상생활에 필요한 편의를 제공함을 목적으로 하는 시설

1) 노인복지지설에 대한 특례: 노인복지법에서 노인복지시설로 규정되면, 조세감면규제법(조세특례제한법) 능 관계법령이 정하는 바에 의하여 조세 기타 공과금을 감면받을 수 있으며(제49조 조세감면), 기타 제54조(국·공유재산의 대부 등)와 제55조(건축법에 대한 특례)의 혜택을 받을 수 있다. 이상의 혜택은 아동복지시설, 장애인복지시설 모두 동일하다.

노인여가 복지시설 (제35조)	노인복지관	노인의 교양·취미생활 및 사회참여활동 등에 대한 각종 정보와 서비스를 제공하고, 건강증진 및 질병예방과 소득보장·재가복지, 그 밖에 노인의 복지증진에 필요한 서비스를 제공함을 목적으로 하는 시설
	경로당	지역노인들이 자율적으로 친목도모·취미활동·공동작업장 운영 및 각종 정보교환과 기타 여가활동을 할 수 있도록 하는 장소를 제공함을 목적으로 하는 시설
	노인교실	노인들에 대하여 사회활동 참여욕구를 충족시키기 위하여 건전한 취미생활·노인건강유지·소득보장 기타 일상생활과 관련한 학습프로그램을 제공함을 목적으로 하는 시설
재가노인복지시설 (제38조)		방문요양서비스, 주·야간보호서비스, 단기보호서비스, 방문목욕서비스, 그 밖에 보건복지부령이 정하는 서비스(재가노인지원서비스, 방문간호서비스, 복지용구지원서비스 보건복지부령 제26조의2) 중 어느 하나 이상의 서비스를 제공함을 목적으로 하는 시설
노인보호 전문기관 (제39조의5)	중앙노인보호전문기관	지역 간의 연계체계를 구축하고 노인학대를 예방하기 위한 기관
	지역노인보호전문기관	학대받는 노인의 발견·보호·치료 등을 신속히 처리하고 노인학대를 예방하기 위하여 시·도에 두는 기관
학대피해노인 전용쉼터 (제39조의19)		노인학대로 인하여 피해를 입은 노인을 일정기간 보호하고 심신 치유 프로그램을 제공하는 기관

2) 시설의 설치

「노인복지법」에서 규정하고 있는 노인복지시설 중 노인주거복지시설, 노인의료복지시설, 노인여가복지시설, 그리고 재가노인복지시설 등 4가지 종류의 시설은 국가 또는 지방자치단체가 설치할 수 있으며, 그 외의 자가 시설을 설치하고자 하는 경우에는 특별자치시장·특별자치도지사·시장·군수·구청장에게 신고하여 한다. 한편 노인보호전문기관과 학대피해노인 전용쉼터는 신고를 통해서 시설을 운영할 수 없으며, 국가와 지방치단체가 설치·운영하거나 그 운영의 전부 또는 일부를 법인·단체 등에 위탁하여 운영하여야 한다.

5. 노인학대 등

1) 노인학대의 정의와 범위

노인학대는 노인에 대하여 신체적·정신적·정서적·성적 폭력 및 경제적 착취 또는 가혹행위를 하거나 유기 또는 방임을 하는 것을 말한다(제1조의2 제4호). 구체적으로 금지되는 행위들은 다음과 같다(제39조의9).

1. 노인의 신체에 폭행을 가하거나 상해를 입히는 행위
2. 노인에게 성적 수치심을 주는 성폭행·성희롱 등의 행위
3. 자신의 보호·감독을 받는 노인을 유기하거나 의식주를 포함한 기본적 보호 및 치료를 소홀히 하는 방임행위
4. 노인에게 구걸을 하게 하거나 노인을 이용하여 구걸하는 행위
5. 노인을 위하여 증여 또는 급여된 금품을 그 목적 외의 용도에 사용하는 행위
6. 폭언, 협박, 위협 등으로 노인의 정신건강에 해를 끼치는 정서적 학대행위

2) 긴급전화의 설치 및 노인학대 신고의무와 절차

국가 및 지방자치단체는 노인학대를 예방하고 수시로 신고를 받을 수 있도록 긴급전화를 설치하여야 한다(제39조의4 제1항). 그리고 누구든지 노인학대를 알게 된 때에는 노인보호전문기관 또는 수사기관에 신고할 수 있다. 또한 신고의무자[2)]

2) 「노인복지법」에서 규정하고 있는 신고의무자는 다음과 같다(제39조의6 제2항)
의료기관에서 의료업을 행하는 의료인 및 의료기관의 장, 의료기관에 종사하는 자 중 환자의 간호 및 진료를 보조하거나 환자와 직접 접촉하는 간호조무사 및 사회복지사, 방문요양과 돌봄이나 안전확인 등의 서비스 종사자, 노인복지시설의 장과 그 종사자, 노인복지상담원, 장애인복지시설에서 장애노인에 대한 상담·치료·훈련 또는 요양업무를 수행하는 사람, 가정폭력 관련 상담소 및 가정폭력피해자 보호시설의 장과 그 종사자, 사회복지전담공무원, 사회복지시설의 장과 그 종사자, 장기요양기관의 장과 그 종사자, 119구급대의 구급대원, 건강가정지원센터의 장과 그 종사자, 다문화가족지원센터의 장과 그 종사자, 성폭력피해상담소 및 성폭력피해자보호시설의 장과 그 종사자, 응급구조사, 의료기사, 국민건강보험공단 소속 요양직 직원, 지역보건의료기관의 장과 종사자, 노인복지시설 설치 및 관리 업무 담당 공무원, 사회복지시

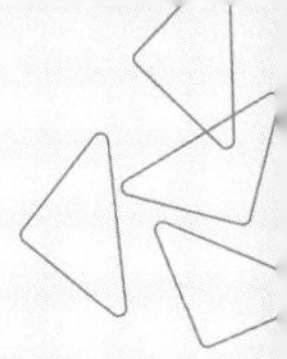

가 그 직무상 65세 이상의 사람에 대한 노인학대를 알게 된 때에는 즉시 노인보호전문기관 또는 수사기관에 신고하여야 한다(제39조의6).

3) 노인보호전문기관과 학대피해노인 전용쉼터

(1) 노인보호전문기관의 업무

국가와 지방자치단체는 노인보호전문기관을 설치・운영하여야 하는데, 국가가 설치・운영하는 중앙노인보호전문기관과 시・도가 설치 운영하는 지역노인보호전문기관으로 구분할 수 있다. 이러한 노인보호전문기관의 업무는 〈표 22-3〉과 같다(제39조의5).

| 표 22-3 | 노인보호전문기관의 업무

기관명	정의	업무
중앙노인보호전문기관	지역 간의 연계체계를 구축하고 노인학대를 예방하기 위한 기관	1. 노인인권보호 관련 정책제안 2. 노인인권보호를 위한 연구 및 프로그램의 개발 3. 노인학대 예방의 홍보, 교육자료의 제작 및 보급 4. 노인보호전문사업 관련 실적 취합, 관리 및 대외자료 제공 5. 지역노인보호전문기관의 관리 및 업무지원 6. 지역노인보호전문기관 상담원의 심화교육 7. 관련 기관 협력체계의 구축 및 교류 8. 노인학대 분쟁사례 조정을 위한 중앙노인학대사례판정위원회 운영 9. 그 밖에 노인의 보호를 위하여 대통령령으로 정하는 사항
지역노인보호전문기관	학대받는 노인의 발견・보호・치료 등을 신속히 처리하고 노인학대를 예방하기 위하여 시・도에 누는 기관	1. 노인학대 신고전화의 운영 및 사례접수 2. 노인학대 의심사례에 대한 현장조사 3. 피해노인 및 노인학대자에 대한 상담 4. 피해노인에 대한 법률 지원의 요청 5. 피해노인가족 관련자와 관련 기관에 대한 상담 6. 상담 및 서비스제공에 따른 기록과 보관 7. 일반인을 대상으로 한 노인학대 예방교육 8. 노인학대행위자를 대상으로 한 재발방지 교육 9. 노인학대사례 판정을 위한 지역노인학대사례판정위원회 운영 및 자체사례회의 운영 10. 그 밖에 노인의 보호를 위하여 보건복지부령으로 정하는 사항

설에서 복무하는 사회복무요원(노인을 직접 대면하는 업무복무자)

(2) 학대피해노인 전용쉼터의 업무

국가와 지방자치단체는 노인학대로 인하여 피해를 입은 노인(이하 '학대피해노인')을 일정기간 보호하고 심신 치유 프로그램을 제공하기 위하여 학대피해노인 전용쉼터(이하 '쉼터')를 설치・운영할 수 있다. 「노인복지법」에 규정된 쉼터의 업무는 다음과 같다(제39조의19).

1. 학대피해노인의 보호와 숙식제공 등의 쉼터생활 지원
2. 학대피해노인의 심리적 안정을 위한 전문심리상담 등 치유프로그램 제공
3. 노인학대행위자에 대한 고소・고발 등 법률적 사항의 자문을 위한 대한변호사협회, 지방변호사회 또는 「법률구조법」에 따른 법률구조법인 등에 대한 협조 및 지원 요청
4. 학대피해노인에게 학대로 인한 신체적, 정신적 치료를 위한 기본적인 의료비 지원
5. 학대 재발 방지와 원가정 회복을 위하여 노인학대행위자 등에게 전문상담서비스 제공
6. 그 밖에 쉼터에 입소하거나 쉼터를 이용하는 학대피해노인을 위하여 보건복지부령으로 정하는 사항

4) 응급조치의무

노인학대신고를 접수한 노인보호전문기관의 직원이나 사법경찰관리는 지체 없이 노인학대의 현장에 출동하여야 한다. 이 경우 노인보호전문기관의 장이나 수사기관의 장은 서로 동행하여 줄 것을 요청할 수 있고, 그 요청을 받은 때에는 정당한 사유가 없으면 소속 직원이나 사법경찰관리를 현장에 동행하도록 하여야 한다. 출동한 노인보호전문기관의 직원이나 사법경찰관리는 피해자를 보호하기 위하여 신고된 현장에 출입하여 관계인에 대하여 조사를 하거나 질문을 할 수 있다. 현장에 출동한 자는 학대받은 노인을 노인학대행위자로부터 분리하거나 치료가 필요하다고 인정할 때에는 노인보호전문기관 또는 의료기관에 인도하여야 한다. 또한 누구든지 정당한 사유 없이 노인학대 현장에 출동한 자에 대하여 현장조사를 거부하거나 업무를 방해하여서는 아니 된다. 그리고 국가 및 지방자치단체는 노인보호전문기관의 장이 학대받은 노인의 보호, 치료 등의 업무를 수행함에 있어서 피해노인, 그 보호자 또는 노인학대행위자에 대한 신분조회 등 필요한 조치

의 협조를 요청할 경우 정당한 사유가 없으면 이에 적극 협조하여야 한다(제39조의7).

5) 보조인의 선임

학대받은 노인의 법정대리인, 직계친족, 형제자매, 노인보호전문기관의 상담원 또는 변호사는 노인학대사건의 심리에 있어서 보조인이 될 수 있다. 다만, 변호사가 아닌 경우에는 법원의 허가를 받아야 한다. 법원은 학대받은 노인을 증인으로 신문하는 경우 본인 · 검사 또는 노인보호전문기관의 신청이 있는 때에는 본인과 신뢰관계에 있는 자의 동석을 허가할 수 있다. 수사기관이 학대받은 노인을 조사하는 경우에도 제1항 및 제2항의 절차를 준용한다(제39조의8).

6) 실종노인에 관한 신고의무

누구든지 정당한 사유 없이 사고 등의 사유로 인하여 보호자로부터 이탈된 노인(이하 '실종노인')을 경찰관서 또는 지방자치단체의 장에게 신고하지 아니하고 보호하여서는 아니 된다. 노인복지시설(「사회복지사업법」에 따른 사회복지시설 및 사회복지시설에 준하는 시설로서 인가 · 신고 등을 하지 아니하고 노인을 보호하는 시설 포함)의 장 또는 그 종사자는 그 직무를 수행하면서 실종노인임을 알게 된 때에는 지체 없이 보건복지부령으로 정하는 신상카드를 작성하여 지방자치단체의 장과 실종노인의 데이터베이스를 구축 · 운영하는 업무를 수행하는 기관의 장에게 제출하여야 한다.

보건복지부장관은 실종노인의 발생예방, 조속한 발견과 복귀를 위하여 실종노인과 관련된 조사 및 연구, 실종노인의 데이터베이스 구축 · 운영, 그 밖에 실종노인의 보호 및 지원에 필요한 사항의 업무를 수행하여야 한다. 그리고 경찰청장은 실종노인의 조속한 발견과 복귀를 위하여 실종노인에 대한 신고체계의 구축 및 운영, 그 밖에 실종노인의 발견과 복귀를 위하여 필요한 사항을 시행하여야 한다

(제39조의10).

7) 노인학대예방의 날 등

범국민적으로 노인학대에 대한 인식을 높이고 관심을 유도하기 위하여 매년 6월 15일을 노인학대예방의 날로 지정하고, 국가와 지방자치단체는 노인학대예방의 날의 취지에 맞는 행사와 홍보를 실시하도록 노력하여야 한다(제6조 제4항). 또한 보건복지부장관은 노인학대의 예방과 방지, 노인학대의 위해성, 신고방법 등에 관한 홍보영상을 제작하여 방송법상 방송편성책임자에게 배포하여야 한다(제6조의2 제1항).

8) 인권교육

한편 노인주거복지시설, 노인의료복지시설, 노인여가복지시설(경로당 및 노인교실 제외), 재가노인복지시설, 노인보호전문기관, 노인일자리지원기관, 학대피해노인 전용쉼터 등 노인복지시설을 설치・운영하는 자와 그 종사자는 인권에 관한 교육(인권교육)을 받아야 한다. 그리고 노인복시시설을 설치・운영하는 자는 해당 시설을 이용하고 있는 노인들에게 인권교육을 실시할 수 있다. 이러한 인권교육을 효율적으로 실시하기 위하여 보건복지부장관은 인권교육기관을 지정할 수 있다(제6조의3).

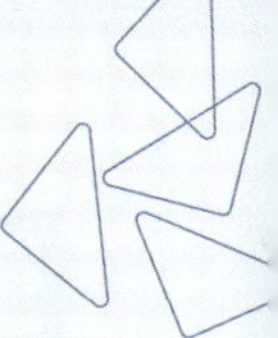

6. 요양보호사

노인복지시설의 설치·운영자는 노인 등의 신체활동 또는 가사활동 지원 등의 업무를 전문적으로 수행하는 요양보호사를 두어야 한다(제39조의2).

1) 요양보호사 자격취득

요양보호사가 되려는 사람은 요양보호사를 교육하는 기관(요양보호사교육기관)에서 교육과정을 마치고 시·도지사가 실시하는 요양보호사 자격시험에 합격하여야 하며, 시·도지사는 요양보호사 자격시험에 합격한 사람에게 요양보호사 자격증을 교부하여야 한다. 자격증을 교부받은 사람은 다른 사람에게 그 자격증을 빌려주어서는 아니 되고, 누구든지 그 자격증을 빌려서는 아니 된다(제39조의2). 시·도지사는 요양보호사의 양성을 위하여 보건복지부령으로 정하는 지정기준에 적합한 시설을 요양보호사교육기관으로 지정·운영하여야 한다(제39조의3).

2) 요양보호사의 결격사유

다음의 어느 하나에 해당하는 사람은 요양보호사가 될 수 없다(제39조의13).

1. 「정신건강증진 및 정신질환자 복지서비스 지원에 관한 법률」에 따른 정신질환자. 다만, 전문의가 요양보호사로서 적합하다고 인정하는 사람은 그러하지 아니하다.
2. 마약·대마 또는 향정신성의약품 중독자
3. 피성년후견인
4. 금고 이상의 실형을 선고받고 그 집행이 끝나거나 집행이 면제되지 아니한 사람
5. 금고 이상의 형의 집행유예를 선고받고 그 유예기간 중에 있는 사람
6. 법원의 판결에 따라 자격이 정지 또는 상실된 사람
7. 요양보호사의 자격이 취소된 날부터 1년이 경과되지 아니한 사람

아동복지법

CHAPTER 23

1. 의의 및 연혁

1) 의의

「아동복지법」은 아동[1]이 건강하게 출생하여 행복하고 안전하게 자랄 수 있도록 아동의 복지를 보장하는 것을 목적으로 한다(제1조). 이 법에서 말하는 아동복지란 "아동이 행복한 삶을 누릴 수 있는 기본적인 여건을 조성하고 조화롭게 성장·발달할 수 있도록 하기 위한 경제적·사회적·정서적 지원"을 의미하는데(제3조 제2호), 이러한 아동의 복지를 보장하기 위한 다양한 조치를 하는 것을 「아동복지법」의 주된 목적으로 하고 있다. 「아동복지법」은 앞서 살펴본 「노인복지법」과

1) '아동'이란 18세 미만인 사람을 말한다(제3조 제1호).

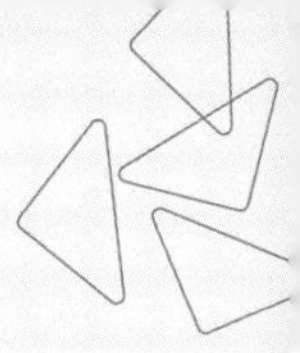

마찬가지로 사회서비스법의 특성을 가지고 있다. 이는 급여의 내용이 주로 비경제적이라는 것을 의미하는 것으로 아동의 욕구 중 비경제적 욕구에 속하는 심리적·정신적·사회적 서비스 급여에 관한 내용을 핵심적인 내용으로 담고 있다.

2) 연혁

1923년 9월 제령12호로 제정된 「조선감화령」이 1961년 「아동복리법」을 제정할 때까지 유지되었으며, 일제강점기 당시 「조선감화령」에 의해서 설치된 감화원과 「조선구호령」에 의하여 설치된 구호시설이 있었다. 이후 1961년 12월 30일 아동이 그 보호자로부터 유실, 유기 또는 이탈되었을 경우, 그 보호자가 아동을 양육하기에 부적당하거나 양육할 수 없는 경우 또는 아동의 건전한 출생을 기할 수 없는 경우에 아동이 건전하고 행복하게 육성되도록 그 복리를 보장하려는 목적으로 「아동복리법」이 제정되었다. 비록 명분뿐인 입법이라고 할 수 있으나, 이 법의 제정으로 요보호아동문제에 대한 국가책임의 원칙이 처음으로 법제화되었다고 할 수 있다. 이후 1981년 4월 13일 「아동복리법」 전부개정의 형식으로 「아동복지법」이 제정되었다. 「아동복지법」은 종전의 「아동복리법」이 구호적 성격의 복지제공에 중점을 두고 있어 그동안의 경제·사회의 발전에 따라 발생한 사회적 복지요구에 부응하지 못하고 있다는 비판에 따라 요보호아동뿐만 아니라 일반아동을 포함한 전체 아동의 복지를 보장하고 특히 유아기에 있어서의 기본적 인격·특성과 능력개발을 조장하기 위한 여건을 조성할 수 있도록 하려는 목적으로 제정되었다.

1981년 제정 당시의 「아동복지법」의 주요 내용은 다음과 같다. 첫째, 법의 제명을 「아동복지법」으로 개칭하였다. 둘째, 요구호아동 위주였던 보호대상범위를 전체 아동으로 확대하였다. 셋째, 아동의 보호·육성책임을 국가·지방자치단체 및 보호자가 공동으로 지도록 하였다. 넷째, 5월 5일 어린이날에 대한 법적 근거를 마련하였다. 다섯째, 임시직이었던 아동복지시도원을 별정직으로 히여 전문직 확보가 용이하도록 하였다. 여섯째, 새마을부녀회직영 어린이집 등 무료탁아시설은 법인 이외의 자도 신고만으로 그 시설을 설치·운영할 수 있도록 하였다. 일곱째, 아동복지시설에는 일정한 자격을 가진 아동복지시설 종사자를 두도록 하였다. 여덟째, 아동보호비용 징수권자의 범위에 아동복지시설의 장을 추가하고 그 비용의 징수는 도지사의 승인을 얻도록 하였다. 아홉째, 아동복지증진을 위하여 아동복지시설을 설치한 법인에 대하여 국·공유재산을 무상 대여할 수 있도록 하였다.

이후 2000년 1월 12일, 우리 사회의 아동복지수요에 능동적으로 대응하고 당시 사회문제로 지적되고 있는 학대아동에 대한 보호 및 아동안전에 대한 제도적 지원을 공고히 하기 위하여 아동복지지도원을 별정직공무원에서 사회복지전담공무원으로 신분을 변경하고, 아동학대에 대한 정의와 금지 유형을 명확히 규정하며, 아동학대에 대한 신고를 의무화하는 등의 목적으로 전부 개정하였다. 이때 '아동은 자신 또는 부모의 성별, 연령, 종교, 사회적 신분, 재산, 장애유무, 출생지역 등에 따른 어떠한 종류의 차별도 받지 않고 자라나야 하며, 완전하고 조화로운 인격발달을 위하여 안정된 가정환경에서 행복하게 자라나야 하며, 아동에 관한 모든 활동에 있어서 아동의 이익이 최우선적으로 고려되어야 한다.'는 아동복지의 기본이념을 명시하였다.

2005년 7월 13일에는 보호를 필요로 하는 아동에 대한 가정위탁보호를 활성화할 수 있도록 가정위탁지원센터 등을 두고, 아동학대를 근절하기 위하여 아동학대 신고의무자로 되어 있는 교원, 의료인, 아동복지시설 종사자 등의 자격취득 교육과정에 아동학대예방 및 신고와 관련된 교육내용을 포함시키도록 하는 등의 내용으로 개정되었으며, 2011년 8월 4일에는 아동종합실태조사를 시행하여 그 결과를 바탕으로 아동정책기본계획을 수립·시행하고, 아동학대의 예방과 방지, 아동학대행위자의 계도를 위한 교육 등에 관한 홍보영상을 방송할 수 있도록 하며, 아동복지서비스의 안정적 추진을 위한 근거와 아동정책을 효과적으로 수행하기 위한 정책적 기반을 마련하고자 하는 방향으로 전부 개정되었다.

「아동복지법」 제정 및 개정 관련 주요 연혁은 〈표 23-1〉과 같다.

| 표 23-1 | 아동복지법 주요 연혁

제·개정(시행)	주요 내용
1961.12.30. (1981.6.5.)	「아동복리법」 제정 • 아동이 그 보호자로부터 유실, 유기 또는 이탈되었을 경우, 그 보호자가 아동을 양육하기에 부적당하거나 양육할 수 없는 경우 또는 아동의 건전한 출생을 기할 수 없는 경우에 아동이 건전하고 행복하게 육성되도록 그 복리를 보장하려는 목적으로 제정됨
1981.4.13. (1981.4.13.)	전부개정 • 법의 제명 「아동복지법」으로 개칭 • 보호대상범위를 요구호아동 위주에서 전체 아동으로 확대 • 국가·지방자치단체 및 보호자가 공동으로 아동보호·육성을 책임지도록 함 • 어린이날에 대한 법적 근거 마련 • 아동복지지도원을 별정직으로 하여 전문직 확보가 용이하도록 함 • 법인 이외의 자도 신고만으로 무료탁아시설을 설치·운영할 수 있도록 하고, 아동복지시설에는 일정한 자격을 가진 아동복지시설종사자를 두도록 함
2000.1.12. (2000.7.13.)	전부개정 • 아동학대에 대한 정의와 금지규정을 명확히 규정함 • 아동학대에 대한 신고를 의무화 • 학대아동에 대한 보호 및 아동안전에 대한 제도적 지원을 공고히 하기 위하여 아동복지지도원을 별정직공무원에서 사회복지전담공무원으로 그 신분을 변경함
2004.1.29. (2004.7.30.)	일부개정 • 국무총리 산하에 아동정책조정위원회를 둠 • 상습적으로 아동에게 학대행위를 한 자 등에 대한 가중처벌규정 신설 • 아동복지지설유형에 공동생활가정과 지역아동센터 추가
2005.7.13. (2006.1.14.)	일부개정 • 가정위탁제도 시행, 가정위탁지원센터 설치 • 교원, 의료인, 아동복지시설 종사자 등의 자격취득 교육과정에 아동학대예방 및 신고와 관련된 교육내용 포함
2011.8.4. (2012.8.5.)	전부개정 • 아동종합실태조사를 실시하고 이를 바탕으로 아동정책기본계획을 수립·시행 • 아동학대의 예방과 방지, 아동학대행위자의 계도를 위한 교육 등에 관한 홍보영상을 방송할 수 있도록 함
2014.1.28. (2014.9.29.)	일부개정 • 「아동학대범죄의 처벌 등에 관한 특례법」 제정에 따라 관련 조문 정리 • 아동학대가 의심되는 경우 경찰관이 아동보호전문기관에 통보하도록 의무화하여 아동학대 조기발견을 위한 체계를 구축하도록 함 • 아동학대범죄전력자 아동관련 기관에 형 확정 후 10년간 취업제한규정 신설

2015.3.27. (2015.9.28.)	일부개정 • 보호자에게 아동에 대한 신체적 정신적 고통을 가하는 것을 금지하도록 명시 • 아동보호전문기관의 장의 신분조회 등 조치범위에 가족관계등록 등에 관한 법률에 따른 증명서의 발급을 포함하여 명확히 규정함 • 아동학대신고의무자에게 신고의무자임을 알리고, 신고의무교육을 받도록 하며, 아동학대 신고의무자가 소속된 어린이집, 유치원 등의 기관의 장에게 신고의무교육 실시를 의무화하는 등 교육 강화함
2017.10.24. (2018.4.25.)	일부개정 • 아동학대 신고의무자가 아동학대 발견 및 대응 방법을 숙지할 수 있도록 모든 신고의무자에 대하여 소속 기관 및 시설의 장이 교육을 실시하도록 함 • 아동학대예방에 대한 사회의 인식 제고를 위하여 국가기관, 공공기관 등에서 매년 아동학대예방교육 실시하도록 함 • 학생에 대한 학대의 조기 발견과 신속한 보호조치를 위하여 기관 간 연계체계 구축 및 정보 공유를 하도록 함 • 학대피해아동에 대한 법률상담 지원 및 아동학대 전담의료기관 지정 근거를 마련하여 학대피해아동에 대한 지원을 강화함
2019.1.15. (2019.7.16.)	일부개정 • 아동정책에 대한 종합적인 수행과 아동복지 관련 사업의 효과적인 추진을 위하여 아동권리보장원을 설립 및 운영하도록 함 • 시·도지사 및 시장·군수·구청장이 초등학교의 정규교육 이외의 시간 동안 아동들에게 돌봄서비스를 제공할 수 있도록 다함께돌봄센터의 법적 근거를 마련하고, 국가가 설치·운영에 필요한 비용의 일부를 지방자치단체에 지원할 수 있도록 함
2020.4.7. (2020.10.1.)	일부개정 • 시·도지사 또는 시장·군수·구청장이 아동학대 신고접수, 현장조사, 응급보호, 피해아동과 그 가족 및 아동학대행위자에 대한 상담·조사 업무 등을 수행하도록 하고, 이를 위하여 아동학대전담공무원을 두도록 함 • 법원이 아동학대 관련범죄로 형 또는 치료감호를 선고하는 경우 판결과 동시에 선고하도록 되어 있는 취업제한명령의 대상기관으로 다함께돌봄센터, 육아종합지원센터, 시간제보육서비스지정기관, 「아이돌봄 지원법」에 따른 서비스제공기관을 추가함 • 보건복지부장관은 「방송법」의 방송사업자에게 비상업적 공익광고 편성비율의 범위에서 홍보영상을 채널별로 송출하도록 요청할 수 있도록 함

2020.12.29. (2021.3.30.)	일부개정 • 아동복지심의위원회의 심의 업무를 효율적으로 수행하기 위하여 아동복지심의위원회 소속으로 사례결정위원회를 설치함 • 보호대상아동 발생 시 아동보호업무 중 전문성이 요구되는 업무를 수행하기 위하여 민간전문인력을 배치할 수 있도록 함 • 가정 내에서 아동을 보호·양육할 수 있는 사람을 친족으로 명확히 함 • 시·도지사 또는 시장·군수·구청장이 보호대상아동을 보호조치하는 경우 학대피해가 우려되는 때에는 아동을 즉시 분리하여 아동일시보호시설 또는 학대피해아동쉼터 등에 일시 보호할 수 있도록 함 • 보건복지부장관은 아동복지 관련 자료 또는 정보의 효율적 처리 및 통합관리를 위하여 아동통합정보시스템을 구축·운영하도록 함 • 보건복지부장관은 「국민건강보험법」에 따른 요양급여 실시 기록이 없거나 영유아건강검진을 받지 않은 아동 정보 등을 토대로 학대 고위험군 아동을 발굴하고, 보건복지부장관, 시·도지사 또는 시장·군수·구청장은 해당 아동의 주소지 등을 방문하여 양육환경 조사를 실시한 후 복지서비스의 제공, 보호조치, 수사기관 또는 아동보호전문기관과의 연계 등 적절한 조치를 하도록 함 • 입양기관의 장도 아동통합정보시스템상 학대 정보를 보건복지부장관에게 요청할 수 있도록 하고, 취업제한명령 대상이 되는 아동관련기관에 지방자치단체(전담공무원, 민간전문인력, 아동학대전담공무원으로 한정)와 입양기관을 추가함
2021.12.21. (2022.6.22.)	일부개정 • 아동종합실태조사의 주기를 5년에서 3년으로 변경함 • 보호대상아동의 의사를 존중하여 본인의 의사에 따라 보호기간을 최대 24세까지로 연장할 수 있도록 하되, 24세가 도래하기 전이라도 본인의 의사에 따라 보호조치를 종료할 수 있도록 함 • 가정폭력에 아동을 노출시키는 행위를 정서적 학대의 한 형태로 규정함 • 아동학대 신고의무자의 자격취득 과정이나 보수교육 과정에 아동학대 예방 및 신고의무와 관련된 교육내용을 포함하도록 함 • 취업을 제한하는 기관에 산후조리도우미 서비스를 제공하는 사람을 모집하거나 채용하는 기관을 추가함 • 보호종료아동에 대한 자립정착금 및 자립수당 지급근거를 마련하고, 실태조사를 내실화함 • 국가와 지방자치단체로 하여금 보호대상아동의 위탁보호 종료 또는 아동복지시설 퇴소 이후의 자립을 지원하기 위하여 자립지원전담기관을 설치·운영할 수 있도록 하고, 자립지원전담기관을 아동복지시설의 종류로 추가함
2023.7.18. (2024.1.19.)	일부개정 • 시·도지사 및 시장·군수·구청장이 지역별 아동 수, 아동학대 발생건수, 아동의 성별 등을 고려하여 학대피해아동쉼터를 설치·운영할 수 있도록 하고, 학대피해아동쉼터를 아동복지시설의 종류로 규정 • 「국제 입양에 관한 법률」의 제정 등을 반영하여 아동권리보장원의 업무 범위 정비

2023.8.8. (2024.2.9.)	일부개정 • 아동의 안전과 보호강화를 위하여 유치원·어린이집·다함께돌봄센터 및 지역아동센터의 장도 필요한 경우 아동정보시스템상의 피해아동, 그 가족 및 아동학대행위자에 관한 정보를 보건복지부장관에게 요청할 수 있도록 함 • 자립지원이 필요한 아동의 범위를 대통령령에서 법률로 상향하고, 18세에 달하기 전에 보호조치가 종료되거나 해당 시설을 퇴소한 사람으로서 보건복지부장관이 자립지원이 필요하다고 인정한 사람도 자립지원 대상자에 포함하도록 함
2024.2.6. (2024.8.7.)	일부개정 • 보호조치가 종료되거나 시설에서 퇴소한 사람이 대학 재학 중인 경우 등의 사유로 25세가 되기 전에 다시 보호조치를 희망하는 경우 보호조치를 받을 수 있도록 함(재입소 가능) • 취업을 제한하는 기관에 산후조리원을 추가함

2. 목적과 기본이념

1) 목적

이 법은 아동이 건강하게 출생하여 행복하고 안전하게 자랄 수 있도록 아동의 복지를 보장하는 것을 목적으로 한다(제1조).

2) 기본이념

이 법에서 규정하고 있는 기본이념은 다음과 같다. 첫째, 아동은 자신 또는 부모의 성별, 연령, 종교, 사회적 신분, 재산, 장애유무, 출생지역, 인종 등에 따른 어떠한 종류의 차별도 받지 아니하고 자라나야 한다는 '차별금지'를 규정하고 있다. 둘째, 아동은 완전하고 조화로운 인격발달을 위하여 안전한 가정환경에서 행복하게 자라나야 한다는 '안전한 가정환경의 조성'을 기본이념으로 규정하고 있다. 셋째, 아동에 관한 모든 활동에 있어서 아동의 이익이 최우선적으로 고려되어야 한

다는 '아동이익의 최우선 고려'를 규정하고 있으며, 마지막 넷째 아동은 아동의 권리보장과 복지증진을 위하여 이 법에 따른 보호와 지원을 받을 권리를 가진다는 '아동의 권리'를 강조하고 있다(제3조).

3. 아동에 대한 복지조치

1) 아동복지증진의 책임

「아동복지법」에서는 아동의 복지증진을 위하여 국가와 지방자치단체, 그리고 보호자[2]와 모든 국민으로 구분하여 각각 책임을 밝히고 있다.

(1) 국가와 지방자치단체의 책무

첫째, 국가와 지방자치단체는 아동의 안전·건강 및 복지증진을 위하여 아동과 그 보호자 및 가정을 지원하기 위한 정책을 수립·시행하여야 한다. 둘째, 국가와 지방자치단체는 보호대상아동 및 지원대상아동의 권익을 증진하기 위한 정책을 수립·시행하여야 한다. 셋째, 국가와 지방자치단체는 아동이 태어난 가정에서 성장할 수 있도록 지원하고, 아동이 태어난 가정에서 성장할 수 없을 때에는 가정과 유사한 환경에서 성장할 수 있도록 조치하며, 아동을 가정에서 분리하여 보호할 경우에는 신속히 가정으로 복귀할 수 있도록 지원하여야 한다. 넷째, 국가와 지방자치단체는 장애아동의 권익을 보호하기 위하여 필요한 시책을 강구하여야 한다. 다섯째, 국가와 지방자치단체는 아동이 자신 또는 부모의 성별, 연령, 종교, 사회적 신분, 재산, 장애유무, 출생지역 또는 인종 등에 따른 어떠한 종류의 차별

2) 이 법에서 '보호자'라 함은 친권자, 후견인, 아동을 보호·양육·교육하거나 그 의무가 있는 자 또는 업무·고용 등의 관계로 사실상 아동을 보호·감독하는 자를 말한다(제2조 제3호).

도 받지 아니하도록 필요한 시책을 강구하여야 한다. 여섯째, 국가와 지방자치단체는 '아동의 권리에 관한 협약'에서 규정한 아동의 권리 및 복지증진 등을 위하여 필요한 시책을 수립·시행하고, 이에 필요한 교육과 홍보를 하여야 한다. 마지막 일곱째, 국가와 지방자치단체는 아동의 보호자가 아동을 행복하고 안전하게 양육하기 위하여 필요한 교육을 지원하여야 한다(제4조).

(2) 보호자와 국민의 책무

첫째, 아동의 보호자는 아동을 가정에서 그의 성장시기에 맞추어 건강하고 안전하게 양육하여야 한다. 둘째, 아동의 보호자는 아동에게 신체적 고통이나 폭언 등의 정신적 고통을 가하여서는 아니 된다. 셋째, 모든 국민은 아동의 권익과 안전을 존중하여야 하며, 아동을 건강하게 양육하여야 한다(제5조).

2) 어린이날 및 어린이주간

어린이에 대한 사랑과 보호의 정신을 높임으로써 이들을 옳고 아름답고 슬기로우며 씩씩하게 자라나도록 하기 위하여 매년 5월 5일을 어린이날로 하며, 5월 1일부터 5월 7일까지를 어린이주간으로 한다(제6조).

3) 아동복지정책의 수립 및 시행

(1) 아동정책기본계획의 수립 및 연도별 시행계획의 수립·시행

보건복지부장관은 아동정책의 효율적인 추진을 위하여 5년마다 아동정책기본계획(이하 '기본계획')을 수립하여야 한다. 기본계획에는 이전의 기본계획에 관한 분석·평가, 아동정책에 관한 기본방향 및 추진목표, 주요 추진과제 및 추진방법, 재원조달방안, 그 밖에 아동정책을 시행하기 위하여 특히 필요하다고 인정되는 사항을 포함하여야 한다(제7조). 보건복지부장관, 관계 중앙행정기관의 장 및 시·

도지사는 매년 기본계획에 따라 연도별 아동정책시행계획(이하 '시행계획')을 수립·시행하여야 한다(제8조).

(2) 아동정책조정위원회

아동정책조정위원회는 아동의 권리증진과 건강한 출생 및 성장을 위하여 종합적인 아동정책을 수립하고 관계 부처의 의견을 조정하며 그 정책의 이행을 감독하고 평가하기 위하여 국무총리 소속으로 둔다. 이 위원회는 위원장을 포함한 25명 이내의 위원으로 구성하되, 위원장은 국무총리가 된다. 위원회는 다음의 사항을 심의·조정한다(제10조).

1. 기본계획의 수립에 관한 사항
2. 아동의 권익 및 복지증진을 위한 기본방향에 관한 사항
3. 아동정책의 개선과 예산지원에 관한 사항
4. 아동관련 국제조약의 이행 및 평가·조정에 관한 사항
5. 아동정책에 관한 관련 부처 간 협조에 관한 사항
6. 그 밖에 위원장이 부의하는 사항

(3) 아동권리보장원

보건복지부장관은 아동정책에 대한 종합적인 수행과 아동복지 관련 사업의 효과적인 추진을 위하여 필요한 정책의 수립을 지원하고 사업평가 등의 업무를 수행할 수 있도록 아동권리보장원[3](이하 '보장원')을 설립한다. 「아동복지법」에 규정된 보장원의 업무는 다음과 같다(제10조의2).

3) 지난 2019년 1월 「아동복지법」의 개정으로 중앙아동보호전문기관과 중앙가정위탁지원센터, 그리고 중앙입양원 등의 기관을 통합한 아동권리보장원을 설립하였다. 즉 지금까지 아동학대예방 및 방지업무, 보호대상아동 및 취약계층아동에 대한 지원업무 등 아동 지원업무가 별개의 기관에 위탁되어 산발적으로 운영되고 있어서 아동정책을 종합적이고 체계적으로 추진할 수 있는 통합 수행기관의 필요성이 있어, 아동권리보장원을 설립하여 보호가 필요한 아동이 발견되어 보호 종료 이후까지 이어지는 전 과정을 총괄적·체계적으로 지원하도록 하였다. 이에 기존에 중앙아동보호전문기관과 중앙가정위탁지원센터의 명칭은 사라지고, 지역아동보호전문기관은 '아동보호전문기관'으로, 지역가정위탁지원센터는 '가정위탁지원센터'로 각각 명칭이 변경되었다.

1. 아동정책 수립을 위한 자료 개발 및 정책 분석
2. 아동정책기본계획 수립 및 연도별 시행계획 평가 지원
3. 아동정책조정위원회 운영 지원
4. 아동정책영향평가 지원
5. 아동보호서비스에 대한 기술지원
6. 아동학대의 예방과 방지를 위한 아동보호전문기관에 대한 지원 등 「아동복지법」 제22조 제6항 각 호의 업무
7. 가정위탁[4]사업 활성화 등을 위한 가정위탁지원센터에 대한 지원 등 제48조 제6항 각 호의 업무
8. 지역 아동복지사업 및 아동복지시설의 원활한 운영을 위한 지원
9. 「국내입양에 관한 특별법」 및 「국제입양에 관한 특별법」에 따른 입양 체계의 구축 및 운영을 위한 다음 각 목의 업무[5]
   가. 국내외 입양정책 및 서비스에 관한 조사·연구
   나. 양부모 및 예비양부모에 대한 교육 운영
   다. 「국내입양에 관한 특별법」에 따른 입양정책위원회 운영 지원
   라. 입양정보 공개 청구 관련 업무
   마. 입양 관련 국제협력 업무
   바. 「국내입양에 관한 특별법」 및 「국제입양에 관한 특별법」에 따라 보건복지부장관으로부터 위탁받은 업무
   사. 그 밖에 「국내입양에 관한 특별법」 및 「국제입양에 관한 특별법」에 따른 입양 체계 구축 및 운영과 관련하여 보건복지부장관이 필요하다고 인정하는 업무
11. 아동관련 교육 및 홍보
12. 아동관련 해외정책 조사 및 사례분석
13. 그 밖에 이 법 또는 다른 법령에 따라 보건복지부장관, 국가 또는 지방자치단체로부터 위탁받은 업무

(4) 아동종합실태조사

보건복지부장관은 3년마다 아동의 양육 및 생활환경, 언어 및 인지발달, 정서적·신체적 건강, 아동안전, 아동학대 등 아동의 종합실태를 조사하여 그 결과를 공표하고, 이를 기본계획과 시행계획에 반영하여야 한다(제11조).

4) '가정위탁'이란 보호대상아동의 보호를 위하여 성범죄, 가정폭력, 아동학대, 정신질환 등의 전력이 없는 보건복지부령으로 정하는 기준에 적합한 가정에 보호대상아동을 일정 기간 위탁하는 것을 말한다(제3조 제6조).

5) 2025년 7월 19일 시행

(5) 아동복지심의위원회

시·도지사, 시장·군수·구청장은 다음 각 호의 사항을 심의하기 위하여 그 소속으로 아동복지심의위원회를 각각 둔다. 이 경우 제2호부터 제8호까지의 사항에 관한 심의 업무를 효율적으로 수행하기 위하여 대통령령으로 정하는 바에 따라 심의위원회 소속으로 사례결정위원회를 두고, 사례결정위원회의 심의를 거친 사항은 심의위원회의 심의를 거친 사항으로 본다. 심의위원회의 조직·구성 및 운영 등에 필요한 사항은 대통령령으로 정하는 기준에 따라 해당 지방자치단체의 조례로 정한다. 시·도지사, 시장·군수·구청장은 대통령령으로 정하는 바에 따라 심의위원회의 구성 및 운영 현황에 관한 사항을 연 1회 보건복지부장관에게 보고하여야 한다. 심의위원회에서 심의하는 내용은 다음과 같다(제12조).

1. 연도별시행계획 수립 및 시행에 관한 사항
2. 보호조치에 관한 사항
3. 퇴소조치에 관한 사항
4. 보호기간의 연장 및 보호조치의 연장에 관한 사항
5. 재보호조치 및 보호조치의 종료에 관한 사항
6. 친권행사의 제한이나 친권상실 선고 청구에 관한 사항
7. 아동의 후견인의 선임이나 변경 청구에 관한 사항
8. 지원대상아동의 선정과 그 지원에 관한 사항
9. 그 밖에 아동의 보호 및 지원서비스를 위하여 시·도지사 또는 시장·군수·구청장이 필요하다고 인정하는 사항

(6) 아동복지전담공무원 등

아동복지에 관한 업무를 담당하기 위하여 시·도 및 시·군·구에 각각 아동복지전담공무원을 둘 수 있다. 전담공무원은 「사회복지사업법」에 따른 사회복지사의 자격을 가진 사람으로 하고 그 임용 등에 필요한 사항은 해당 시·도 및 시·군·구의 조례로 정한다. 전담공무원은 아동에 대한 상담 및 보호조치, 가정환경에 대한 조사, 아동복지시설에 대한 지도·감독, 아동범죄 예방을 위한 현장확인 및 지도·감독 등 지역 단위에서 아동의 복지증진을 위한 업무를 수행한다. 시·

도지사 또는 시장・군수・구청장은 전담공무원의 업무를 지원하기 위하여 보건복지부령으로 정하는 바에 따라 민간전문인력을 둘 수 있다(제13조).

(7) 아동위원

아동위원이란 시・군・구에서 그 관할구역의 아동에 대하여 항상 그 생활상태 및 가정환경을 상세히 파악하고 아동복지에 관하여 필요한 원조와 지도를 행하며 전담공무원, 민간전문인력 및 관계 행정기관과 협력하는 민간인을 말한다. 아동위원은 명예직이며, 활동에 대해서 수당이 지급될 수 있으며, 그 업무의 원활한 수행을 위하여 적절한 교육을 받을 수 있다. 그 밖에 아동위원에 관한 사항은 해당 시・군・구의 조례로 정한다(제14조).

4. 아동보호서비스

1) 보호조치

시・도지사 또는 시장・군수・구청장은 그 관할 구역에서 보호대상아동[6]을 발견하거나 보호자의 의뢰를 받은 때에는 아동의 최상의 이익을 위하여 대통령령으로 정하는 바에 따라 다음에 해당하는 보호조치를 하여야 한다(제15조 제1항).

6) '보호대상아동'이란 보호자가 없거나 보호자로부터 이탈된 아동 또는 보호자가 아동을 학대하는 경우 등 그 보호자가 아동을 양육하기에 적당하지 아니하거나 양육할 능력이 없는 경우의 아동을 말한다(제3조 제4호).

1. 전담공무원, 민간전문인력 또는 아동위원에게 보호대상아동 또는 그 보호자에 대한 상담・지도를 수행하게 하는 것
2. 민법에 따른 친족에 해당하는 사람의 가정에서 보호・양육할 수 있도록 조치하는 것
3. 보호대상아동을 적합한 유형의 가정에 위탁하여 보호・양육할 수 있도록 조치하는 것
4. 보호대상아동을 그 보호조치에 적합한 아동복지시설에 입소시키는 것
5. 약물 및 알코올 중독, 정서・행동・발달 장애, 성폭력・아동학대 피해 등으로 특수한 치료나 요양 등의 보호를 필요로 하는 아동을 전문치료기관 또는 요양소에 입원 또는 입소시키는 것
6. 「국내입양에 관한 특별법」 및 「국제입양에 관한 법률」에 따른 입양과 관련하여 필요한 조치를 하는 것

한편 시・도지사 또는 시장・군수・구청장 이외의 자가 보호대상아동을 발견하거나 보호자의 의뢰를 받은 때에는 지체 없이 시・도지사 또는 시장・군수・구청장에게 보호조치를 의뢰하여야 하며, 시・도지사 또는 시장・군수・구청장은 전담공무원 등에게 보호대상아동 또는 그 보호자에 대한 상담・지도를 수행하는 것(제1항 제1호)과 친족에 해당하는 사람의 가정에서 아동을 보호・양육할 수 있도록 조치하는 것(제1항 제2호) 등의 보호조치가 적합하지 아니한 보호대상아동에 대하여 가정위탁, 아동복지시설 입소, 전문치료기관 또는 요양소에 입원 또는 입소, 입양(제1항 제3호부터 제6호) 등의 보호조치를 할 수 있다. 이 경우 제1항 제3호부터 제6호까지의 보호조치를 하기 전에 보호대상아동에 대한 상담, 건강검진, 심리검사 및 가정환경에 대한 조사를 실시하여야 한다. 시・도지사 또는 시장・군수・구청장은 보호조치를 하려는 경우 보호대상아동의 개별 보호・관리 계획을 세워 보호하여야 하며, 그 계획을 수립할 때 해당 보호대상아동의 보호자를 참여시킬 수 있다.

시・도지사 또는 시장・군수・구청장은 제1항에 따른 보호조치를 하려는 경우 보호대상아동에 대하여 보호조치 계획, 아동 및 보호자에 대한 지원 계획 등이 포함된 개별 보호・관리 계획을 세워 보호하여야 하며, 그 계획을 수립할 때 해당 보호대상아동의 보호자를 참여시킬 수 있다.

시・도지사 또는 시장・군수・구청장은 제1항 제3호부터 제6호까지의 보호조치 및 제6항의 일시보호조치를 함에 있어서 해당 보호대상아동의 의사를 존중하여야 하며, 보호자가 있을 때에는 그 의견을 들어야 한다. 다만, 아동의 보호자가 「아동학대범죄의 처벌 등에 관한 특례법」 제2조 제5호의 아동학대행위자인 경우에는 그러하지 아니하다.

시・도지사 또는 시장・군수・구청장은 1년 이내에 2회 이상 아동학대 신고가 접수된 아동에 대하여 현장조사 과정에서 학대피해가 강하게 의심되고 재학대가 발생할 우려가 있는 경우, 제1항에 따른 보호조치 결정이 있을 때까지 아동에 대하여 「아동학대범죄의 처벌 등에 관한 특례법」 제12조에 따른 응급조치 또는 같은 법 제13조에 따른 긴급임시조치가 종료되었으나 같은 법 제15조에 따른 임시조치가 청구되지 아니한 경우, 현장조사 과정에서 아동의 보호자가 아동에게 답변을 거부・기피 또는 거짓 답변을 하게 하거나 그 답변을 방해한 경우, 그 밖에 제1항 제3호부터 제6호까지의 보호조치를 할 때까지 아동을 일시적으로 보호할 필요가 있다고 시・도지사 또는 시장・군수・구청장이 인정하는 경우 중 어느 하나에 해당하는 경우 제1항 제3호부터 제6호까지의 보호조치를 할 때까지 필요하면 아동일시보호시설에 보호대상아동을 입소시켜 보호하거나, 적합한 위탁가정 또는 적당하다고 인정하는 자에게 일시 위탁하여 보호(일시보호조치)하게 할 수 있다. 이 경우 보호기간 동안 보호대상아동에 대한 상담, 건강검진, 심리검사 및 가정환경에 대한 조사를 실시하고 그 결과를 보호조치 시에 고려하여야 한다. 시・도지사 또는 시장・군수・구청장은 그 관할 구역에서 약물 및 알코올 중독, 정서・행동・발달 장애 등의 문제를 일으킬 가능성이 있는 아동의 가정에 대하여 예방차원의 적절한 조치를 강구하여야 한다.

누구든지 보호조치와 관련하여 그 대상이 되는 아동복지시설의 종사자를 신체적・정신적으로 위협하는 행위를 하여서는 아니 된다. 또한 시・도지사 또는 시장・군수・구청장은 아동의 가정위탁보호를 희망하는 사람에 대하여 범죄경력을

확인하여야 한다. 이 경우 본인의 동의를 받아 관계 기관의 장에게 범죄의 경력 조회를 요청하여야 한다. 보장원의 장 또는 가정위탁지원센터의 장은 위탁아동, 가정위탁보호를 희망하는 사람, 위탁아동의 부모 등의 신원확인 등의 조치를 시·도지사 또는 시장·군수·구청장에게 협조 요청할 수 있으며, 요청을 받은 시·도지사 또는 시장·군수·구청장은 정당한 사유가 없는 한 이에 응하여야 한다(제15조).

2) 아동통합정보시스템의 구축·운영

보건복지부장관은 아동복지 관련 자료 또는 정보의 효율적 처리 및 통합관리를 위하여 「사회보장기본법」에 따라 설치된 사회보장정보시스템 및 「사회보장급여의 이용·제공 및 수급권자 발굴에 관한 법률」에 따라 설치된 사회서비스정보시스템을 연계·활용하여 아동통합정보시스템을 구축·운영하여야 한다(제15조의3).

3) 보호대상아동의 양육상황 점검

시·도지사 또는 시장·군수·구청장은 제15조 제1항 제2호부터 제6호까지의 보호조치 중인 보호대상아동의 양육상황을 매년 점검하여야 한다. 그리고 양육상황을 점검한 결과에 따라 보호대상아동의 복리를 보호할 필요가 있거나 해당 보호조치가 적절하지 아니하다고 판단되는 경우에는 지체 없이 보호조치를 변경하여야 한다(제15조의3).

4) 아동보호 사각지대 발굴 및 실태소사

보건복지부장관은 보호가 필요한 아동을 발견하고 양육환경을 개선할 수 있도록 지원하기 위하여 「사회보장기본법」에 따른 사회보장정보시스템을 통하여 「국민건강보험법」에 따른 요양급여 실시 기록과 영유아건강검진 실시기록 등의 자료 또는 정보를 처리할 수 있으며, 해당 자료를 토대로 아동보호를 위한 실태조사 대상 아동을 선정할 수 있다. 이후 보건복지부장관은 이러한 자료 또는 정보 및 실태조사 대상 아동의 명단을 시・도지사 또는 시・군・구청장에게 제공할 수 있으며, 시・도지사 또는 시・군・구청장은 이를 토대로 양육환경조사를 실시하여야 한다(제15조의4).

5) 보호대상아동의 퇴소조치와 보호기간의 연장, 사후관리

(1) 퇴소조치

이 법에 따라 보호조치 중인 보호대상아동의 연령이 18세에 달하였거나, 보호목적이 달성되었다고 인정되면 해당 시・도지사, 시장・군수・구청장은 대통령령으로 정하는 절차와 방법에 따라 그 보호 중인 아동의 보호조치를 종료하거나 해당 시설에서 퇴소시켜야 한다. 제15조 제1항 제2호부터 제4호까지의 보호조치 중인 보호대상아동의 친권자, 후견인 등 보건복지부령으로 정하는 자는 관할 시・도지사 또는 시장・군수・구청장에게 해당 보호대상아동의 가정 복귀를 신청할 수 있다. 시・도지사 또는 시장・군수・구청장은 위와 같이 가정 복귀 신청을 받은 경우에는 아동복지시설의 장의 의견을 들은 후 보호조치의 종료 또는 퇴소조치가 보호대상아동의 복리에 반하지 아니한다고 인정되면 해당 보호대상아동을 가정으로 복귀시킬 수 있다. 한편 보호조치 중인 아동이 다음의 어느 하나에 해당하면 시・도지사, 시장・군수・구청장은 해당 아동의 보호기간을 연장할 수 있다(제16조).

(2) 보호기간의 연장

시・도지사, 시장・군수・구청장은 연령이 18세에 달한 보호대상아동이 보호조치를 연장할 의사가 있는 경우에는 그 보호기간을 해당 아동이 25세에 달할 때까지로 연장하여야 한다. 또 보호기간이 연장된 사람이 보호조치의 종료를 요청하는 경우 보호조치를 종료하여야 한다. 다만, 자립 능력이 부족하여 보호기간 연장이 필요한 경우로서 대통령령[7]으로 정하는 경우에는 심의위원회의 심의를 거쳐 종료하지 아니할 수 있다. 보호기간이 연장된 사람이 다음의 어느 하나에 해당하면 시・도지사, 시장・군수・구청장은 그 보호기간을 추가로 연장할 수 있다(제16조의3).

1. 「고등교육법」에 따른 대학 이하의 학교(대학원 제외)에 재학 중인 경우
2. 제52조 제1항 제1호의 아동양육시설 또는 「국민 평생 직업능력 개발법」 제2조 제3호에 따른 직업능력개발훈련시설에서 직업 관련 교육・훈련을 받고 있는 경우
3. 그 밖에 위탁가정 및 각종 아동복지시설에서 해당 아동을 계속하여 보호・양육할 필요가 있다고 대통령령으로 정하는 경우.

※2025년 현재 대통령령에서 정하는 보호기간을 연장할 수 있는 경우는 다음과 같다.(시행령 제22조 제2항)

- 시・도지사 또는 시장・군수・구청장이 장애・질병 등을 이유로 보호기간의 추가연장이 필요하다고 인정하는 경우
- 보호기간이 연장된 사람의 지적능력이 보건복지부장관이 정하는 범위에 해당하는 등 자립능력이 부족한 사람의 경우
- 취업준비 등을 이유로 보호기간이 연장된 사람이 보호기간의 추가연장을 요청하여 1년 이내의 범위에서 보호기간을 추가연장하는 경우

(3) 사후관리

시・도지사 또는 시장・군수・구청장은 전담공무원 등 관계 공무원으로 하여금 보호조치의 종료로 가정으로 복귀한 보호대상아동의 가정을 방문하여 해당 아동의 복지증진을 위하여 필요한 지도・관리를 제공하게 하여야 한다(제16조의2).

(4) 재보호조치

시・도지사 또는 시장・군수・구청장은 보호조치가 종료되거나 해당 시설에서 퇴소한 사람이 25세에 달하기 전에 대학 이하의 학교에 재학 중이거나 진학을 준비 중인 경우, 직업능력개발훈련시설에서 직업관련교육・훈련을 받고 있는 경우 등의 이유로 보호조치를 희망하는 경우 대통령령으로 정하는 바에 따라 보호조치

7) 법 제16조의3 제2항 단서에서 "대통령령으로 정하는 경우"란 보호기간이 연장된 사람의 지적능력이 보건복지부장관이 정하는 범위에 해당하는 경우를 말한다.

를 다시 하여야 한다(제16조의4).

5) 친권상실 선고의 청구 및 후견인 선임

(1) 친권상실 선고의 청구

시・도지사, 시장・군수・구청장 또는 검사는 아동의 친권자가 그 친권을 남용하거나 현저한 비행이나 아동학대, 그 밖에 친권을 행사할 수 없는 중대한 사유가 있는 것을 발견한 경우 아동의 복지를 위하여 필요하다고 인정할 때에는 법원에 친권행사의 제한 또는 친권상실의 선고를 청구하여야 한다. 또, 아동복지시설의 장 및 「초・중등교육법」에 따른 학교의 장은 제1항의 사유에 해당하는 경우 시・도지사, 시장・군수・구청장 또는 검사에게 법원에 친권행사의 제한 또는 친권상실의 선고를 청구하도록 요청할 수 있다. 시・도지사, 시장・군수・구청장 또는 검사는 제1항 및 제2항에 따라 친권행사의 제한 또는 친권상실의 선고 청구를 할 경우 해당 아동의 의견을 존중하여야 한다. 시・도지사, 시장・군수・구청장 또는 검사는 친권행사의 제한 또는 친권상실의 선고 청구를 요청받은 경우에는 요청받은 날부터 30일 내에 청구 여부를 결정한 후 해당 요청기관에 청구 또는 미청구 요지 및 이유를 서면으로 알려야 한다. 처리결과를 통보받은 아동복지시설의 장 및 학교의 장은 그 처리결과에 대하여 이의가 있을 경우 통보받은 날부터 30일 내에 직접 법원에 친권행사의 제한 또는 친권상실의 선고를 청구할 수 있다(제18조).

(2) 아동의 후견인 선임청구 및 후견인 선임

시・도지사, 시장・군수・구청장, 아동복지시설의 장 및 학교의 장은 친권자 또는 후견인이 없는 아동을 발견한 경우 그 복지를 위하여 필요하다고 인정할 때에는 법원에 후견인의 선임을 청구하여야 한다. 시・도지사, 시장・군수・구청장, 아동복지시설의 장, 학교의 장 또는 검사는 후견인이 해당 아동을 학대하는 등 현

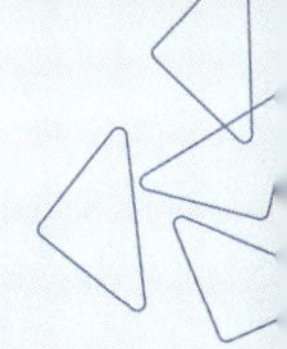

저한 비행을 저지른 경우에는 후견인 변경을 법원에 청구하여야 한다. 이와 같이 후견인을 선임하거나 후견인의 변경 청구를 할 때에는 해당 아동의 의견을 존중하여야 한다. 아동복지시설에 입소 중인 보호대상아동에 대하여는 「보호시설에 있는 미성년자의 후견직무에 관한 법률」을 적용한다(제19조).

법원은 제19조에 따라 후견인의 선임청구를 받은 경우 후견인이 없는 아동에 대하여 후견인을 선임하기 전까지 시・도지사, 시장・군수・구청장, 아동보호전문기관의 장, 가정위탁지원센터의 장 및 보장원의 장으로 하여금 임시로 그 아동의 후견인 역할을 하게 할 수 있다. 이 경우 해당 아동의 의견을 존중하여야 한다(제20조).

5. 아동학대 등

1) 아동학대・피해아동의 정의와 범위

'아동학대'란 보호자를 포함한 성인이 아동의 건강 또는 복지를 해치거나 정상적 발달을 저해할 수 있는 신체적・정신적・성적 폭력이나 가혹행위를 하는 것과 아동의 보호자가 아동을 유기하거나 방임하는 것을 말한다(제3조 제7호).[8] 이 법에서 '피해아동'이란 아동학대로 인하여 피해를 입은 아동을 말한다(제3조 제8호). 구체적으로 금지되는 행위들은 다음과 같다(제17조).

8) 「아동복지법」(제3조 제7의2호)에서 "아동학대관련범죄"란 다음 각목의 어느 하나에 해당하는 죄를 말한다.
가. 「아동학대범죄의 처벌 등에 관한 특례법」 제2조 제4호에 따른 아동학대범죄
나. 아동에 대한 「형법」 제2편 제24장 살인의 죄 중 제250조부터 제255조까지의 죄

1. 아동을 매매하는 행위
2. 아동에게 음란한 행위를 시키거나 이를 매개하는 행위 또는 아동을 대상으로 하는 성희롱 등의 성적 학대행위
3. 아동의 신체에 손상을 주거나 신체의 건강 및 발달을 해치는 신체적 학대행위
4. 아동의 정신건강 및 발달에 해를 끼치는 정서적 학대행위(가정폭력에 아동을 노출시키는 행위로 인한 경우 포함)
5. 자신의 보호·감독을 받는 아동을 유기하거나 의식주를 포함한 기본적 보호·양육·치료 및 교육을 소홀히 하는 방임행위
6. 장애를 가진 아동을 공중에 관람시키는 행위
7. 아동에게 구걸을 시키거나 아동을 이용하여 구걸하는 행위
8. 공중의 오락 또는 흥행을 목적으로 아동의 건강 또는 안전에 유해한 곡예를 시키는 행위 또는 이를 위하여 아동을 제3자에게 인도하는 행위
9. 정당한 권한을 가진 알선기관 외의 자가 아동의 양육을 알선하고 금품을 취득하거나 금품을 요구 또는 약속하는 행위
10. 아동을 위하여 증여 또는 급여된 금품을 그 목적 외의 용도로 사용하는 행위

2) 아동학대예방 및 방지활동

(1) 국가와 지방자치단체, 아동권리보장원의 조치와 업무

국가와 지방자치단체는 아동학대의 예방과 방지를 위하여 각종 정책의 수립 및 시행, 연구·교육·홍보 및 아동학대 실태조사, 아동학대에 관한 신고체제의 구축·운영, 피해아동의 보호와 치료 및 피해아동의 가정에 대한 지원 등의 조치를 취하여야 하며, 지방자치단체는 아동학대를 예방하고 수시로 신고를 받을 수 있도록 긴급전화를 설치하여야 한다. 한편 지난 2020년 4월 7일 법률개정으로 시·도지사 또는 시장·군수·구청장은 피해아동의 발견 및 보호 등을 위하여 아동학대 신고접수, 현장조사 및 응급보호, 피해아동, 피해아동의 가족 및 아동학대행위자에 대한 상담·조사, 그 밖에 대통령령으로 정하는 아동학대 관련 업무를 수행하여야 하며, 이를 수행하기 위하여 사회복지사의 자격을 가진 사람으로 아동학대전담공무원을 두어야 한다는 규정이 신설되었다. 이 법에 의해 설립된 아동권리보장원은 아동학대예방사업의 활성화 등을 위하여 아동보호전문기관에 대한

지원 등의 업무를 수행한다. 아동권리보장원의 아동학대예방 관련 업무내용은 다음과 같다(제22조).

1. 아동보호전문기관에 대한 지원
2. 아동학대예방사업과 관련된 연구 및 자료 발간
3. 효율적인 아동학대예방사업을 위한 연계체계 구축
4. 아동학대예방사업을 위한 프로그램 개발 및 평가
5. 아동보호전문기관・학대피해아동쉼터 직원 및 아동학대전담공무원 직무교육, 아동학대예방 관련 교육 및 홍보
6. 아동보호전문기관 전산시스템 구축 및 운영
7. 그 밖에 대통령령으로 정하는 아동학대예방사업과 관련된 업무

(2) 피해아동보호계획의 수립, 아동학대사례 전문가자문단 등

시・도지사 또는 시장・군수・구청장은 피해아동에 대한 조사를 한 후 피해아동에 대한 보호조치 여부, 아동학대행위에 대한 고발 여부 등 아동학대행위에 대한 개입 방향 및 절차, 피해아동 및 그 가족에 대한 지원 여부, 그 밖에 대통령령으로 정하는 사항 등의 사항이 포함된 피해아동보호계획(이하 "보호계획")을 수립하고 그 계획을 아동보호전문기관의 장에게 통보하여야 한다. 이 때 보호계획의 수립과 관련하여 의학적・법률적 판단 등의 전문적인 판단이 필요한 경우에는 제22조의5 제1항에 따라 보건복지부에 두게 되는 아동학대사례 전문가자문단[9]의 의견을 들어 보호계획을 수립할 수 있으며, 해당 지역에서 발생한 아동학대 사건에 대하여 보장원의 장, 아동보호전문기관의 장 및 관할 경찰서장에게 관련 자료를 요청할 수 있다. 이러한 보호계획을 통보받은 아동보호전문기관의 장은 아동학대 재발 가능성 등 위험도를 고려하여 피해아동 및 그 가족, 아동학대행위자를 대상으로 치료・교육・상담 프로그램 등이 포함된 피해아동사례관리계획(이하 "사례관리계획")을 수립하여 시행하여야 하며, 사례관리계획에 따라 서비스를 제공한 후

9) 2020년 4월 「아동복지법」 개정으로 기존에 아동보호전문기관에 두었던 '아동학대사례 전문위원회'를 보건복지부에 두는 것으로 변경되었다. 이후 2024년 1월 개정으로 '아동학대사례 전문가자문단'으로 명칭이 변경되었다.

그 결과를 시・도지사 또는 시장・군수・구청장에게 보고하여야 한다(제22조의4).

(3) 아동학대예방의 날 등

아동의 건강한 성장을 도모하고, 범국민적으로 아동학대의 예방과 방지에 관한 관심을 높이기 위하여 매년 11월 19일을 아동학대예방의 날로 지정하고, 아동학대 예방의 날부터 1주일을 아동학대예방주간으로 한다(제23조 제1항). 또한 보건복지부 장관은 아동학대의 예방과 방지, 위반행위자의 계도를 위한 교육 등에 관한 홍보영상을 제작하여 「방송법」의 방송편성책임자에게 배포하여야 한다(제24조 제1항).

(4) 교육

① 아동학대 신고의무자에 대한 교육

관계 중앙행정기관의 장은 「아동학대범죄의 처벌 등에 관한 특례법」에서 규정한 아동학대신고의무자[10]의 자격취득과정이나 보수교육과정에 아동학대예방 및 신고의무와 관련된 교육 내용을 포함하도록 하여야 하며, 그 결과를 보건복지부 장관에게 제출하여야 한다. 관계 중앙행정기관의 장 및 시・도지사는 아동학대

10) 「아동학대범죄의 처벌 등에 관한 특례법」에서 규정한 아동학대신고의무자는 다음과 같다.
아동권리보장원 및 가정위탁지원센터의 장과 그 종사자, 아동복지시설의 장과 그 종사자(아동보호전문기관의 장과 그 종사자는 제외), 아동복지전담공무원, 가정폭력 관련 상담소 및 가정폭력피해자 보호시설의 장과 그 종사자, 건강가정지원센터의 장과 그 종사자, 다문화가족지원센터의 장과 그 종사자, 사회복지 전담공무원 및 사회복지시설의 장과 그 종사자, 「성매매방지 및 피해자보호 등에 관한 법률」에 따른 지원시설 및 성매매피해상담소의 장과 그 종사자, 성폭력피해상담소, 성폭력피해자보호시설의 장과 그 종사자 및 성폭력피해자통합지원센터의 장과 그 종사자, 구급대의 대원, 응급의료기관 등에 종사하는 응급구조사, 육아종합지원센터의 장과 그 종사자 및 어린이집의 원장 등 보육교직원, 「유아교육법」에 따른 교직원 및 강사 등, 의료기관의 장과 그 의료기관에 종사하는 의료인 및 의료기사, 장애인복지시설의 장과 그 종사자로서 시설에서 장애아동에 대한 상담・치료・훈련 또는 요양 업무를 수행하는 사람, 정신건강복지센터, 정신의료기관, 정신요양시설, 정신재활시설의 장과 그 종사자, 청소년시설 및 청소년단체의 장과 그 종사자, 청소년 보호・재활센터의 장과 그 종사자, 「초・중등교육법」에 따른 교직원, 전문상담교사 및 산학겸임교사 등, 한부모가족복지시설의 장과 그 종사자, 학원의 운영자・강사・직원 및 교습소의 교습자・직원, 아이돌보미, 「아동복지법」에 따른 취약계층 아동에 대한 통합서비스지원 수행인력, 「국내입양에 관한 특별법」 및 「국제입양에 관한 법률」에 따라 업무를 위탁받은 사회복지법인 및 단체의 장과 그 종사자, 「영유아보육법」에 따른 한국보육진흥원의 장과 그 종사자로서 어린이집 평가 업무를 수행하는 사람

신고의무자에게 본인이 아동학대 신고의무자라는 사실을 고지할 수 있고, 아동학대예방 및 신고의무와 관련한 교육(이하 '신고의무 교육')을 실시할 수 있으며, 아동학대 신고의무자가 소속된 기관・시설 등의 장은 소속 아동학대 신고의무자에게 신고의무교육을 실시하고, 그 결과를 관계 중앙행정기관의 장에게 제출하여야 한다(제26조).

② 아동학대예방교육의 실시

국가기관과 지방자치단체의 장, 「공공기관의 운영에 관한 법률」에 따른 공공기관과 대통령령으로 정하는 공공단체의 장은 아동학대의 예방과 방지를 위하여 필요한 교육을 연 1회 이상 실시하고, 그 결과를 보건복지부장관에게 제출하여야 한다. 기타 아동의 보호자 등 교육대상이 아닌 사람은 아동보호전문기관 등에서 아동학대의 예방과 방지에 필요한 교육을 받을 수 있다. 보건복지부장관은 아동학대예방교육을 위하여 전문인력을 양성하고, 교육 프로그램을 개발・보급하여야 한다(제26조의2).

(5) 아동학대 등의 통보

사법경찰관리는 아동 사망 및 상해사건, 가정폭력사건 등에 관한 직무를 행하는 경우 아동학대가 있었다고 의심할 만한 사유가 있는 때에는 시・도지사, 시장・군수・구청장 또는 보장원의 장에게 그 사실을 통보하여야 한다. 사법경찰관 또는 보호관찰관은 「아동학대범죄의 처벌 등에 관한 특례법」 제14조 제1항에 따라 임시조치의 청구[11]를 신청하였을 때에는 시・도지사, 시장・군수・구청장 또는 보장원의 장에게 그 사실을 통보하여야 한다. 이러한 통보를 받은 시・도지사, 시장・군수・구청장 또는 보장원의 장에게 피해아동 보호조치 등 필요한 조치를

11) 제14조(임시조치의 청구) ① 검사는 아동학대범죄가 재발될 우려가 있다고 인정하는 경우에는 직권으로 또는 사법경찰관이나 보호관찰관의 신청에 따라 법원에 피해아동 또는 가족구성원의 주거로부터 퇴거 등 격리조치 등 「아동학대범죄의 처벌 등에 관한 특례법」 제19조 제1항 각 호의 임시조치를 청구할 수 있다.

하여야 한다(제27조의2).

(6) 피해아동 응급조치에 대한 거부금지

「아동학대범죄의 처벌 등에 관한 특례법」에 따라 사법경찰관리, 아동학대전담공무원이 피해아동을 인도하는 경우에는 아동학대 관련 보호시설이나 의료기관은 정당한 사유 없이 이를 거부하여서는 아니 된다(제27조의3).

(7) 사후관리와 아동학대정보의 관리 및 제공

① 사후관리

보장원의 장 또는 아동보호전문기관의 장은 아동학대가 종료된 이후에도 가정방문, 전화상담 등을 통하여 아동학대의 재발 여부를 확인하여야 한다. 그리고 보장원의 장 또는 아동보호전문기관의 장은 아동학대가 종료된 이후에도 아동학대의 재발 방지 등을 위하여 필요하다고 인정하는 경우 피해아동 및 보호자를 포함한 피해아동의 가족에게 필요한 지원을 제공할 수 있다. 보장원 또는 아동보호전문기관이 사후관리 업무를 수행하는 경우 보호자는 정당한 사유 없이 이를 거부하거나 방해하여서는 아니 된다(제28조).

② 아동학대정보의 관리 및 제공

보건복지부장관은 아동학대 관련 정보를 공유하고 아동학대를 예방하기 위하여 피해아동, 그 가족 및 아동학대행위자에 관한 정보와 아동학대예방사업에 관한 정보를 아동정보시스템(제15조의2)에 입력・관리하여야 한다(제28조의2).

(8) 피해아동 및 그 가족 등에 대한 지원

보장원의 장 또는 아동보호전문기관의 장은 아동의 안전 확보와 재학대 방지, 건전한 가정기능의 유지 등을 위하여 피해아동 및 보호자를 포함한 피해아동의

가족에게 상담, 교육 및 의료적·심리적 치료 등의 필요한 지원을 제공하여야 한다. 이를 위하여 관계 기관에 협조를 요청할 수 있다. 이러한 지원 여부의 결정 및 지원의 제공 등 모든 과정에서 피해아동의 이익을 최우선으로 고려하여야 한다. 국가와 지방자치단체는 보건복지부령으로 정하는 일정 소득 이하의 피해아동 및 보호자를 포함한 피해아동의 가족이 제1항의 상담 및 교육 또는 의료적·심리적 치료 등을 받은 경우에는 예산의 범위에서 여비 등 실비(實費)를 지급할 수 있다. 또한 국가와 지방자치단체는 「초·중등교육법」의 학교에 재학 중인 피해아동 및 피해아동의 가족이 주소지 외의 지역에서 취학(입학·재입학·전학·편입학을 포함)할 필요가 있을 때에는 그 취학이 원활하게 이루어질 수 있도록 지원하여야 한다(제29조).

(9) 아동학대에 대한 법률상담

국가는 피해아동을 위한 법률상담과 소송대리(訴訟代理) 등의 지원을 할 수 있다. 보건복지부장관, 시·도지사, 시장·군수·구청장과 보장원의 장 및 아동보호전문기관의 장은 대한법률구조공단 또는 대통령령으로 정하는 그 밖의 기관에 법률상담 등을 요청할 수 있다. 이러한 법률상담 등에 소요되는 비용은 대통령령으로 정하는 바에 따라 국가가 부담할 수 있다(제29조의6).

(10) 아동학대전담의료기관의 지정

보건복지부장관, 시·도지사 및 시장·군수·구청장은 국·공립병원, 보건소 또는 민간의료기관을 피해아동의 치료를 위한 전담의료기관으로 지정할 수 있다. 지정된 전담의료기관은 시·도지사 또는 시장·군수·구청장, 피해아동·가족·친족, 보장원의 장, 아동보호전문기관 또는 아동복지시설의 장, 경찰관서의 장, 판사 또는 가정법원 등의 요청이 있는 경우 피해아동에 대하여 아동학대 피해에 대한 상담, 신체적·정신적 치료, 그 밖에 대통령령으로 정하는 의료에 관한 사항 등의 조치를 하여야 한다(제29조의7).

(11) 아동학대행위자에 대한 조치

① 아동학대행위자에 대한 상담 · 교육 등의 권고

시 · 도지사 또는 시장 · 군수 · 구청장, 보장원의 장 또는 아동보호전문기관의 장은 아동학대행위자에 대하여 상담 · 교육 및 심리적 치료 등 필요한 지원을 받을 것을 권고할 수 있다. 이 경우 아동학대행위자는 정당한 사유가 없으면 상담 · 교육 및 심리적 치료 등에 성실히 참여하여야 한다(제29조의2).

② 아동관련 기관의 취업제한(제29조의3)

법원은 아동학대관련 범죄로 형 또는 치료감호를 선고하는 경우에는 판결(약식명령 포함)로 그 형 또는 치료감호의 전부 또는 일부의 집행을 종료하거나 집행이 유예 · 면제된 날부터 일정기간(이하 '취업제한기간') 동안 아동관련 기관을 운영하거나 아동관련 기관에 취업 또는 사실상 노무를 제공할 수 없도록 하는 명령(이하 '취업제한명령')을 아동학대관련 범죄 사건의 판결과 동시에 선고(약식명령의 경우에는 고지)하여야 한다. 다만, 재범의 위험성이 현저히 낮은 경우나 그 밖에 취업을 제한하여서는 아니 되는 특별한 사정이 있다고 판단하는 경우에는 그러하지 아니하다. 이러한 취업제한기간은 10년을 초과하지 못한다. 법원은 취업제한명령을 선고하려는 경우에는 정신건강의학과 의사, 심리학자, 사회복지학자, 아동학대관련 전문가, 그 밖의 관련 전문가로부터 취업제한명령 대상자의 재범 위험성 등에 관한 의견을 들을 수 있다.

아동관련 기관의 설치 또는 설립인가 · 허가 · 신고를 관할하는 중앙행정기관의 장, 지방자치단체의 장, 교육감 또는 교육장은 아동관련 기관을 운영하려는 자에 대하여 본인의 동의를 받아 관계 기관의 장에게 아동학대관련 범죄 전력 조회를 요청하여야 한다. 아동관련 기관의 장은 그 기관에 취업 중이거나 사실상 노무를

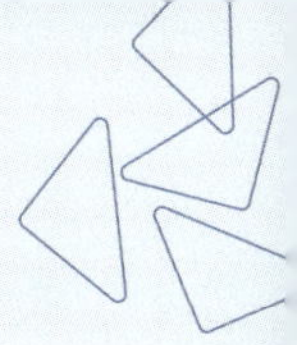

제공 중인 사람 또는 취업하려 하거나 사실상 노무를 제공하려는 사람에 대하여 아동학대관련 범죄 전력을 확인하여야 하며, 이 경우 본인의 동의를 받아 관계 기관의 장에게 아동학대관련 범죄 전력 조회를 요청하여야 한다. 아동학대관련 범죄 전력 조회 요청을 받은 관계 기관의 장은 아동학대관련 범죄 전력 조회 회신서를 발급하여야 한다(제29조의3). 이 법에서 규정하고 있는 취업제한명령과 관련된 아동관련 기관은 다음과 같다(제29조의3 제1항).

- 보장원, 지방자치단체(전담공무원, 민간전문인력, 아동학대전담공무원으로 한정한다), 「아동복지법」의 취약계층 아동 통합서비스 수행기관, 아동보호전문기관, 다함께돌봄센터, 가정위탁지원센터 및 아동복지시설
- 가정폭력 긴급전화센터, 가정폭력 관련 상담소, 가정폭력피해자 보호시설
- 건강가정지원센터, 다문화가족지원센터
- 성매매피해자 등을 위한 지원시설 및 성매매피해상담소
- 성폭력피해상담소, 성폭력피해자보호시설 및 성폭력피해자통합지원센터
- 어린이집, 육아종합지원센터, 시간제보육서비스지정기관, 유치원
- 의료기관(의료인에 한정)
- 장애인복지시설, 정신건강복지센터, 정신건강증진시설, 정신요양시설 및 정신재활시설
- 공동주택 관리사무소(경비업무 종사자에 한정)
- 청소년시설, 청소년단체, 청소년활동시설, 청소년상담복지센터, 이주배경청소년지원센터, 청소년쉼터, 청소년자립지원관, 청소년치료재활센터, 청소년 보호·재활센터
- 아동의 이용이 제한되지 아니하는 체육시설로서 문화체육관광부장관이 지정하는 체육시설
- 「초·중등교육법」의 학교, 학습부진아 등에 대한 교육을 실시하는 기관,
- 아동의 이용이 제한되지 아니하는 학원과 교습소로서 교육부장관이 지정하는 학원·교습소
- 한부모가족복지시설
- 아동보호전문기관, 학내피해아동쉼터를 운영하는 법인
- 소년원 및 소년분류심사원
- 보건복지부장관의 설립 허가를 받아 아동인권, 아동복지 등 아동을 위한 사업을 수행하는 비영리법인(대표자 및 아동을 직접 대면하는 업무에 종사하는 사람에 한정)
- 「아이돌봄 지원법」에 따른 서비스제공기관
- 「국내입양에 관한 특별법」 및 「국제입양에 관한 법률」에 따라 업무를 위탁받은 사회복지법인 및 단체
- 「모자보건법」에 따른 산후조리도우미 서비스를 제공하는 사람을 모집하거나 채용하는 기관(직접 산후조리도우미 서비스를 제공하는 사람에 한정)
- 「모자보건법」에 따른 산후조리원

보건복지부장관 또는 관계 중앙행정기관의 장은 아동학대관련 범죄로 취업제한명령을 선고받은 자가 아동관련 기관을 운영하거나 아동관련 기관에 취업 또는 사실상 노무를 제공하고 있는지를 직접 또는 관계 기관 조회 등의 방법으로 연 1회 이상 점검·확인하여야 한다(제29조의4). 그리고 이를 위반하여 취업하거나 사실상 노무를 제공하는 사람에 대하여 아동관련 기관의 장에게 그의 해임을 요구하여야 하며, 운영 중인 아동관련 기관의 폐쇄를 요구하여야 한다. 또한 보건복지부장관 또는 관계 중앙행정기관의 장은 아동관련 기관의 장이 폐쇄요구를 정당한 사유 없이 거부하거나 1개월 이내에 요구사항을 이행하지 아니하는 경우에는 대통령령으로 정하는 바에 따라 해당 아동관련 기관을 폐쇄하거나 그 등록·허가 등을 취소하거나 관계 행정기관의 장에게 이를 요구할 수 있다(제29조의5).

(12) 보조인의 선임

법원의 심리 과정에서 변호사, 법정대리인, 직계 친족, 형제자매, 아동학대전담공무원, 보장원 또는 아동보호전문기관의 상담원은 학대아동사건의 심리에 있어서 보조인이 될 수 있다. 다만, 변호사가 아닌 경우에는 법원의 허가를 받아야 한다. 법원은 피해아동을 증인으로 신문하는 경우 검사, 피해아동과 그 보호자 또는 보장원, 아동보호전문기관의 신청이 있는 경우에는 피해아동과 신뢰관계에 있는 사람의 동석을 허가할 수 있다. 수사기관이 피해아동을 조사하는 경우에도 위와 같다(제21조).

3) 아동보호전문기관과 학대피해아동쉼터

(1) 아동보호전문기관

지방자치단체는 학대받은 아동의 치료, 아동학대의 재발 방지 등 사례관리 및 아동학대예방을 담당하는 아동보호전문기관을 시·도 및 시·군·구에 1개소 이상 두어야 한다. 다만, 시·도지사는 관할 구역의 아동 수 및 지리적 요건을 고려하여 조례로 정하는 바에 따라 둘 이상의 시·군·구를 통합하여 하나의 아동보호전문기관을 설치·운영할 수 있다. 시·도지사 및 시장·군수·구청장은 아동학대예방사업을 목적으로 하는 비영리법인을 지정하여 아동보호전문기관의 운영을 위탁할 수 있다(제45조). 보건복지부장관은 아동보호전문기관의 업무실정에 대하여 3년마다 성과평가를 실시하여야 한다(제47조). 「아동복지법」에서 규정한 아동보호전문기관의 업무는 다음과 같다(제46조).

1. 피해아동, 피해아동의 가족 및 아동학대행위자를 위한 상담·치료 및 교육
2. 아동학대예방 교육 및 홍보
3. 피해아동 가정의 사후관리
4. 그 밖에 대통령령으로 정하는 아동학대예방사업과 관련된 업무

(2) 학대피해아동쉼터의 설치 등

시·도지사 및 시장·군수·구청장은 피해아동에 대한 보호, 치료, 양육 서비스 등을 제공하는 학대피해아동쉼터를 지역별 아동 수, 아동학대 발생건수, 아동의 성별 등을 고려하여 설치·운영할 수 있다. 시·도지사 및 시장·군수·구청장은 학대피해아동쉼터의 설치·운영을 보건복지부장관이 정하는 비영리법인에 위탁할 수 있다. 「아동복지법」에서 규정한 학대피해아동쉼터의 업무는 다음과 같다(제53조의2).

1. 피해아동의 보호와 숙식 제공 등의 쉼터 생활 지원
2. 피해아동의 심리적 안정을 위한 심리상담·치료
3. 피해아동에 대한 학습 및 정서 지원
4. 그 밖에 보건복지부령으로 정하는 업무

6. 아동에 대한 지원서비스

'지원대상아동'이란 아동이 조화롭고 건강하게 성장하는 데에 필요한 기초적인 조건이 갖추어지지 아니하여 사회적 · 경제적 · 정서적 지원이 필요한 아동을 말한다(제3조 제5호). 「아동복지법」에서는 아동에 대한 지원서비스와 관련하여 아동 안전 및 건강지원, 취약계층 아동 통합서비스 지원 및 자립지원, 방과 후 돌봄서비스 지원 등 3가지 영역으로 나누어서 규정하고 있다.

1) 아동 안전 및 건강지원

국가는 아동복지시설과 아동용품에 대한 안전기준을 정하고 아동용품을 제작 · 설치 · 관리하는 자에게 이를 준수하도록 하여야 한다(제30조). 「아동복지법」에서 아동안전 및 건강지원과 관련하여 규정하고 있는 주요 내용은 다음과 같다

(1) 아동의 안전에 대한 교육

아동복지시설의 장, 어린이집의 원장, 유치원의 원장 및 「초 · 중등교육법」에 따른 학교의 장은 교육대상 아동의 연령을 고려하여 대통령령으로 정하는 바에 따라 매년 성폭력 및 아동학대예방, 실종 · 유괴의 예방과 방지, 감염병 및 약물의 오남용 예방 등 보건위생관리, 재난대비 안전, 교통안전에 관한 교육계획을 수립하여 교육을 실시하여야 한다(제31조).

(2) 아동보호구역에서의 고정형 영상정보처리기기 설치

국가와 지방자치단체는 유괴 등 범죄의 위험으로부터 아동을 보호하기 위하여 필요하다고 인정하는 경우에는 도시공원, 어린이집, 육아종합지원센터 및 시간제

보육서비스지정기관, 초등학교 및 특수학교, 유치원의 주변구역을 아동보호구역으로 지정하여 범죄의 예방을 위한 순찰 및 아동지도 업무 등 필요한 조치를 할 수 있다. 그리고 위와 같이 지정된 아동보호구역에 「개인정보 보호법」에 따른 고정형 영상정보처리기기를 설치하여야 한다(제32조).

(3) 아동안전보호인력의 배치

국가와 지방자치단체는 실종 및 유괴 등 아동에 대한 범죄의 예방을 위하여 순찰활동 및 아동지도업무 등을 수행하는 아동안전 보호인력을 배치・활용할 수 있다. 국가와 지방자치단체는 아동안전 보호인력으로 배치하고자 하는 사람에 대하여 본인의 동의를 받아 범죄경력을 확인하여야 한다(제33조).

(4) 아동긴급보호소 지정 및 운영

경찰청장은 유괴 등의 위험에 처한 아동을 보호하기 위하여 아동긴급보호소를 지정・운영할 수 있다. 이때 경찰청장은 아동긴급보호소의 지정을 원하는 자에 대하여 본인의 동의를 받아 범죄경력을 확인하여야 한다(제34조).

(5) 건강한 심신의 보존

아동의 보호자는 아동의 건강 유지와 향상을 위하여 최선의 주의와 노력을 하여야 한다. 국가와 지방자치단체는 아동의 건강 증진과 체력 향상을 위하여 신체적 건강 증진에 관한 사항, 자살 및 각종 중독의 예방 등 정신적 건강 증진에 관한 사항, 급식지원 등을 통한 결식예방 및 영양개선에 관한 사항, 비만 방지 등 체력 및 여가 증진에 관한 사항에 해당하는 사항을 지원하여야 한다. 국가와 지방자치단체는 매년 물가상승률 등을 반영한 급식최저단가를 결정하고 제2항 제3호에 따른 급식지원 시 이를 반영하여 지원하여야 한다. 국가와 지방자치단체는 아동의 신체적・정신적 문제를 미리 발견하여 아동이 제때에 상담과 치료를 받을 수 있는 기반을 마련하여야 한다(제35조).

(6) 보건소

보건소는 「아동복지법」에 따라 아동의 전염병 예방조치, 아동의 건강상담, 신체검사와 보건위생에 관한 지도, 아동의 영양개선의 업무를 행한다(제36조).

2) 취약계층 아동 통합서비스지원 및 자립지원[12)]

(1) 취약계층 아동에 대한 통합서비스지원

국가와 지방자치단체는 아동의 건강한 성장과 발달을 도모하기 위하여 대통령령으로 정하는 바에 따라 아동의 성장 및 복지 여건이 취약한 가정을 선정하여 그 가정의 지원대상아동과 가족을 대상으로 보건, 복지, 보호, 교육, 치료 등을 종합적으로 지원하는 통합서비스를 실시한다(제37조).

(2) 자립지원

① 자립지원조치[13)]

국가와 지방자치단체는 보호대상아동의 위탁보호 종료 또는 아동복지시설 퇴소 이후의 자립을 지원하기 위하여 다음에 해당하는 조치를 시행하여야 한다(제38조).

---

12) 이 부분은 2011년 전부개정을 통해서 신설된 내용이다. 시설 퇴소아동의 자립지원이 미약하다는 점이 계속 문제로 제기되어 왔었고, 이에 따라 위탁보호 및 시설 퇴소아동의 자립지원을 위한 구체적인 내용들이 새롭게 「아동복지법」에 규정되었다(김수정, 2017).

13) 「아동복지법」 시행령 제38조(자립지원)에서 규정한 자립지원대상 아동은 다음과 같다.

1. 대리양육 또는 가정위탁보호 중인 아동
2. 아동복지시설에서 보호 중인 아동
3. 「아동복지법」 제16조에 따라 보호조치가 종료되거나 해당 시설에서 퇴소한 지 5년이 지나지 아니한 아동

1. 자립에 필요한 주거·생활·교육·취업·의료 등의 지원
2. 자립에 필요한 자립정착금 및 자립수당 지급
3. 자립에 관한 실태조사 및 연구
4. 사후관리체계 구축 및 운영
5. 우울, 불안 등 심리적 문제의 안정과 회복을 위한 상담지원(신설)
6. 그 밖에 자립지원에 필요하다고 대통령령으로 정하는 다음의 사항
   - 자립생활 역량 강화를 위한 프로그램 개발 및 운영
   - 아동복지시설 및 가정위탁지원센터의 종사자에 대한 자립지원 관련 교육
   - 주거비 등을 지원하기 위한 자립정착금의 지급

② 자립지원실태조사

보건복지부장관은 보호대상아동의 위탁보호 종료 또는 아동복지시설 퇴소 이후의 자립지원, 생활 및 정서적·신체적 건강 등에 대한 실태조사를 3년마다 실시하여야 한다. 또한 보건복지부장관은 실태조사를 위하여 관계 기관·법인·단체·시설의 장에게 필요한 자료의 제출 또는 의견의 진술을 요청할 수 있으며, 요청을 받은 자는 정당한 사유가 없으면 이에 협조하여야 한다(제38조의2).

③ 자립지원계획의 수립

가정위탁지원센터의 장 및 아동복지시설의 장은 보호하고 있는 15세 이상의 아동을 대상으로 매년 개별 아동에 대한 자립지원계획을 수립하고, 그 계획을 수행하는 종사자를 대상으로 자립지원에 관한 교육을 실시하여야 한다(제39조).

④ 자립지원전담기관의 설치·운영 및 아동자립지원추진협의회

국가와 지방자치단체는 보호대상아동의 위탁 보호 종료 또는 아동복지시설 퇴소 이후의 자립을 지원하기 위하여 자립지원전담기관을 설치·운영할 수 있다.(제39조의2). 국가와 지방자치단체는 자립지원전담기관 설치·운영, 자립지원 관련 데이터베이스 구축 및 운영, 자립지원 프로그램의 개발 및 보급, 사례관리 등의 업무를 전담할 기관을 설치·운영하거나, 그 운영의 전부 또는 일부를 법인, 단체

등에 위탁할 수 있다(제40조). 그리고 보건복지부장관은 지원대상아동의 자립지원 정책을 효율적으로 수행하기 위하여 관계 행정기관의 공무원으로 구성되는 아동자립지원추진협의회를 둘 수 있다(제41조).

(3) 자산형성지원 및 자산관리지원사업

국가와 지방자치단체는 아동이 건전한 사회인으로 성장・발전할 수 있도록 자산형성지원사업을 실시할 수 있다(제42조). 보건복지부장관은 자산형성지원사업을 효율적으로 추진하기 위하여 대상아동의 관리, 후원자 발굴 및 관리, 교육 및 홍보, 조사・연구 및 평가 등의 자산형성지원사업 운영업무 및 금융상품의 개발 및 관리, 운영 등 금융자산관리업무를 하여야 한다(제43조).

3) 방과 후 돌봄서비스 지원

(1) 다함께돌봄센터

시・도지사 및 시장・군수・구청장은 초등학교의 정규교육 이외의 시간 동안 다음의 방과 후 돌봄서비스를 실시하기 위하여 다함께돌봄센터를 설치・운영할 수 있다. 시・도지사 및 시장・군수・구청장은 다함께돌봄센터의 설치・운영을 보건복지부장관이 정하는 법인 또는 단체에 위탁할 수 있다(제44조의2).

1. 아동의 안전한 보호
2. 안전하고 균형 있는 급식 및 간식의 제공
3. 등・하교 전후, 야간 또는 긴급상황 발생 시 돌봄서비스제공
4. 체험활동 등 교육・문화・예술・체육 프로그램의 연계・제공
5. 돌봄 상담, 관련 정보의 제공 및 서비스의 연계
6. 그 밖에 보건복지부령으로 정하는 방과 후 돌봄서비스의 제공

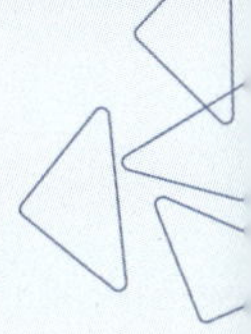

7. 아동복지시설

1) 아동복지시설의 종류

「아동복지법」에서 규정하고 있는 아동복지시설의 종류는 〈표 23-2〉와 같다(제52조, 제45조, 제48조).

| 표 23-2 | 아동복지시설의 종류와 기능

시설의 종류	시설의 기능과 정의
아동양육시설	보호대상아동을 입소시켜 보호, 양육 및 취업훈련, 자립지원 서비스 등을 제공하는 것을 목적으로 하는 시설
아동일시보호시설	보호대상아동을 일시보호하고 아동에 대한 향후의 양육대책수립 및 보호조치를 행하는 것을 목적으로 하는 시설
아동보호치료시설	아동에게 보호 및 치료 서비스를 제공하는 다음의 시설 • 불량행위를 하거나 불량행위를 할 우려가 있는 아동으로서 보호자가 없거나 친권자나 후견인이 입소를 신청한 아동 또는 가정법원, 지방법원소년부지원에서 보호위탁된 19세 미만인 사람을 입소시켜 치료와 선도를 통하여 건전한 사회인으로 육성하는 것을 목적으로 하는 시설 • 정서적·행동적 장애로 인하여 어려움을 겪고 있는 아동 또는 학대로 인하여 부모로부터 일시 격리되어 치료받을 필요가 있는 아동을 보호·치료하는 시설
공동생활가정	보호대상아동에게 가정과 같은 주거여건과 보호, 양육, 자립지원 서비스를 제공하는 것을 목적으로 하는 시설
자립지원시설	아동복지시설에서 퇴소한 사람에게 취업준비기간 또는 취업 후 일정 기간 동안 보호함으로써 자립을 지원하는 것을 목적으로 하는 시설
아동상담소	아동과 그 가족의 문제에 관한 상담, 치료, 예방 및 연구 등을 목적으로 하는 시설
아동전용시설	어린이공원, 어린이놀이터, 아동회관, 체육·연극·영화·과학실험전시 시설, 아동휴게숙박 시설, 야영장 등 아동에게 건전한 놀이·오락, 그 밖의 각종 편의를 제공하여 심신의 건강유지와 복지증진에 필요한 서비스를 제공하는 것을 목적으로 하는 시설
지역아동센터	지역사회 아동의 보호·교육, 건전한 놀이와 오락의 제공, 보호자와 지역사회의 연계 등 아동의 건전 육성을 위하여 종합적인 아동복지서비스를 제공하는 시설
아동보호전문기관	학대받은 아동의 발견, 보호, 치료에 대한 신속처리 및 아동학대예방을 담당하는 기관(제45조)

가정위탁지원센터	보호대상아동에 대한 가정위탁사업을 활성화하기 위하여 시·도 및 시·군·구에 두는 기관(제48조)
아동권리보장원	아동정책에 대한 종합적인 수행과 아동복지 관련 사업의 효과적인 추진을 위하여 필요한 정책의 수립을 지원하고 사업평가 등의 업무를 수행할 수 있도록 보건복지부장관이 설립하는 기관(제10조의2)
자립전담기관	보호대상아동의 위탁 보호 종료 또는 아동복지시설 퇴소 이후의 자립을 지원하기 위하여 설치하는 기관(제39조의2)
학대피해아동쉼터	피해아동에 대한 보호, 치료, 양육 서비스 등을 제공하는 시설(제53조의2)

이러한 아동복지시설은 통합하여 설치할 수 있고, 각 시설 고유의 목적 사업을 해치지 아니하고 각 시설별 설치기준 및 운영기준을 충족하는 경우 다음의 사업을 추가로 실시할 수 있다. 「아동복지법」에 규정된 아동복지시설의 고유 업무 외 사업은 〈표 23-3〉과 같다(제52조).

| 표 23-3 | 아동복지시설의 고유 업무 외 사업

사업명	내용
아동가정지원사업	지역사회아동의 건전한 발달을 위하여 아동, 가정, 지역주민에게 상담, 조언 및 정보를 제공하여 주는 사업
아동주간보호사업	부득이한 사유로 가정에서 낮 동안 보호를 받을 수 없는 아동을 대상으로 개별적인 보호와 교육을 통하여 아동의 건전한 성장을 도모하는 사업
아동전문상담사업	학교부적응아동 등을 대상으로 올바른 인격 형성을 위한 상담, 치료 및 학교폭력 예방을 실시하는 사업
학대아동보호사업	학대아동의 발견, 보호, 치료 및 아동학대의 예방 등을 전문적으로 실시하는 사업
공동생활가정사업	보호대상아동에게 가정과 같은 주거여건과 보호를 제공하는 것을 목적으로 하는 사업
방과 후 아동지도사업	저소득층 아동을 대상으로 방과 후 개별적인 보호와 교육을 통하여 건전한 인격 형성을 목적으로 하는 사업

(1) 아동전용시설의 설치

국가와 지방자치단체는 아동이 항상 이용할 수 있는 아동전용시설을 설치하도록 노력하여야 한다. 아동이 이용할 수 있는 문화·오락 시설, 교통시설, 그 밖의 서비

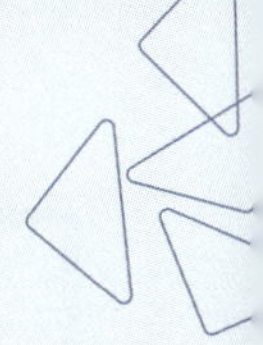

스시설 등을 설치·운영하는 자는 대통령령으로 정하는 바에 따라 아동의 이용편의를 고려한 편익설비를 갖추고 아동에 대한 입장료와 이용료 등을 감면할 수 있다(제53조).

(2) 가정위탁지원센터

지방자치단체는 보호대상아동에 대한 가정위탁사업을 활성화하기 위하여 시·도 및 시·군·구에 가정위탁지원센터를 둔다. 다만, 시·도지사는 조례로 정하는 바에 따라 둘 이상의 시·군·구를 통합하여 하나의 가정위탁지원센터를 설치·운영할 수 있다. 시·도지사 및 시장·군수·구청장은 가정위탁지원을 목적으로 하는 비영리법인을 지정하여 가정위탁지원센터의 운영을 위탁할 수 있다(제48조).[14] 「아동복지법」에서 규정한 가정위탁지원센터의 업무는 다음과 같다(제49조).

1. 가정위탁사업의 홍보 및 가정위탁을 하고자 하는 가정의 발굴
2. 가정위탁을 하고자 하는 가정에 대한 조사 및 가정위탁 대상 아동에 대한 상담
3. 가정위탁을 하고자 하는 사람과 위탁가정 부모에 대한 교육
4. 위탁가정의 사례관리
5. 친부모 가정으로의 복귀 지원
6. 가정위탁 아동의 자립계획 및 사례 관리
7. 관할 구역 내 가정위탁 관련 정보 제공
8. 그 밖에 대통령령으로 정하는 가정위탁과 관련된 업무

14) 한편 기존에 중앙가정위탁지원센터에 수행하던 다음의 업무는 새롭게 설립된 아동권리보장원에서 수행한다.
- 가정위탁지원센터에 대한 지원
- 효과적인 가정위탁사업을 위한 지역 간 연계체계 구축
- 가정위탁사업과 관련된 연구 및 자료발간
- 가정위탁사업을 위한 프로그램의 개발 및 평가
- 상담원에 대한 교육 등 가정위탁에 관한 교육 및 홍보
- 가정위탁사업을 위한 정보기반 구축 및 정보 제공
- 그 밖에 대통령령으로 정하는 가정위탁사업과 관련된 업무

장애인복지법

CHAPTER 24

1. 의의 및 연혁

1) 의의

「장애인복지법」은 사회서비스법의 일환으로 기능을 수행하지만 장애인복지 분야에 있어서는 기본법적인 특징을 갖고 있다. 이에 개별 법률에서 별도로 규정하지 않는 한 우리나라에서 공적으로 사용하고 있는 장애인 및 장애인복지와 관련된 개념들은 모두 이 법에 따르고 있다. 장애인복지의 기본이념은 장애인의 완전한 사회참여와 평등을 통해 사회통합을 이루는 데 있다(제3조). 이는 장애인이 자신들이 속한 사회에서 차별받지 않고 인간의 존엄성과 가치를 누리며 사회구성원이 받는 권리와 기회를 평등하게 받는 것을 의미한다. 「장애인복지법」은 "모든 국민은 인간으로서의 존엄과 가치를 가지며, 행복을 추구할 권리를 가진다. 국가

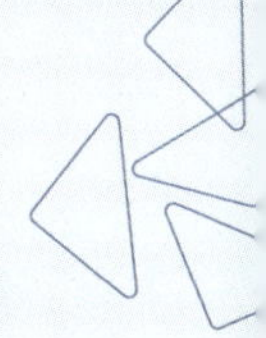

는 개인이 가지는 불가침의 기본적 인권을 확인하고 이를 보장할 의무를 진다."는 「헌법」 제10조에 의거하여 장애인복지의 이념을 명문화하였다.

2) 연혁

UN은 1976년 UN총회에서 1981년을 '세계 장애인의 해'로 정하고 모든 국가에 대하여 심신장애인을 위한 복지사업과 기념행사를 추진하도록 권고하였다. 또한 1983년부터 1992년까지 10년을 '세계 장애인 10년'으로 선포하는 등 전 세계적으로 장애인에 대한 관심이 증대되었다. 이러한 국제적인 흐름에 맞추어 우리나라에서도 1978년 '심신장애자종합보호대책'을 발표하였으며, 이어 1981년 「심신장애자복지법」을 제정하였다. 1981년 6월 5일 제정된 「심신장애자복지법」은 산업화·도시화 추세에 따른 생활환경의 변화로 심신장애자의 수가 증가하고, 이들의 복지욕구도 크게 증대되고 있음에 대처하여 심신장애의 발생예방과 심신장애자의 의료·직업재활 및 생활보호 등 복지시책을 효과적으로 추진함으로써 장애자의 재활·자립과 그 가족의 정상적인 경제·사회활동을 도와주며, 나아가 사회복지의 증진에 기여하려는 것을 목적으로 제정되었다. 1981년 제정된 「심신장애자복지법」에서는 심신장애자의 기준, 재활상담 및 의료기관 또는 심신장애자 복지시설에의 입소·통원조치, 보장구의 교부, 고용촉진, 시설 우선 이용, 공공건물·교통·통신 등의 편의시설, 장애자 부양수당, 심신장애자복지시설의 종류와 설치·운영, 보장구 제조·수리업의 허가 등에 관하여 규정하였다. 비록 법률의 대부분의 내용이 선언적인 것임에도 불구하고 이 법률 제정 이후 수용·보호 중심의 장애인 시설에서 한 걸음 나아가 장애인복지관 등의 재활시설(이용시설), 심신장애자 근로시설(직업재활시설), 점자출판시설 등이 만들어졌다(윤상용·이승기·서동명·염태산, 2019). 이후 1989년 12월 30일 「심신장애자복지법」의 전부개정의 형식으로 「장애인복지법」이 제정되었다. 1989년 제정 당시 「장애인복지법」의 주요 내용은 다음과 같다. 첫째, '심신장애자'라는 용어를 '장애인'으로 변경하고, 이에 따라 이 법의 제명을 「장애인복지법」으로 하였다. 둘째, 장애인복지에 관한 사항을 심의·건의하기 위하여 보건사회부에 장애인복지위원회를 설치하였다. 셋째, 장애인 등록제를 신설하였다. 넷째, 국가 또는 지방자치단체는 장애인의 의료비 및 자녀 교육비를 지급할 수 있도록 하였다. 다섯째, 국가 또는 지방자치단체는 방송국에 청각장애자를 위한 수화 또는 자막의 방영을 요청할 수 있도록 하였다. 여섯째, 장애인의 체육진흥을 위하여 한국장애인복지체육회를 설립하였다. 이후 1999년 2월 8일, 장애인의 인간존엄의 실현과 완전한 사회참여를 위하여 장애인보조견, 장애 유형에 따른 재활서비스제공, 장애인생산품의 구매, 재활보조기구의 개발·보급 등 장애인의 새로운 복지수요에 대응하여 장애인복지정책의 효율적 수행을 도모하려는 것을 목적으로 「장애인복지법」을 전부 개정하였다. 이때 장애인의 정의를 "신체적·정신적 장애로 인하여 장기간에 걸쳐 일상생활 또는 사회생활에 상당한 제약을 받는 자를 말한다."고 '일반적 정의'로 변경하여 대상을 확대할 수 있는 근거를 마련하였다.[1] 그리고 국무총리소속하에 장애인복지조정위원회를 두고, 장애인의 정보접근권 보장을 위하여 수화통역, TV자막, 점자 및 음성도서 등의 제공을 명시하였다. 또 장애 유형별 재활서비스제공, 장애인생산품의 구매, 재활보조기구의 개발·보급 등의 시책이 포함되었다. 또한 장애인 사용 자동차에 대한 지원, 장애인 보조견의 훈련 및 보급지원, 장애아동 부양수당 및 보호수당 지급에 대한 규정을 마련하였다.

2007년 4월 11일에는 장애인의 권익을 신장하고, 중증장애인 및 여성장애인을 포함한 장애인의 자립생활 등을 실현하기 위한 각종 제도를 도입하는 것을 목적으로 전부 개정되었다. 개정된 주요 내용을 보면, 첫째, 장애당사자의 장애관련 정책결정 과정에 우선적인 참여를 보장하고, 활동보조인 파견 등 장애인자립생활

1) 「장애인복지법」의 개정으로 2000년 1월에는 장애범위가 신장, 심장, 정신장애, 발달장애(자폐성장애)로까지 확대되었으며, 지체장애에서 뇌병변장애가 분리되어 기존의 5개 범주에서 10개 범주로 확대되었다. 이후 2003년 7월, 호흡기장애, 간장애, 안면장애, 장루·요루장애, 간질장애(뇌전증장애) 등이 새롭게 포함되어 15개 범주로 확대되었다.

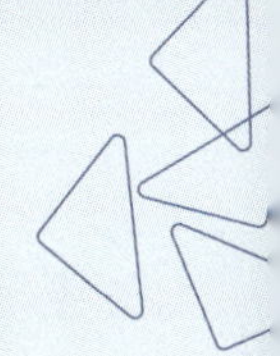

지원시책을 강화하였다. 둘째, 장애인복지조정위원회를 장애인정책조정위원회로 변경하여 관계부처 간의 실질적인 정책조정기능을 담당하게 하였다. 셋째, 여성장애인의 가정을 방문하여 산전·산후조리를 돕는 도우미 지원과 활동보조인의 파견 등 활동보조서비스를 지원할 수 있도록 하는 등 여성장애인의 자립생활을 지원하기 위한 제도를 도입하였다. 이외에 시·청각장애인의 정보접근성을 강화하고, 중앙행정기관별 장애인정책의 효율적 추진을 위한 장애인정책책임관을 지정하도록 하는 등의 내용으로 개정되었다. 2010년 5월 27일에는 장애 정도의 심사기관을 '국민연금공단'으로 명시하는 내용으로 개정되었다.

2011년 3월 30일에는 장애인 생활시설을 포함한 장애인복지시설의 개념과 기능을 재정립하여 장애인생활시설의 거주기능을 별도로 분리하고, 장애인거주시설의 정원은 30명을 초과할 수 없도록 하며, 장애인생활시설에 대한 이용 절차 및 시설이 제공하는 서비스의 최저기준을 규정하는 등 장애인복지시설 이용자 중심의 서비스체계를 구축하는 방향으로 개정되었다. 2011년 개정된 「장애인복지법」의 주요 내용은 다음과 같다. 첫째, 장애인복지실시기관은 장애인이 장애인복지시설을 선택할 때 장애인의 선택권을 최대한 보장하도록 하였다. 둘째, 장애인복지시설 중 장애인생활시설을 거주 서비스를 제공하는 거주시설로 개념 및 기능을 재정립하고, 지역사회재활시설 중 의료재활시설을 별도로 규정하며, 유료복지시설은 삭제하였다. 셋째, 장애인거주시설의 정원은 30명을 초과할 수 없도록 하고 서비스의 최저기준을 마련하였다.

「장애인복지법」 제정 및 개정 관련 주요 연혁은 〈표 24-1〉과 같다.

| 표 24-1 | 장애인복지법 주요 연혁

제·개정(시행)	주요 내용
1981.6.5. (1981.6.5.)	심신장애자복지법 제정 • 산업화·도시화 추세에 따른 생활환경의 변화로 심신장애자의 수가 증가하고, 이들의 복지욕구도 크게 증대되고 있음에 대처하여 심신장애의 발생 예방과 심신장애자의 의료·직업재활 및 생활보호 등 복지시책을 효과적으로 추진함으로써 장애자의 재활·자립과 그 가족의 정상적인 경제·사회활동을 도와주며, 나아가 사회복지의 증진에 기여하려는 목적으로 제정
1989.12.30. (1989.12.30.)	전부개정 • '심신장애자'라는 용어를 '장애인'으로 변경하고, 법의 제명을 「장애인복지법」으로 변경 • 보건사회부에 장애인복지위원회 설치 • 장애인등록제 신설
1999.2.8. (2000.1.1.)	전부개정 • 장애인의 정의를 '일반적 정의'로 변경하여 대상을 확대할 수 있는 근거 마련 • 국무총리소속하에 장애인복지조정위원회 둠 • 장애인의 정보접근권 보장을 위하여 수화통역, TV자막, 점자 및 음성도서 등의 제공을 명시하고, 장애 유형별 재활서비스제공, 장애인생산품의 구매, 재활보조기구의 개발·보급 등의 시책 포함 • 장애인 사용 자동차에 대한 지원, 장애인 보조견의 훈련 및 보급지원, 장애아동 부양수당 및 보호수당 지급에 대한 규정 마련
2003.9.29. (2005.1.1.)	일부개정 • 「국민기초생활보장법」에 따른 생계급여의 수급자에 해당하는 장애인 모두를 장애수당의 의무지급대상자로 하여 그 지급대상을 확대함
2007.4.11. (2007.10.12.)	전부개정 • 장애당사자의 장애관련 정책결정 과정에 우선적인 참여를 보장하고, 활동보조인 파견 등 장애인자립생활 지원시책 강화 • 장애인복지조정위원회를 장애인정책조정위원회로 변경하여 관계부처 간의 실질적인 정책조정기능을 담당하게 함 • 여성장애인의 자립생활을 지원하기 위한 제도 도입 • 시·청각장애인의 정보접근성 강화 • 중앙행정기관별 장애인정책책임관 지정
2010.5.27. (2010.10.28.)	일부개정 • 장애 정도의 심사기관을 '국민연금공단'으로 명시함
2011.3.30. (2012.3.31.)	일부개정 • 장애인복지실시기관은 장애인이 장애인복지시설을 선택할 때 장애인의 선택권을 최대한 보장하도록 함 • 장애인생활시설을 거주서비스를 제공하는 거주시설로 개념 및 기능을 재정립하고, 지역사회재활시설 중 의료재활시설을 별도로 규정하며, 유료복지시설은 삭제함 • 거주시설의 정원은 30명을 초과할 수 없도록 하고 서비스의 최저기준을 마련함

2012.1.26. (2012.7.27.)	일부개정 • 재외동포 및 외국인의 장애인등록 허용 • 아동·청소년 대상 성범죄에 제한적으로 인정되고 있는 장애인복지시설 종사자 등의 신고의무를 장애인 대상 성범죄에 대한 일반적인 신고의무로 확대함 • 장애인복지시설의 운영자는 종사자 등에게 성범죄 예방 및 신고에 대한 교육을 의무화함
2012.10.22. (2013.4.23.)	일부개정 • 장애인학대 정의 및 장애인학대행위의 종류 규정 • 장애인복지시설의 운영자 및 종사자로 하여금 직무상 알게 된 장애인학대 사실을 수사기관에 신고하도록 의무화함 • 피학대장애인에 대한 응급조치 의무, 장애인학대사건 심리에 있어 보조인 선임절차 등을 규정함
2015.6.22. (2015.12.23.)	일부개정 • 장애인정책종합계획의 주요 내용과 해당 연도의 사업계획, 전년도 사업계획의 추진실적 및 추진성과의 평가결과를 매년 국회 소관 상임위원회에 보고하도록 함 • 장애인학대의 신고대상 기관에 장애인권익옹호기관을 추가하고, 장애인학대 신고의무대상자의 범위를 사회복지 전담공무원, 활동지원기관의 장 및 의료인 등 직무상 연관성이 높은 종사자들까지로 확대함 • 장애인에 대한 금지행위의 유형을 추가하고, 금지행위 위반자에 대한 벌칙규정을 마련함 • 국가는 지역 간의 연계체계를 구축하고 장애인학대를 예방하기 위한 중앙장애인권익옹호기관을 설치·운영하도록 하고, 학대받은 장애인의 발견·보호·치료 등을 신속히 처리하기 위하여 시·도에 지역장애인권익옹호기관을 두도록 함
2017.2.8. (2017.8.9.)	일부개정 • 장애인 관련 사업을 수행하는 기관·단체 등을 장애인가족 지원사업 수행기관으로 지정할 수 있도록 함 • 금지행위의 유형에 장애인을 폭행, 협박, 감금, 그 밖에 정신상 또는 신체상의 자유를 부당하게 구속하는 수단으로써 장애인의 자유의사에 어긋나는 노동을 강요하는 행위를 추가함 • 시·도지사는 피해장애인의 임시 보호 및 사회복귀 지원을 위하여 장애인 쉼터를 설치·운영할 수 있도록 함
2017.12.19. (2018.3.20.)	일부개정 • 장애등급제 개편 사항을 반영하기 위하여 '장애 등급'을 '장애 정도'로 변경하고, 맞춤형 서비스제공을 위하여 '서비스 지원 종합조사'를 실시할 수 있는 법적 근거 마련(2019.7.1. 시행) • 자립생활지원과 관련하여 국가와 지방자치단체의 책무 대상을 중증장애인에서 장애인으로 확대하고, 장애인에 대한 방문상담 및 사례관리 수행 근거를 마련함으로써 복지사각지대 해소 • 장애인학대 예방 및 사후지원 강화를 위하여 장애인권익옹호기관의 기능을 강화하기 위하여 필요한 각종 조치들을 법률에 규정하고, 장애인학대 및 장애인 대상 성범죄 신고인에 대한 보다 효과적인 보호를 위하여 특정범죄신고자 등 보호법의 일부 규정을 준용하고 신고인에 대한 불이익조치 금지 명문화

	• 장애인등록을 할 수 있는 외국인에 난민인정자를 추가하고, 사실상 사문화된 장애인생산품 인증제도를 폐지하며, 비밀누설금지 의무를 장애인복지상담원뿐만 아니라 공무원, 수탁기관 종사자 등으로 확대하여 적용하는 등의 내용 규정
2019.12.3. (2020.3.4.)	일부개정 • 국가와 지방자치단체는 점자정보・무지점자단말기 등의 의사소통 보조기구를 개발・보급하고, 시청각장애인을 위한 의사소통 지원 전문인력을 양성・파견하기 위하여 노력하도록 함 • 보건복지부장관은 장애인에 대한 인식개선 교육 실시 결과에 대한 점검을 매년 실시하도록 하고, 점검 결과 이수율 등이 기준에 미치지 못하는 국가기관 등에 대하여 특별교육 등 필요한 조치를 취하도록 함 • 국가기관 등의 장은 장애인에 대한 인식개선 교육을 보건복지부장관이 지정하는 인식개선교육기관에 위탁할 수 있도록 하고, 인식개선교육기관이 준수할 사항과 갖추어야 할 요건을 정함 • 사법경찰관리는 장애인 사망 및 상해사건, 가정폭력 사건 등에 관한 직무를 수행하는 과정에서 장애인학대가 있었다고 의심할 만한 사유가 있는 경우 장애인권익옹호기관에 그 사실을 통보하도록 하고, 통보받은 장애인권익옹호기관은 피해장애인 보호에 필요한 조치를 하도록 함
2020.12.29. (2021.6.30.)	일부개정 • 장애인학대관련범죄의 정의를 신설하고, 취업제한명령 대상자를 성범죄자에서 장애인학대관련범죄자 및 성범죄자로 확대하고, 취업제한명령 적용 대상 기관을 확대함 • 상습적으로 장애인학대관련범죄를 범한 자와 자기의 보호・감독 또는 진료를 받는 장애인을 대상으로 장애인학대관련범죄를 범한 신고의무자는 가중하여 처벌할 수 있도록 규정함 • 중앙행정기관의 장은 장애인학대 신고의무자에 대하여 실시하는 성범죄 예방 및 신고의무 교육의 내용을 보건복지부장관에게 제출하도록 하고, 신고의무자가 소속된 기관 등의 장은 장애인학대 신고의무자에게 신고의무에 관한 교육을 실시하고, 그 결과를 관계 중앙행정기관의 장에게 제출하도록 함 • 장애인 거주시설 이용자가 사망한 경우로서 그 자에 대한 장례를 행할 자가 없는 경우 해당 시설의 장이 그 장례를 대행할 수 있는 근거와 상속인의 존부가 분명하지 아니한 경우의 잔여재산 처리 절차 마련 • 학대 현장에 출동한 장애인권익옹호기관의 직원이나 사법경찰관리가 학대받은 장애인을 인도할 수 있는 기관에 피해장애인 쉼터, 위기발달장애인쉼터 등을 추가하고, 장애인의 인도를 요청받은 기관 등의 장이 정당한 사유 없이 그 인도를 거부할 수 없도록 규정함. 또, 장애인학대사건의 피해장애인 및 그 법정대리인이 변호사를 선임할 수 있도록 특례 규정을 마련함
2021.7.27. (2021.10.28.)	일부개정 • 장애 정도에 관한 정밀심사를 실시하는 공공기관이 관련 기관에 심사에 필요한 자료를 요청할 수 있도록 규정하고, 해당 기관에 제공되는 자료에 대해 사용료, 수수료 등을 면제할 수 있도록 함 • 「성폭력범죄의 처벌 등에 관한 특례법」 제2조제2항에 따른 범죄를 취업제한명령의 선고 대상이 되는 범쇠에 추가함 • 장애인학대 신고의무자의 범위를 확대하되, 사회복지시설에서 복무하는 사회복무요원은 신고 의무 위반 시의 과태료 부과 대상에서 제외하고, 장애인학대 신고의무자 관련 규정

	및 벌칙 규정의 인용 조문을 정비함 • 장애인학대로 인하여 피해를 입은 장애아동의 임시 보호를 위한 '피해장애아동 쉼터'의 설치·운영 근거를 마련하고, 범죄사건의 피해자인 장애인에 대한 진술조력인 제도 도입을 위하여 법적 근거를 신설함 • 사기죄, 공갈죄, 횡령죄, 배임죄 등의 장애인학대관련범죄에 대해서는 「형법」상 친족상도례 조항의 적용을 배제하는 특례를 신설함
2021.8.17. (2022.2.18.)	일부개정 • 장애인학대행위자에게 상담·교육 참여 의무 부과 • 장애인권익옹호기관의 업무실적에 대해 3년마다 성과평가를 실시하도록 하는 규정 신설
2021.12.21. (2021.12.21.)	일부개정 • 정신장애인에 대한 장애인복지법 제한 근거 규정 삭제 • 장애인에 대한 인식개선을 위한 홍보영상의 제작·배포·송출 근거 규정 신설
2024.1.2. (2025.7.3.)	일부개정 • 장애인복지시설의 종류에 장애인 자립생활지원시설을 추가함

2. 목적과 기본이념

1) 목적

「장애인복지법」은 장애인의 인간다운 삶과 권리보장을 위한 국가와 지방자치단체 등의 책임을 명백히 하고, 장애발생 예방과 장애인의 의료·교육·직업재활·생활환경개선 등에 관한 사업을 정하여 장애인복지대책을 종합적으로 추진하며, 장애인의 자립생활·보호 및 수당지급 등에 관하여 필요한 사항을 정하여 장애인의 생활안정에 기여하는 등 장애인의 복지와 사회활동 참여증진을 통하여 사회통합에 이바지함을 목적으로 한다(제1조).

2) 기본이념 등

(1) 기본이념

장애인복지의 기본이념은 장애인의 완전한 사회참여와 평등을 통해 사회통합을 이루는 데 있다고 규정함으로써 1981년 '세계장애인의 해'의 슬로건인 '장애인의 완전한 참여와 평등'을 실천함으로써 전체 국민의 사회통합의 달성에 기하려는 데 있다(제3조).

(2) 장애인의 권리

"장애인은 인간으로서의 존엄과 가치를 존중받으며, 그에 걸맞은 대우를 받는다."고 하여 「헌법」 제10조[2]를 재확인하였으며, "장애인은 국가·사회의 구성원으로서 정치·경제·사회·문화, 그 밖의 모든 분야의 활동에 참여할 권리를 가진다."고 규정하고 있으며, "장애인은 장애인관련 정책결정 과정에 우선적으로 참여할 권리가 있다."고 하여 장애인의 참여와 평등이 장애인의 기본적인 권리임을 인정하고 있는 것과 동시에, 장애인관련 정책결정 과정에 장애인이 우선적으로 참여할 권리가 있음을 법률에 규정하였다(제4조).

(3) 차별금지[3]

"누구든지 장애를 이유로 정치·경제·사회·문화생활의 모든 영역에서 차별을 받지 아니하고, 누구든지 장애를 이유로 정치·경제·사회·문화생활의 모든 영역에서 장애인을 차별하여서는 아니 된다.", "누구든지 장애인을 비하·모욕하거나 장애인을 이용하여 부당한 영리행위를 하여서는 아니 되며, 장애인의 장애

2) 모든 국민은 인간으로서의 존엄과 가치를 가지며, 행복을 추구할 권리를 가진다. 국가는 개인이 가지는 불가침의 기본적 인권을 확인하고 이를 보장할 의무를 진다.

3) 차별금지와 관련한 구체적인 내용은 2007년 4월 10일 제정되어 2008년 4월 11일부터 시행되고 있는 「장애인차별금지 및 권리구제 등에 관한 법률」에서 제시하고 있다.

를 이해하기 위하여 노력하여야 한다."고 규정하여 장애인에 대한 차별을 금지하는 것과 함께, 국민들에게 장애에 대한 이해를 위한 노력의무를 부과하고 있다(제8조).

3. 장애인의 개념과 기준

연령을 기준으로 나누어지는 아동, 노인과 다르게 장애인에 대해서는 구체적으로 법률에서 개념과 기준을 규정하고 있다. 「장애인복지법」에서 말하는 '장애인'이란 신체적·정신적 장애로 오랫동안 일상생활이나 사회생활에 상당한 제약을 받는 자를 말한다. 이 법을 적용받는 장애인은 다음 어느 하나에 해당하는 장애가 있는 자로서 대통령령으로 정하는 장애의 종류 및 기준에 해당하는 자를 말한다(제2조).

1. '신체적 장애'란 주요 외부 신체기능의 장애, 내부기관의 장애 등을 말한다.
2. '정신적 장애'란 발달장애 또는 정신질환으로 발생하는 장애를 말한다.[4)]

「장애인복지법」 시행령 〈별표 1〉에서 규정하고 있는 장애 종류는 다음과 같다.

지체장애인, 뇌병변장애인, 시각장애인, 청각장애인, 언어장애인, 지적장애인, 자폐성장애인, 정신장애인, 신장장애인, 심장장애인, 호흡기장애인, 간장애인, 안면장애인, 장루·요루장애인, 뇌전증장애인

4) 2007년 4월 「장애인복지법」이 개정되면서 정신적 장애의 정의가 '정신지체 또는 정신적 질환으로 발생하는 장애'에서 '발달장애 또는 정신질환으로 발생하는 장애'로 변경되었다. 이러한 개정은 학문적 개념과 법적 개념이 일치하지 않는 것을 일치시킨 개정이라고 할 수 있다.

4. 장애인복지 기본정책[5)]

1) 장애인의 날

장애인에 대한 국민의 이해를 깊게 하고 장애인의 재활의욕을 높이기 위하여 매년 4월 20일을 장애인의 날로 하며, 장애인의 날부터 1주간을 장애인 주간으로 한다. 그리고 국가와 지방자치단체는 장애인의 날의 취지에 맞는 행사 등 사업을 하도록 노력하여야 한다(제14조).

2) 장애발생예방조치, 치료 및 교육훈련 등

국가와 지방자치단체는 장애발생 예방조치, 의료와 재활치료 정책, 사회적응훈련, 연령・능력・장애의 종류 및 정도에 따른 충분한 교육, 장애인의 적성과 능력에 맞는 직업재활정책 등을 강구하고 실시하여야 한다(제17조~제21조).

3) 정보에의 접근

국가와 지방자치단체는 장애인이 정보에 원활하게 접근하고 자신의 의사를 표시할 수 있도록 전기통신・방송시설 등을 개선하기 위하여 노력하여야 한다. 또한 방송국의 장 등 민간사업자에게 뉴스와 국가적 주요 사항의 중계 등 대통령령으로 정하는 방송 프로그램에 청각장애인을 위한 한국수어 또는 폐쇄자막과 시각

5) 「장애인복지법」은 장애인복지에 대하여 규정하는 법인 것과 동시에 장애인기본법의 역할을 수행하고 있다고 할 수 있다. 따라서 이 법에서는 선언적인 규정이 다수 포함되어 있다. 특히 제2장(기본정책의 강구)은 장애인의 복지증진 및 사회통합을 위하여 국가와 지방자치단체가 해야 할 기본정책을 제시하고 있으나 선언적인 의미일 뿐 구체적인 실행방법은 제시되지 않고 있다.

장애인을 위한 화면해설 또는 자막해설 등을 방영하도록 요청하여야 한다. 그리고 국가와 지방자치단체는 국가적인 행사, 그 밖의 교육·집회 등 대통령령으로 정하는 행사를 개최하는 경우에는 청각장애인을 위한 한국수어 통역 및 시각장애인을 위한 점자 및 인쇄물 접근성 바코드가 삽입된 자료 등을 제공하여야 하며 민간이 주최하는 행사의 경우에는 한국수어 통역과 점자 및 인쇄물 접근성 바코드가 삽입된 자료 등을 제공하도록 요청할 수 있다. 한편 국가와 지방자치단체는 시각장애인과 시청각장애인(시각 및 청각 기능이 손상된 장애인)이 정보에 쉽게 접근하고 의사소통을 원활하게 할 수 있도록 점자정보단말기 및 무지점자단말기 등 의사소통 보조기구를 개발·보급하고, 시청각장애인을 위한 의사소통 지원 전문인력을 양성·파견하기 위하여 노력하여야 하며, 장애인의 특성을 고려하여 정보통신망 및 정보통신기기의 접근·이용에 필요한 지원 및 도구의 개발·보급 등 필요한 시책을 강구하여야 한다(제22조).

4) 편의시설 및 안전대책 강구

국가와 지방자치단체는 장애인이 공공시설과 교통수단 등을 안전하고 편리하게 이용할 수 있도록 편의시설의 설치와 운영에 필요한 정책을 강구하여야 한다(제23조). 그리고 장애로 인하여 일어날 수 있는 안전사고와 비상재해 등에 대비한 안전대책 등 필요한 조치를 강구하여야 한다(제24조).

5) 사회적 인식개선을 위한 사업 실시

국가와 지방자치단체는 학생, 공무원, 근로자, 그 밖의 일반국민 등을 대상으로 장애인에 대한 인식개선을 위한 교육 및 공익광고 등 홍보사업을 실시하여야 한다. 국가기관 및 지방자치단체의 장, 「영유아보육법」에 따른 어린이집, 「유아교육법」·「초·중등교육법」·「고등교육법」에 따른 각급 학교의 장, 그 밖에 대통령령으로 정하는 교육기관 및 공공단체의 장은 매년 소속 직원·학생을 대상으로 장애인에 대한 인식개선을 위한 교육을 실시하고, 그 결과를 보건복지부장관에게 제출하여야 한다. 보건복지부장관은 점검 결과 이수율 등이 보건복지부장관이 정한 기준에 미치는 못하는 국가기관 등에 대하여 관리자특별교육 등 필요한 조치를 취하여야 한다(제25조). 한편 국가기관 등의 장애인에 대한 인식개선교육을 보건복지부장관이 지정하는 인식개선교육기관에 위탁할 수 있다(제25조의2). 또 보건복지부장관은 장애인에 대한 차별 · 편견 및 학대의 예방과 방지 등에 관한 홍보영상을 제작하여 방송편성책임자에게 배포하여야 한다(제25조의3).

6) 기타 각종 정책

이외에 선거권 행사를 위한 편의 제공(제26조), 공공주택 등의 우선 분양 등을 통한 주택보급(제27조), 문화생활 및 체육활동 지원 및 문화환경 정비(제28조), 복지연구 등의 진흥(제29조), 세제상의 조치, 공공시설 이용료 감면 등 경제적 부담의 경감 노력(제30조), 장애인가족 지원(제30조의2) 등을 규정하고 있다. 한편 제29조에서 규정한 장애인관련 조사 · 연구 및 정책개발 · 복지진흥 등을 위하여 한국장애인개발원을 설립하도록 정하고 있다(제29조의2).

5. 장애인에 대한 복지조치

1) 장애인복지증진의 책임

(1) 국가와 지방자치단체의 책임

국가와 지방자치단체는 장애 발생을 예방하고, 장애의 조기발견에 대한 국민의 관심을 높이며, 장애인의 자립을 지원하고, 보호가 필요한 장애인을 보호하여 장애인의 복지를 향상시킬 책임을 진다. 또 여성 장애인의 권익을 보호하기 위하여 정책을 강구하여야 한다. 그리고 장애인복지정책을 장애인과 그 보호자에게 적극적으로 홍보하여야 하며, 국민이 장애인을 올바르게 이해하도록 하는 데에 필요한 정책을 강구하여야 한다(제9조).

(2) 국민의 책임

모든 국민은 장애발생의 예방과 장애의 조기발견을 위해 노력하여야 하며, 장애인의 인격을 존중하고 사회통합의 이념에 기초하여 장애인의 복지 향상에 협력하여야 한다(제10조).

2) 장애인복지정책의 수립 및 시행

(1) 장애인정책종합계획

보건복지부장관은 장애인의 권익과 복지증진을 위하여 관계 중앙행정기관의 장과 협의하여 장애인의 복지, 교육문화, 경제활동, 사회참여 등에 관한 사항이 포함된 장애인정책종합계획을 5년마다 수립·시행하여야 한다. 종합계획에는 장애인의 복지에 관한 사항, 장애인의 교육에 관한 사항, 장애인의 문화 체육 관광에 관한 사항, 장애인의 경제활동에 관한 사항, 장애인의 사회참여에 관한 사항, 장애인의 안전관리에 관한 사항, 그 밖에 장애인의 권익과 복지증진을 위하여 필요한 사항 등이 포함되어야 한다. 관계 중앙행정기관의 장은 장애인의 권익과 복지증진을 위하여 관련 업무에 대한 사업계획을 매년 수립·시행하여야 하고, 그 사업계획과 전년도의 사업계획 추진실적을 매년 보건복지부장관에게 제출하여야 하며, 보건복지부장관은 제출된 사업계획과 추진실적을 종합하여 종합계획을 수립하되, 이 법에 따른 장애인정책조정위원회의 심의를 미리 거쳐야 한다(제10조의2). 보건복지부장관은 종합계획을 수립하거나 해당 연도의 사업계획, 전년도 사업계획의 추진실적, 추진성과의 평가를 확정한 때에는 이를 지체 없이 국회 소관 상임위원회에 보고하여야 한다(제10조의3).

(2) 장애인정책조정위원회

장애인 종합정책을 수립하고 관계 부처 간의 의견을 조정하며 그 정책의 이행을 감독·평가하기 위해 국무총리 소속하에 장애인정책조정위원회(이하 '위원회')를 둔다. 위원회가 심의·조정하는 내용은 다음과 같다(제11조).

1. 장애인복지정책의 기본방향에 관한 사항
2. 장애인복지 향상을 위한 제도개선과 예산지원에 관한 사항
3. 중요한 특수교육정책의 조정에 관한 사항
4. 장애인 고용촉진정책의 중요한 조정에 관한 사항
5. 장애인 이동보장 정책조정에 관한 사항
6. 장애인정책 추진과 관련한 재원조달에 관한 사항
7. 장애인복지에 관한 관련 부처의 협조에 관한 사항
8. 그 밖에 장애인복지와 관련하여 대통령령으로 정하는 사항

(3) 장애인정책책임관

중앙행정기관의 장은 해당 기관의 장애인정책을 효율적으로 수립·시행하기 위하여 소속공무원 중에서 장애인정책책임관을 지정할 수 있다(제12조).

(4) 지방장애인복지위원회

장애인복지 관련 사업의 기회·조사·실시 등을 하는 데 필요한 사항을 심의하기 위해 지방자치단체에 지방장애인복지위원회를 둔다(제13조).

3) 장애인등록

(1) 장애인등록

장애인, 그 법정대리인 또는 대통령령으로 정하는 보호자는 장애 상태와 그 밖에 보건복지부령이 정하는 사항을 특별자치시장・특별자치도지사・시장・군수 또는 구청장에게 등록하여야 하며, 특별자치시장・특별자치도지사・시장・군수・구청장은 등록을 신청한 장애인이 기준에 맞으면 장애인등록증을 내주어야 한다. 장애인의 장애 인정과 장애 정도 사정(査定)에 관한 업무를 담당하게 하기 위하여 보건복지부에 장애판정위원회를 둘 수 있으며, 등록증은 양도하거나 대여하지 못하며, 등록증과 비슷한 명칭이나 표시를 사용하여서는 아니 된다(제32조).

(2) 재외동포 및 외국인의 장애인등록

재외동포 및 외국인 중 다음의 어느 하나에 해당하는 사람은 장애인등록을 할 수 있다(제32조의2).

1. 「재외동포의 출입국과 법적 지위에 관한 법률」에 따라 국내거소신고를 한 사람
2. 「주민등록법」에 따라 재외국민으로 주민등록을 한 사람
3. 「출입국관리법」에 따라 외국인등록을 한 사람으로서 대한민국에 영주할 수 있는 체류자격을 가진 사람
4. 「재한외국인 처우 기본법」에 따른 결혼이민자
5. 「난민법」에 따른 난민인정자

(3) 서비스 지원 종합조사[6]

보건복지부장관 또는 특별자치시장・특별자치도지사・시장・군수・구청장은 활동지원급여, 장애인 보조기기 교부, 장애인거주시설 이용, 활동지원응급안전 서비스 등의 서비스 신청에 대하여 서비스의 수급자격, 양 및 내용 등의 결정에 필요한 서비스 지원 종합조사를 실시할 수 있다. 이에 따른 서비스 지원 종합조사를 실시하는 경우 다음의 사항을 조사하고, 조사결과서를 작성하여야 한다. 다만, 제5호의 사항은 수급자격 결정 및 본인부담금 산정 등을 위하여 필요한 경우에만 조사하여야 한다(제32조의4).

6) 2017년 12월 19일 장애등급제 개편사항으로 '장애등급'이 '장애 정도'로 변경되고, 맞춤형 서비스제공을 위하여 '서비스 지원 종합조사'를 실시할 수 있는 법적 근거를 마련하면서 새롭게 신설된 조항이다.

1. 신청인의 서비스 이용현황 및 욕구
2. 신청인의 일상생활 수행능력 및 인지·행동 등 장애특성
3. 신청인의 가구특성, 거주환경, 사회활동 등 사회적 환경
4. 신청인에게 필요한 서비스의 종류 및 내용
5. 신청인과 그 부양의무자의 소득 및 재산 등 생활수준에 관한 사항
6. 그 밖에 신청인에게 서비스를 지원하기 위하여 필요한 사항으로서 보건복지부령으로 정하는 사항

4) 장애인복지조치

보건복지부장관은 장애인복지정책의 수립에 필요한 기초자료로 활용하기 위하여 3년마다 장애인실태조사를 실시하여야 한다(제31조). 또, 앞서 살펴본 것처럼 보건복지부장관은 장애인의 권익과 복지증진을 위하여 관계 중앙행정기관의 장과 협의하여 장애인의 복지, 교육문화, 경제활동, 사회참여, 안전관리[7] 등에 관한 사항이 포함된 장애인정책종합계획을 5년마다 수립 · 시행하여야 한다(제10조의2). 이러한 실태조사와 종합계획을 바탕으로 국가와 지방자치단체는 장애인복지조치를 다음과 같이 하도록 규정하고 있다.

(1) 복지서비스에 관한 장애인 지원사업

국가와 지방자치단체는 등록한 장애인에게 필요한 복지서비스가 적시에 제공될 수 있도록 다음의 장애인 지원사업을 실시한다(제32조의6).

7) 코로나19 상황에 따라 재난이나 각종 사고로부터 장애인의 안전을 확보할 수 있는 생활환경을 조성하고자 하는 목적으로 장애인정책종합계획에 '장애인의 안전관리에 관한 사항'을 추가하였다(2021년 6월 8일 개정).

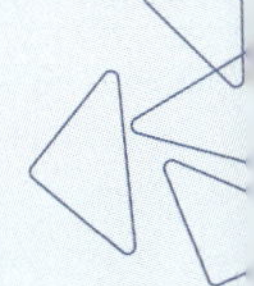

1. 복지서비스에 관한 상담 및 정보 제공
2. 복지서비스 신청의 대행
3. 장애인 개인별로 필요한 욕구의 조사 및 복지서비스제공 계획의 수립 지원
4. 장애인과 복지서비스제공 기관·법인·단체·시설과의 연계
5. 복지서비스 등 복지자원의 발굴 및 데이터베이스 구축
6. 그 밖에 복지서비스의 제공에 필요한 사업

(2) 사례관리 및 정보제공

① 민관협력을 통한 사례관리

특별자치시장·특별자치도지사·시장·군수·구청장은 복지서비스가 필요한 장애인을 발굴하고 공공 및 민간의 복지서비스를 연계·제공하기 위하여 민관협력을 통한 사례관리를 실시할 수 있다. 또 이러한 사례관리를 실시하기 위하여 민관협의체를 둘 수 있으며, 해당 지방자치단체에 「사회보장급여의 이용·제공 및 수급권자 발굴에 관한 법률」에 따른 통합사례관리를 수행하기 위한 민관협의체가 이미 설치되어 있는 경우 그 소속의 전문분과로 운영할 수 있다(제32조의7).

② 장애 정도가 변동된 장애인 등에 대한 정보 제공

특별자치시장·특별자치도지사·시장·군수·구청장은 제32조에 따른 장애인 등록 과정에서 장애 정도가 변동된 장애인, 제2조 제2항에 따른 장애의 기준에 맞지 아니하게 된 장애인과 장애인으로 등록되지 못한 신청인에게 장애 정도의 변동, 장애인 자격의 상실 등에 따른 지원의 변화에 대한 정보와 재활 및 자립에 필요한 각종 정보를 제공하여야 한다(제32조의8).

(3) 상담서비스

① 장애인 복지상담원

장애인 복지 향상을 위한 상담 및 지원 업무를 맡기기 위하여 시·군·구에 장애인복지상담원을 둔다. 장애인복지상담원은 그 업무를 할 때 개인의 인격을 존중하여야 한다. 장애인복지상담원의 임용·직무·보수와 그 밖에 필요한 사항은 대통령령으로 정한다(제33조).

② 재활상담 등의 조치

보건복지부장관, 특별시장·광역시장·특별자치시장·도지사·특별자치도지사 또는 시장·군수·구청장(이하 '장애인복지실시기관')은 장애인에 대한 검진 및 재활상담을 하고, 필요하다고 인정되면 다음의 조치를 하여야 한다. 장애인복지실시기관은 재활 상담을 하는 데에 필요하다고 인정되면 장애인복지상담원을 해당 장애인의 가정 또는 장애인이 주거편의·상담·치료·훈련 등의 서비스를 받는 시설이나 의료기관을 방문하여 상담하게 하거나 필요한 지도를 하게 할 수 있다.

1. 국·공립병원, 보건소, 보건지소, 그 밖의 의료기관(이하 '의료기관')에 의뢰하여 의료와 보건지도를 받게 하는 것
2. 국가 또는 지방자치단체가 설치한 장애인복지시설에서 주거편의·상담·치료·훈련 등의 필요한 서비스를 받도록 하는 것
3. 장애인복지시설에 위탁하여 그 시설에서 주거편의·상담·치료·훈련 등의 필요한 서비스를 받도록 하는 것
4. 공공직업능력개발훈련시설이나 사업장 내 직업훈련시설에서 하는 직업훈련 또는 취업알선을 필요로 하는 자를 관련 시설이나 직업안정업무기관에 소개하는 것

한편 장애인복지실시기관은 장애인 거주시설 이용자가 사망한 경우 그 자에 대한 장례를 행할 자가 없을 때에는 그 장례를 행하거나 해당 시설의 장으로 하여금 그 장례를 행하게 할 수 있다. 이 경우 장애인복지실시기관 또는 장애인 거주시설의 장은 사망자가 유류한 금전 또는 유가증권을 그 장례에 필요한 비용에 충당할 수 있으며, 부족이 있을 때에는 유류물품을 처분하여 그 대금을 이에 충당할 수 있다(제34조).

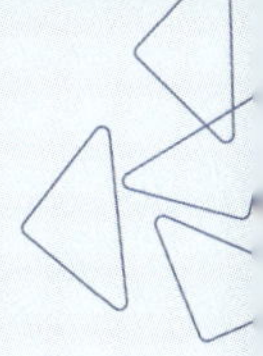

(4) 장애 유형 · 장애 정도별 재활 및 자립지원 서비스제공

국가와 지방자치단체는 장애인의 일상생활을 편리하게 하고 사회활동 참여를 높이기 위하여 장애 유형 · 장애 정도별로 재활 및 자립지원 서비스를 제공하는 등 필요한 정책을 강구하여야 하며, 예산의 범위 안에서 지원할 수 있다. 또한 국가와 지방자치단체는 시청각장애인을 대상으로 직업재활 · 의사소통 · 보행 · 이동 훈련, 심리상담, 문화 · 여가 활동 참여 및 가족 · 자조 모임 등을 지원하기 위하여 전담기관을 설치 · 운영하는 등 필요한 시책을 강구하여야 한다(제35조).

(5) 산후조리도우미 지원

국가 및 지방자치단체는 임산부인 여성장애인과 신생아의 건강관리를 위하여 경제적 부담능력 등을 고려하여 여성장애인의 가정을 방문하여 산전 · 산후조리를 돕는 도우미(산후조리도우미)를 지원할 수 있다(제37조).

(6) 장애수당, 장애아동수당 및 보호수당

① 장애수당

국가와 지방자치단체는 장애인의 장애 정도와 경제적 수준을 고려하여 장애로 인한 추가적 비용을 보전(補塡)하게 하기 위하여 장애수당을 지급할 수 있다. 다만, 「국민기초생활보장법」에 따른 생계급여 또는 의료급여를 받는 장애인에게는 장애수당을 반드시 지급하여야 한다. 한편 「장애인연금법」에 따른 중증장애인에게는 제1항에 따른 장애수당을 지급하지 아니한다(제49조).[8]

② 장애아동수당과 보호수당

국가와 지방자치단체는 장애아동에게 보호자의 경제적 생활수준 및 장애아동

8) 「장애인연금법」에 의해 장애인연금을 받는 중증장애인에게는 「장애인복지법」에 따른 장애수당을 지급하지 아니한다. 즉, 저소득 중증장애인에게는 장애인연금을, 저소득 경증장애인에게는 장애수당을 지급하고 있다.

의 장애 정도를 고려하여 장애로 인한 추가적 비용을 보전(補塡)하게 하기 위하여 장애아동수당을 지급할 수 있다. 다만 「국민기초생활보장법」에 따른 생계급여 또는 의료급여를 받는 장애아동에게는 장애아동수당을 지급하여야 한다. 또한 국가와 지방자치단체는 장애인을 보호하는 보호자에게 그의 경제적 수준과 장애인의 장애 정도를 고려하여 장애로 인한 추가적 비용을 보전하게 하기 위하여 보호수당[9]을 지급할 수 있다(제50조).

(7) 기타 경제적 지원

① 자녀 교육비 지급

장애인복지실시기관은 경제적 부담능력 등을 고려하여 장애인이 부양하는 자녀 또는 장애인인 자녀의 교육비를 지급할 수 있다(제38조).

② 장애인이 사용하는 자동차 등에 대한 지원

국가와 지방자치단체, 그 밖의 공공단체는 장애인이 이동수단인 자동차 등을 편리하게 사용할 수 있도록 하고 경제적 부담을 줄여 주기 위하여 조세감면 등 필요한 지원정책을 강구하여야 한다(제39조).

③ 자금대여

국가와 지방자치단체는 장애인이 사업을 시작하거나 필요한 지식과 기능을 익히는 것 등을 지원하기 위하여 대통령령으로 정하는 바에 따라 자금을 대여할 수 있다(제41조).

④ 생업지원

국가와 지방자치단체, 그 밖의 공공단체는 소관 공공시설 안에 식료품・사무용

9) 2025년 현재, 보호수당은 지급되지 않고 있다.

품・신문 등 일상생활용품을 판매하는 매점이나 자동판매기의 설치를 허가하거나 위탁할 때에는 장애인이 신청하면 우선적으로 반영하도록 노력하여야 한다. 시장・군수 또는 구청장은 장애인이 「담배사업법」에 따라 담배소매인으로 지정받기 위하여 신청하면 그 장애인을 우선적으로 지정하도록 노력하여야 한다. 그리고 장애인이 우편법령에 따라 국내 우표류 판매업 계약 신청을 하면 우편관서는 그 장애인이 우선적으로 계약할 수 있도록 노력하여야 한다(제42조).

⑤ 자립훈련비 지급

장애인복지실시기관은 장애인복지시설에서 주거편의・상담・치료・훈련 등을 받도록 하거나 위탁한 장애인에 대하여 그 시설에서 훈련을 효과적으로 받는 데 필요하다고 인정되면 자립훈련비를 지급할 수 있으며, 특별한 사정이 있으면 훈련비 지급을 대신하여 물건을 지급할 수 있다(제43조).

⑥ 생산품 구매

국가, 지방자치단체 및 그 밖의 공공단체는 장애인복지시설과 장애인복지단체에서 생산한 물품의 우선 구매에 필요한 조치를 마련하여야 한다(제44조).

⑦ 고용촉진

국가와 지방자치단체는 직접 경영하는 사업에 능력과 적성이 맞는 장애인을 고용하도록 노력하여야 하며, 장애인에게 적합한 사업을 경영하는 자에게 장애인의 능력과 적성에 따라 장애인을 고용하도록 권유할 수 있다(제46조).

⑧ 기타 지원

기타 한국수어 통역사 등 지원(제35조의2), 장애인사용자동차등표지발급 등 장애인이 사용하는 자동차 등에 대한 지원(제39조 제2항), 장애인보조견의 훈련・보급 지원 등(제40조), 자격시험 및 채용시험 등에 있어서 장애인응시자에 대한 편의제공(제

46조의2), 공공시설의 우선 이용(제47조), 국유・공유 재산의 우선매각이나 유상・무상 대여(제48조), 장애인의 재활 및 자립생활의 연구(제52조) 등을 수행할 수 있다.

6. 자립생활의 지원

국가와 지방자치단체는 장애인의 자기결정에 의한 자립생활을 위하여 활동지원사의 파견 등 활동보조서비스 또는 장애인보조기구의 제공, 그 밖의 각종 편의 및 정보제공 등 필요한 시책을 강구하여야 한다(제53조). 국가와 지방자치단체는 장애인의 자립생활을 실현하기 위하여 장애인자립생활지원센터를 통하여 필요한 각종 지원서비스를 제공한다(제54조). 이외 국가와 지방자치단체는 장애인이 일상생활 또는 사회생활을 원활히 할 수 있도록 활동지원급여를 지원할 수 있고, 임신 등으로 인하여 이동이 불편한 여성장애인에게 임신 및 출산과 관련한 진료 등을 위하여 경제적 부담능력 등을 감안하여 활동지원사의 파견 등 활동보조서비스를 지원할 수 있도록 규정(제55조)하였으며, 장애인이 장애를 극복하는 데 도움이 되도록 장애동료 간 상호대화나 상담의 기회를 제공하도록 노력하여야 한다(제56조).

7. 장애인복지시설과 단체

1) 장애인복지시설의 설치와 운영

(1) 장애인복지시설 설치

국가와 지방자치단체는 장애인복지시설을 설치할 수 있다. 국가와 지방자치단체

외의 자가 장애인복지시설을 설치·운영하려면 해당 시설 소재지 관할 시장·군수·구청장에게 신고하여야 하며, 신고한 사항 중 보건복지부령으로 정하는 중요한 사항을 변경할 때에도 신고하여야 한다. 다만, 폐쇄 명령을 받고 1년이 지나지 아니한 자는 시설의 설치·운영 신고를 할 수 없다. 장애인거주시설의 정원은 30명을 초과할 수 없다. 다만, 특수한 서비스를 위하여 일정 규모 이상이 필요한 시설 등 대통령령으로 정하는 경우에는 그러하지 아니하다. 의료재활시설의 설치는 「의료법」에 따른다(제59조).

① 장애인복지시설의 종류

「장애인복지법」에서 규정하고 있는 장애인복지시설의 종류는 장애인거주시설, 장애인 지역사회재활시설, 장애인 자립생활지원시설[10], 장애인 직업재활시설, 장애인 의료재활시설, 그 밖에 대통령령으로 정하는 시설(장애인생산품 판매시설 및 장애인쉼터 등)이 있다. 「장애인복지법」과 「장애인복지법」 시행규칙 〈별표 4〉, 〈별표 5의4〉에 규정된 장애인복지시설의 구체적인 종류와 기능은 〈표 24-2〉와 같다(제58조).[11]

| 표 24-2 | 장애인복지시설의 종류와 기능

시설의 종류	시설의 기능과 정의
장애인거주시설	거주공간을 활용하여 일반가정에서 생활하기 어려운 장애인에게 일정 기간 동안 거주·요양·지원 등의 서비스를 제공하는 동시에 지역사회생활을 지원하는 시설
장애 유형별 거주시설	장애 유형이 같거나 유사한 장애를 가진 사람들을 이용하게 하여 그들의 장애 유형에 적합한 주거지원·일상생활지원·지역사회생활지원 등의 서비스를 제공하는 시설
중증장애인거주시설	장애의 정도가 심하여 항상 도움이 필요한 장애인에게 주거지원·일상생활지원·지역사회생활지원·요양서비스를 제공하는 시설
장애영유아거주시설	6세 미만의 장애영유아를 보호하고 재활에 필요한 주거지원·일상생활지원·지역사회생활지원·요양서비스를 제공하는 시설

10) 2025년 7월 3일 시행

11) 「노인복지법」, 「아동복지법」과 달리 「장애인복지법」은 구체적인 장애인복지시설의 유형이 법률에 규정되어 있지 않고, 시행규칙 〈별표 4〉에 규정되어 있다.

장애인 단기거주시설	보호자의 일시적 부재 등으로 도움이 필요한 장애인에게 단기간 주거서비스, 일상생활지원서비스, 지역사회생활서비스를 제공하는 시설
장애인 공동생활가정	장애인들이 스스로 사회에 적응하기 위하여 전문인력의 지도를 받으며 공동으로 생활하는 지역사회 내의 소규모 주거시설
독립형 주거서비스 제공기관	장애인에게 가정과 같은 주거여건을 제공하는 여러 개의 개별 주거 공간을 설치하고, 지역사회 자원을 활용하여 주거지원·일상생활지원·지역사회생활지원 등의 서비스를 제공하는 기관
장애인 지역사회재활시설	장애인을 전문적으로 상담·치료·훈련하거나 장애인의 일상생활, 여가활동 및 사회참여활동 등을 지원하는 시설
장애인복지관	장애인에 대한 각종 상담 및 사회심리·교육·직업·의료재활 등 장애인의 지역사회생활에 필요한 종합적인 재활서비스를 제공하고 장애에 대한 사회적 인식개선사업을 수행하는 시설
장애인 주간보호시설	장애인을 주간에 일시 보호하여 장애인에게 필요한 재활서비스를 제공하는 시설
장애인 체육시설	장애인의 체력증진 또는 신체기능 회복활동을 지원하고 이와 관련된 편의를 제공하는 시설
장애인 수련시설	장애인의 문화·취미·오락활동 등을 통한 심신수련을 조장·지원하고 이와 관련된 편의를 제공하는 시설
장애인 생활이동지원센터	이동에 상당한 제약이 있는 장애인에게 차량 운행을 통한 직장 출퇴근 및 외출 보조나 그 밖의 이동서비스를 제공하는 시설
한국수어통역센터	의사소통에 지장이 있는 청각·언어장애인에게 한국수어 통역 및 상담서비스를 제공하는 시설
점자도서관	시각장애인에게 점자간행물 및 녹음서를 열람하게 하는 시설
점자도서 및 녹음서 출판시설	시각장애인을 위한 점자간행물 및 녹음서를 출판하는 시설
장애인 재활치료시설	장애아동을 포함한 장애인에게 언어·미술·음악 등 재활치료에 필요한 치료, 상담, 훈련 등의 서비스를 제공하고 서비스를 이용한 자로부터 비용을 수납하여 운영하는 시설
장애인 자립생활지원시설	장애인의 자립생활 역량을 강화하기 위하여 동료상담, 지역사회의 물리적·사회적 환경개선 사업, 장애인의 권익 옹호·증진, 장애인 적합 서비스 등을 제공하는 시설
장애인 직업재활시설	일반 작업환경에서는 일하기 어려운 장애인이 특별히 준비된 작업환경에서 직업훈련을 받거나 직업 생활을 할 수 있도록 하는 시설
장애인 보호작업장	직업능력이 낮은 장애인에게 직업적응능력 및 직무기능 향상훈련 등 직업재활훈련 프로그램을 제공하고, 보호가 가능한 조건에서 근로의 기회를 제공하며, 이에 상응하는 노동의 대가로 임금을 지급하며, 장애인 근로사업장이나 그 밖의 경쟁적인 고용시장으로 옮겨갈 수 있도록 돕는 역할을 하는 시설

	장애인 근로사업장	직업능력은 있으나 이동 및 접근성이나 사회적 제약 등으로 취업이 어려운 장애인에게 근로의 기회를 제공하고, 최저임금 이상의 임금을 지급하며, 경쟁적인 고용시장으로 옮겨갈 수 있도록 돕는 역할을 하는 시설
	장애인 직업적응훈련시설	작업능력이 극히 낮은 장애인에게 작업활동, 일상생활훈련 등을 제공하여 기초작업능력을 습득시키고, 작업평가 및 사회적응훈련 등을 실시하여 장애인 보호작업장 또는 장애인근로사업장이나 그 밖의 경쟁적인 고용시장으로 옮겨갈 수 있도록 돕는 역할을 하는 시설
장애인 의료재활시설		장애인을 입원 또는 통원하게 하여 상담, 진단·판정, 치료 등 의료재활서비스를 제공하는 시설
장애인 생산품판매시설		장애인 생산품의 판매활동 및 유통을 대행하고, 장애인 생산품이나 서비스·용역에 관한 상담, 홍보, 판로개척 및 정보제공 등 마케팅을 지원하는 시설
피해장애인 쉼터		피해장애인의 임시 보호 및 사회복귀 지원을 위한 시설
피해장애아동 쉼터		장애안학대로 인하여 피해를 입은 장애아동(피해장애아동)의 임시보호를 위한 시설

② 운영과 지도 · 감독

장애인복지시설의 설치를 신고한 자는 지체 없이 시설 운영을 시작하여야 하며, 시설 운영자가 시설 운영을 중단 또는 재개하거나 시설을 폐지하려는 때에는 보건복지부령이 정하는 바에 의하여 미리 시장·군수·구청장에게 신고하여야 한다(제60조). 장애인복지실시기관은 장애인복지시설을 설치·운영하는 자의 소관업무 및 시설이용자의 인권실태 등을 지도·감독하며, 필요한 경우 그 시설에 관한 보고 또는 관련 서류 제출을 명하거나 소속 공무원에게 그 시설의 운영상황·장부, 그 밖의 서류를 조사·검사하거나 질문하게 할 수 있다(제61조). 장애인복지실시기관은 장애인복지시설이 다음 중 어느 하나에 해당하는 때에는 그 시설의 개선, 사업의 정지, 시설의 장의 교체를 명하거나 해당 시설의 폐쇄를 명할 수 있다.

1. 시설기준에 미치지 못한 때
2. 정당한 사유 없이 제61조(감독)에 따른 보고를 하지 아니하거나 거짓으로 보고한 때 또는 조사·검사 및 질문을 거부·방해하거나 기피한 때
3. 사회복지법인이나 비영리법인이 설치·운영하는 시설인 경우 그 사회복지법인이나 비영리법인의 설립허가가 취소된 때
4. 시설의 회계 부정이나 시설이용자에 대한 인권침해 등 불법행위, 그 밖의 부당행위 등이 발견된 때

5. 설치 목적을 이루었거나 그 밖의 사유로 계속하여 운영할 필요가 없다고 인정되는 때
6. 「장애인복지법」 또는 「장애인복지법」에 따른 명령이나 처분을 위반한 경우

한편 장애인복지시실시기관은 장애인거주시설이 「장애인복지법」에 따른 서비스 최저기준(제60조의3)을 유지하지 못할 때에는 그 시설의 개선, 사업의 정지, 시설의 장의 교체를 명하거나 해당 시설의 폐쇄를 명할 수 있다.

(2) 성범죄자의 취업제한

법원은 성범죄(「성폭력범죄의 처벌 등에 관한 특례법」에 따른 성폭력범죄 또는 「아동·청소년의 성보호에 관한 법률」에 따른 아동·청소년대상 성범죄)로 형 또는 치료감호를 선고하는 경우에는 판결(약식명령 포함)로 그 형 또는 치료감호의 전부 또는 일부의 집행을 종료하거나 집행이 유예·면제된 날부터 일정기간(이하 '취업제한기간') 동안 장애인복지시설을 운영하거나 장애인복지시설에 취업 또는 사실상 노무를 제공할 수 없도록 하는 명령(이하 '취업제한명령')을 성범죄 사건의 판결과 동시에 선고(약식명령의 경우에는 고지)하여야 한다. 다만, 재범의 위험성이 현저히 낮은 경우, 그 밖에 취업을 제한하여서는 아니 되는 특별한 사정이 있다고 판단하는 경우에는 그러하지 아니한다. 이러한 취업제한기간은 10년을 초과하지 못한다. 법원은 취업제한명령을 선고하려는 경우에는 정신건강의학과 의사, 심리학자, 사회복지학자, 성범죄 관련 전문가, 장애인단체가 추천하는 장애인 전문가, 그 밖의 관련 전문가로부터 취업제한명령 대상자의 재범 위험성 등에 관한 의견을 들을 수 있다.

시장·군수·구청장은 장애인복지시설을 운영하려는 자에 대하여 본인의 동의를 받아 관계 기관의 장에게 성범죄의 경력 조회를 요청하여야 한다. 다만, 장애인복지시설을 운영하려는 자가 성범죄 경력 조회 회신서를 시장·군수·구청장에게 직접 제출한 경우에는 성범죄의 경력 조회를 한 것으로 본다. 장애인복지시설 운영자는 그 시설에 취업 중이거나 사실상 노무를 제공 중인 사람 또는 취업하

려 하거나 사실상 노무를 제공하려는 사람에 대하여 성범죄의 경력을 확인하여야 하며, 이 경우 본인의 동의를 받아 관계 기관의 장에게 성범죄의 경력 조회를 요청하여야 한다. 다만, 취업자 등이 성범죄 경력 조회 회신서를 장애인복지시설 운영자에게 직접 제출한 경우에는 성범죄의 경력 조회를 한 것으로 본다.

시장・군수・구청장은 성범죄로 취업제한명령을 선고받은 사람이 장애인복지시설을 운영하거나 장애인복지시설에 취업 또는 사실상 노무를 제공하고 있는지를 직접 또는 관계 기관 조회 등의 방법으로 연 1회 이상 확인・점검하여야 한다. 그리고 취업제한명령을 위반하여 장애인복지시설을 운영 중인 장애인복지시설 운영자에게 운영 중인 장애인복지시설의 폐쇄를 요구하여야 하며, 취업제한명령을 위반하여 취업하거나 사실상 노무를 제공하는 사람이 있으면 해당 장애인복지시설 운영자에게 그의 해임을 요구하여야 한다. 또한 시장・군수・구청장은 장애인복지시설 운영자가 정당한 사유 없이 폐쇄요구를 거부하거나 3개월 이내에 요구사항을 이행하지 아니하는 경우에는 대통령령으로 정하는 바에 따라 해당 장애인복지시설을 폐쇄하거나 관계 행정기관의 장에게 이를 요구할 수 있다(제59조의3).

(3) 단체의 보호・육성 및 장애인복지단체협의회

국가와 지방자치단체는 장애인복지단체를 보호・육성하도록 노력하여야 하며(제63조), 장애인복지단체의 활동을 지원하고 장애인의 복지를 향상하기 위하여 장애인복지단체협의회를 설립할 수 있다(제64조).

8. 장애인학대 등

1) 장애인학대의 정의와 범위

'장애인학대'란 장애인에 대하여 신체적·정신적·정서적·언어적·성적 폭력이나 가혹행위, 경제적 착취, 유기 또는 방임을 하는 것을 말한다(제2조 제3항).[12] 구체적으로 금지되는 행위들은 다음과 같다(제59조의9).

1. 장애인에게 성적 수치심을 주는 성희롱·성폭력 등의 행위
2. 장애인의 신체에 폭행을 가하거나 상해를 입히는 행위
3. 장애인을 폭행, 협박, 감금, 그 밖에 정신상 또는 신체상의 자유를 부당하게 구속하는 수단으로써 장애인의 자유의사에 어긋나는 노동을 강요하는 행위
4. 자신의 보호·감독을 받는 장애인을 유기하거나 의식주를 포함한 기본적 보호 및 치료를 소홀히 하는 방임행위
5. 장애인에게 구걸을 하게 하거나 장애인을 이용하여 구걸하는 행위
6. 장애인을 체포 또는 감금하는 행위
7. 장애인의 정신건강 및 발달에 해를 끼치는 정서적 학대행위
8. 장애인을 위하여 증여 또는 급여된 금품을 그 목적 외의 용도에 사용하는 행위
9. 공중의 오락 또는 흥행을 목적으로 장애인의 건강 또는 안전에 유해한 곡예를 시키는 행위

2) 장애인학대 및 장애인 대상 성범죄 신고의무와 절차

누구든지 장애인학대 및 장애인 대상 성범죄를 알게 된 때에는 중앙 또는 지역장애인권익옹호기관이나 수사기관에 신고할 수 있다. 또한 신고의무자[13]가 그 직

---

12) 장애인학대관련범죄자에 대한 실효적인 규제가 가능하도록 '장애인학대관련범죄'의 정의가 신설되었다(2020년 12월 29일 법 개정). 이에 대한 구체적인 내용은 「장애인복지법」 제2조(장애인의 정의 등) 제3항을 참고하기 바란다.

13) 「장애인복지법」에서 규정하고 있는 신고의무자는 다음과 같다(제59조의4 제2항)

무상 장애인학대 및 장애인 대상 성범죄를 알게 된 경우에는 지체 없이 장애인권익옹호기관 또는 수사기관에 신고하여야 한다(제59조의4). 장애인학대 및 장애인 대상 성범죄 신고인에게 장애인학대범죄신고 등을 이유로 불이익조치를 하여서는 아니 되며(제59조의5), 「특정범죄신고자 등 보호법」의 해당 규정을 준용한 장애인학대범죄신고인에 대한 보호조치를 한다(제59조의6). 「장애인복지법」에서 규정한 국가와 지방자치단체의 장애인학대 예방과 방지를 위한 조치 의무내용은 다음과 같다(제59조의10).

1. 장애인학대의 예방과 방지를 위한 각종 정책의 수립 및 시행
2. 장애인학대의 예방과 방지를 위한 연구·교육·홍보와 장애인학대 현황 조사
3. 장애인학대에 관한 신고체계의 구축·운영
4. 장애인학대로 인하여 피해를 입은 장애인(피해장애인)의 보호 및 치료와 피해장애인의 가정에 대한 지원
5. 장애인학대 예방 관계 기관·법인·단체·시설 등에 대한 지원

한편 사법경찰관리는 장애인 사망 및 상해 사건, 가정폭력 사건 등에 관한 직무를 수행하는 경우 장애인학대가 있었다고 의심할 만한 사유가 있는 때에는 장애인권익옹호기관에 그 사실을 통보하여야 하며, 통보를 받은 장애인권익옹호기관은 피해장애인 보호조치 등 필요한 조치를 하여야 한다(제59조의14).

사회복지 전담공무원 및 사회복지시설의 장과 그 종사자(사회복지시설에서 복무하는 사회복무요원 포함), 서비스 지원 종합조사를 하는 자와 장애인활동지원에 관한 법률에 따른 활동지원인력 및 활동지원기관의 장과 그 종사자, 의료인 및 의료기관의 장, 의료기사, 응급구조사, 119 구급대의 대원, 정신건강복지센터·정신의료기관·정신요양시설 및 정신재활시설의 장과 그 종사자, 어린이집의 원장 등 보육교직원, 「유아교육법」에 따른 교직원 및 강사 등, 「초·중등교육법」에 따른 학교의 장과 그 종사자, 학원의 운영자·강사·직원 및 교습소의 교습자·직원, 성폭력피해상담소·성폭력피해자보호시설 및 성폭력피해자통합지원센터의 장과 그 종사자, 「성매매방지 및 피해자보호 등에 관한 법률」에 따른 지원시설과 성매매피해상담소의 장과 그 종사자, 가정폭력 관련 상담소와 가정폭력피해자 보호시설의 장과 그 종사자, 건강가정지원센터의 장과 그 종사자, 다문화가족지원센터의 장과 그 종사자, 아동권리보장원 및 가정위탁지원센터의 장과 그 종사자, 한부모가족복지시설의 장과 그 종사자, 청소년시설의 장과 그 종사자 및 청소년단체의 장과 그 종사자, 청소년 보호·재활센터의 장과 그 종사자, 「노인장기요양보험법」에 따른 장기요양요원과 장기요양인정 신청의 조사를 하는 자, 장애인평생교육시설의 장과 그 종사자

3) 장애인권익옹호기관과 피해장애인쉼터

장애인학대를 예방하기 위하여 장애인권익옹호기관을 국가와 시・도에 설치・운용하여야 한다(제59조의11). 중앙 및 지역장애인권익옹호기관의 업무는 〈표 24-3〉과 같다.

한편 시・도지사는 피해장애인의 임시보호 및 사회복귀 지원을 위하여 장애인 쉼터를 설치・운영할 수 있으며, 장애인학대로 인하여 피해를 입은 장애아동의 임시보호를 위하여 피해장애아동 쉼터를 설치・운영할 수 있다(제59조의13).

| 표 24-3 | 장애인권익옹호기관의 업무

기관명	정의	업무
중앙장애인권익옹호기관	지역 간의 연계체계를 구축하고 장애인학대를 예방하기 위한 기관	1. 지역장애인권익옹호기관에 대한 지원 2. 장애인학대 예방 관련 연구 및 실태조사 3. 장애인학대 예방 관련 프로그램의 개발・보급 4. 장애인학대 예방 관련 교육 및 홍보 5. 장애인학대 예방 관련 전문인력의 양성 및 능력개발 6. 관계 기관・법인・단체・시설 간 협력체계의 구축 및 교류 7. 장애인학대 신고접수와 그 밖에 보건복지부령으로 정하는 장애인학대 예방과 관련된 업무
지역장애인권익옹호기관	학대받은 장애인을 신속히 발견・보호・치료하고 장애인학대를 예방하기 위하여 시・도에 두는 기관	1. 장애인학대의 신고접수, 현장조사 및 응급보호 2. 피해장애인과 그 가족, 장애인학대행위자에 대한 상담 및 사후관리 3. 장애인학대 예방 관련 교육 및 홍보 4. 장애인학대사례판정위원회 설치・운영 5. 관계 기관・법인・단체・시설 간 협력체계의 구축 및 교류 6. 그 밖에 보건복지부령으로 정하는 장애인학대 예방과 관련된 업무

4) 응급조치의무

장애인학대 신고를 접수한 장애인권익옹호기관의 직원이나 사법경찰관리는 지체 없이 장애인학대 현장에 출동하여야 한다. 이 경우 장애인권익옹호기관의 장이나 수사기관의 장은 서로 동행하여 줄 것을 요청할 수 있으며, 그 요청을 받은

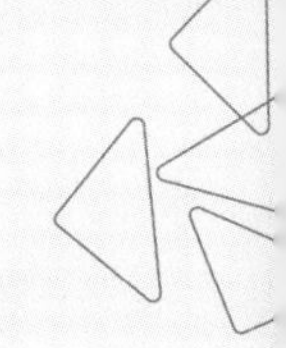

장애인권익옹호기관의 장이나 수사기관의 장은 정당한 사유가 없으면 소속 직원이나 사법경찰관리가 현장에 동행하도록 하여야 한다. 장애인학대 현장에 출동한 장애인권익옹호기관의 직원이나 사법경찰관리는 학대받은 장애인을 학대행위자로부터 분리하거나 치료가 필요하다고 인정할 때에는 피해장애인을 장애인권익옹호기관, 피해장애인쉼터 및 피해장애아동쉼터, 의료기관, 발달장애인쉼터 등에 인도하여야 한다. 장애인학대 현장에 출동한 자는 학대받은 장애인을 보호하기 위하여 신고된 현장에 출입하여 관계인에 대하여 조사를 하거나 질문을 할 수 있다. 조사 또는 질문을 하는 자는 학대받은 장애인 · 신고자 · 목격자 등이 자유롭게 진술할 수 있도록 장애인학대행위자로부터 분리된 곳에서 조사하는 등 필요한 조치를 하여야 한다. 누구든지 장애인학대 현장에 출동한 자에 대하여 현장조사를 거부하거나 업무를 방해하여서는 아니 된다(제59조의7).

5) 보조인의 선임

학대받은 장애인의 법정대리인, 직계친족, 형제자매, 장애인권익옹호기관의 상담원 또는 변호사는 장애인학대사건의 심리에 있어서 보조인이 될 수 있다. 다만, 변호사가 아닌 경우에는 법원의 허가를 받아야 한다. 법원은 학대받은 장애인을 증인으로 신문하는 경우 본인 또는 검사의 신청이 있는 때에는 본인과 신뢰관계에 있는 사람의 동석을 허가할 수 있다. 수사기관이 학대받은 장애인을 조사하는 경우에도 위의 절차를 준용한다(제59조의8).

6) 피해장애인에 대한 변호사 선임의 특례

장애인학대관련범죄의 피해장애인 및 그 법정대리인은 형사 절차상 입을 수 있는 피해를 방어하고 법률적 조력을 보장하기 위하여 변호사를 선임할 수 있다. 이에 따른 변호사에 관하여는 「성폭력범죄의 처벌 등에 관한 특례법」 제27조 제2항부터 제6항까지를 준용한다(제59조의15).

7) 진술조력인의 참여

검사, 사법경찰관 또는 법원은 범죄사건의 피해자인 장애인이 의사소통이나 의사표현에 어려움이 있는 경우 피해자에 대한 형사사법절차에서의 조력과 원활한 조사·검증 또는 증인 신문을 위하여 직권이나 피해자 또는 보조인의 신청에 따라 「성폭력범죄의 처벌 등에 관한 특례법」에 따른 진술조력인으로 하여금 조사과정, 검증 또는 증인 신문에 참여하여 의사소통을 중개하거나 보조하게 할 수 있다(제59조의16).

9. 장애인보조기구와 장애인복지전문인력

1) 장애인보조기구

장애인보조기구[14]란 장애인이 장애의 예방·보완과 기능 향상을 위하여 사용하는 의지(義肢)·보조기 및 그 밖에 보건복지부장관이 정하는 보장구와 일상생활의 편의 증진을 위하여 사용하는 생활용품을 말한다(제65조).

2) 장애인복지전문인력

국가와 지방자치단체 그 밖의 공공단체는 의지·보조기 기사, 언어재활사, 장애인재활상담사, 한국수어 통역사, 점역(點譯)·교정사 등 장애인복지 전문인력, 그 밖에 장애인복지에 관한 업무에 종사하는 자를 양성·훈련하는 데에 노력해야 한다(제71조). 이러한 장애인복지전문인력 중 의지·보조기 기사, 언어재활사, 장애인재활상담사는 국가시험을 통해 자격을 부여한다(제73조).

14) 2007년 4월 법 개정에 따라 재활보조기구에서 장애인보조기구로 명칭이 변경되었다.

노인 · 아동 · 장애인복지법 비교분석

CHAPTER 25

1. 들어가며

「노인복지법」과 「아동복지법」, 「장애인복지법」은 대표적인 사회복지분야의 서비스법으로 각각 노인과 아동, 장애인을 대상으로 서비스를 제공하는 사회서비스법으로서의 기능을 수행하지만 개별 대상에 대한 정책 및 서비스에 있어서 기본법적인 특성을 갖고 있다. 이에 이 법들에서는 아동, 노인, 장애인에 대한 정의부터 복지정책 및 복지조치, 사회복지시설 등에 대해서 각각 규정하고 있다. 한편 법률에 따라 공통된 내용이 다르게 제시되는 것은 법률마다 그 대상과 목적이 다르기 때문이라고 할 수 있다. 여기서는 「노인복지법」과 「아동복지법」, 「장애인복지법」에서 공통적으로 제시하고 있는 '학대' 관련 규정과 '사회복지시설' 관련 규정을 중심으로 비교하여 살펴보고자 한다.

2. 학대[1)]

1) 법률상 '학대'의 의미

학대(abuse)의 사전적 의미는 '상대방을 혹사하거나 소홀히 대하는 행동 또는 위협하는 행동'이다(김춘경 외, 2016). 한편 생명과학대사전(강영희, 2008)에서는 '강자의 약자에 대한 과혹한 대우, 지배, 힘의 행사. 좁은 뜻으로는 의도적, 비의도적과는 관계없이 대상과 특별한 관계에 있는 자 등이 대상에 불필요한 고통을 주는 것'으로 정의하고 있다. 그러나 무엇이 학대인지를 법적으로 판단하는 것은 매우 어려운 상황이다. 특히, 특정한 행위를 한 사람을 '학대행위자'로 처벌하려면 관련 법규에 학대의 범위에 관하여 보다 명확한 범위설정이 필요하다. 국내법에서 학대는 「형법」 등 각종 형사법규와 「장애인복지법」 등 각종 복지법규에서 등장하는데, 두 법규에서 사용되는 의미와 범위가 동일하지 않다. 그 이유는 두 법규가 학대의 개념을 서로 다른 목적으로 사용하기 때문이다. 형사법규에 사용되는 학대란 용어는 주로 학대를 한 자를 형사 처벌하기 위하여 등장하고, 각종 복지법규에 사용되는 학대란 용어는 학대를 한 자로부터 학대를 당한 자를 분리시키고, 응급조치 내지 보호조치 등 각종 필요한 조치들을 취하고자 할 때 등장하고 있다. 따라서 형사법규에 등장하는 학대는 주로 누구를 얼마나 처벌할 것인지에 관한 논의와 연관되어 있고, 각종 복지법규에 등장하는 학대는 학대를 당한 피해자들을 어떻게 보호할 것인지에 관한 논의와 연관되어 있다. 일반적으로 형사처벌의 대상이 되는 학대의 범위가 복지법규에 사용되는 학대의 범위보다 더 좁다. 이와 같이 법률의 목적에 따라 같은 용어도 다르게 사용될 수 있다.

1) 이 부분은 서동명 외(2016)의 '장애인학대지표 및 실태조사 도구개발 연구'의 일부분을 중심으로 서술하였다.

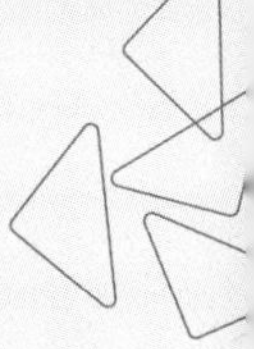

2) 형사법규에 사용되는 '학대'의 의미

형사법규는 「형법」이나 「군형법」 같은 순수하게 형사적 목적으로 제정된 법규만을 말하는 것이 아니라 일반 법규에 존재하는 벌칙 규정까지 포함한다. 따라서 「형법」에 등장하는 학대 개념뿐만 아니라 「장애인복지법」과 같은 각종 복지법규에 등장하는 학대 개념까지 포함하여 검토할 필요가 있다. 「형법」의 학대죄가 학대를 한 자를 처벌하는 가장 일반적 조항이라면 각종 복지법규에서 학대를 한 자를 처벌하는 조항은 「형법」의 학대죄에 대한 특칙이라고 할 수 있다. 다만, 각종 복지법규의 벌칙 조항에는 「형법」의 학대죄가 포함할 수 없는 유기, 경제적 학대와 같은 개념들도 포함되기 때문에 「형법」의 횡령 등 관련된 다른 범죄들에 대한 특칙이기도 하다. 이는 「형법」의 학대 개념보다 각종 복지법규의 학대 개념의 범위가 훨씬 더 넓기 때문에 발생한 현상으로서, 각종 복지법규의 벌칙 조항들이 「형법」의 학대 개념이 아닌 관련 복지법규의 학대 개념과 관련되어 있기 때문이다. 「형법」의 학대 개념과 각종 복지법규의 벌칙 조항의 학대 개념을 비교하면 다음과 같다.

(1) 학대를 한 행위자의 범위

「형법」 제273조[2]에 등장하는 학대는 학대행위를 한 자를 처벌하기 위한 것이다. 따라서 누구를 처벌할 것인지에 관하여 범위를 정할 필요가 있는데, 우리 「형법」은 그 범위를 '보호 또는 감독을 하는 자'로 한정하였다. 즉, 「형법」의 학대죄는 '누군가를 보호 또는 감독을 하는 자'가 '자기의 보호 또는 감독을 받는 자'를 학대한 경우에 한하여 적용되고, 그 외의 경우에는 적용되지 않는다. '보호 또는 감독'의 이유에 관하여는 특별히 제한을 두고 있지 않기 때문에 법이나 계약, 조

2) 「형법」 제273조(학대, 존속학대) ① 자기의 보호 또는 감독을 받는 사람을 학대한 자는 2년 이하의 징역 또는 500만원 이하의 벌금에 처한다.
② 자기 또는 배우자의 직계존속에 대하여 전항의 죄를 범한 때에는 5년 이하의 징역 또는 700만원 이하의 벌금에 처한다.

리, 관습 등 어떠한 이유라도 보호 또는 감독을 하게 되었다면 처벌 대상이 될 수 있다는 것이 일반적 견해이다(김성돈, 2013).

반면, 「장애인복지법」 등 각종 복지법규에서의 벌칙 규정들은 학대행위를 한 자의 범위에 관하여 특별한 제한을 두고 있지 않다.[3] 「장애인복지법」, 「아동복지법」, 「노인복지법」 등 각종 복지법규들은 각 법규가 보호하는 대상을 학대하는 경우 학대를 한 자가 누구라도 관계없이 처벌하고 있다. 다만, 유기・방임의 경우에는 해당 장애인을 보호・감독을 하는 자로 그 범위를 한정하였지만, 역시 「형법」의 유기죄보다 그 범위가 넓다. 「장애인복지법」에 있어서도 유기・방임의 경우를 제외하고는 장애인을 '보호 또는 감독'하는 자가 아니라고 하더라도 제59조의9(금지행위)가 금지하는 행위를 한 자를 제86조에 따라 모두 처벌하고 있다. 이는 장애인이 학대의 대상이 되는 것을 방지하고 장애인의 권익을 보다 옹호하기 위한 특칙이다.

(2) 처벌의 정도

처벌의 정도에 있어서도 「형법」의 학대죄보다 각종 복지법규에서의 벌칙 규정이 더 강력한데, 역시 아동, 노인, 장애인 등의 권익을 옹호하기 위해서이다. 만일 정서적인 학대를 당한 자가 장애인이 아니라면 학대행위자는 「형법」 제273조 제1항에 따라 2년 이하의 징역 또는 500만원 이하의 벌금을 받게 되지만, 피해자가 장애인인 경우 「장애인복지법」 제86조 제3항 제2호에 따라 5년 이하의 징역 또는 3천만원 이하의 벌금을 받게 된다.

(3) 처벌대상이 되는 학대행위의 개념

학대행위를 특정하는 방식에 있어서도 「형법」의 학대죄와 각종 복지법규에서

3) 앞서 검토한 대로 「아동복지법」은 아동학대행위자의 범위를 보호자를 포함한 성인이라고 하여 미성년자에 의한 학대를 제외시켰다. 그러나 성인이 아닌 자에 의하여도 아동학대가 상당히 발생하고 있는 만큼, 학대행위자를 성인으로 한정하는 현 「아동복지법」이 개정되어야 할 필요가 있다는 지적이 있다(강동욱, 2011).

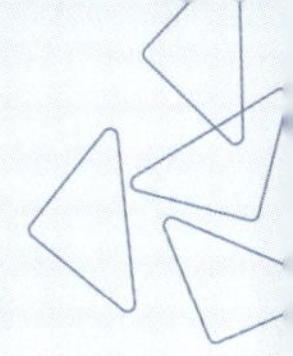

의 벌칙 규정들은 동일하지 않다. 「형법」은 학대행위가 무엇인지 설명하지 않았기 때문에 해석의 몫을 법원에 남겨두었는데, 우리 법원은 “학대죄의 학대라 함은 육체적으로 고통을 주거나 정신적으로 차별대우를 하는 행위를 가리키고, 이러한 학대행위는 「형법」의 규정체계상 학대와 유기의 죄가 같은 장에 있는 점 등에 비추어 단순히 상대방의 인격에 대한 반인륜적 침해만으로는 부족하고 적어도 유기에 준할 정도에 이르러야 한다.”고 정의하였다.[4] 그리고 유기에 준할 정도란 생명 또는 신체에 위험을 가져오는 정도 또는 생명 또는 신체의 안전을 위태롭게 할 정도를 뜻한다고 일반적으로 이해되고 있다(김성돈, 2013: 117).

한편, 각종 복지법규의 벌칙 조항에 나오는 행위들은 ‘금지행위’란 개념하에 장애인을 대상으로 하지 말아야 할 행위들을 분류해 두었다. 예를 들어 「장애인복지법」에서 금지행위들은 제2조 제3항 장애인학대의 정의에 포함되는 행위들 중 일부를 특정한 것으로서 「장애인복지법」에 따라 처벌 대상이 되는 장애인학대 행위들이다. 「장애인복지법」 제59조의9의 경우, “장애인에게 성적 수치심을 주는 성희롱, 성폭력 등의 행위, 장애인의 신체에 폭행을 가하거나 상해를 입히는 행위, 장애인을 폭행, 협박, 감금, 그 밖에 정신상 또는 신체상의 자유를 부당하게 구속하는 수단으로써 장애인의 자유의사에 어긋나는 노동을 강요하는 행위, 자신의 보호 · 감독을 받는 장애인을 유기하거나 의식주를 포함한 기본적 보호 및 치료를 소홀히 하는 방임행위, 장애인에게 구걸을 하게 하거나 장애인을 이용하여 구걸하는 행위, 장애인을 체포 또는 감금하는 행위, 장애인의 정신건강 및 발달에 해를 끼치는 정서적 학대행위, 장애인을 위하여 증여 또는 급여된 금품을 그 목적 외의 용도에 사용하는 행위, 공중의 오락 또는 흥행을 목적으로 장애인의 건강 또는 안전에 유해한 곡예를 시키는 행위”를 금지행위의 유형으로 세시하였고, 「아동복지법」, 「노인복지법」 등도 위와 크게 다르지 않다.

앞서 언급한대로 위 유형의 행위들에는 「형법」상 학대죄의 학대 개념에 포함되

4) 대법원 2000. 4. 25. 선고 2000도223 판결

기 어려운 행위들도 포함되어 있고, 그 정도에 있어서도 반드시 생명 또는 신체에 위험을 초래할만한 수준에 이르지 않아도 되는데, 역시 「형법」의 학대 개념보다 각종 복지법규의 학대 개념의 범위가 더 넓기 때문이다.

3) 각종 복지법규에 사용되는 '학대'의 의미

(1) 노인 · 아동 · 장애인복지법에서의 학대 유형별 정의

각종 복지법규에 등장하는 학대 개념은 각 법규가 옹호하고자 하는 대상들의 권익을 지키기 위하여 도입되었기 때문에 매우 포괄적이다. 「노인복지법」과 「아동복지법」, 「장애인복지법」에서 정의하고 있는 학대 정의를 살펴보면 다음과 같다. 노인학대는 "노인에 대하여 신체적 · 정신적 · 정서적 · 성적 폭력 및 경제적 착취 또는 가혹행위를 하거나 유기 또는 방임을 하는 것"(「노인복지법」 제1조의2 제4호)으로 되어 있으며, 아동학대는 "보호자를 포함한 성인이 아동의 건강 또는 복지를 해치거나 정상적 발달을 저해할 수 있는 신체적 · 정신적 · 성적 폭력이나 가혹행위를 하는 것과 아동의 보호자가 아동을 유기하거나 방임하는 것"(「아동복지법」 제3조 제7호)으로, 장애인학대는 "장애인에 대하여 신체적 · 정신적 · 정서적 · 언어적 · 성적 폭력이나 가혹행위, 경제적 착취, 유기 또는 방임을 하는 것"(「장애인복지법」 제2조 제3항)으로 정의하고 있다. 이러한 학대 정의의 특징을 살펴보면 다음과 같다. 첫째, 구체적인 개념에 대한 정의라기보다는 학대 유형을 제시하는 형태를 취하고 있다. 둘째, 아동학대에서는 학대행위자를 보호자를 포함한 성인, 또는 보호자(유기 또는 방임)로 제시한 반면, 노인학대와 장애인학대는 학대행위자를 제시하지 않고 있다. 마지막으로 아동학대에서는 정서적 학대를 정신적 폭력으로, 노인학대에서는 정신적 · 정서적 폭력으로, 장애인학대에서는 정신적 · 정서적 · 언어적 폭력으로 제시하고 있고, 경제적 착취의 경우는 노인학대와 장애인학대에서만 정의에서 제시하고 있다. 아동 · 노인 · 장애인복지법에서의 학대에 대한 정의를 정리하면 〈표 25-1〉과 같다.

| 표 25-1 | 아동 · 노인 · 장애인복지법에서의 학대 정의 비교

구분	노인복지법	아동복지법	장애인복지법
행위주체	–	보호자를 포함한 성인	–
신체적 학대	신체적 폭력 또는 가혹행위	신체적 폭력이나 가혹행위	신체적 폭력이나 가혹행위
정서적 학대	정신적·정서적 폭력 또는 가혹행위	정신적 폭력이나 가혹행위	정신적·정서적·언어적 폭력이나 가혹행위
성적 학대	성적 폭력 또는 가혹행위	성적 폭력이나 가혹행위	성적 폭력이나 가혹행위
경제적 학대	경제적 착취	–	경제적 착취
유기·방임	유기 또는 방임	(보호자가) 유기 또는 방임	유기 또는 방임

(2) 금지행위

「노인복지법」과 「아동복지법」, 「장애인복지법」 모두 금지행위를 제시하고 있다. 법률에서 이와 같이 금지행위를 제시하고 있는 이유는 다음과 같다. 예를 들어 「장애인복지법」에서 장애인학대를 '신체적 · 정신적 · 정서적 · 언어적 · 성적 폭력이나 가혹행위, 경제적 착취, 유기 또는 방임을 하는 것'이라고 정의하고 있다. 그런데 이 정의 규정에서는 학대의 유형을 나누고 있을 뿐, 무엇이 그러한 유형에 해당하는지에 대해서는 여전히 별도의 판단이 필요하다. 또 이와 같은 정의 규정만으로는 다양한 유형의 장애인학대를 판별하기가 어려우며, 학대행위자인 가해자를 처벌할 수 없기 때문에, 그 구체적인 행위의 예를 제59조의9(금지행위)에서 나열하고 있다고 볼 수 있다.[5] 즉 앞서 살펴본 것처럼 법률에서 제시한 금지행위들은 학대의 정의에 포함되는 행위들 중 일부를 특정한 것으로서 개별 사회서비스법에 따라 처벌대상이 되는 학대행위들이라고 볼 수 있다. 「노인복지법」과 「아동복지법」, 「장애인복지법」에서 공통적으로 제시하고 있는 금지행위는 다음과 같다.

5) 그러나 금지행위 역시 단순히 몇 개의 행위를 열거하고 있을 뿐으로 매우 다양한 양상으로 나타나는 학대를 모두 포괄하고 있다고 보기 어려우며 그 행위에 해당하는지 여부 역시 별도의 판단이 필요하다. 따라서 법률에 규정된 금지행위만이 학대라고 볼 수도, 여기에 해당하는 경우에만 처벌할 수 있다고도 할 수 없다.

신체에 폭행을 가하거나 손상, 상해를 입히는 행위, 증여 또는 급여된 금품을 그 목적 외의 용도로 사용하는 행위, 유기하거나 의식주를 포함한 기본적 보호 및 치료를 소홀히 하는 방임행위, 성폭행·성희롱 등의 행위, 구걸을 하게 하거나 이용하여 구걸하는 행위, 정신건강에 해를 끼치는 정서적 학대행위 등이 있다.

한편 금지행위들 중 개별 법률에서만 규정하고 있는 내용을 중심으로 살펴보면 다음과 같다. 첫째, 「아동복지법」에서는 아동매매행위, 아동에게 음란한 행위를 시키거나 이를 매개하는 행위, 장애아동을 공중에 관람시키는 행위, 그리고 권한 없이 아동의 양육을 알선하고 금품을 취득하거나 금품을 요구 또는 약속하는 행위를 추가로 규정하고 있다. 성적 학대 규정에 '성적 수치심을 주는'이라는 문구가 삭제되어 있으며, 유기·방임 규정에 '양육 및 교육을 소홀히 하는 방임행위'라는 내용이 추가되어 있다. 둘째, 「노인복지법」에서는 「아동복지법」, 「장애인복지법」과 달리 별도로 규정하고 있는 내용은 없다. 다만 지난 2016년 12월 2일 일부개정을 통해서 새롭게 포함된 정서적 학대행위에 '폭언, 협박, 위협 등으로'라는 전제가 명시되어 있다. 셋째, 「장애인복지법」에서는 장애인을 체포 또는 감금하는 행위, 그리고 최근 '염전노예사건' 등으로 2017년 2월 8일 일부개정으로 통해서 새롭게 포함된 "장애인을 폭행, 협박, 감금, 그 밖에 정신상 또는 신체상의 자유를 부당하게 구속하는 수단으로써 장애인의 자유의사에 어긋나는 노동을 강요하는 행위"를 추가로 규정하고 있다. 또, 「아동복지법」과 「장애인복지법」에는 「노인복지법」과 달리 "공중의 오락 또는 흥행을 목적으로 건강 또는 안전에 유해한 곡예를 시키는 행위"를 규정하고 있으며, 「아동복지법」에는 추가로 '이를 위하여 아동을 제3자에게 인도하는 행위'를 추가로 규정하고 있다. 이상의 「노인복지법」과 「아동복지법」, 그리고 「장애인복지법」에서 제시한 금지행위들을 정리하면 〈표 25-2〉와 같다.[6]

6) 법률에서 제시된 금지행위가 개별적인 학대 유형에 해당한다고 할 수 없으며, 실제로는 2개 이상의 복합적인 학대 유형에 해당하는 것이 대부분이라고 할 수 있다. 예를 들어 아동의 신체에 손상을 주는 행위 가운데 아동의 정신건강 및 발달에 해를 끼치지 않는 행위를 산정할 수 없다. 여기서는 주된 내용을 중심으로 학대 유형을 구분하였다.

| 표 25-2 | 노인 · 아동 · 장애인복지법에서의 금지행위

구분	노인복지법	아동복지법	장애인복지법
신체적 학대	• 노인의 신체에 폭행을 가하거나 상해를 입히는 행위 • 노인에게 구걸을 하게 하거나 노인을 이용하여 구걸하는 행위	• 아동의 신체에 손상을 주거나 신체의 건강 및 발달을 해치는 신체적 학대행위 • 아동에게 구걸을 시키거나 아동을 이용하여 구걸하는 행위	• 장애인의 신체에 폭행을 가하거나 상해를 입히는 행위 • 장애인에게 구걸을 하게 하거나 장애인을 이용하여 구걸하는 행위
	–	• 공중의 오락 또는 흥행을 목적으로 아동의 건강 또는 안전에 유해한 곡예를 시키는 행위 또는 이를 위하여 아동을 제3자에게 인도하는 행위	• 공중의 오락 또는 흥행을 목적으로 장애인의 건강 또는 안전에 유해한 곡예를 시키는 행위
	–	• 아동을 매매하는 행위 • 장애를 가진 아동을 공중에 관람시키는 행위	• 장애인을 폭행, 협박, 감금, 그 밖에 정신상 또는 신체상의 자유를 부당하게 구속하는 수단으로써 장애인의 자유의사에 어긋나는 노동을 강요하는 행위 • 장애인을 체포 또는 감금하는 행위
정서적 학대	• 폭언, 협박, 위협 등으로 노인의 정신건강에 해를 끼치는 정서적 학대행위	• 아동의 정신건강 및 발달에 해를 끼치는 정서적 학대행위	• 장애인의 정신건강 및 발달에 해를 끼치는 정서적 학대행위
성적 학대	• 노인에게 성적 수치심을 주는 성폭행 · 성희롱 등의 행위	• 아동을 대상으로 하는 성희롱 등의 성적 학대행위	• 장애인에게 성적 수치심을 주는 성희롱 · 성폭력 등의 행위
	–	• 아동에게 음란한 행위를 시키거나 이를 매개하는 행위	–
경제적 학대	• 노인을 위하여 증여 또는 급여된 금품을 그 목적 외의 용도에 사용하는 행위	• 아동을 위하여 증여 또는 급여된 금품을 그 목적 외의 용도로 사용하는 행위	• 장애인을 위하여 증여 또는 급여된 금품을 그 목적 외의 용도에 사용하는 행위
		• 정당한 권한을 가진 알선기관 외의 자가 아동의 양육을 알선하고 금품을 취득하거나 금품을 요구 또는 약속하는 행위	–
유기 · 방임	• 자신의 보호 · 감독을 받는 노인을 유기하거나 의식주를 포함한 기본적 보호 및 치료를 소홀히 하는 방임행위	• 자신의 보호 · 감독을 받는 아동을 유기하거나 의식주를 포함한 기본적 보호 · 양육 · 치료 및 교육을 소홀히 하는 방임행위	• 자신의 보호 · 감독을 받는 장애인을 유기하거나 의식주를 포함한 기본적 보호 및 치료를 소홀히 하는 방임행위

4) 학대관련 법률 현황 및 비교[7)]

(1) 장애인복지법의 학대 규정체계

「장애인복지법」은 학대를 당한 피해 장애인들의 권익을 옹호하고 학대행위자를 처벌하며 그 권리를 제한, 박탈하고 학대행위가 발생하였던 시설에 각종 행정적 제재처분을 내리도록 한다. 장애인학대에 있어서 가장 중요한 점은 학대를 당한 피해장애인을 학대행위자로부터 신속히 분리시키고 안전하게 하는 것이다. 우선, 「장애인복지법」 제59조의4(장애인학대 및 장애인대상 성범죄 신고의무와 절차)는 장애인의 학대 피해 사실이 신속히 드러날 수 있도록 제1항에서 누구든지 학대 사실을 신고할 수 있도록 하였고, 제2항에서 사회복지전담공무원, 사회복지시설의 장과 종사자 등에게 신고의 의무를 두었다. 제59조의5(불이익조치의 금지)와 제59조의6(장애인학대범죄신고인에 대한 보호조치)을 통해 신고자의 신원을 보호하고자 하였다. 같은 법 제59조의7(응급조치의무 등)은 장애인학대 신고를 받은 장애인권익옹호기관[8)]의 직원이나 사법경찰관리가 지체 없이 현장에 출동하도록 하였고, 현장에 출동한 자가 현장을 조사하며 다양한 응급조치들을 할 수 있도록 하였다. 응급조치로는 학대피해장애인을 학대행위자로부터 분리시키거나 의료기관에 인도하는 등의 조치가 포함되는데, 학대행위자 등 관련자들로부터 위 업무가 방해받지 않도록 하였다. 제59조의11(장애인권익옹호기관의 설치 등)을 통해 장애인권익옹호기관의 설치와 운영에 관하여 규정하였다. (지역)장애인권익옹호기관의 주된 목적은 장애인학대 신고를 접수하고 출동하여 현장을 조사하며 학대사례를 판정하고 피해장애인에 대한 응급보호조치들을 취하는 것으로 규정하였다.

---

7) 여기에서는 학대와 관련하여 가장 최근에 개정된 「장애인복지법」의 규정 체계를 중심으로 설명하고, 이후 「장애인복지법」과 「아동복지법」 및 「노인복지법」의 유사점과 차이점을 중심으로 설명하고자 한다.

8) 한편 학대와 관련하여 업무를 처리하는 기관으로 「노인복지법」과 「아동복지법」은 각각 노인보호전문기관과 아동보호전문기관을 두고 있는 반면, 「장애인복지법」은 장애인권익옹호기관을 두도록 규정하고 있다.

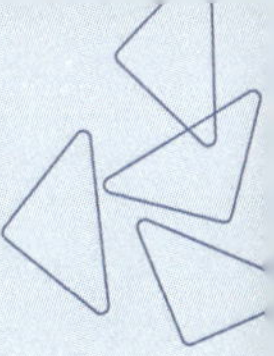

(2) 노인학대관련 법률의 현황

노인학대의 경우에 관하여 규정한 「노인복지법」은 장애인의 경우와 크게 다르지 않다. 신고의무에 관하여 규정한 「노인복지법」 제39조의6(노인학대 신고의무와 절차 등)이 누구든지 신고할 수 있도록 하면서 의료인이나 노인복지시설 종사자들이나 의료인 등에 신고의무를 둔 것도 「장애인복지법」과 다르지 않고, 노인학대 신고를 접수하여 현장에 출동한 노인보호전문기관의 직원이나 사법경찰관리가 학대 피해자들을 분리하거나 노인보호전문기관이나 의료기관에 인도하는 등의 응급조치를 하도록 한 것도 다르지 않다. 노인학대를 한 자에게 위 응급조치에 따른 것 외에 권리를 제한하거나 박탈하는 특별한 신분상 제재가 주어지지 않는다는 점도 장애인의 경우와 동일하다.

(3) 아동복지법 등 아동학대관련 법률의 현황

아동의 경우에는 「아동복지법」 외에 「아동학대범죄의 처벌 등에 관한 특례법」(이하 '아동학대처벌법')이 제정되어 아동학대피해자의 보호와 학대행위자에 대한 제재를 보다 세밀히 규정하고 있다.[9] 「아동학대처벌법」 제10조는 앞서 장애인의 경우와 마찬가지로 신고의무에 관한 규정을 두어 아동학대가 보다 손쉽게 노출될 수 있도록 하였고, 제11조와 제12조는 신고를 접수한 사법경찰관리나 아동학대전담공무원[10]이 지체 없이 현장에 출동하여 관계인을 조사하거나 질문한 후 경우에 따라 아동학대행위자를 피해아동, 피해아동의 형제자매인 아동 및 피해아동과 동거하는 아동(이하 '피해아동 등')으로부터 격리하거나 피해아동 등을 보호시설, 의료기관 등으로 인도할 수 있도록 하였는데, 「아동복지법」 제27조의3은 보호시설

9) 아동의 경우, 「아동학대처벌법」은 「아동복지법」상 금지행위를 위반한 범죄 등 아동학대에 관련된 범죄들을 묶어 아동학대범죄라는 개념을 만들고, 아동학대범죄에 관한 각종 조치들을 규정하는 형식을 취하였는데, 이 장에서는 아동학대와 아동학대범죄를 별도로 구분하지 않고 기술하기로 한다.

10) 「아동복지법」의 경우 2020년 4월 7일 법률 개정으로 '아동학대전담공무원'을 두어야 한다는 규정이 신설되었다. 이에 대한 자세한 내용은 제23장 아동복지법을 살펴보기 바란다.

이나 의료기관이 이러한 경우 정당한 사유 없이 피해아동을 거부할 수 없도록 하였다. 이러한 조치를 응급조치라고 하는데, 응급조치에도 아동학대가 재발될 가능성이 있고, 법원의 임시조치결정을 받기에는 상황이 긴박한 경우 사법경찰관은 「아동학대처벌법」 제13조에 따라 직권으로 또는 피해아동이나 법정대리인, 변호사, 시·도지사, 시장·군수·구청장 또는 아동보호전문기관의 장의 신청을 받아 긴급임시조치를 취할 수 있도록 하였는데, 긴급임시조치에는 아동학대행위자에게 피해아동 등 또는 가정구성원의 주거로부터 퇴거 등 격리시키거나 주거, 학교, 보호시설 등에 대한 접근을 금지시키거나, 전기통신을 이용한 접근을 금지시키는 등의 조치가 포함된다. 검사 역시 아동학대가 재발될 가능성이 있는 경우, 「아동학대처벌법」 제14조에 따라 직권으로 또는 사법경찰관이나 보호관찰관의 신청을 받아 법원에 임시조치를 청구할 수 있도록 하였는데, 법원이 내릴 수 있는 임시조치에는 '아동학대행위자에게 피해아동 등 또는 가정구성원의 주거로부터 퇴거 등 격리시키거나 주거, 학교, 보호시설 등에 대한 접근을 금지시키거나, 전기통신을 이용한 접근을 금지시키는 등의 긴급임시조치'와 함께 친권 또는 후견인 권한 행사를 제한 또는 정지시키거나 아동보호전문기관이나 의료기관 등에 위탁시키거나 경찰관서의 유치장 또는 구치소에 유치시키는 등의 조치가 포함된다. 「아동학대처벌법」 제47조는 법원이 직권으로 또는 피해아동, 법정대리인, 변호사, 시·도지사 또는 시장·군수·구청장의 청구에 따라 피해아동의 보호를 위하여 피해아동보호명령을 내릴 수 있도록 규정하였는데, 그 종류로는 학대행위자를 피해아동의 주거지 또는 점유하는 방실(房室)로부터 퇴거 등 격리시키거나, 학대행위자가 피해아동이나 가정구성원에 접근하거나 전기통신을 이용하여 접근하지 못하도록 하거나, 피해아동을 시설이나 의료기관, 아동보호전문기관, 상담소, 연고자 등에 위탁시키거나, 친권 또는 후견인 권한을 제한하거나 정지시키는 등이 있고, 이러한 명령들을 함께 부과할 수도 있도록 하였다. 「아동복지법」 역시 제15조에서 시·도지사, 시장·군수·구청장이 관할 구역 내 보호대상아동을 발견하거나 보호

자의 의뢰를 받은 때 아동 또는 보호자를 상담 · 지도하거나, 아동을 가정위탁시키거나, 시설에 입소시키는 등의 보호조치를 취할 수 있도록 하였다. 위와 같은 일련의 조치들은 결국 피해아동을 보호하기 위한 것이지만 동시에 학대행위자들의 권리를 제한하거나 박탈하는 것이기도 한데, 위 응급조치, 긴급임시조치, 임시조치 외에도 「아동복지법」과 「아동학대처벌법」은 학대행위자들의 권리를 제한하기 위하여 다양한 수단들을 마련하였다. 학대행위자가 친권자인 경우 피해아동에 대한 친권을 제한하거나 박탈하는 것이 대표적인 것으로서, 「아동복시법」 제18조는 시 · 도지사, 시장 · 군수 · 구청장, 검사가 직권으로 또는 아동복지시설의 장 및 「초 · 중등교육법」에 따른 학교의 장의 요청을 받아 친권의 제한 또는 상실을 청구할 수 있도록 하였다. 한편, 「아동학대처벌법」 제9조는 아동학대로 아동에게 중상해가 발생하거나 상습적 아동학대가 발생한 경우 검사가 반드시 친권상실 또는 후견인 변경심판을 청구하도록 하는 특칙을 두고 있다. 법원의 보호처분 역시 학대행위자의 권리를 제한하기 위한 수단들 중의 하나로서, 검사가 아동학대범죄를 수사하면서 아동보호사건으로 처리하는 경우 법원이 「아동학대처벌법」 제36조에 따라 학대행위자를 상대로 보호처분을 내릴 수 있도록 하였다. 보호처분에는 접근의 제한, 전기통신을 이용한 접근의 제한, 친권 또는 후견인 권한 행사의 제한 또는 정지, 사회봉사 · 수강명령, 보호관찰 등이 있는데, 같은 법 제37조에 따라 보호처분의 기간이 원칙적으로 1년을 초과할 수 없도록 규정하였다. 아동학대가 발생한 시설들도 형사처벌이나 시설 개선, 사업정지, 시설 폐쇄 등의 행정적 제재처분을 받을 수 있다는 점은 장애인의 경우와 같다.

3. 사회복지시설 등

「노인복지법」과 「아동복지법」, 「장애인복지법」에서는 모두 사회복지시설 등의 종류를 제시하고 있는데, 이에 대해서 살펴보면 다음과 같다. 먼저 「노인복지법」(제31조)에서는 노인주거복지시설, 노인의료복지시설, 노인여가복지시설, 재가노인복지시설, 노인보호전문기관, 노인일자리지원기관, 학대피해노인 전용쉼터 등 7가지 종류를 규정하고 있으며, 종류별 세부시설 유형 역시 법률에 규정하고 있다. 「아동복지법」(제52조) 역시 아동양육시설, 아동일시보호시설, 아동보호치료시설, 공동생활가정, 자립지원시설, 아동상담소, 아동전용시설, 지역아동센터, 아동보호전문기관, 가정위탁지원센터, 보장원 등 11가지 종류의 아동복지시설을 법률에서 규정하고 있으며, 별도로 세부시설 유형을 추가로 규정하고 있지 않다. 반면에 「장애인복지법」(제58조)에서는 장애인거주시설, 장애인지역사회재활시설, 장애인직업재활시설, 장애인의료재활시설, 그 밖에 대통령령으로 정하는 시설 등 5가지 종류의 시설 유형을 법률에 규정하고 있으며, 종류별 세부시설 유형은 시행규칙으로 정하도록 하고 있다. 한편 노인복지법과 아동복지법은 학대관련시설인 노인·아동보호전문기관과 학대피해노인·아동쉼터가 각각 '노인복지시설'과 '아동복지시설'의 한 유형으로 지정되어 있는 반면, 장애인복지법은 피해장애인쉼터와 피해장애아동쉼터만을 '장애인복지시설'의 한 유형으로 규정하고 있으며, 장애인권익옹호기관은 별도의 시설 유형으로 규정하고 있다. 이외에 장애인복지법은 '장애인 자립생활지원시설'을 별도 시설로 규정하고 있다.

시설 유형을 법률에 규정하는 것과 시행령이나 시행규칙에 규정하는 것 사이에 실질적인 차이는 없다. 다만 법률이 시행령이나 시행규칙에 비해서 개정이 어렵다는 것을 생각하면, 「장애인복지법」과 같이 시설의 유형은 법률에 규정하고, 세

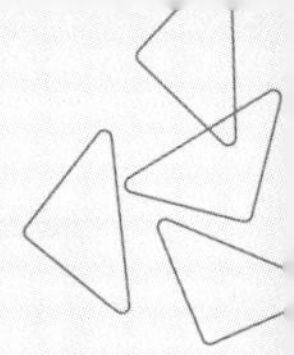

부 유형은 시행령이나 시행규칙에 제시하는 것이 상황에 맞게 운영하는데 더 쉬운 방법이라고 할 수 있다. 노인·아동·장애인복지법에서 규정한 사회복지시설 등의 유형을 각각 살펴보면 〈표 25-3〉과 같다.

| 표 25-3 | 사회복지시설 등의 종류: 노인·아동·장애인복지법

<table>
<tr><th rowspan="2">구분</th><th colspan="2">노인복지법</th><th>아동복지법</th><th colspan="2">장애인복지법</th></tr>
<tr><th>유형</th><th>세부 유형</th><th>유형/세부 유형</th><th>유형</th><th>세부 유형</th></tr>
<tr><td rowspan="4">거주
(주거)
시설</td><td rowspan="2">노인주거
복지시설</td><td rowspan="2">양로시설
노인공동생활가정
노인복지주택</td><td>아동양육시설</td><td rowspan="4">장애인거주
시설</td><td rowspan="4">장애 유형별 거주시설
중증장애인거주시설
장애영유아거주시설
장애인 단기거주시설
장애인 공동생활가정
독립형 주거서비스 제공기관</td></tr>
<tr><td>아동일시보호시설</td></tr>
<tr><td rowspan="2">노인의료
복지시설</td><td rowspan="2">노인요양시설
노인요양공동생활가정</td><td>아동보호치료시설</td></tr>
<tr><td>공동생활가정</td></tr>
<tr><td rowspan="4">이용시설</td><td rowspan="2">노인여가
복지시설</td><td rowspan="2">노인복지관
경로당
노인교실</td><td>자립지원시설</td><td rowspan="4">장애인지역
사회재활시설</td><td rowspan="4">장애인복지관
장애인주간보호시설
장애인체육시설
장애인수련시설
장애인생활이동지원센터
한국수어통역센터
점자도서관
점자도서 및 녹음서 출판시설
장애인 재활치료시설</td></tr>
<tr><td>아동상담소</td></tr>
<tr><td rowspan="2">재가노인
복지시설</td><td rowspan="2">–</td><td>아동전용시설</td></tr>
<tr><td>지역아동센터</td></tr>
<tr><td>직업
(일자리)
관련시설</td><td>노인
일자리
전담기관</td><td>노인인력개발원
노인일자리지원기관
노일취업알선기관</td><td>–</td><td>장애인직업
재활시설</td><td>장애인보호작업장
장애인근로사업장
장애인직업적응훈련시설</td></tr>
<tr><td rowspan="2">학대관련
시설</td><td>노인보호
전문기관</td><td>(중앙/지역)노인보호
전문기관</td><td>아동보호전문기관</td><td>장애인권익
옹호기관</td><td>(중앙/지역)장애인권익옹호
기관</td></tr>
<tr><td>학대피해
노인
전용쉼터</td><td>–</td><td>학대피해아동쉼터</td><td>피해장애인
쉼터</td><td>피해장애인쉼터
피해장애아동쉼터</td></tr>
<tr><td rowspan="3">기타
시설</td><td rowspan="3">–</td><td rowspan="3">–</td><td>가정위탁지원센터</td><td>장애인의료
재활시설</td><td>–</td></tr>
<tr><td rowspan="2">아동권리보장원</td><td>장애인생산품
판매시설</td><td>–</td></tr>
<tr><td>장애인자립
생활지원시설</td><td>–</td></tr>
</table>

한부모가족지원법

CHAPTER 26

1. 의의 및 연혁

1) 의의

「모자복지법」 제정 이전의 모자가정에 대한 복지는 「아동복지법」과 「생활보호법」에 의하여 이루어졌다. 그런 가운데 1980년대에 들어서면서 연구자와 여성단체를 중심으로 저소득 모자가족을 위한 독자적인 입법의 제정에 대한 논의가 이루어졌다(김수정, 2019). 이러한 배경 하에 1989년 「모자복지법」이 제정되었다.

「모자복지법」 제정 이유는 다음과 같다(법제처 홈페이지). 도시화·공업화·핵가족화되고 있는 오늘날의 산업사회는 배우자와의 사별, 이혼, 유기, 별거 등의 사유로 배우자가 없거나 배우자가 있어도 폐질·불구 등으로 장기간 근로능력을 상실하여 여성이 생계의 책임을 지는 모자가정이 날로 격증하고 있다. 이에 이들 모

자가정이 자립자활할 수 있도록 생계보호·교육보호·생업자금융자·주택제공 등을 통하여 모자가정의 건강하고, 문화적인 생활을 보장하려는 목적으로 제정되었다.

2) 연혁

1989년 4월 1일 「모자복지법」이 제정되어 7월 1일에 시행된 이후 2002년 12월에는 모자 가정 외에 같은 조건의 남성이 세대주인 부자가정에 대해서도 지원하도록 하기 위하여 「모·부자복지법」으로 법의 제명을 변경하고 제정되었다. 다시 2007년 10월에는 법제명을 「한부모가족지원법」으로 변경하고, 자녀가 취학 중인 경우 22세 미만까지 확대하여 지원하도록 하며, 65세 이상의 고령자들과 손자녀로 구성되어 있는 조손가족의 경우도 이 법에 따른 보호대상자로 하였다. 「한부모가족지원법」 제·개정 관련 주요 연혁은 〈표 26-1〉과 같다.

| 표 26-1 | 한부모가족지원법 주요 연혁

제·개정(시행)	주요 내용
1989.4.1. (1989.7.1.)	모자복지법 제정 • 모자복지사업의 기획·조사·실시 등에 필요한 사항을 심의하기 위하여 보건사회부, 시·도 및 시·군·구에 모자복지위원회를 설치함 • 국가 또는 지방자치단체는 보호대상자에 대하여 생계비·아동교육비·직업훈련비·이동부양비 등의 복지급여를 지급하거나 생업자금·주택자금·의료비 등의 복지자금을 대여할 수 있도록 함 • 모자복지시설의 종류는 모자보호시설·모자자립시설·미혼모시설·일시보호시설·부녀복지관 및 부녀상담소로 함
2002.12.18. (2003.6.19.)	모·부자복지법으로 변경 • 모자 가정 외에 같은 조건의 남성이 세대주인 부자가정에 대해서도 지원하도록 하기 위하여 모·부자복지법으로 변경
2007.10.17. (2008.1.18.)	한부모가족지원법으로 변경 • 법제명을 한부모가족지원법으로 변경하고, 자녀가 취학 중인 경우 22세 미만까지 확대 지원, 65세 이상의 고령자들과 손자녀로 구성되어 있는 조손가족도 대상에 포함함

2. 목적

이 법은 한부모 가족이 안정적인 가족 기능을 유지하고 자립할 수 있도록 지원함으로써 한부모가족의 생활 안정과 복지 증진에 이바지함을 목적으로 한다(제1조).

3. 지원대상자

1) 지원대상자의 범위

이 법에 따른 지원대상자는 이 법 제4조[1]에서 정의하는 모 또는 부, 청소년 한부모, 한부모가족 해당하는 자로서 여성가족부령이 정하는 자로 한다고 규정하고

---

1) 제4조 (정의) 이 법에서 사용하는 용어의 뜻은 다음과 같다.

1. "모" 또는 "부"란 다음 각 목의 어느 하나에 해당하는 자로서 아동인 자녀를 양육하는 자를 말한다.
   가. 배우자와 사별 또는 이혼하거나 배우자로부터 유기(遺棄)된 자
   나. 정신이나 신체의 장애로 장기간 노동능력을 상실한 배우자를 가진 자
   다. 미혼자{ 사실혼(事實婚) 관계에 있는 자는 제외한다}
   라. 가목부터 다목까지에 규정된 자에 준하는 자로서 여성가족부령으로 정하는 자
2. "한부모가족"이란 모자가족 또는 부자가족을 말한다.
3. "모자가족"이란 모가 세대주(세대주가 아니더라도 세대원(世代員)을 사실상 부양하는 자를 포함한다) 인 가족을 말한다.
4. "부자가족"이란 부가 세대주(세대주가 아니더라도 세대원을 사실상 부양하는 자를 포함한다)인 가족을 말한다.
5. "아동"이란 18세 미만(취학 중인 경우에는 22세 미만을 말한다)의 자를 말한다.
6. "보호기관"이란 이 법에 따른 보호를 행하는 국가나 지방자치단체를 말한다.
7. "한부모가족복지단체"란 한부모가족의 복지 증진을 목적으로 설립된 기관이나 단체를 말한다.

있다. 여성가족부령인 「한부모가족지원법 시행규칙」 제3조(지원대상자의 범위)에서는 "여성가족부장관이 매년 「국민기초생활보장법」 제2조 제11호에 따른 기준 중위소득, 지원 대상자의 소득수준 및 재산의 정도 등을 고려하여 지원의 종류별로 정하여 고시한다."고 규정하여, 지원대상자의 범위를 제한하고 있다. 한편 지원대상자 중 아동의 연령을 초과하는 자녀가 있는 한부모가족의 경우 그 자녀를 제외한 나머지 가족구성원을 지원대상자로 한다(제5조).

2) 지원대상자의 범위에 대한 특례

이 법에서 지원대상자의 범위에 대한 특례는 다음과 같이 3가지로 규정하고 있다. 첫째, 혼인 관계에 있지 아니한 자로서 출산 전 임신부와 출산 후 해당 아동을 양육하지 아니하는 모는 출산지원시설을 이용할 때에는 이 법에 따른 지원대상자가 된다. 둘째, 다음의 어느 하나에 해당하는 아동과 그 아동을 양육하는 조부 또는 조모로서 여성가족부령으로 정하는 자는 이 법에 따른 지원대상자가 된다(제5조의2).

1. 부모가 사망하거나 생사가 분명하지 아니한 아동
2. 부모가 정신 또는 신체의 장애·질병으로 장기간 노동능력을 상실한 아동
3. 부모의 장기복역 등으로 부양을 받을 수 없는 아동
4. 부모가 이혼하거나 유기하여 부양을 받을 수 없는 아동
5. 제1호부터 제4호까지에 규정된 자에 준하는 자로서 여성가족부령으로 정하는 아동
   : 부모가 가정의 불화 등으로 가출하여 부모의 부양을 받을 수 없는 아동
   : 그 밖에 부모가 실직 등으로 장기간 경제적 능력을 상실하여 부양을 받을 수 없는 아동

셋째, 국내에 체류하고 있는 외국인 중 대한민국 국적의 아동을 양육하고 있는 모 또는 부로서 대통령령으로 정하는 사람이 보호대상자에 해당하면 이 법에 따른 지원대상자가 된다.

4. 한부모가족 지원정책 및 서비스

1) 복지급여

(1) 복지급여의 신청

지원대상자 또는 그 친족이나 그 밖의 이해관계인은 복지 급여를 관할 특별자치시장·특별자치도지사·시장·군수·구청장에게 신청할 수 있다. 복지 급여 신청을 할 때에는 금융정보, 신용정보, 보험정보 등의 자료 또는 정보의 제공에 대한 지원대상자의 동의 서면을 제출하여야 한다(제11조).

(2) 복지 급여의 내용

국가나 지방자치단체는 복지 급여의 신청이 있으면 생계비, 아동교육 지원비, 아동양육비, 그 밖에 대통령령으로 정하는 비용의 복지 급여를 실시하여야 한다. 다만 이 법에 따른 지원대상자가 「국민기초생활보장법」 등 다른 법령에 따라 지원을 받고 있는 경우에는 그 범위에서 이 법에 따른 급여를 하지 아니한다. 한편 아동양육비를 지급할 때에 미혼모나 미혼부가 5세 이하의 아동을 양육하거나, 34세 이하의 모 또는 부가 아동을 양육하는 경우에는 예산의 범위에서 추가적인 복지 급여를 실시하여야 한다. 이 경우 모 또는 부의 직계존속이 5세 이하의 아동을 양육하는 경우에도 또한 같다. 그리고 국가나 지방자치단체는 이 법에 따른 지원대상자의 신청이 있는 경우에는 예산의 범위에서 직업훈련비와 훈련기간 중 생계비를 추가적으로 지급할 수 있다(제12조).

2) 복지자금의 대여

국가나 지방자치단체는 한부모가족의 생활안정과 자립을 촉진하기 위하여 사업에 필요한 자금, 아동교육비, 의료비, 주택자금, 그 밖에 대통령령으로 정하는 한부모가족의 복지를 위하여 필요한 자금 중 어느 하나의 자금을 대여할 수 있다(제13조).

3) 고용 등 경제활동 지원

(1) 고용의 촉진

국가 또는 지방자치단체는 한부모가족의 모 또는 부와 아동의 직업능력을 개발하기 위하여 능력 및 적성 등을 고려한 직업능력개발훈련을 실시하여야 한다. 또 국가 또는 지방자치단체는 한부모가족의 모 또는 부와 아동의 고용을 촉진하기 위하여 개개인의 희망·적성·능력과 직종 등을 고려하여 적합한 직업을 알선하고 각종 사업장에 모 또는 부와 아동이 우선 고용되도록 노력하여야 한다(제14조).

(2) 고용지원 연계

국가 및 지방자치단체는 한부모가족의 모 또는 부와 아동의 취업기회를 확대하기 위하여 한부모가족 관련 시설 및 기관과 「직업안정법」 제2조의2 제1호에 따른 직업안정기관 간 효율적인 연계를 도모하여야 한다. 고용노동부장관은 한부모가족의 모 또는 부와 아동을 위한 취업지원사업 등이 효율적으로 추진될 수 있도록 여성가족부장관과 긴밀히 협조하여야 한다(제14조의2).

(3) 공공시설에 매점 및 시설 설치

국가나 지방자치단체가 운영하는 공공시설의 장은 그 공공시설에 각종 매점 및 시설의 설치를 허가하는 경우 이를 한부모가족 또는 한부모가족복지단체에 우선적으로 허가할 수 있다(제15조).

4) 가족지원서비스

국가나 지방자치단체는 한부모가족에게 아동의 양육 및 교육 서비스, 장애인, 노인, 만성질환자 등의 부양 서비스, 취사・청소・세탁 등 가사 서비스, 교육・상담 등 가족 관계 증진 서비스, 인지청구 및 자녀양육비 청구, 출생확인신청 등을 위한 법률상담, 소송대리 등 법률구조서비스, 출생확인신청을 위한 유전자검사비용 지원, 그 밖에 대통령령으로 정하는 한부모가족에 대한 가족지원서비스(한부모가족에 대한 상담・심리치료) 등의 가족지원서비스를 제공하도록 노력하여야 한다. 이 경우 가정방문을 통한 가족서비스를 제공할 수 있다(제17조).

5) 교육 지원 등

(1) 청소년 한부모에 대한 학업 지원

국가나 지방자치단체는 청소년 한부모가 학업을 할 수 있도록 「초・중등교육법」 제2조에 따른 학교에서의 학적 유지를 위한 지원 및 교육비 지원 또는 검정고시 지원, 「평생교육법」 제31조제2항에 따른 학력인정 평생교육시설에 대한 교육비 지원, 「초・중등교육법」 제28조에 따른 교육 지원, 그 밖에 청소년 한부모의 교육 지원을 위하여 여성가족부령으로 정하는 사항 등의 지원을 할 수 있다. 이러한 교육 지원을 위하여 시・도 교육감은 한부모가족복지시설에 순회교육 실시를 위한 지원을 할 수 있다. 국가와 지방자치단체는 청소년 한부모의 학업과 양육의 병행을 위하여 그 자녀가 청소년 한부모가 속한 「고등교육법」 제2조에 따른 학교에 설치된 직장어린이집을 이용할 수 있도록 지원할 수 있다(제17조의2).

(2) 청소년 한부모의 자립지원

국가나 지방자치단체는 청소년 한부모가 주거마련 등 자립에 필요한 자산을 형성할 수 있도록 재정적인 지원을 할 수 있다. 이에 따른 지원으로 형성된 자산은 청소년 한부모가 이 법에 따른 지원대상자에 해당하는지 여부를 조사·확인할 때 이를 포함하지 아니한다(제17조의4).

(3) 자녀양육비 이행지원

여성가족부장관은 자녀양육비 산정을 위한 자녀양육비 가이드라인을 마련하여 법원이 이혼 판결 시 적극 활용할 수 있도록 노력하여야 한다(제17조의3).

(4) 기타 지원

이외에 청소년 한부모의 건강진단(제17조5), 미혼모 등의 건강관리 등 지원(제17조의6), 한부모가족 구성원인 아동·청소년을 차별하여서는 아니된다는 아동·청소년 보육·교육(제17조의7), 한부모가족 상담전화의 설치(제18조의2) 등의 규정을 두고 있다.

5. 한부모가족복지시설

1) 한부모가족복지시설의 설치

국가나 지방자치단체는 한부모가족복지시설을 설치할 수 있으며, 이외의 자가 한부모가족복지시설을 설치·운영하려면 특별자치시장·특별자치도지사·시장·군수·구청장에게 신고하여야 한다. 다만, 입양특례법에 따른 입양기관을 운영하는 자는 출산지원시설을 설치·운영할 수 없다. 한부모가족복지시설의 장은 청소년 한부모가 입소를 요청하는 경우에는 우선 입소를 위한 조치를 취하여야 한다(제20조).

2) 한부모가족복지시설

「한부모가족지원법」에서 규정하고 있는 한부모가족복지시설의 종류는 〈표 26-2〉와 같다. 한편 한부모가족복지시설은 시설별로 입소기간을 규정하고 있는데, 구체적인 내용은 다음과 같다(제19조).

| 표 26-2 | 한부모가족복지시설의 종류와 기능

구분	정의 및 내용	입소기간	연장가능기간
출산지원시설	다음 중 어느 하나에 해당하는 자의 임신·출산 및 그 출산 아동(3세 미만에 한정한다)의 양육을 위하여 주거 등을 지원하는 시설 가. 제4조제1호의 모 나. 혼인 관계에 있지 아니한 자로서 출산 전 임신부	1년 6개월 이내	6개월
	다. 혼인 관계에 있지 아니한 자로서 출산 후 해당 아동을 양육하지 아니하는 모	2년 이내	총 1년 이내
양육지원시설	6세 미만 자녀를 동반한 한부모가족에게 자녀를 양육할 수 있도록 주거 등을 지원하는 시설	3년 이내	총 1년 이내
생활지원시설	18세 미만(취학 중인 경우에는 22세 미만을 말하되, 「병역법」에 따른 병역의무를 이행하고 취학 중인 경우에는 병역의무를 이행한 기간을 가산한 연령 미만을 말한다) 자녀를 동반한 한부모가족에게 자립을 준비할 수 있도록 주거 등을 지원하는 시설	5년 이내	총 2년 이내
일시지원시설	배우자(사실혼 관계에 있는 사람을 포함한다)가 있으나 배우자의 물리적·정신적 학대로 아동의 건전한 양육이나 모 또는 부의 건강에 지장을 초래할 우려가 있을 경우 일시적 또는 일정 기간 동안 모와 아동, 부와 아동, 모 또는 부에게 주거 등을 지원하는 시설	6개월 이내	총 1년 이내
한부모가족 복지상담소	한부모가족에 대한 위기·자립 상담 또는 문제해결 지원 등을 목적으로 하는 시설		

다문화가족지원법

CHAPTER 27

1. 의의 및 연혁

결혼이민자 및 그 자녀 등으로 구성되는 다문화가족은 언어 및 문화적 차이로 인하여 사회부적응과 가족구성원 간 갈등 및 자녀교육에 어려움을 겪고 있음에 따라, 다문화가족의 구성원이 우리 사회의 구성원으로 순조롭게 통합되어 안정적인 가족생활을 영위할 수 있도록 하기 위한 가족상담·부부교육·부모교육 및 가족생활교육 등을 추진하고, 문화의 차이 등을 고려한 언어통역, 법률상담 및 행정지원 등의 전문적인 서비스를 제공하도록 하는 등 다문화가족에 대한 지원정책의 제도적인 틀을 마련하려는 목적으로 2008년 3월 31일 제정(2009년 9월 22일 시행)되었다.

2. 목적과 대상

1) 목적

이 법은 다문화가족 구성원이 안정적인 가족생활을 영위하고 사회구성원으로서의 역할과 책임을 다할 수 있도록 함으로써 이들의 삶의 질 향상과 사회통합에 이바지함을 목적으로 한다(제1조).

2) 지원 대상

이 법에서 정의하는 다문화가족은 「재한외국인 처우 기본법」 제2조 제3호의 결혼이민자와 「국적법」 제2조부터 제4조까지의 규정에 따라 대한민국 국적을 취득한 자로 이루어진 가족 및 「국적법」 제3조 및 제4조에 따라 대한민국 국적을 취득한 자와 같은 법 제2조부터 제4조까지의 규정에 따라 대한민국 국적을 취득한 자로 이루어진 가족을 의미한다. 한편 이 법에서 정의하는 '아동・청소년'은 24세 이하인 사람을 말한다.

3. 다문화가족 지원정책

1) 기본계획 및 연도별 시행계획의 수립 등

여성가족부장관은 다문화가족 지원을 위하여 5년마다 다문화가족정책에 관한

기본계획(이하 "기본계획")을 수립하여야 한다. 기본계획에는 다문화가족 지원 정책의 기본 방향, 다문화가족 지원을 위한 분야별 발전시책과 평가에 관한 사항, 다문화가족 지원을 위한 제도 개선에 관한 사항, 다문화가족 구성원의 경제·사회·문화 등 각 분야에서 활동 증진에 관한 사항, 다문화가족 지원을 위한 재원 확보 및 배분에 관한 사항, 그 밖에 다문화가족 지원을 위하여 필요한 사항 등의 내용을 포함해야 하며, 기본계획 수립 전에 미리 관계 중앙행정기관의 장과 협의하여야 한다. 기본계획은 이 법에 따른 다문화가족정책위원회의 심의를 거쳐 확정한다. 이 경우 여성가족부장관은 확정된 기본계획을 지체 없이 국회 소관 상임위원회에 보고하고, 관계 중앙행정기관의 장과 특별시장·광역시장·특별자치시장·도지사·특별자치도지사(이하 "시·도지사")에게 알려야 한다. 여성가족부장관은 기본계획을 수립하기 위하여 필요하다고 인정하는 경우 관계 기관의 장에게 기본계획의 수립에 필요한 자료의 제출을 요구할 수 있으며, 자료의 제출을 요구받은 관계 기관의 장은 정당한 사유가 없으면 이에 따라야 한다(제3조의2).

여성가족부장관, 관계 중앙행정기관의 장과 시·도지사는 매년 기본계획에 따라 다문화가족정책에 관한 시행계획(이하 "시행계획")을 수립·시행하여야 한다. 관계 중앙행정기관의 장과 시·도지사는 전년도의 시행계획에 따른 추진실적 및 다음 연도의 시행계획을 대통령령으로 정하는 바에 따라 매년 여성가족부장관에게 제출하여야 한다(제3조의3).

2) 실태조사 등

여성가족부장관은 다문화가족의 현황 및 실태를 파악하고 다문화가족 지원을 위한 정책수립에 활용하기 위하여 3년마다 다문화가족에 대한 실태조사를 실시하고 그 결과를 공표하여야 한다. 여성가족부장관은 실태조사를 위하여 관계 공공기관 또는 관련 법인·단체에 대하여 필요한 자료의 제출 등 협조를 요청할 수 있다. 이 경우 자료의 제출 등 협조를 요청받은 관계 공공기관 또는 관련 법인·단체 등은 특별한 사유가 없는 한 이에 협조하여야 한다. 실태조사를 실시함에 있어서 외국인정책 관련 사항에 대하여는 법무부장관과, 다문화가족 구성원인 아동·청소년의 교육현황 및 아동·청소년의 다문화가족에 대한 인식 등에 관한 사항에 대하여는 교육부장관과 협의를 거쳐 실시한다(제4조).

4. 다문화가족 지원 서비스 등

1) 다문화가족에 대한 이해증진

국가와 지방자치단체는 다문화가족에 대한 사회적 차별 및 편견을 예방하고 사회구성원이 문화적 다양성을 인정하고 존중할 수 있도록 다문화 이해교육을 실시하고 홍보 등 필요한 조치를 하여야 한다. 이를 위해 여성가족부장관은 홍보영상을 제작하여 「방송법」에 따른 방송사업자에게 배포하는 등의 활동을 하여야 한다. 교육육부장관과 시·도 교육감은 「유아교육법」, 「초·중등교육법」 또는 「고등교육법」에 따른 학교에서 다문화가족에 대한 이해를 돕는 교육을 실시하기 위한 시책을 수립·시행하여야 한다(제5조).

2) 생활정보제공 및 교육 지원

국가와 지방자치단체는 결혼이민자등이 대한민국에서 생활하는데 필요한 기본적 정보(아동·청소년에 대한 학습 및 생활지도 관련 정보 포함)를 제공하고, 사회적응교육과 직업교육·훈련 및 언어소통 능력 향상을 위한 한국어교육 등을 받을 수 있도록 필요한 지원을 할 수 있으며, 결혼이민자등의 배우자 및 가족구성원이 결혼이민자등의 출신 국가 및 문화 등을 이해하는 데 필요한 기본적 정보를 제공하

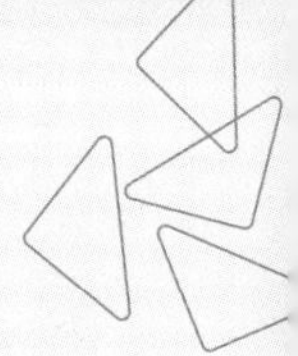

고 관련 교육을 지원할 수 있다. 그리고 이러한 교육을 실시함에 있어 거주지 및 가정환경 등으로 인하여 서비스에서 소외되는 결혼이민자등과 배우자 및 그 가족 구성원이 없도록 방문교육이나 원격교육 등 다양한 방법으로 교육을 지원하고, 교재와 강사 등의 전문성을 강화하기 위한 시책을 수립・시행하여야 한다. 이 때 결혼이민자등의 배우자 등 다문화가족 구성원은 결혼이민자등이 한국어교육 등 사회적응에 필요한 다양한 교육을 받을 수 있도록 노력하여야 한다(제6조).

3) 평등한 가족관계 유지를 위한 조치

국가와 지방자치단체는 다문화가족이 민주적이고 양성평등한 가족관계를 누릴 수 있도록 가족상담, 부부교육, 부모교육, 가족생활교육 등을 추진하여야 한다. 이 경우 문화의 차이 등을 고려한 전문적인 서비스가 제공될 수 있도록 노력하여야 한다(제7조).

4) 가정폭력 피해자에 대한 보호・지원

국가와 지방자치단체는 「가정폭력방지 및 피해자보호 등에 관한 법률」에 따라 다문화가족 내 가정폭력을 예방하기 위하여 노력하여야 하며, 가정폭력으로 피해를 입은 결혼이민자등을 보호・지원할 수 있다. 그리고 가정폭력의 피해를 입은 결혼이민자등에 대한 보호 및 지원을 위하여 외국어 통역 서비스를 갖춘 가정폭력 상담소 및 보호시설의 설치를 확대하도록 노력하여야 하며, 결혼이민자등이 가정폭력으로 혼인관계를 종료하는 경우 의사소통의 어려움과 법률체계 등에 관한 정보의 부족 등으로 불리한 입장에 놓이지 아니하도록 의견진술 및 사실 확인 등에 있어서 언어통역, 법률상담 및 행정지원 등 필요한 서비스를 제공할 수 있다(제8조).

5) 기타 지원

이외에 의료 및 건강관리를 위한 지원(제9조), 아동·청소년 보육·교육(제10조), 다국어에 의한 서비스 제공(제11조) 등의 규정을 두고 있다.

5. 다문화가족복지 전달체계

1) 다문화가족정책위원회

다문화가족의 삶의 질 향상과 사회통합에 관한 중요 사항을 심의·조정하기 위하여 국무총리 소속으로 다문화가족정책위원회(이하 "정책위원회")를 둔다. 정책위원회는 위원장 1명을 포함한 20명 이내의 위원으로 구성하고, 위원장은 국무총리가 되며, 위원은 대통령령으로 정하는 중앙행정기관의 장, 다문화가족정책에 관하여 학식과 경험이 풍부한 사람 중에서 위원장이 위촉하는 사람 중에서 위원장이 위촉하는 사람이 된다. 정책위원회에서 심의·조정할 사항을 미리 검토하고 대통령령에 따라 위임된 사항을 다루기 위하여 정책위원회에 실무위원회를 둔다. 정책위원회에서 심의·조정하는 내용은 다음과 같다(제3조의4).

1. 다문화가족정책에 관한 기본계획의 수립 및 추진에 관한 사항
2. 다문화가족정책의 시행계획의 수립, 추진실적 점검 및 평가에 관한 사항
3. 다문화가족과 관련된 각종 조사, 연구 및 정책의 분석·평가에 관한 사항
4. 각종 다문화가족 지원 관련 사업의 조정 및 협력에 관한 사항
5. 다문화가족정책과 관련된 국가 간 협력에 관한 사항
6. 그 밖에 다문화가족의 사회통합에 관한 중요 사항으로 위원장이 필요하다고 인정하는 사항

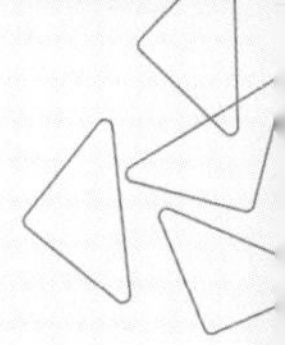

2) 다문화가족 종합정보 전화센터의 설치 · 운영

여성가족부장관은 다국어에 의한 상담・통역 서비스 등을 결혼이민자등에게 제공하기 위하여 다문화가족 종합정보 전화센터(이하 "전화센터")를 설치・운영할 수 있다. 이 경우 「가정폭력방지 및 피해자보호 등에 관한 법률」에 따른 외국어 서비스를 제공하는 긴급전화센터와 통합하여 운영할 수 있다. 여성가족부장관은 전화센터의 설치・운영을 대통령령으로 정하는 기관 또는 단체에 위탁할 수 있으며, 이 경우 예산의 범위에서 그에 필요한 비용의 전부 또는 일부를 지원할 수 있다(제11조의2).

3) 다문화가족지원센터의 설치 · 운영

국가와 지방자치단체는 다문화가족지원센터(이하 "지원센터")를 설치・운영할 수 있으며, 국가 또는 지방자치단체는 지원센터의 설치・운영을 대통령령으로 정하는 법인이나 단체에 위탁할 수 있다. 한편 국가 또는 지방자치단체 아닌 자가 지원센터를 설치・운영하고자 할 때에는 미리 시・도지사 또는 시장・군수・구청장의 지정을 받아야 한다.

지원센터는 다문화가족을 위한 교육・상담 등 지원사업의 실시, 결혼이민자등에 대한 한국어교육, 다문화가족 지원서비스 정보제공 및 홍보, 다문화가족 지원 관련 기관・단체와의 서비스 연계, 일자리에 관한 정보제공 및 일자리의 알선, 다문화가족을 위한 통역・번역 지원사업, 다문화가족 내 가정폭력 방지 및 피해자 연계 지원, 그 밖에 다문화가족 지원을 위하여 필요한 사업의 업무를 수행한다. 이 때 지원센터에는 다문화가족에 대한 교육・상담 등의 업무를 수행하기 위하여 관련 분야에 대한 학식과 경험을 가진 전문인력을 두어야 한다(제12조).

참고문헌

강동욱 (2011). 아동학대행위자와 그에 대한 조치에 관한 고찰. 한양법학, 34, 97-115.

강영희 (2008). 생명과학대사전. 서울: 아카데미서적.

강희갑 (2006). 사회복지법제론. 경기: 양서원.

김 훈 (2009). 사회복지법제론. 서울: 학지사.

김기수 (1993). 법학통론. 서울: 한양대학교출판부.

김기덕, 서동명, 신원우, 윤상용, 황보람 (2024). 사회복지학개론. 서울: 신정.

김기원 (2000). 공공부조론. 서울: 학지사.

______ (2007). 사회복지법제론. 서울: 나눔의집.

______ (2016). 사회보장론. 경기: 정민사.

______ (2019). 사회복지법제와 실천. 서울: 학지사.

김만두 (1994). 사회복지서비스 관련법의 문제점과 개선방향. 한국사회복지학회 추계학술대회 자료집, 3-10. 한국사회복지학회.

김성돈 (2013). 형법각론. 서울: 성균관대학교출판부.

김수정 (2017). 사회복지법제론. 서울: 학지사.

______ (2019). 사회복지법제와 실천. 서울: 학지사.

김유성 (1992). 한국사회보장법론. 경기: 법문사.

김춘경, 이수연, 이윤주, 정종진, 최웅용 (2016). 상담학 사전. 서울: 학지사.

남기민, 홍성로 (2014). 사회복지법제론. 경기: 공동체.

박광준 (2013). 사회복지의 사상과 역사. 경기: 양서원.

박병현 (2011). 사회복지정책론. 경기: 학현사.

박일경 (1981). 생존권의 법적 성격. 사법행정, 22(2), 19-23.

배화옥, 심창학, 김미옥, 양영자 (2015). 인권과 사회복지. 경기: 나남.

생각의마을 (2021). 사회복지법제론. 경기: 공동체.

서동명, 권금주, 김강원, 김기원, 김용혁, 서동운, 송남영, 오욱찬, 이인선, 이현민, 허주현, 임은진 (2016). 장애인학대지표 및 실태조사 도구개발 연구. (사)장애우권익문제연구소 · 사회복지공동모금회.
원석조 (2010). 사회복지정책론. 경기: 공동체.
윤상용, 이승기, 서동명, 염태산 (2019). 장애인복지론. 서울: 신정.
윤찬영 (2010). 사회복지법제론. 경기: 나남.
이명남 (2008). 사회복지법제론. 서울: 창지사.
이정서 (2016). 사회복지법제론. 경기: 정민사.
정진경 (2016). 사회복지와 법의 만남. 경기: 공동체.
차병직, 윤재왕, 윤지영 (2016). 지금 다시, 헌법. 경기: 로고폴리스.
최승원, 이승기, 윤석진, 김광병, 김수정, 김태동, 배유진 (2018). 사회복지법제론. 서울: 학지사.
하상락 (1989). 한국사회복지사론. 서울: 박영사.
한창영 (1980). 노인복지법제정의 필요성과 그 방향. 지역사회개발연구, 5, 33-35.
허영민 (1974). 생존권적 기본권에 관한 연구. 극동논총, 2, 139-150.
현외성 (2001). 한국 노인복지법의 형성과 변천과정. 노인복지연구, 14, 67-72.
현외성 (2009). 사회복지법제론. 경기: 양서원.

고용보험홈페이지 www.ei.go.kr, 고용보험제도안내.
국민연금공단홈페이지 www.nps.or.kr, 알기쉬운 국민연금: 국민연금제도.
국민건강보험공단홈페이지 www.nhis.or.kr, 제도소개: 국민건강보험제도 개요.
두산백과사전 www.doopedia.co.kr
대한민국법원 종합법률정보 홈페이지 glaw.scourt.go.kr, 대법원 2000. 4. 25. 선고 2000도223 판결.
법제처홈페이지 www.moleg.go.kr
찾기쉬운생활법령정보홈페이지 www.easylaw.go.kr, 주제별생활법령: 산업재해보상보험 I (업무상 재해).

저자소개

서동명

서울대학교 대학원 사회복지학과 졸업 (사회복지학 박사)
국회보건복지위원회 국회의원 정책비서
국민건강보험공단 서울지역본부 재난적의료비지원사업 실무위원
서울특별시사회복지사협회 부회장/정책위원장
한국사회복지공동모금회 배분분과실행위원
한국장애인개발원 이사
한국장애인복지시설협회/한국장애인복지관협회 자문위원
한양사이버대학교/호남대학교 전임강사
한국장애인복지학회 학술분과위원장/수석부회장
한국가족사회복지학회 학술분과/국제협력분과위원장
사회복지법제학회 연구분과위원장
현재 동덕여자대학교 사회복지학과 교수

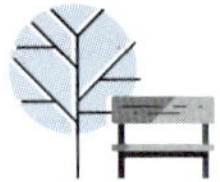

사회복지법제와 실천(3판)

1판발행 2020년 3월 10일 **1판 1쇄 발행** | 2021년 3월 10일 **1판 2쇄 발행**
2판발행 2022년 3월 10일 **2판 1쇄 발행** | 2022년 9월 10일 **2판 2쇄 발행**
2023년 9월 10일 **2판 3쇄 발행** | 2024년 9월 10일 **2판 4쇄 발행**
3판발행 2025년 3월 10일 **3판 1쇄 발행** | 2025년 9월 10일 **3판 2쇄 발행**

지은이 서동명
펴낸이 최용구 | 펴낸곳 도서출판 **신정**
주 소 (04316) 서울시 용산구 원효로 89길 19 (원효로1가)
전 화 02)3211-4782, 0266(영업부), 3211-4783(편집부), 3211-4784(팩스)
이메일 sjbook2002@naver.com | **홈페이지** www.sjbook.co.kr
등 록 2001년 5월 11일 제13-702호
마케팅 최용구 장만동 최충구 송대용 | **책임편집** 석기은 황가연

ISBN 978-89-5912-931-7 93330
정 가 28,000원